Alexander Aljechin

Meine besten Partien 1908–1923

Im Anhang:
Aljechins Eröffnungsbehandlung
in moderner Sicht

Joachim Beyer Verlag

ISBN 978-3-940417-45-9

6. Auflage 2014

Ein Imprint des Schachverlag Ullrich, Zur Wallfahrtskirche 5, 97483 Eltmann

Inhaltsübersicht

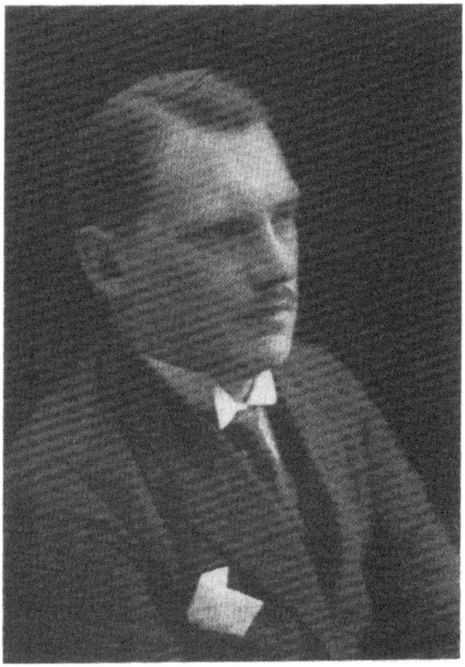

Dr A. Aljechin (Alekhine)

Aljechins Schaffen

Von Dr. S. Tartakower.

Unter den besonders talentvollen Schachmeistern hat der verhältnismäßig noch junge A. A. Aljechin in den letzten Jahren eine ganz besondere Stellung eingenommen.

Von seiner Begabung, seinem talentvollen Spiel zu sprechen ist überflüssig — es gibt keinen Menschen, der sich für das Schachspiel interessiert und der seinen Namen, seine Erfolge, sein schachliches Schaffen nicht kennen würde.

Man kann selbst die Frage stellen: warum ein Schachspieler, der so glänzende praktische und theoretische Erfolge zu verzeichnen hat, der soviel Originelles geschaffen hat, noch immer nicht Weltmeister ist.*)

Die Gründe sind folgende:

Erstens, sein besonders frühes Auftreten in der Schachwelt als „enfant prodige" oder sogar als „enfant gâté".

Zweitens, der Weltkrieg, der seine Schachtätigkeit für lange Zeit unterbrochen hat.

Drittens, eine gewisse Unklarheit in der Weltmeisterschaftsfrage.

Viertens endlich, die Schachwelt selbst, die augenscheinlich keinen Philosophen wie Lasker zum Weltmeister haben wollte und keinen Forscher wie Aljechin wünscht, sondern einen Virtuosen wie Capablanca vorzieht.

Beim Studium der Entwicklung von Aljechins Schaffen können wir 3 Stufen unterscheiden.

Aljechin von 1914, der trotz seiner Jugend schon in Petersburg und in Mannheim alle erstklassigen Meister (mit Ausnahme der beiden Weltmeister Lasker und Capablanca) überholt hat.

Aljechin von 1921, der in einer ununterbrochenen Reihe von Turniersiegen (in Triberg, Budapest und Haag hat er von 30 Partien keine einzige verloren) den Ruf des Champion von Europa errungen hat.

Aljechin von 1925, der durch die Reife seines schachlichen Denkens, die Tiefe seiner Schach-Errungenschaften und die ungeheure ethische Kraft seiner Neuerungen Bewunderung erregt.

*) Geschrieben als Einleitungsartikel zu der russischen Ausgabe 1926.

Hier sehen wir nicht nur die glänzenden Siege des Praktikers (Paris, Bern und Baden-Baden) oder die wertvollen Arbeiten des Theoretikers (das New-Yorker Tuernierbuch 1924) sondern auch die bis dahin nicht dagewesene Virtuosität in Gastspielen, Weltrekorde des Blindlingsspiels (in New York gegen 26 und in Paris gegen 28 starke Gegner) die Begründung einer neuen Strategie, den Reichtum neuer Ideen, die Vulkanisation des Spiels, welches bei Lasker als Kampf der Individualitäten erscheint, bei Capablanca als Wunder der Technik, aber nur bei Aljechin durch das künstlerische Pathos überrascht.

Um das Obengesagte zu begründen, und um den Beweis zu erbringen, daß es keineswegs als Lobeshymne, sondern im Gegenteil als bescheidenes und objektives Urteil über Aljechins Errungenschaften aufgefaßt werden muß, wollen wir jede unserer Behauptungen durch Tatsachen begründen und werden daher versuchen, Aljechins Schachlaufbahn von Anbeginn zu verfolgen.

Der blasse aber lebhafte 16-jährige Jüngling auf dem Allrussischen Turnier in Petersburg. Ein hartnäckiger und ehrgeiziger Kampf mit vielen starken Gegnern, wie z. B. Rotlevi und Werlinsky und als Resultat der glänzende erste Preis, der mit einem Mal die Aufmerksamkeit aller in Petersburg zum Turnier versammelten internationalen Meister auf ihn lenkte.

Schon bei den darauffolgenden internationalen Turnieren in Hamburg 1910 (trotz eines Beinbruches) und in Karlsbad 1911 war Aljechin unter den Preisträgern; aber selbstverständlich waren es bloß die ersten Schritte obwohl man schon das Aufleuchten des neuen eigenartigen Talentes merken konnte (z. B. in seiner Karlsbader Partie gegen Vidmar (Nr. 5 dieser Sammlung), wo das originelle Springeropfer Sg4—h6 eine richtige Offenbarung darstellt. Man konnte jedoch nur einen Mangel an Ausdauer feststellen, wie z. B. in der Karlsbader Partie Aljechins gegen Schlechter, die von dem jungen Meister gegen seinen großen Gegner schon in der Eröffnung tief durchgeführt war. In schneller Vervollkommnung gewann Aljechin leicht 2 erste Preise in kleinen Turnieren (Stockholm 1912 und Scheveningen 1913, an welchen der alte Löwe Janowski mitgespielt hat), wie auch (zusammen mit Nimzowitsch) im allrussischen Meisterschaftsturnier 1913—1914; aber erst auf dem darauffolgenden Weltturnier in Petersburg im Jahre 1914 entwickelte er seine volle Kraft, indem er in diesem außerordentlichen Kampf des Wissens, des Talents und der Nerven alle „gewöhnlichen" Großmeister überflügelte, wobei er den Einzelkampf mit dem damaligen Weltmeister Lasker ehrenvoll durchführte, indem er mit Schwarz (ebenso wie früher mit Weiß bei dem Moskauer Gastspiel von Lasker) ein sehr schönes Remis mit Figuren-Opfern erzielte.

Auf dem im Juli 1914 begonnenen Internationalen Turnier in Mannheim brachte Aljechin mit jeder Runde seine Überlegenheit mehr und mehr zur Geltung, wobei er auch in qualitativer Hinsicht leuchtende Beispiele von

Phantasie, Energie und Originalität lieferte, so z. B. unternahm er in der französischen Partie gegen Fahrni zum erstenmal den Bauernangriff 6. h2—h4 und entdeckte auch in anderen Eröffnungen gänzlich neue Ausblicke. Aljechin begann bereits seine ganze Originalität und Tiefe nicht nur als mutiger Phantast, sondern auch als Theoretiker und Neuerer zu offenbaren.

Der erste Preis des Mannheimer Turniers und damit ein neuer Schachtriumph schienen ihm gesichert, aber das Schicksal wollte es anders: der Weltkrieg kam.

Trotzdem Aljechin von 1914 bis 1921 von dem westeuropäischen Schachleben vollständig abgeschnitten war, während welcher Zeit einige Meister (Bogoljubow, Réti) die erste Stellung in Europa eingenommen hatten, war das Jahr 1921, in welchem Aljechin wieder die europäische Schacharena betrat — ganz von der Vorherrschaft Aljechins gezeichnet: nach außen hin erste Preise in allen 3 Turnieren — in Triberg, Budapest und Haag; nach innen die Zerschmetterung der Hauptgegner Bogoljubow und Rubinstein in glänzenden denkwürdigen Partien (in Triberg und Haag) endlich ideell: die Bereicherung des schachlichen Gedankens durch ganz neue Auffassung; die Dynamik des Vorgehens im Zentrum e3—e4 in der Budapester Partie gegen Bogoljubow (Nr. 57), der sprühende Angriff auf beiden Flügeln in der Haager Partie gegen Rubinstein (Nr. 61) zeigen uns Aljechin als Strategen von außerordentlichem Rang, welcher die verschiedenen Strömungen der neuesten Richtungen im Schach verwirklicht, ihnen aber klassischen Charakter verleiht.

Noch mehr zeigte sich die Vollendung Aljechinscher Konzeptionen in seiner berühmten Eröffnungs-Neuerung, in der paradoxal erscheinenden, aber tief durchdachten Aljechin-Verteidigung (1. e2—e4 Sg8—f6), welche von ihm zuerst nach voraufgegangenem kurzem Studium in Budapest gegen A. Steiner angewandt wurde (Nr. 58); diese Partie wurde zum Ausgangspunkt einer ganz neuen Schachtheorie, dem um ein Tempo zurückgebliebenen Schwarzen werden neue Hoffnungen gewährt. Die Idee der „abstrakten" Tempi wird in Wirklichkeit umgesetzt. Vom ersten Zuge ab wird die ungeheure Bedeutung der Unwandelbarkeit der Bauern-Konstruktion, von der Steinitz träumte, unterstrichen; die früheren wissenschaftlichen Kampfgesetze, die dem Philosophen Lasker gestatteten, seine Gegner zu besiegen, werden abgeändert.

Der Erfolg war — nebenbei gesagt — nicht nur ein moralischer, sondern auch ein tatsächlicher, wie es die Ergebnisse der Anwendung dieser Eröffnung in den Welt-Turnieren beweisen, so in New York 1924, wo Schwarz von 3 Partien 2 gewann und 1 Remis machte und noch mehr in Moskau 1925, wo Schwarz von 8 Partien 6 gewann bei 2 Remis-Partien.

Aljechins Verteidigung hat eine ganze Literatur hervorgerufen und ist zum Steckenpferd einer Reihe von Meistern geworden, wie z. B. Grünfeld, Kostitsch und Réti, die viel Mühe auf die Durcharbeitung ihrer Varianten verwendet haben; in letzter Zeit sind auch beide Weltmeister zu ihren Anhängern geworden (vgl. die New Yorker Partie Maróczy—Lasker und die Moskauer Yates—Capablanca).

Die schöpferische Arbeit Aljechins schreitet immer weiter fort; gewöhnlich ist er es, der den Mut hat, neue Ideen, die in der Luft liegen, als Erster in wichtigen Turnierpartien anzuwenden, wie wir es z. B. bereits in seiner Mannheimer Partie gegen Fahrni gesehen haben und wie es sich sehr kraß in seiner Pistyaner Partie gegen Tarrasch geäußert hat, wo er als Schwarzer das neue, sogenannte Blumenfeldsche Gambit 4. .... b7—b5 in der neu-indischen Verteidigung erfolgreich angewandt hat. Die Partie ist in der ersten Runde gespielt worden, erregte Aufsehen durch den besonders effektvollen Stil, in welchem sie von Aljechin gewonnen wurde, und ist später durch einen Spezialpreis ausgezeichnet worden.

Die Verbindung der Schönheit der Kombination mit tiefer und origineller Partieanlage ist überhaupt ein Merkmal Aljechinschen Spiels, wie es eine andere im selben Turnier (Pistyan 1922) gegen Wolf gespielte und auch preisgekrönte Partie (Nr. 65) durch den wundervollen Zug 6. e2—e4 in Verbindung mit dem nachfolgenden Damenmanöver beweist oder wie sein schneller Sieg als Schwarzer über Kmoch (Nr. 75) (Wiener Turnier 1922) durch einen grandios durchgeführten Bauernsturm h7—h5 g7—g5 usw. dartut.

Besonders hervorgehoben zu werden verdient sein im selben Wiener Turnier gespieltes ausgezeichnetes preisgekröntes Endspiel gegen Tartakover mit der problemartigen Gewinnführung in einer Stellung, die ganz Wien für glatt remis hielt.

Gehen wir zum Londoner Großmeister-Turnier 1922 über, wo Aljechin zwar hinter dem mit wunderbarer Kaltblütigkeit spielenden Weltmeister Capablanca zurückblieb, dafür aber ebenso wie Capablanca keine einzige Partie verlor und im Einzelkampf mit dem Kubaner die moralische Befriedigung hatte, jenen gezwungen zu haben, ihm im 17. Zuge remis anzubieten. Diese Partie, von vielen ihrer Kürze und scheinbaren Trockenheit wegen scharf kritisiert, erscheint uns im Gegenteil sehr wichtig und dynamisch; als die Quintessenz des gesamten damaligen Schachwissens (wie wir es bereits in unserer „ultramodernen Partie“ festgestellt haben). Herrlich ist Aljechins Damenmanöver Dd1—c2; c3—d3—a6, welches sozusagen den Hebel der ganzen Partie bildet; nicht weniger bewunderswert in seiner Leichtigkeit und Grazie ist das Befreiungsmanöver Capablancas c6—c5:d4 in Verbindung mit dem rechtzeitigen Gegenspiel auf der c-Linie. Damals schon konnte man vorausahnen, wieviel wundervolle Konzeptionen ein Wettkampf zwischen diesen beiden Weltmeistern ergeben würde.

Eine Perle der Schachstrategie ist die auf dem Londoner Turnier von Aljechin gegen Yates gespielte Partie (Nr. 69), in der das Prinzip der Schwäche der schwarzen bzw. weißen Felder eine reale Form annahm. Theoretisch sehr wichtig ist in dieser Partie das neue Manöver Sc3—e4, welches denselben Zweck hat (ebenso wie der obenerwähnte Zug 6. h2—h4 in der französischen

Partie), die Figurenspannung des Kampfes soviel als möglich zu erhalten. **Aljechin ist es gelungen, diese im so veralteten Damen-Gambit neue Horizonte eröffnende Idee noch mehr zu vertiefen und durchzuarbeiten,** wie wir es in seiner Baden-Badener Partie gegen Treybal sehen werden.

Aber die hervorragendste theoretische Neuerung Aljechins im Londoner Turnier, welche die gesamte damalige Turnierpraxis beeinflußt hat, ist seine Partie mit Schwarz gegen Rubinstein (Nr. 70), welche dank dem tief durchdachten Manöver b7–b5–b4 die Verteidigung 2. . . . . c7–c6 rehabilitiert; welche Verteidigung auch ins Lieblingsrepertoire solcher Meister wie Lasker, Bogoljubow u. a. übergegangen ist. Die Analyse der Varianten dieser Spielart, welche dem Schwarzen die Möglichkeit der vollständigen Entwicklung des Damenläufers überläßt und nicht mit dem Verzicht auf das rechtzeitige Vorgehen c6–c5 verbunden ist, wird weiter fortgesetzt und darin ist Aljechin der würdige Vollender der Bestrebungen hervorragender russischer Meister wie Tschigorin, Winawer und Alapin, die dieser „slavischen" Verteidigung viel Arbeit gewidmet haben.

Kehren wir jedoch zu Aljechin als Praktiker zurück, welcher in Hastings 1922 in seiner mit Schwarz gegen Bogoljubow gespielten holländischen Partie (Nr. 73) **die schönste Partie der neuesten Zeit** gegeben hat, wobei die Schönheit großartiger Opfer durch tiefe, auf dem ganzen Brett sich offenbarende Strategie ergänzt wird.

Man spricht viel von den „Willenssiegen" Laskers in den letzten Runden, von denen der Ausgang eines Turniers abhängt. Solch eine doppelt wunderbare psychologische Errungenschaft ist auch das obenerwähnte in der letzten Runde gespielte Meisterstück, das Aljechin den ersten Preis brachte, wie es auch mit seinem Haager glänzenden Sieg über Rubinstein der Fall war.

Und mit welch einem Schwung Aljechin sich in den Turnierkampf stürzt, haben wir bereits an seiner Pistyaner Partie gegen Tarrasch gesehen Noch effektvoller „kam, sah und siegte" Aljechin in Karlsbad 1923, indem er das Turnier gleich mit 2 feenhaften Siegen gegen den Meister der Logik Rubinstein (Nr. 81) und den Meister der Theorie Grünfeld (Nr. 82) einleitete. Besondere Bewunderung ruft die letztere, später durch den ersten Schönheitspreis ausgezeichnete Partie hervor, und nicht nur durch ihr logisch vorbereitetes Schlußopfer: diese Partie bietet die von allen anderen Meistern vergeblich gesuchte Lösung der Aufgabe, wie man die orthodoxe Verteidigung des Damengambits durchführen kann.

Die auch früher öfters, aber nur vereinzelt vorgekommenen Züge h7–h6, Tf8–e8, c6–c5 usw. vereinigen sich unter Aljechins virtuoser Hand in ein vollkommenes System, indem sie sich rechtzeitig gegenseitig ergänzen, dem feindlichen Angriff fein vorbeugen und unerwartet die Initiative in die Hand des Schwarzen legen.

Es ist kein Wunder, daß jeder Eröffnungszug Aljechins — dieses Meisters der Eröffnungen — so viel potentielle Kräfte in sich birgt und jeder Partie ein neues Gesicht gibt, wie wir es z. B. an dem feindurchdachten Zuge 3. g2—g3 sehen, den Aljechin gegen die sogenannte Grünfeldsche Verteidigung (d2—d4 Sg8—f6 2. c2—c4 g7—g6) in die Turnierpraxis eingeführt hat. Wie logisch, folgerichtig und schön aus diesem scheinbar unbedeutenden Zug alle weiteren operativen Handlungen des Weißen erwachsen, zeigt u. a. die wertvolle Partie Aljechin—Thomas (Nr. 85) aus demselben Karlsbader Turnier.

Noch mehr äußere Folgerichtigkeit und deshalb noch mehr Annäherung des schwungvollen Aljechinschen Spiels an den klassischen Stil enthält seine Karlsbader Partie (mit Schwarz) gegen Tarrasch, in welcher die Schaffung und nachher die Durchführung der Blockade des rückständigen Bauern c2 die Bewunderung aller Kenner hervorruft.

Von Aljechins Meisterwerken im kleinen Turnier Portsmouth 1923 wollen wir noch die von ihm im „ultramodernsten" Stil gespielte Partie gegen Prof. Drewitt (Nr. 89) erwähnen, welche mit dem effektvollen Opfer zweier weittragender Läufer endete.

Obwohl dieses Buch, das den ersten Teil der Sammlung Aljechinscher Partien enthält, mit 1923 schließt, wollen wir die Übersicht seiner Laufbahn noch fortsetzen.

Im New Yorker Turnier 1924 ist Aljechins Spiel zwar sehr solide, aber es hat nicht den gewohnten Glanz. In diesem Sinne war der von ihm erlangte 3. Preis — ein großartiges Resultat für jeden anderen Spieler — ein verhältnismäßiger Mißerfolg.

Aber schon das nächste Jahr 1925 führte Aljechin auf eine außerordentliche Höhe.

Vier erste Preise (in Paris, Bern, Baden-Baden und Hastings) ohne einen einzigen Verlust, eine ganze Reihe schachliterarischer Arbeiten, Vorträge und Vorstellungen in ganz Europa (Schweiz, Holland, Tschechoslowakei, England) markieren diesen Aufstieg des Aljechinschen Schaffens.

Mit großer Leichtigkeit führte Aljechin beide kleine Turniere in Paris und Bern durch: ohne besonderen Kampf widerlegte er (in der Partie gegen Opočensky) ein allgemein anerkanntes Verteidigungssystem, wiederholt opferte er die Dame (gegen Snosko-Borowski, Opočensky und Colle), fand alle möglichen Gewinnchancen (gegen Tartakower in Paris und Aurbach in Bern).

Nun aber kommt in Baden-Baden das allergrößte aller westeuropäischen Nachkriegsturniere, und trotz der Abwesenheit beider Weltmeister erfüllt die Frage nach dem Sieger die ganze Schachwelt mit sportivem Geist.

Aljechins Triumphzug in diesem Turnier ist mit goldenen Buchstaben in die Annalen der Schachgeschichte eingetragen: nach dem ersten Remis (gegen den neuen Stern Torre) machen ihn 9 hintereinander gewonnene Partien zum unbestrittenen Leader und, nachdem er alle Nebenbuhler (Nimzowitsch,

Marshall) zertrümmert, seinen nächsten Konkurrenten Rubinstein, der mit alter Stärke spielte, und Bogoljubow, in welchem er einen ernsten Gegner hatte, weit hinter sich zurückgelassen, nachdem er keine einzige von 20 Partien verloren und nicht einmal in einer einzigen irgendwie gefährdet war. (Zum Unterschied von Lasker z. B., der in New York ungefähr 5 Verluststellungen hatte) – erhielt er nicht nur den ersten, sondern auch den ersten aller ersten Preise, denn einen derartigen Siegesstil auf einem großen internationalen Turnier hatte man noch nie erlebt.

Alle anderen Nebenbuhler waren gezwungen, sich diesem rein weltmeisterlichen Stil zu beugen. Wollen wir versuchen, die Hauptfaktoren seiner außerordentlichen Stärke festzustellen.

Sein Spiel mit Weiß – das ist die Naturgewalt selbst, die sich manchmal in den Eröffnungsfeinheiten (wie z. B. in den Partien gegen Rabinowitsch oder Sämisch) äußert, die aber stets die ganze gegnerische Stellung zertrümmert (wie z. B. in der glänzenden Partie gegen Marshall).

Mit Schwarz aber (und das ist die Hauptsache, um in erstklassigen Kämpfen hervorragende Erfolge zu erzielen), hat Aljechin für seine Baden-Badener Partner eine neue Strategie geschaffen, die darin besteht, daß er dem Gegner, welchem er schon immer in der Eröffnung die Möglichkeit gegeben hat, einen Bauerndruck zu entwickeln, diesmal noch einen Schritt entgegen kam, indem er freiwillig einen mächtigen Figurendruck des Gegners zuzulassen pflegte und sich nur irgendeine unbemerkte Chance vorbehielt, welche jedoch, dank seinem dynamischen Spiel, sich dann zu einem entscheidenden Siegesfaktor entwickelte.

Derart waren seine Siege über Nimzowitsch, wo er dem Gegner gestattete, durch das Manöver e2–e3 seinen Königsläufer einzusperren (Lc5–a7–b8), um dann im Endspiel gerade durch den Gewinn der Bauern e3 und d4 die Partie zu entscheiden; über Tarrasch, wo er nach einer ganzen Reihe feiner vorbeugender Manöver (4. . . . . Lc5–b6; 12. . . . . De7–d8; 13. . . . . Lb6–a7) zum entscheidenden Gegenangriff überging, indem er den Angriff auf den weißen Bauern h3 konzentrierte. Besonders bemerkenswert ist seine Partie gegen Réti, in welcher er die vollständige Blockade seines Damenflügels zuließ, aber durch eine Reihe glänzender Kombinationen die gedankliche Schwäche des ersten Zuges 1. g2–g3 bewies.

Bei alledem bekommt das an und für sich stürmische Spiel Aljechins eine immer mehr abgeklärte, sozusagen klassische Nuance, wie wir es z.B. in seiner Baden-Badener Partie (mit Schwarz) gegen Thomas sehen, wo er die Blockade der rückständigen Punkte c3 und a2 sehr überzeugend durchgeführt hat; oder noch mehr, in seiner Partie (mit Weiß) gegen Treybal, welche nicht nur durch die Eröffnungsneuerung (10. Lg5–e7! in Verbindung mit 11. Sc3–e4;), sondern auch durch den in ihr offenbarten gleichmäßigen Kampfstil bemerkenswert ist.

Die Folgerungen aus dem Baden-Badener Turnier waren für die Schachwelt klar, denn ein Meister, der den Glanz neuer Ideen und Kombinationen wie aus dem Füllhorn streut, der sich nicht in einen, sondern in zwanzig Turnierkämpfe mutig stürzt, der überall entweder den ersten oder zweiten-dritten Preis erzielt (nur einmal — in Wien 1922 — infolge ungünstiger Umstände den vierten) ein Meister, der auch auf Gastspielen Muster an Vollkommenheit schafft — verdient einen ganz besonderen Platz in der Schachwelt. Sowohl die Qualität wie die Quantität des Erreichten sind nur Aljechin eigen.

Es gibt jedoch noch einen anderen Zweig der Schachwelt, der so wertvoll ist, und in welchem Aljechin nicht seinesgleichen hat; das ist die schachliterarische Tätigkeit, die den Schachgedanken verewigt und die nicht den Sieg (wie im praktischen Spiel), sondern die Wahrheit erstrebt.

All dies ist von Aljechin in seinem bereits klassisch gewordenen New Yorker Turnierbuch 1924, in seinen zahlreichen theoretischen Artikeln und — zweifellos — auch in diesem Buche verwirklicht.

In diesem Buche finden wir nicht von fremder Hand gesammelte und mit naiven Anmerkungen versehene Partien von Morphy, Steinitz oder Pillsbury, sondern ihrer Tiefe nach bewundernswerte Erläuterungen des Meisters selbst, der mit sicherer Hand neue Wege weist.

Zu bewundern ist die bestechende Klarheit seiner Gedanken, die objektive Genauigkeit seiner Anschauungen. Der Leser überläßt sich ganz diesem erfahrenen und besorgten Führer, der weiß, daß er weiß, sich aber vollkommen klar ist, daß auch andere wissen wollen.

Wir sind am Schluß unserer flüchtigen Skizze angelangt. Wir haben versucht, die Eigenschaften dieses bewundernswerten Spielers zu analysieren, der den stürmischen Drang des Genies mit der tausendjährigen Weisheit des ägyptischen Apis vereinigt, der in allen Eröffnungen sein neues Wort sagt und durch seinen abgeklärten Stil überrascht, obwohl er dabei in seinem feurigen Streben den Schachzügen ihr ewiges Geheimnis zu entreißen stets der aufrührerische Geist des Schachgedankens war und bleiben wird.

Aljechins eindrucksvolles Spiel werden wir jetzt in den 100 nachfolgenden Partien sehen und der Leser wird das unerschütterliche Bewußtsein behalten, daß, wenn Lasker die Vergangenheit und Capablanca die Gegenwart des Schachspiels vorstellen, Aljechin seine Zukunft ist.

Inzwischen hat sich die vor Jahren ausgesprochene Prophezeiung erfüllt; denn Dr. Aljechin ging aus dem Wettkampfe mit Capablanca um die Weltmeisterschaft im Jahre 1927 als Sieger hervor.

I. Turnierspiele

1. Wiener Partie

Allrussisches Hauptturnier zu St. Petersburg, Februar 1909.

Schwarz B. Gregory.

1. e2—e4 e7—e5
2. Sb1—c3 Sg8—f6
3. Lf1—c4 Sb8—c6

Der beste Zug ist hier 3. .... Sf6—e4:! (vgl. Partie Nr. 41)

4. d2—d3 Lf8—b4
5. Lc1—g5 Sc6—d4

Die beste Fortsetzung ist hier bekanntlich 5. .... h7—h6 6. Lg5—f6:, Lb4—c3† 7. b2—c3:, Dd8—f6: usw. mit ungefähr gleichen Chancen.

6. a2—a3 ....

Das Einfachste, da auf 6. .... Lb4—a5 sehr gut 7. b2—b4 nebst 8. Sc3—d5 usw. geschehen kann. In Betracht kam aber auch 6. f2—f4, d7—d6 7. Sg1—f3 usw.

6. .... Lb4—c3†
7. b2—c3: Sd4—e6
8. h2—h4 ....

Ein guter Zug. Falls nämlich sofort 8. Lg5—d2, so 8. .... d7—d5 9. e4—d5:, Sf6—d5:, 10. Dd1—e2, f7—f6 usw.; nach 8. h2—h4 h7—h6, 9. Lg5—d2 wäre aber 9. .... d7—d5 wegen 10. e4—d5:, Sf6—d5: 11. Dd1—e2, Dd8—d6 (f7—f6 12. De2—h5†) 12. Sg1—f3, f7—f6 13. De2—e4, Sd5—e7 14. d3—d4 usw. schon bedenklich gewesen.

8. .... h7—h6

Natürlich nicht 8. .... Se6—g5: 9. h4—g5:, Sf6—g8 10. g5—g6! usw.

9. Lg5—d2 d7—d6
10. Dd1—f3 ....

Das damit beabsichtigte Vorgehen des g-Bauern ist unzweckmäßig und gibt nur dem Gegner Gegenchancen. Richtig war Sg1—e2—g3 usw. mit überlegenem Spiel.

10. .... Lc8—d7
11. g2—g4 Dd8—e7
12. g4—g5 Sf6—g8

Schwarz sollte die günstige Gelegenheit benutzen, um den untätigen Königsturm abzutauschen, womit er ein leidliches Spiel bekommen würde, z. B. 12. .... h6—g5: 13. h4—g5:, Th8—h1: 14. Df3—h1: (14. g5—f6:, Th1—g1† 15. Ke1—e2, Tg1—a1: 16. f6—e7:, Ta1—g1! usw. ∓), Sf6—g8 15. Dh1—h7, 0—0—0 usw. Dem hitzigen Vorgehen des Weißen mußte eben durch ein entschlossenes Gegenspiel begegnet werden, denn so wie Schwarz spielt, behält der Gegner schließlich Recht.

13. Ta1—b1 Ld7—c6
14. Sg1—h3 ....

Keine besonders wirksame Entwicklung des Springers, die aber im notwendigen Zusammenhang mit der riskanten Partieanlage steht.

14. .... Ke8—d7

Angebracht war hier 14. ....

h6—g5: 15. h4—g5:, 0—0—0 mit der Folge 16. Df3—e3, Kc8—b8 17. Th1—g1 usw., worauf sich das Spiel sehr verwickelt, aber durchaus noch nicht chancenlos für Schwarz gestaltet hätte. Im Zentrum steht der König ja viel gefährdeter als auf dem Damenflügel und wird im folgenden erfolgreich angegriffen.

15. Df3—g4! ....

Um mit dem f-Bauern vorzugehen und nach dem eventuellen Abtausch auf f4 den Springer ins Zentrum zu bringen.

15. .... Ta8—f8

Bereitet den folgenden Gegenstoß vor, der sich aber als ungenügend erweist: doch steht Schwarz bereits nach seinem 14. Zuge nicht mehr gut.

16. f2—f4 f7—f5

Auch 16. .... h6—h5 17. Dg4—g3!, e5—f4: wäre kaum besser, da nach 18. Sh3—f4:, Se6—f4: 19. Ld2—f4:, der Zug 19. .... Lc6—e4: durch 20. 0—0! widerlegt würde.

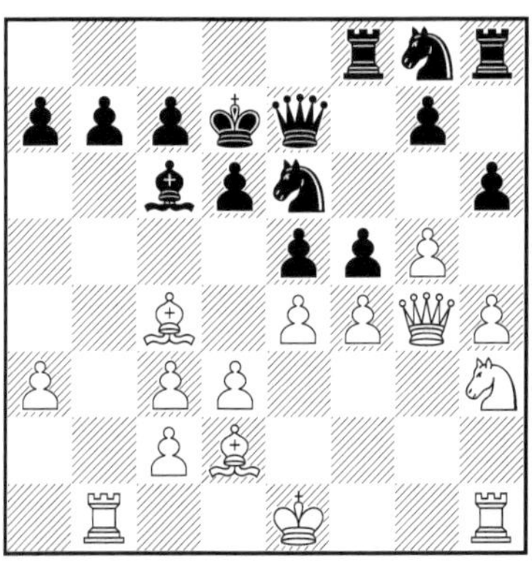

17. e4—f5:! ....

Das Qualitätsopfer liegt an und für sich auf der Hand, seine genauen Konsequenzen waren aber nicht ganz leicht zu berechnen. Die Pointe ist die Absperrung des schwarzen Läufers von dem Punkte b7 (21., 22. Züge von Weiß).

17. .... Lc6—h1:

18. f5—e6‡ Kd7—e8

Außer diesem Zuge kam hier nur in Betracht 18. .... Kd7—e8 (offenbar schlecht ist 18. .... Kd7—d8, da Schwarz in diesem Falle nach Dg4—g1—a7: unter sofortiger Mattdrohung stehen würde) mit der Folge 19. Dg4—g1, d6—d5 20. Lc4—b5†, Ke8—d8 (c7—c6 21. Lb5—c6‡ usw.) 21. Lb5—d7 und gewinnt.

19. Dg4—g1! ....

Die erste Konsequenz des Opfers: die Dame dringt mit Tempo in die feindliche Stellung ein.

19. .... c7—c6!

Eine geistreiche Ressource. Falls nun 20. Dg1—h1:, so 20. .... d6—d5 21. Lc4—b3, De7—e6: und Schwarz käme zu einer starken Initiative. Auf 19. .... Kc8—b8 oder b7—b6 wäre natürlich 20. Dg1—h1: mit materiellem Vorteil und Angriff erfolgt.

20. Dg1—a7:! c6—c5

Wiederum die einzige Parade gegen die Drohung 21. Tb1—b7: usw.

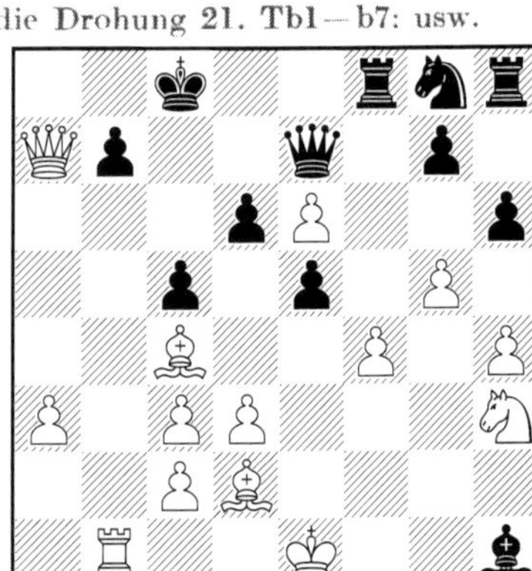

21. d3—d4! ....

Nur durch dieses Vorgehen wird das Opfer gerechtfertigt. Schwarz darf nicht zweimal auf d4 nehmen, weil dann das Mitwirken des durch c3—d4: freigewordenen weißen Damenläufers sofort entscheiden würde.

21. .... De7—c7
22. d4—d5 ....

Nun gibt es gegen die Drohung 23. Tb1—b7: keine genügende Verteidigung, da auf 22. .... Dc7—b8 23. Da7—a4, Tf8—d8 24. Tb1—b7:, Kc8—b7: 25. Da4—a6† nebst Matt im nächsten Zuge folgen würde.

22. .... Sg8—e7
23. Tb1—b7: Dc7—b7:
24. Lc4—a6 Lh1—d5:
25. c3—c4! ....

Erzwingt noch den Gewinn des Bauern d6, da auf einen beliebigen Läuferzug von Schwarz 25. Ld2—a5! mit undeckbarem Matt kommen würde.

25. .... Db7—a6:
26. Da7—a6‡ Ld5—b7
27. Da6—d6: Se7—c6
28. g5—h6: g7—h6:
29. f4—f5! ....

Weiß macht kurzen Prozeß. Schwarz ist offenbar gezwungen, diesen Bauern zu nehmen, worauf er noch eine Figur verliert.

29. .... Tf8—f5:
30. Dd6—d7† Kc8—b8
31. e6—e7 Sc6—e7:
32. Dd7—e7: Th8—f8
33. De7—d6† Kb8—a8
34. Ld2—h6: Tf8—f6
35. Dd6—d8† Ka8—a7
36. Lh6—e3 Tf5—f3
37. Le3—c5‡ Ka7—a6
38. Dd8—b8 Aufgegeben.

2. Spanische Partie

Allrussisches Hauptturnier zu St. Petersburg, Februar 1909.

Weiß: B. Werlinski.

1. e2—e4 e7—e5
2. Sg1—f3 Sb8—c6
3. Lf1—b5 a7—a6
4. Lb5—c6: d7—c6:
5. d2—d4 e5—d4:
6. Dd1—d4 Dd8—d4:
7. Sf3—d4: c6—c5
8. Sd4—e2 Lc8—d7
9. b2—b3 ....

Dieser Zug wurde von Dr. Lasker in seiner ersten Wettpartie mit Dr. Tarrasch (Düsseldorf 1908) zum erstenmal gespielt und Schwarz fand darauf nichts Besseres, als nach 9. .... Ld7—c6 11. Sb1—d2, Lf8—e7, 12. Lc1—b2 mit Le7—f6 den Läufertausch anzubieten und sich auf diese Weise seiner in dieser Variante besten Gegenwaffe — des Läuferpaares — zu berauben. Ich halte den nächsten Zug von Schwarz für die Widerlegung von 9. b2—b3.

9. .... c5—c4!

Selbst wenn der damit geopferte Bauer nicht zurückgewonnen wird, genügt es schon, daß die weißen Bauern des Damenflügels dadurch zerrissen und entwertet werden. Aber, wie die Folge zeigt, kann Weiß ihn auf die Dauer doch nicht halten, und so wird sein ganzes Unternehmen ad absurdum geführt.

10. b3—c4: Ld7—a4
11. c2—c3 0—0—0
12. Sb1—d2 ....

Auch andere Züge sind nicht besser, z. B. I. 12. Se2—d4, c7—c5 13. Sd4—b3, Tf8—e8 14. f2—f3, f7—f5

15. Sb1—d2, Sg8—f6 usw., II. 12. 0—0, La4—c2 13. Sb1—d2, Sg8—f6 14. Se2—g3 (14. f2—f3, Lf8—c5† nebst Lc2—d3), Lf8—c5 und Schwarz gewinnt immer den Bauern mit gutem Spiel zurück.

12. .... La4—c2
13. f2—f3 ....

Durch 13. 0—0 wäre Weiß mit Zugumstellung in eine der obigen Varianten eingelenkt.

13. .... Lf8—c5

Verhindert 14. Se2—d4 (wegen 14. .... Td8—d4: usw.) und zwingt den Gegner zu einem verhängnisvollen Zeitverlust, um diesen Läufer halbwegs unschädlich zu machen.

14. a2—a4 Sg8—f6
15. Lc1—a3 ....

Die damit beabsichtigte Blockierung des schwarzen Königsläufers erweist sich als unzureichend. Mehr Remisaussichten gewährte 15. Se2—d4, Lc5—d4: 16. c3—d4:, Td8—d4: 17. Lc1—b2, Td4—d3 usw.; immerhin wäre auch in diesem Falle der schwarze Druck auf der d-Linie recht lästig geblieben.

15. .... Lc5—e3!
16. Sd2—f1 Le3—a7
17. a4—a5 ....

Nicht sofort 17. c4—c5 wegen 17. .... Lc2—a4:; also neuer Zeitverlust!

17. .... Td8—d3
18. c4—c5 Th8—d8
19. Ke1—f2 ....

Länger hätte sich Weiß mit 19. La3—b4 halten können. Die einfachste Fortsetzung für Schwarz wäre dann 19. .... Td3—d1† 20. Ta1—d1:, Td8—d1‡, 21. Ke1—f2, Sf6—d7 22. Sf1—g3, Td1—h1: 23. Sg3—h1:, Sd7—c5: 24. Lb4—c5: (nicht 24. Kf2—e1 wegen Sc5—b3 nebst c7—c5 usw.), La7—c5:† 25. Se2—d4, b7—b6 26. a5—b6:, c7—b6: und das Endspiel mit den Läufern und dem Freibauer gegen die Springer wäre dann langsam, aber sicher zu gewinnen. Auf den Textzug entscheidet eine elegante Wendung.

19. .... Sf6—d7
20. Sf1—e3 ....

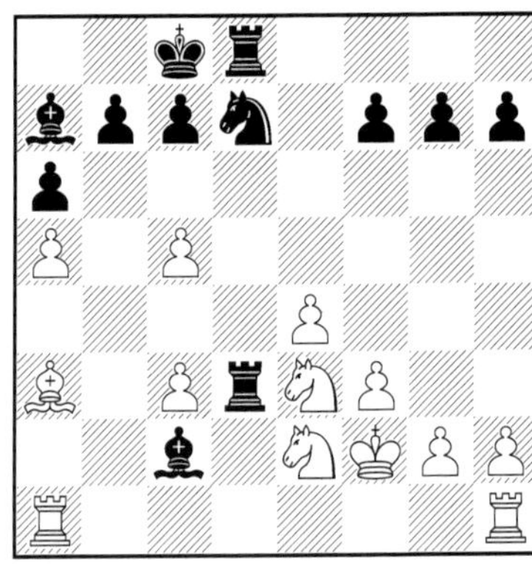

20. .... Sd7—c5:!

Um auf 21. Se3—c2: in 5 Zügen mattzusetzen: 21. .... Sc5—e4†:, 22. Kf2—e1, Td3—d1†! 23. Ta1—d1:, La7—f2† 24. Ke1—f1, Td8—d1:‡ 25. Sc2—e1 Td1—e1: matt.

21. Se2—d4 Lc2—b3

Nun ist auch der Bauer c3 nicht zu halten, da auf 22. Th1—c1 oder 22. La3—b2, Td3—d4:! nebst Sc5—d3† usw. folgen würde.

22. Kf2—e2 Td3—c3:
23. La3—b2 ....

Die Figur war noch durch 23. Sd4—f5 zu retten, aber an der Sache hätte das natürlich nichts geändert.

23. .... Tc3—e3‡!
24. Ke2—e3: Sc5—e6

25. Ta1 – a3 ....

Oder 25. Th1 – d1, Lc2 – d1: 26. Ta1 – d1:, Se6 – d4: 27. Lb2 – d4:, La7 – d4† 28. Td1 – d4:, Td8 – d4: mit gewonnenem Bauern-Endspiel.

25. .... Se6 – d4:
26. Ke3 – f4 La7 – c5
27. Th1 – a1 Sd4 – e2†
28. Kf4 – g4 Lb3 – e6†

Aufgegeben.

3. Französische Partie

Internationales Meisterturnier
zu Hamburg, Juli 1910.
Weiß: A. Speyer

1. e2 – e4 e7 – e6
2. d2 – d4 d7 – d5
3. Sb1 – c3 Lf8 – b4

Dieser Zug ist viel besser als sein früherer Ruf. Sein Hauptverdienst besteht im Erzwingen einer sofortigen Klärung im Zentrum. Neuerdings wird er besonders von Nimzowitsch und Maróczy befürwortet.

4. Lc1 – d2 ....

Eine interessante Idee, bei der aber nicht viel herauskommt. Üblich ist hier e4 – d5:, auch die Folgen von 4. e4 – e5 sind noch nicht genügend untersucht worden.

4. .... Sg8 – e7!

Am einfachsten, da sich die aus 4. .... d5 – e4: 5. Dd1 – g4! ergebenden Verwicklungen durchaus nicht chancenlos für Weiß wären, z. B. I. 5. .... Sg8 – f6 6. Dg4 – g7:, Th8 – g8 7. Dg7 – h6, Dd8 – d4: 8. 0 – 0 – 0 mit der Drohung 9. Ld2 – g5 usw. II. 5. ... Dd8 – d4: 6. Sg1 – f3, Dd4 – f6 7. Dg4 – e4: nebst 0 – 0 – 0 usw. mit sehr guten Angriffschancen.

5. e4 – d5: ....

Es drohte nun 5. .... d5 – e4: nebst 6. Dd8 – d4:.

5. .... e6 – d5:
6. Dd1 – f3 ....

Gekünstelt, weil dadurch im folgenden beinahe sämtliche weißen Figuren auf ungünstigen Feldern entwickelt werden müssen. Das Naheliegende und Beste war 6. Lf1 – d3 nebst Sg1 – e2, 0 – 0 usw.

6. .... Sb8 – c6
7. Lf1 – b5 ....

Die notwendige Folge des vorigen Zuges.

7. .... 0 – 0
8. Sg1 – e2 Lc8 – f5

Die schwarzen Steine haben ein sehr harmonisches Zusammenspiel.

9. 0 – 0 – 0 ....

Die lange Rochade, die offenbar schon bei 6. Dd1 – f3 beabsichtigt war, ist ein wahrscheinlich entscheidender strategischer Fehler, da Weiß keine Aussichten auf dem Königsflügel hat, Schwarz aber einen von der Stellung selbst diktierten Angriffsplan auf der Damenseite durchführen kann. Das bei weitem kleinere Übel war 9. Ta1 – c1 nebst 0 – 0 usw.

9. .... a7 – a6!

Der weiße Königsläufer muß beseitigt werden, um das Feld c4 dem Springer zu sichern.

10. Lb5 – d3 Lf5 – d3:
11. Df3 – d3: Sc6 – a5!
12. a2 – a3 ....

Weiß benutzt die Gelegenheit, um den Druck auf dem Damenflügel durch den folgenden Abtausch etwas abzuschwächen, da 12. .... Lb4 – d6 wegen 13. Sc3 – d5: usw. für Schwarz nicht angängig ist.

12. .... Lb4—c3:
13. Ld2—c3: Sa5—c4
14. Td1—e1 Se7—c6

Schwarz hat eine strategisch gewonnene Partie, spielt aber hier etwas unexakt. Der gegebene Plan bestand in 14. .... a6—a5! nebst b7—b5—b4, wogegen nicht viel zu machen war. Die Partie konnte und mußte eigentlich schon im Mittelspiel entschieden werden.

15. Se2—f4 Dd8—d6

Sonst wäre die Antwort 16. Dd3—f3 störend gewesen.

16. Dd3—f3 Ta8—d8

Das scheinbar näherliegende 16. .... Tf8—d8 wäre wegen 17. Sf4—d5: nebst Te1—e8† usw. ein direkter Fehler. Nun gelingt es aber dem Weißen, den Damentausch zu erzwingen.

17. Sf4—d3 a6—a5!

Besser spät als nie!

18. Df3—f4 ....

Sonst würde der schwarze Angriff übermächtig.

18. .... Dd6—f4‡

Auf 18. .... Dd6—d7 könnte Weiß auf die Idee kommen, mittels 19. h2—h4 nebst 20. Th1—h3 usw. einen Gegenangriff einzuleiten.

19. Sd3—f4: b7—b5

Dieses Vorgehen ist auch ohne Damen sehr stark, da der weiße Läufer ungeschickt steht.

20 Sf4—d3 Td8—b8
21. Sd3—e5 ....

Eine andere Rettung des Bauern d4 ist nicht ersichtlich. Nun wird sich aber auch der schwarze c-Bauer an dem Angriff beteiligen können.

21. .... Sc6—e5:
22. d4—e5: c7—c5!

Weit schwächer wäre das sofortige 22. .... b5—b4, z. B. 23. a3—b4:, a5—b4: 24. Lc3—d4, Tb8—a8 25. b2—b3 usw.

23. b2—b3 ....

Wiederum die einzige Verteidigung gegen die Drohung 23. .... b5—b4.

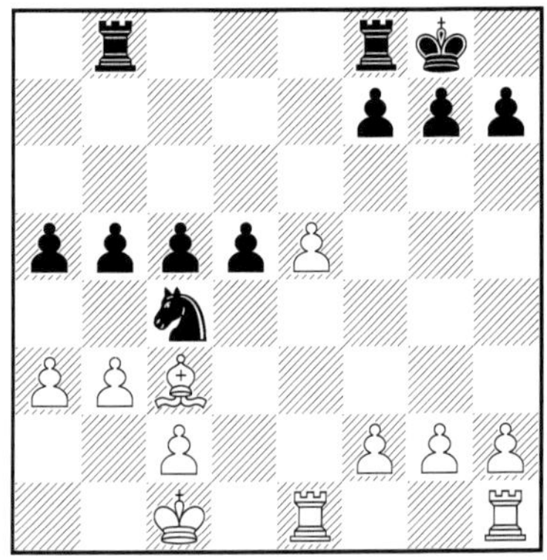

23. .... d5—d4!

Der Gewinnzug, da dieser Bauer im folgenden Endspiel eine entscheidende Wirkung ausüben wird. Auch 24. Lc3—b2, Sc4—b6! nebst a5—a4 usw. wäre für Weiß nicht besser gewesen als die von ihm gewählte Fortsetzung.

24. b3—c4: d4—c3:
25. Te1—e3 ....

Erzwungen. Nach 25. c4—b5:, Tb8—b5: käme dieser Zug schon zu spät wegen 26. .... Tf8—b8 usw.

25. .... b5—b4
26. a3—a4 Tb8—d8

Zur Beurteilung des folgenden Endspiels ist es wichtig, festzustellen, daß Weiß dem Gegner diese Linie nicht streitig machen kann, z. B. 27. Th1—d1, Td8—d1‡ 28. Kc1—d1:, Tf8—d8† 29. Te3—d3, Td8—d3‡, 30. c2—d3:, g7—g5! 31. h2—h3, h7—h5! 32. g2—g3 (32. f2—f3, h5—h4), g5—g4!, nebst Kg8—f8—e7—e6—e5 und gewinnt. Seine folgenden Züge sind daher erzwungen.

27.	Th1—e1	Td8—d4
28.	Te3—e4	Td4—e4:
29.	Te1—e4:	Tf8—d8
30.	e5—e6	....

Nach 30. Te4—e2 ginge zunächst durch 30. .... Td8—d4 der c-Bauer verloren.

30.	....	f7—e6:
31.	Te4—e6:	Td8—d2

Nach dem Eindringen des Turmes ist das Folgende nur Sache der Technik.

32.	Te6—c6	Td2—f2:
33.	Kc1—b1	Tf2—f1†
34.	Kb1—a2	Tf1—c1
35.	Tc6—c5:	Tc1—c2‡
36.	Ka2—b1	Tc2—b2†
37.	Kb1—c1	Tb2—g2:
38.	Tc5—b5	....

Wegen der Drohung 38. .... b4—b3.

38.	....	Kg8—f7
39.	c4—c5	Kf7—e6
40.	c5—c6	Ke6—d6
41.	c6—c7	Kd6—c7:
42.	Tb5—a5:	Tg2—h2:
43.	Ta5—b5	Th2—b2
44.	a4—a5	Kc7—c6
45.	Tb5—b8	Kc6—c5
46.	a5—a6	Tb2—a2
47.	Tb8—c8†	Kc5—b5
48.	Tc8—b8†	Kb5—c4

Aufgegeben.

4. Abgelehntes Damengambit

Internationales Meisterturnier zu Hamburg, Juli 1910.

Schwarz: F. D. Yates.

1.	d2—d4	d7—d5
2.	c2—c4	e7—e6
3.	Sb1—c3	Sg8—f6
4.	Lc1—g5	Lf8—e7
5.	Sg1—f3	Sb8—d7
6.	e2—e3	0—0
7.	Dd1—c2	....

Dieser Damenzug in Verbindung mit der langen Rochade war die große Mode der Jahre 1907—1911, bis das ganze System durch Teichmann in seiner bekannten Partie mit Rotlewi (Karlsbad 1911) ad absurdum geführt wurde. An und für sich ist der Zug Dd1—c2 meines Erachtens nicht schlecht, nur muß man auf den besten Gegenzug 7. .... c7—c5! nicht rochieren, sondern 8. Ta1—d1 spielen, womit (durch Zugumstellung) eine Stellung aus einer Wettpartie Capablanca-Lasker, die Chancen für beide Teile bietet, herbeigeführt wird.

7.	....	b7—b6

Darauf ist allerdings die lange Rochade recht chancenreich, da durch diesen Zug der Nachziehende einer ganzen Reihe Angriffsmöglichkeiten beraubt wird (die Felder a5 und b6 für die Dame, das Feld b6 — eventuell — für den Springer usw.).

8.	c4—d5:	e6—d5:
9.	Lf1—d3	Lc8—b7
10.	h2—h4!	....

Ein bei dem gewählten System wichtiger Zug, dessen nächster Zweck in der Verhinderung von Sf6—e4 (was z. B. auf das sofortige 10. 0—0—0 möglich wäre) besteht.

10.	....	c7—c5
11.	0—0—0	c5—d4:

Nach 11. .... c5—c4 12. Ld3—f5, a7—a6 13. e3—e4! käme Weiß mit seinem Angriff zuerst.

12.	Sf3—d4:	....

Um auch die Chance des Spiels

auf den isolierten Bauern zu behalten (z. B. in der Variante 12. .... Sd7—e5 13. Lg5—f6:, Se5—d3‡ 14. Dc2—d3:, Le7—f6: 15. Kc1—b1, nebst Td1—c1, g2—g3, Th1—d1 usw.). Sonst war auch 12. e3—d4: ganz gut.

12. .... Tf8—e8

Wahrscheinlich, um auf 13. Sd4—f5, Le7—f8 antworten zu können; aber viel wichtiger war es, mittels a7—a6 nebst b6—b5 sofort ein Gegenspiel auf dem Damenflügel zu versuchen.

13. Kc1—b1 ....

Um nach g2—g4 durch den Zug Sd7—e5 nicht gestört zu werden.

13. .... a7—a6
14. g2—g4 b6—b5

Dieser Zug ist ziemlich weit berechnet, — aber doch nicht weit genug. Schwarz unterschätzt nämlich die für ihn unheimlichen Folgen des 20. Zuges des Gegners. Aber auch nach 14. .... Sd7—f8 15. Th1—g1, b6—b5 16. Sd4—f5 usw. stünde Weiß weit überlegen.

15. Lg5—f6:! Sd7—f6:
16. g4—g5 Sf6—e4
17. Sc3—e4: d5—e4:
18. Ld3—e4: Lb7—e4:
19. Dc2—e4: Le7—g5:

Auf diese Stellung hatte sich Schwarz bei seinem 14. Zuge offenbar verlassen, ohne die Möglichkeit des Turmopfers im 22. Zuge in Betracht zu ziehen.

(S. Stellungsbild)

20. Sd4—e6! ....

Eine peinliche Überraschung, welche das folgende Bauernopfer von Schwarz erzwingt.

20. .... Dd8—e7
21. h4—g5: h7—h6

Es gibt nichts Besseres, denn auf

Stellung nach dem 19. Zuge von Schwarz.

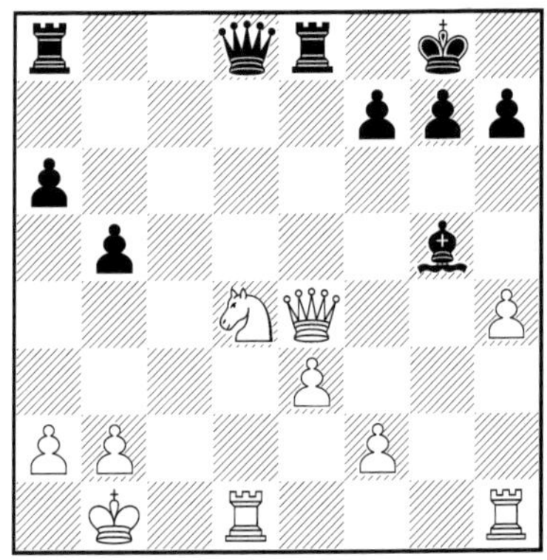

21. .... g7—g6 würde Weiß durch 22. Th1—h7:!, De7—e6:! 23. De4—h4, De6—e4† 24. Th4—e4:, Te8—e4: 25. Td1—h1 usw. sofort gewinnen. Das war die Pointe der mit 16. g4—g5 eingeleiteten Aktion.

22. g5—h6: De7—e6:
23. De4—d4 ....

Um die Damen erst auf e4 zu tauschen, wo der schwarze Turm viel ungünstiger als auf e6 stehen wird.

23. .... De6—e4†
24. Dd4—e4: Te8—e4:
25. h6—g7: Kg8—g7:

Nun hat Weiß bei besserer Stellung einen gesunden Bauern mehr. Das folgende Turmendspiel bietet aber trotzdem noch einige technische Schwierigkeiten.

26. Td1—g1† Kg7—f6
27. Th1—h6† Kf6—e7
28. Tg1—c1 Ta8—a7
29. Tc1—c6! a6—a5

Diese letzten Züge waren erzwungen; 29. .... Te4—e6? geht natürlich wegen 30. Tc6—e6‡ nebst 31. Th6—h7† usw. nicht.

30. Tc6—a6 Ta7—a6:
31. Th6—a6: a5—a4

32. Ta6—b6 Te4—e5
33. Kb1—c2 Te5—c5†
34. Kc2—d3 Ke7—d7

Falls 34. .... Tc5—d5†, so 35. Kd3—e4, Td5—c5 36. a2—a3 nebst f2—f4 und Ke4—d4 usw.

35. a2—a3 Tc5—f5

Um 36. .... Kd7—c7 spielen zu können.

36. f2—f4 Kd7—c7
37. Tb6—h6 Tf5—d5†
38. Kd3—c3 f7—f5

Die letzte Chance, um das Vorgehen des e-Bauern zu verhindern. Nun folgt aber ein forcierter Schluß.

39. Th6—e6! Kc7—d7

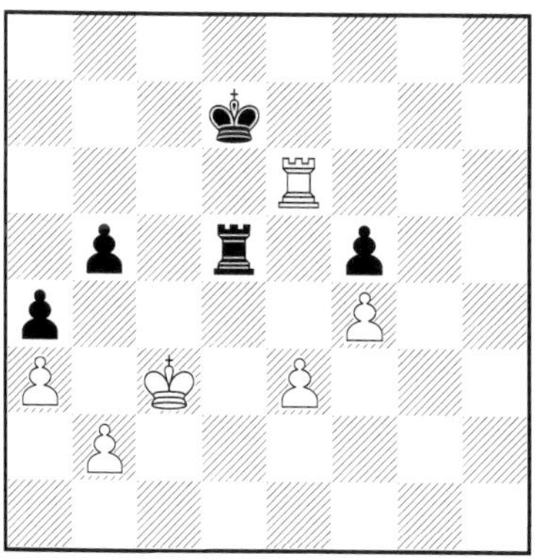

Der interessanteste Moment in diesem Endspiel. Scheinbar ist der Turmtausch bedenklich, da nach 14. Te6—e5, Td5—e5: 41. f4—e5:, Kd7—e7! Weiß 42. Kc3—d4 wegen Ke7—e6 nicht ziehen darf, und auch nach Kc3—b4—b5:, Ke7—e6—e5: usw. käme der schwarze f-Bauer gerade zurecht. Und trotzdem ist das Bauern-Endspiel wegen einer kleinen Finesse doch gewonnen.

40. Te6—e5! Td5—e5:
41. f4—e5: Kd7—e7!
42. Kc3—d3! Ke7—d7!
43. e3—e4 f5—f4
44. Kd3—e2! ....

Erzwingt den Gegenzug.

44. .... Kd7—e6

Falls nun 45. Ke2—f3?, so 45. .... Ke6—e5: und Schwarz gewönne noch die Partie. Aber nach dem nächsten Zuge von Weiß wird die Sache endgültig klar.

45. Ke2—f2! Aufgegeben.

5. Spanisches Vierspringerspiel

Internationales Meisterturnier zu Karlsbad, Juli-August 1911.

Schwarz. Dr. M. Vidmar.

1. e2—e4 e7—e5
2. Sg1—f3 Sb8—c6
3. Sb1—c3 Sg8—f6
4. Lf1—b5 Lf8—b4
5. 0—0 0—0
6. Lb5—c6: b7—c6:

Auf den besseren Zug 6. .... d7—c6: kann Weiß entweder durch 7. Sf3—e5:, Tf8—e8 8. Se5—d3, Lb4—c3: 9. d2—c3:, Sf6—e4: 10. Dd1—f3 usw. ein leichtes Remis erreichen oder aber mit d2—d3, Sc3—e2—g3, h2—h3, Sf3—h2 nebst f2—f4 usw. auf einen Königsangriff spielen, was allerdings angesichts der zwei schwarzen Läufer meiner Ansicht nach nicht sehr aussichtsvoll ist.

7. Sf3—e5: Dd8—e8

Nach 7. .... Tf8—e8 8. d2—d4, Lb4—c3: 9. b2—c3:, Sf6—e4: 10. Dd1—f3 usw. stünde Weiß etwas besser.

8. Se5—g4 ....

Als bessere Fortsetzung gilt nun 8. Se5—d3, Lb4—c3: 9. d2—c3:, De8—e4: 10. Tf1—e1, De4—h4 11.

Dd1—f3 nebst Lc1—f4 usw. Es ist aber zweifelhaft, ob Weiß selbst in diesem Falle bei richtigem Gegenspiel mehr als Remis erreichen kann. Die Abtauschvariante des Vierspringerspiels ist eben allzu farblos!

8. .... Sf6—e4:

Durch 8. .... Sf6—g4: 9. Dd1—g4: d7—d5 10. Dg4—h4, Lb4—c3: 11. b2—c3: (droht mit Lc1—a3), De8—e4: 12. Dh4—e4:, d5—e4: usw. konnte Schwarz eine Remisstellung herbeiführen. Die Verwicklungen, die er mit dem Textzuge sucht, schlagen schließlich zu seinem Nachteil aus.

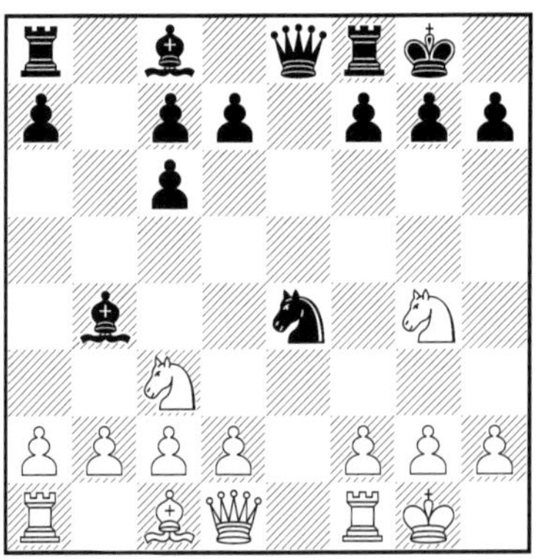

9. Sg4—h6†! ....

Durch diesen überraschenden Zug kommt Weiß jedenfalls in Vorteil. Für Schwarz wäre es noch am besten gewesen, den kecken Springer zu nehmen, — obwohl nach 9. .... g7—h6: 10. Dd1—g4†, Kg8—h8 11. Dg4—e4:, De8—e4: (oder Lb4—c3: 12. De4—e8:, Tf8—e8: 13. d2—c3: usw. ±) 12. Sc3—e4:, Lb4—e7 13. d2—d3, f7—f5 14. Se4—c3, f5—f4 15. Tf1—e1—e4 usw. die weiße Stellung doch den Vorzug verdient hätte.

9. .... Kg8—h8

10. Tf1—e1 ....

Dieser Fesselungszug — der statt 9. Sg4—h6† wegen der Antwort d7—d5 (mit der Drohung Lc8—g4:) zu nichts geführt hätte — bringt nun den Schwarzen in große Schwierigkeiten.

10. .... d7—d5

11. d2—d3 De8—e5

Die Alternative war 11. .... Se4—c3: 12. b2—c3:, Lb4—e7 13. Dd1—h5!, Lc8—e6 14. f2—f4! usw. mit gutem Angriff für Weiß. Bei dem gewählten Zuge unterschätzt Schwarz die Wirkung der Antwort 16. Ta1—b1!.

12. d3—e4: d5—d4

13. a2—a3 d4—c3:

14. a3—b4: c3—b2:

15. Sh6—f7† ....

Sehr gut war auch das sofortige 15. Ta1—b1 mit der Folge 15. .... De5—e6! (15. .... b2—c1D: 16. Sh6—f7:—e5‡ usw.) 16. Tb1—b2:, g7—h6: 17. Tb2—b3 und Schwarz würde den Bauern h6 nicht halten können. Ich wollte aber dem Gegner die Chance der offenen g-Linie nicht lassen — zumal die Partiefortsetzung ebenfalls einen ganz klaren Vorteil versprach.

15. .... Kh8—g8

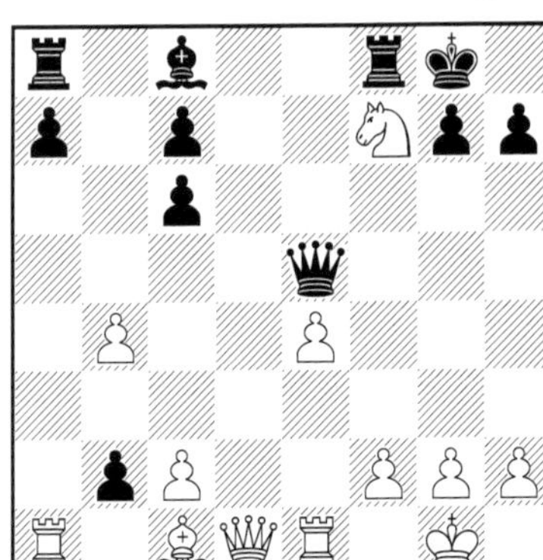

16. Ta1—b1! ....

Damit kommt Weiß in materiellen Vorteil. Schwarz hat nichts besseres zu tun als ungleiche Läufer herbeizuführen, da die Variante 16. .... b2—c1D: 17. Sf7—e5:!, Dc1—f4 18. Se5—d3 usw. für ihn noch viel trostloser aussieht. Die Gewinnchance des Weißen besteht hauptsächlich darin, daß er, abgesehen von dem Mehrbauern, vier Bauern gegen zwei auf dem Königsflügel hat und der verdoppelte Mehrbauer des Schwarzen auf dem Damenflügel diesem absolut keine Gegenchance bietet.

16. .... Tf8—f7:
17. Lc1—b2: De5—g5
18. Dd1—d3 ....

Verhindert 18. .... Lc8—h3.

18. .... Lc8—e6
19. Lb2—d4! ....

Droht schon mit 20. Tb1—a1 usw. Schwarz muß nun entweder die Damen tauschen oder den a-Bauern fallen lassen.

19. .... Ta8—d8
20. Dd3—e3 Dg5—b5

Um vielleicht noch mit der Dame etwas im Trüben zu fischen. Nach 20. .... Dg5—e3: 21. Ld4—e3:, a7—a6 hätte Weiß ein ziemlich leichtes Gewinnspiel gehabt, z. B. 22. Te1—d1, Tf7—d7 23. Td1—d7:, Td8—d7: 24. f2—f3, Kg8—f7 25. Tb1—a1, Le6—c4 26. Kg1—f2 nebst Kf2—e1, Ta1—a3—c3—c5 und endlich c2—c4 usw.

21. Ld4—a7: Db5—a4
22. c2—c3 Le6—c4
23. La7—d4 ....

Hier konnte die a-Linie sofort besetzt werden. Weiß kommt aber auch später forciert dazu.

23. .... Td8—a8
24. De3—d2 h7—h6
25. h2—h3 Da4—b5

Sonst 26. Dd2—b2 nebst 27. Tb1—a1 usw.

26. Tb1—a1 Ta8—a4
27. Dd2—c2 Ta4—a1:
28. Te1—a1: Lc4—d3
29. Ta1—a8† Kg8—h7
30. Dc2—a2 Db5—h5

Falls 30. .... Ld3—c4, so 31. Da2—a7 nebst D oder Tb8 usw.

31. Da2—e6! ....

Das Eingreifen der Dame entscheidet nun in wenigen Zügen.

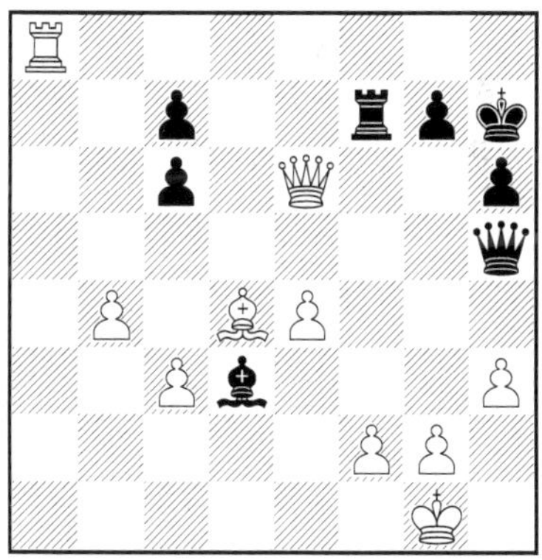

31. .... Ld3—f1

Schwarz hat keinen halbwegs plausiblen Zug mehr und „erfindet" noch diesen unschuldigen Witz. Jetzt macht Weiß kurzen Prozeß.

32. Ta8—a5 Dh5—d1
33. Kg1—h2 Lf1—g2:

Noch eine Hoffnung: nimmt Weiß den Turm, so wird er nach 34. .... Dd1—h1† nebst Dh1—h3:†—f3† auf e4 mattgesetzt.

34. Kh2—g2: Dd1—f3†
35. Kg2—g1 Tf7—f4
36. Ta5—a8! ....

Mit einer dreizügigen Mattdrohung (37. Ta8—h8† usw.).

36. .... Tf4—f7
37. De6—g4 Df3—d3
38. Ta8—f8! Aufgegeben.

6. Dreispringerspiel

Internationales Meisterturnier zu Karlsbad, Juli-August 1911.

Weiß: Alapin.

1. e2—e4 e7—e5
2. Sg1—f3 Sg8—f6
3. Sb1—c3 Lf8—b4

Diese Variante (Spanisch im Nachzuge) ist mehrfach von Pillsbury nicht ohne Erfolg angewandt worden. Sie dürfte wohl zum Ausgleich reichen.

4. Sf3—e5: Dd8—e7

Üblicher ist 4. .... 0—0 5. Lf1—e2, Tf8—e8 6. Se5—d3, Lb4—c3: 7. d2—c3:, Sf6—e4: 8. 0—0, d7—d6 usw. Der Textzug ist aber auch ganz gut spielbar.

5. Se5—d3 Lb4—c3:
6. d2—c3: Sf6—e4:
7. Lf1—e2 d7—d5

Dies ist aber nicht im Geiste der Variante, da Weiß nun seinen Doppelbauern sofort auflösen kann. Richtiger war 7. .... 0—0 8. 0—0, d7—d6 usw.

8. 0—0 0—0
9. Sd3—f4 c7—c6

Erzwungen, da 9. .... Tf8—d8 wegen 10. Sf4—d5:!, De7—e5 (oder De7—e6 11. c3—c4 usw.) 11. c3—c4, c7—c6 12. Lc1—f4, De5—e6 13. Le2—g4!, f7—f5 14. Lg4—f5: usw. nicht geht. Weiß kommt nun etwas in Vorteil.

10. c3—c4 d5—c4:
11. Le2—c4: Lc8—f5
12. Dd1—e2 ....

Nicht sofort 12. Tf1—e1 wegen 12. .... De7—c5 usw.

12. .... Tf8—e8
13. Tf1—e1 ....

Diese Fesselung auf der e-Linie ist für Schwarz recht unbequem.

13. .... De7—d7

Auf 13. .... De7—f8 könnte Weiß durch 14. De2—h5 die bedenkliche Schwächung g7—g6 erzwingen.

14. Lc1—e3 b7—b5

Um endlich den Damenspringer entwickeln zu können.

15. Ta1—d1 ....

Weiß, der die Eröffnung ganz ausgezeichnet behandelt hat, läßt hier nach. Der Turmzug verschafft nur dem schwarzen Springer ein günstigeres Entwicklungsfeld; richtig war 15. Lc4—b3, Sb8—a6 16. Ta1—d1, Dd7—c7 (oder c8) 17. De2—h5! usw. mit überlegenem Spiel. Jetzt wendet sich allmählich das Blatt.

15. .... Dd7—c7
16. Lc4—d3 ....

Auch hier noch wäre 16. Lc4—b3 aussichtsreicher gewesen.

16. .... Sb8—d7
17. f2—f3 ....

Weiß beginnt einem Gespenst nachzulaufen. Am einfachsten war es — in der Erkenntnis, daß der Vorteil sich verflüchtigt hat, auf Ausgleich zu spielen: 17. g2—g4, Lf5—g6 18. Sf4—g6:, h7—g6: 19. Ld3—e4:, Te8—e4: 20. Le3—b6!, Te4—e2: 21. Lb6—c7:, Te2—e1‡ 22. Td1—e1: =.

17. .... Se4—d6
18. g2—g4 ....

Offenbar in der Meinung, daß

Schwarz die Läufer nicht tauschen darf . . .

18. . . . . Lf5 – d3:!

19. De2 – d3: . . . .

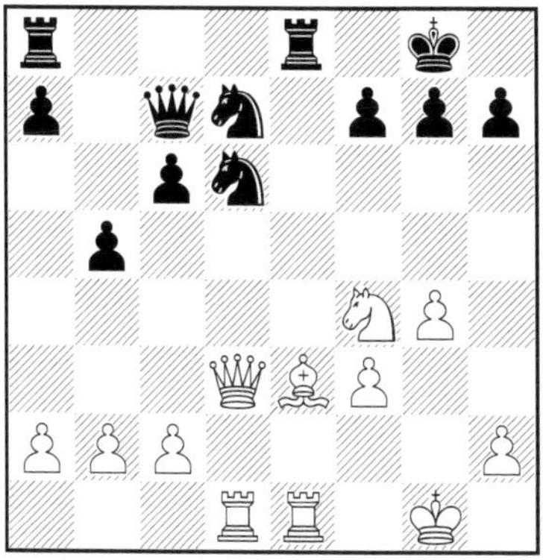

19. . . . . Sd7 – e5!

Die Richtigkeit dieses Zuges wird aus folgender Hauptvariante ersichtlich. 20. Dd3 – d6:, Se5 – f3‡ 21. Kg1 – f2, Dc7 – d6: 22. Td1 – d6:, Sf3 – e1: 23. Td6 – d2, g7 – g6! 24. Td2 – e2, Te8 – e3: 25. Kf2 – e3:, Td8 – e8† 26. Ke3 – d2, Se1 – f3† 27. Kd2 – c3, Te8 – e2: 28. Sf4 – e2:, c6 – c5 usw. ∓. Die weißen Figuren werden nun zurückgeworfen und Schwarz gewinnt sogar einen Bauern.

20. Dd3 – f1 Sd6 – c4

21. Le3 – c1 Dc7 – a5!

Droht auch mit 22 . . . . . Se5 – f3‡ usw. Schwarz kommt dadurch in materiellen Vorteil, welcher allerdings dadurch verringert wird, daß seine Dame sehr lange außer Spiel bleiben muß.

22. Te1 – e2 Da5 – a2:

23. Td1 – e1 . . . .

Schwarz wird nun gezwungen, sich eine Zeitlang zu verteidigen. Zunächst droht natürlich 24. b2 – b3 usw.

23. . . . . f7 – f6

24. Sf4 – d3 Te8 – f8!

Die Entfesselung war notwendig. Außerdem erlangt Schwarz für die nun entstehende Schwäche auf e5 einige Gegenchancen auf der f-Linie.

25. b2 – b3 Sc4 – d6

26. Sd3 – e5: f6 – e5:

27. Df1 – g2! . . . .

Deckt c2 und droht mit 28. Te2 – e5:.

27. . . . . Ta8 – e8

28. f3 – f4! . . . .

Weiß nützt seine Chancen vortrefflich aus und erreicht beinahe Ausgleich. Weit schwächer als der Textzug war 28. Te2 – e5:, Te8 – e5: 29. Te1 – e5:, Da2 – a1 30. Te5 – e1, Da1 – c3 31. Te1 – f1, a7 – a5!, wobei Schwarz offenbar im Vorteil wäre.

28. . . . . e5 – e4

Das Einzige. Falls 28. . . . . e5 – f4:, so 29. Te2 – e8:, Sd6 – e8: (oder Tf8 – e8: 30. Te1 – e8‡. Sd6 – e8: 31. Dg2 – c6: usw.) 30. Dg2 – c6:, Da2 – a1 31. Dc6 – e6† – e8: und gewinnt.

29. f4 – f5 Da2 – a1!

Es gibt keinen anderen Weg, die Dame wieder ins Spiel zu bringen.

30. Dg2 – g3 . . . .

Dieser Zug, der offenbar eine zweite Absperrung bezweckt, beruht auf einer Überschätzung der Stellung und wird durch das folgende interessante Gegenmanöver widerlegt. Richtig war 30. Lc1 – f4, Da1 – d4† 31. Kg1 – h1 (nicht 31. Dg2 – f2 wegen 31. . . . . e4 – e3! 32. Te2 – e3:, Sd6 – e4 usw. ∓), Sd6 – b7 32. Te2 – e4:, Te8 – e4: 33. Dg2 – e4:, Dd4 – e4: 34. Te1 – e4:, Kg8 – f7, mit ausgezeichneten Remischancen für Weiß trotz des gegnerischen Bauernübergewichts auf dem Damenflügel.

30. .... Sd6—f7!
31. c2—c3 ....

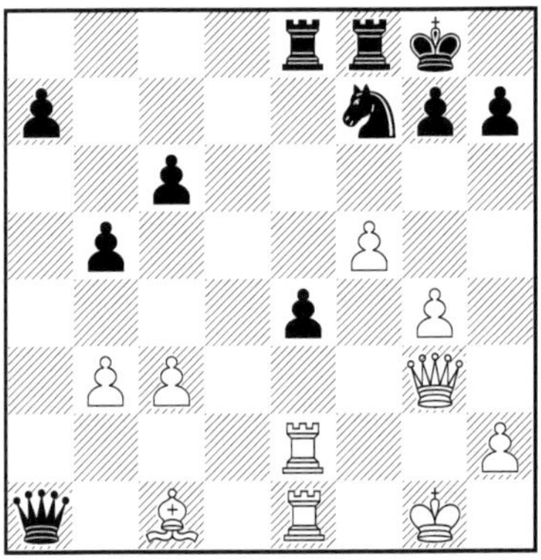

31. .... b5—b4!

Durch diesen rechtzeitigen Gegenstoß bringt Schwarz seine Dame auf günstige Felder im Zentrum und erhält für den Bauern e4 einen starken Angriff gegen den entblößten weißen Königsflügel.

32. Lc1—b2 ....

Nach Lc1—d2 hätten sich ähnliche Varianten ergeben —, nur daß der Springer statt über g5 via e5 eingedrungen wäre.

32. .... Da1—a5
33. Te2—e4: Te8—e4:
34. Te1—e4: Da5—d5
35. Te4—e2! ....

Eine feine Falle! Falls nämlich 35. .... Dd5—b3:, so 36. c3—b4:, Db3—b4: 37. Dg3—c3!, Db4—g4‡ (oder Db4—c3: 38. Lb2—c3: usw. mit leichtem Remis) 38. Te2—g2, Dg4—d1† 39. Kg1—f2 und gewinnt.

35. .... Dd5—d1†!
36. Dg3—e1 Dd1—b3:
37. c3—b4: Sf7—g5!

Das Mitwirken des Springers sollte die Partie nun sehr rasch entscheiden.

38. De1—c3 Sg5—h3†!
39. Kg1—f1 ....

Offenbar das Einzige, da auf 39. Kg1—g2, Sh3—f4† und auf 39. Kg1—h1, Db3—d5† usw. gewinnt.

39. .... Db3—d1†
40. Dc3—e1 Dd1—d5!

Droht Matt, wogegen es wieder nur eine plausible Parade gibt.

41. Te2—e4 ....

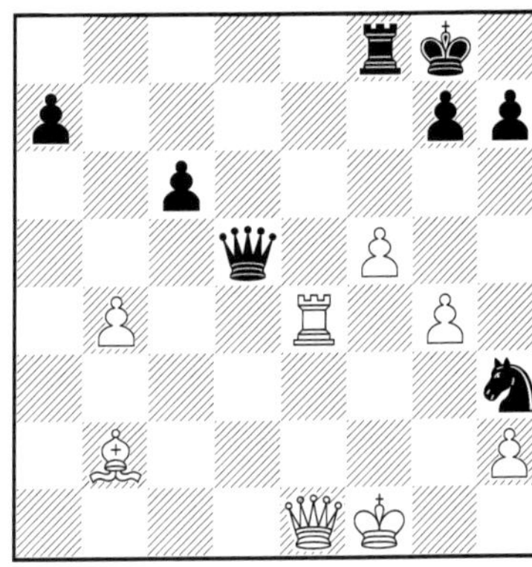

41. .... Sh3—g5

Dies führt auch schließlich zum Gewinn, ist aber nicht das stärkste. Sofort entscheidend war 41. .... h7—h5! mit der Hauptvariante 42. De1—c3, Tf8—f5‡! 43. g4—f5:, Dd5—f5‡ 40. Kf1—g2, Df5—e4‡ 45. Kg2—h3, De4—g4‡. Nach dem Textzuge hat Weiß noch einige taktische Witze:

42. De1—c3 Tf8—f6!
43. Te4—d4 Dd5—h1†
44. Kf1—e2 Dh1—h2‡
45. Ke2—d1 h7—h5!
46. Td4—d7 ....

Droht natürlich mit 46. Td7—g7‡ usw.

46. .... Sg5—f7
47. g4—g5 ....

Dies sieht wie eine Kombination aus [(47. .... Dh2—g1† 48. Dc3—e1, Dg1—e1‡ (oder 48. .... Dg1—g5: 49. De1—e8†) 49. Kd1—e1:, Tf6—f5: 50. g5—g6 usw.)], ist aber in Wirklichkeit nur ein Verzweiflungsakt, da bei anderen Zügen die Bauern des Königsflügels einfach aufgeräumt werden.

47.	....	Dh2—g1†
48.	Dc3—e1	Tf6—d6†!

Führt ein glatt gewonnenes Endspiel herbei.

49.	Td7—d6:	Dg1—e1:†
50.	Kd1—e1:	Sf7—d6:
51.	f5—f6	g7—f6:
52.	Lb2—f6:	....

Natürlich ist auch bei 52. g5—f6: der Bauer unrettbar verloren.

52.	....	Kg8—f7
53.	Lf6—d4	a7—a6
54.	Kd1—e2	Kf7—g6
55.	Ke2—d3	....

Oder 55. Ld4—f6, Sd6—e4 usw.

55.	....	Kg6—g5:
56.	Ld4—e5	Sd6—f5
57.	Kd3—c4	h5—h4
58.	Le5—h2	Kg5—g4
59.	Kc4—c5	Kg4—h3
60.	Lh2—c7	Kh3—g2
61.	Kc5—c6:	h4—h3
62.	Kc6—b6	Sf5—g3
63.	Kb6—a6:	h3—h2
64.	b4—b5	h2—h1D
65.	b5—b6	Sg3—e4
66.	b6—b7	Se4—c5†

Aufgegeben.

7. Englische Partie

Internationales Meisterturnier zu Karlsbad, Juli-August 1911.

Schwarz: O. Chajes.

1.	c2—c4	e7—e6
2.	e2—e4	c7—c5

Einfacher und besser ist hier 2. .... d7—d5 3. e4—d5:, e6—d5: 4. d2—d4, Sg8—f6, womit eine für Schwarz nicht ungünstige Variante der französischen Partie herbeigeführt wird. Nach dem Textzuge kann Weiß durch 3. Sg1—f3, Sb8—c6 4. d2—d4 usw. ein gutes Spiel erlangen.

3.	Sb1—c3	Sb8—c6
4.	Sg1—f3	g7—g6

Richtig ist nur 4. .... Sc6—d4!, wie Leonhardt gegen mich in einer späteren Runde desselben Turniers spielte — worauf Weiß zum mindesten keinen Eröffnungsvorteil hat. Der Textzug ist ein strategischer Fehler, durch welchen die schwarzen Felder bedenklich geschwächt werden, — ein Umstand, der von Weiß sehr energisch ausgenutzt wird.

5.	d2—d4	c5—d4:
6.	Sf3—d4:	Lf8—g7
7.	Sd4—b5	....

Nach diesem Zuge wird es klar, daß bei dem Schwarzen etwas nicht in Ordnung ist. Um den Punkt d6 zu decken, muß er sich schon zu dem folgenden unnatürlichen Läuferzug entschließen.

7.	....	Lg7—e5
8.	f2—f4!	....

Um nach 8. .... Lf4—b8 9. c4—c5! nebst 10. Sb5—d6 usw. den Gegner völlig lahmzulegen.

8.	....	a7—a6

Mit der Absicht, womöglich unklare

Verwicklungen herbeizuführen, die noch hier die beste Chance für Schwarz bilden können.

9. f4—e5:! a6—b5:
10. Lc1—f4 b5—c4:
11. Lf1—c4: ....

Nun ist Weiß glänzend entwickelt und es droht sowohl 12. Sc3—b5 (auf 11. .... Dd8—b6 z. B.), als auch die Rochade mit folgendem Angriff auf der f-Linie. Schwarz muß deshalb etwas erfinden.

11. .... Ta8—a5!

Verhindert 12. Sc3—b5 (wegen 12. .... Ta5—b5: nebst Dd8—a5 usw.) und droht mit b7—b5. Außerdem ist nun der Bauer e5 doppelt angegriffen, was allerdings keine größere Bedeutung hat.

12. 0—0! b7—b5

Ganz schlecht wäre 12. .... Sc6—e5: 13. Lf4—e5: Ta5—e5: wegen 14. Dd1—d6! nebst Sc3—b5 usw.

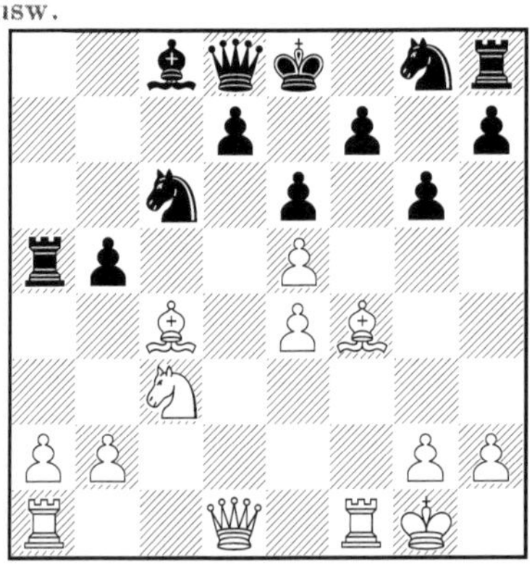

13. b2—b4! ....

Eine exakt berechnete Kombination. Weiß opfert zwei Figuren für den Turm, um seinen Türmen entscheidende Angriffslinien zu öffnen. Die Pointe ist 17. Ta1—b1!.

13. .... Dd8—b6†
14. Kg1—h1 Sc6—b4:
15. Sc3—b5:! Ta5—b5:

Schwarz hat offenbar nichts anderes.

16. Lc4—b5: Db6—b5:

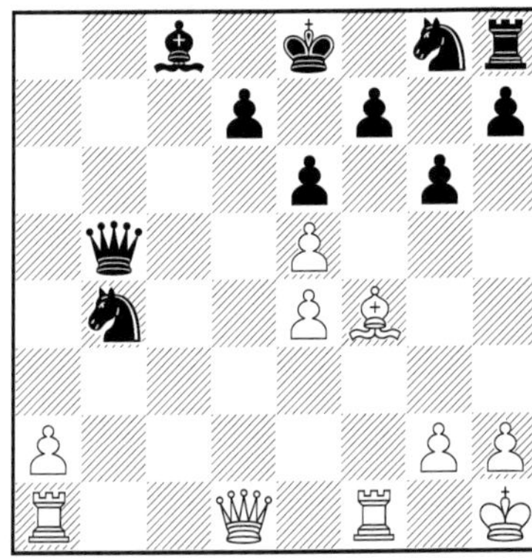

17. Ta1—b1! ....

An dieser Fesselung geht Schwarz jetzt zugrunde, da seine Dame ihr nicht ausweichen kann, z. B. 17. Db5—c5 18. Tb1—c1 oder 17. .... Db5—c4 18. Dd1—a4! oder 17. Db5—a5 18. Lf4—d2 und gewinnt in allen Fällen.

17. .... Lc8—a6
18. Dd1—d6! ....

Droht zwar noch nicht den Springer zu nehmen, verhindert aber 18. .... Sg8—e7, worauf 19. Dd6—b4:, Db5—b4: 20. Tb1—b4:, La6—f1: 21. Tb4—b8† usw. folgen würde.

18. .... f7—f6
19. Tf1—c1 ....

Nun hat aber der Springer gelebt.

19. .... Db5—d3
20. Tb1—b4: g6—g5
21. Tb4—d4 Dd3—b5
22. a2—a4! Db5—b7
23. Tc1—c7 Db7—b1†
24. Td4—d1 Aufgegeben.

8. Englische Partie

Internationales Meisterturnier zu Karlsbad, Juli-August 1911.

Schwarz: F. Dus-Chotimirsky.

1.	c2—c4	e7—e5
2.	Sb1—c3	Sg8—f6
3.	g2—g3	....

Damit schlägt Weiß eine bekannte Variante der Sizilianischen Partie ein, aber mit einem Tempo mehr, und also für Weiß vorteilhaft

3.	....	d7—d5
4.	c4—d5:	Sf6—d5:
5.	Lf1—g2	Lc8—e6
6.	Sg1—f3	f7—f6

Dieser Zug schwächt den Punkt e6 und ist deswegen eine Quelle manchen Übels für Schwarz. Der natürliche und viel bessere Zug war 6. .... Sb8—c6.

7.	0—0	Sb8—c6

Bei 6. ... f7—f6 dachte Schwarz wahrscheinlich an die Fortsetzung 7. .... c7—c5, merkte aber rechtzeitig, daß sie wegen 8. Dd1—b3! mit der Drohung Sf3—e5: schlecht wäre. Nach dem Textzuge bildet Dd1—b3 wegen 8. .... Lf8—b4! keine Drohung mehr.

8.	d2—d4	....

Dieser Zug, der den Abtausch des Königsbauern erzwingt, unterstreicht besonders die Unnatürlichkeit von 6. .... f7—f6.

8.	....	e5—d4:
9.	Sc3—b5!	Lf8—c5
10.	Sb5—d4:	Sc6—d4:
11.	Sf3—d4:	Le6—f7

Möglich war auch 11. .... Lc5—d4: 12. Dd1—d4:, 0—0 13. Tf1—d1, aber dann hätten die Läufer des Weißen eine dominierende Stellung eingenommen; der Textzug ist jedoch nicht besser da daraufhin Schwarz der Rochademöglichkeit verlustig geht.

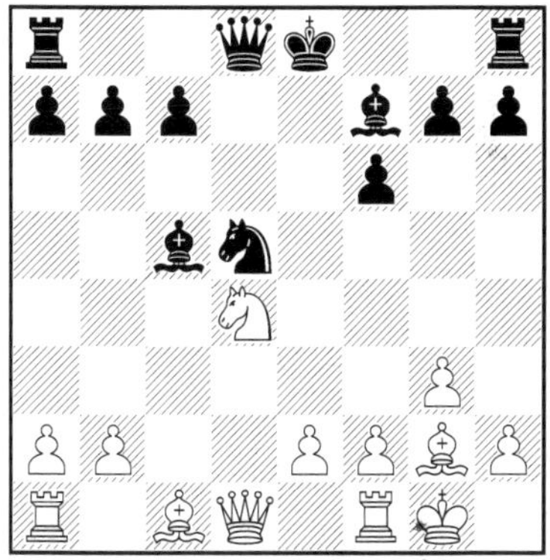

12.	Dd1—a4†!	Ke8—f8

Erzwungen, denn falls 12. .... c7—c6, so 13. .... Sd4—c6: usw. und falls 12. .... Dd8—d7, so 13. Da4—d7‡, Ke8—d7: 14. Tf1—d1 mit der Drohung 15. e2—e4 usw. — und die schwarze Stellung wäre noch mehr kompromittiert.

13.	Tf1—d1	Dd8—e7
14.	e2—e4	Sd5—b6
15.	Da4—c2	Lc5—d4:

Wohl noch der beste Zug, denn es drohte u. a. auch 16. Sd4—f5 usw.

16.	Td1—d4:	c7—c5
17.	Td4—d3	g7—g5

In der Hoffnung, den eingeschlossenen Königsturm ins Spiel zu bringen entschließt sich Schwarz zu diesem wagemutigen, aber nutzlosen Manöver. Weiß benutzt natürlich diese Schwächung der Königsstellung zur Schaffung eines direkten Angriffs.

18.	Lc1—e3	....

In Betracht zu ziehen wäre auch 18. b2—b3, um beide Läufer zu erhalten. Aber nach 18. .... c5—c4

19. b3—c4:, Sb6—c4: 20. Td3—c3, Ta8—c8 und dann 21. .... Kf8—g7 hätte Schwarz mehr Mittel, um den Angriff abzuwehren.

18. .... Sb6—c4
19. Ta1—d1 Sc4—e3:
20. Td3—e3: Kf8—g7

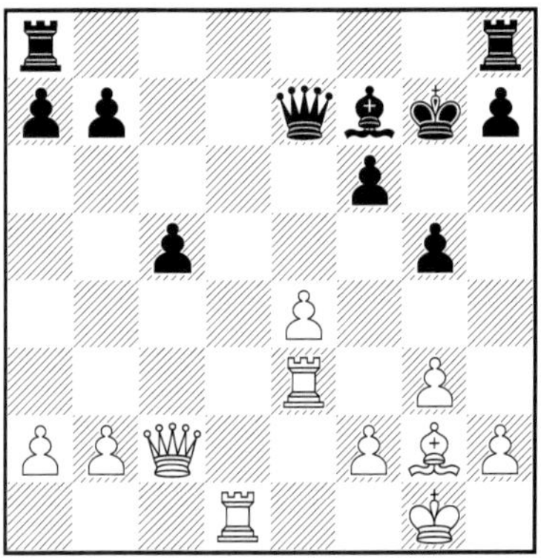

21. e4—e5! ....

Beginn einer Attacke, die zum schnellen Sieg führt.

21. .... Ta8—d8

Hoffnungslos wäre 21. .... f6—e5: 22. Td1—e1 usw., aber 21. .... Th8—d8 gab dem Schwarzen etwas mehr Hoffnung, da das Feld h8 für den König frei würde.

22. Td1—e1 ....

22. Td1—d8:, Th8—d8: 23. e5—f6‡, De7—f6: 24. Lg2—b7:, Td8—b8 usw. würde zum Gewinn nicht ausreichen. Jetzt droht 23. e5—f6‡, De7—f6: 24. Lg2—b7:, Td8—b8 25. Te3—e7 usw.

22. .... b7—b6
23. f2—f4 ....

Weiß droht durch 24. e5—e6, f4—f5 usw. sich einen gedeckten Freibauer zu schaffen.

23. .... g5—f4:
24. g3—f4: f6—e5:
25. Td3—g3†! ....

Dieses Schach ist gerade jetzt notwendig, um Lf7—g6 zu verhindern (worauf natürlich 26. f4—f5 folgen würde) und um 25. .... Kg7—f8 zu erzwingen.

25. .... Kg7—f8
26. f4—e5: De7—e6

Schwarz hat keine genügende Verteidigung mehr, z. B.:

I. 26. .... Lf7—g6 27. Tg3—g6: h7—g6: 28. Dc2—g6:, De7—g7 29. Te1—f1†, dann 30. Dg6—e6†, Tf1—f7 usw.

II. 26. .... Lf7—e6 27. Te1—f1†, Kf8—e8 28. Lg2—c6†, Lc6—d7 29. Dc2—g2!, und Weiß gewinnt.

27. Lg2—h3 De6—c4
28. Dc2—f2 Dc4—d4
29. e5—e6 Dd4—f2‡
30. Kg1—f2: Td8—d2†
31. Kf2—e3! Td2—b2:
32. Te1—f1 Tb2—a2:
33. Tf3—f7‡ Kf8—e8
34. Tf7—b7 Ta2—a3†
35. Ke3—e4 Ta3—g3:
36. h2—g3: Th8—f8
37. Lh3—g4 Schwarz gibt auf.

9. Philidors Verteidigung

Internationales Meisterturnier zu Stockholm, Juni 1912.

Schwarz: G. Marco.

1. e2—e4 e7—e5
2. Sg1—f3 d7—d6
3. d2—d4 Sg8—f6
4. Sb1—c3 Sb8—d7

Marcos Lieblingsverteidigung. Ich habe sie auch mehrfach angewendet (vgl. Partien Nr. 36 u. 47), aber dann aufgegeben, da ich zu der Überzeugung gelangte, daß sie bei logischem Gegenspiel des Weißen mangelhaft ist.

5. Lf1—c4 Lf8—e7

6. 0—0 ....

Die Opferkombinationen, welche mit 6. Sf3—g5 und 6. Lc4—f7† beginnen, sind nur für Schwarz vorteilhaft.

6. .... 0—0

An dieser Stelle ist die Rochade kaum gut. Schwarz kann sich daraufhin schwer entwickeln und hat nicht die geringste Aussicht auf Gegenangriff. Mehr im Geiste der Eröffnung ist nach meiner Meinung 6. .... h7—h6 mit der Fortsetzung c7—c6, Dd8—c7, Sd7—f8, g7—g5 usw. Dieses System wurde von meinem Gegner in späteren Turnieren mit Erfolg angewendet: (Yates-Marco, Haag 1921 und Wolf-Marco, Pistyan 1922). Bei dieser Entwicklungsart muß Weiß fortwährend auf der Hut sein, da die Manöver des Schwarzen auf dem Königsflügel diesem gelegentlich einen ernsten Angriff verschaffen können.

7. Dd1—e2 c7—c6

8. a2—a4 ....

In dieser Variante ist es absolut notwendig, ein für allemal den Zug b7—b5 unmöglich zu machen.

8. .... h7—h6

Der Wunsch, die beiden Drohungen Sf3—g5 und Lc1—g5 zu verhindern, ist ganz natürlich. Seine Verwirklichung schwächt jedoch sehr empfindlich die Königsstellung, ohne jegliche Kompensation für Schwarz, dessen Figuren sehr beengt stehen.

9. Lc4—b3 ....

Auf 9. Lc1—e3 konnte Schwarz mit 9. .... Sf6—e4: und d4—d5 fortsetzen. Der Textzug beugt dieser Drohung vor und überläßt dem Weißen auch weiterhin den Druck im Zentrum. Noch besser ist vielleicht der Läuferrückzug nach a2 (vgl. Partie Bogoljubow-Nimzowitsch, Stockholm 1920).

9. .... Dd8—c7

10. h2—h3

Um Sf6—g4 (nach 11. Lc1—e3) zu verhindern.

10. .... Kg8—h7

Schwarz, dessen Stellung bereits schwierig ist, verfolgt einen ungesunden Plan. Besser wäre die Entwicklung des Damenflügels durch b7—b6, Lc8—b7, Ta8—d8 mit Abschließung des Zentrums durch c6—c5 usw.

11. Lc1—e3 g7—g6

12. Ta1—d1 Kh7—g7

Schwarz unternimmt alle diese künstlichen Manöver, um den Königsturm nach e8 entwickeln zu können; aber auch diese kleine Genugtuung bleibt ihm versagt, da der vorzüglich entwickelte Weiße zum stürmischen Angriff gegen den schwarzen König übergeht.

13. Sf3—h2 Sf6—g8

Falls 13. .... Sf6—h5, so 14. De2—d2 mit nachfolgendem g2—g4, f2—f4 usw.

14. f2—f4 f7—f6

(S. Stellungsbild.)

15. De2—g4! ....

Die stärkste Fortsetzung des Angriffs. Das verlockende 15. f4—f5 wäre weniger gut, z. B. 15. .... e5—d4: 16. Le3—d4:, Sd7—e5 17. Ld4—e5:, f6—e5: 18. De2—g4, Le7—g5 und Schwarz kann sich noch ver-

Stellung nach dem 14. Zuge von Schwarz.

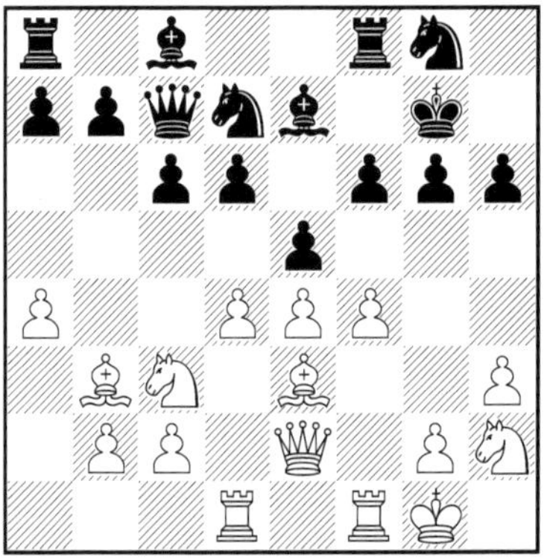

teidigen. Nach dem Textzug hat Schwarz nichts besseres als den g-Bauern zu opfern, um den Läufer gegen den Springer noch abtauschen zu können. (Hätte Weiß im 9. Zuge Lc4—a2 gespielt, so hätte Schwarz auch diese Möglichkeit nicht gehabt.)

15. .... e5—d4:
16. Le3—d4: Sd7—c5
17. f4—f5 Sc5—b3:

Oder 17. .... g6—g5 18. Ld4—c5: mit nachfolgendem Dg4—h5 und Weiß gewinnt.

18. Dg4—g6† Kg7—h8
19. c2—b3: Lc8—d7

Mit der Absicht, nach etwaigem 20. Sh2—g4? durch Ld7—e8 die Dame abzufangen.

20. Dg6—g3 Tf8—f7
21. Sh2—g4 ....

Mit der Drohung 22. e4—e5! usw.

21. .... Dc7—d8
22. Sc3—e2 ....

Die Überführung dieses Springers nach g6 entscheidet die Partie in wenigen Zügen.

22. .... Tf7—g7
23. Se2—f4 Dd8—e8
24. Dg3—h4 De8—f7
25. Td1—d3! ....

Weiß konnte durch Sg4—h6: noch einen Bauern gewinnen, zieht aber vor, auf Matt zu spielen.

25. .... Kh8—h7
26. Sf4—g6 ....

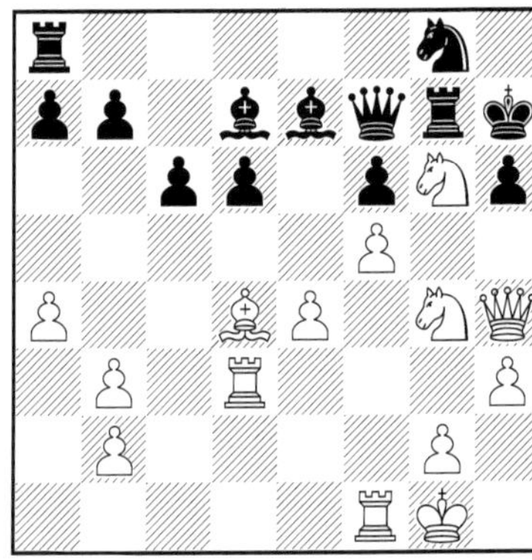

26. .... Tg7—g6:

Verhindert die Kombination des Gegners, die die Partie glänzend beendet hätte. Weiß drohte 27. Tf1—f4 mit nachfolgendem 28. Sg4—h6:, Sg8—h6: 29. Dh4—h6†, Kh7—h6: 30. Tf4—h4†, Kh6—g5 31. Td3—g3 oder Ld4—e3†. Diese Drohung ist nur durch das Qualitätsopfer im Text abzuwenden, woraufhin die schwarze Partie natürlich hoffnungslos ist.

27. f5—g6† Df7—g6:
28. Ld4—f6: Ld7—g4:
29. Lf6—e7: Ta8—e8
30. Td3—d6: Dg6—g7
31. Le7—f6 Sg8—f6:
32. Tf1—f6: Schwarz gibt auf.

10. Schottische Partie

Internationales Meisterturnier zu Stockholm, Juni 1912.

Schwarz: E. Cohn.

1.	e2—e4	e7—e5
2.	Sg1—f3	Sb8—c6
3.	d2—d4	e5—d4:
4.	Sf3—d4:	Sg8—f6
5.	e4—e5	....

Ein Zug, der nicht gutgeheißen werden kann. Erstens kann Schwarz jetzt durch 5. .... Sc6—e5: 6. Dd1—e2, Dd8—e7 7. Sd4—f5, De7—e6 8. Sf5—d4, De6—e7 usw. Remis erzwingen und zweitens kann er auch, wie Schlechter später nachgewiesen hat, mittels 7. .... De7—b4† 8. Sb1—c3, d7—d6 9. Sf5—g3, Lf8—e7 auf Gewinn spielen, und es ist sehr zweifelhaft, ob Weiß für den geopferten Bauern genügenden Angriff erlangt. Folglich konnte und mußte Schwarz den Bauern schlagen.

5.	....	Dd8—e7

Dieser Zug führt dagegen zu Komplikationen, die letzten Endes zum Vorteil von Weiß ausschlagen.

6.	f2—f4	d7—d6
7.	Lf1—b5	Lc8—d7
8.	Lb5—c6:	b7—c6:
9.	0—0	d6—e5:

Falls sofort 9. .... Sf6—g4(?), so 11. e5—e6 usw.

10.	f4—e5:	Sf6—g4
11.	Sb1—c3	....

Jetzt aber wäre e5—e6 ein Fehler wegen 11. .... Ld7—e6: 12. Sd4—e6:, De7—e6:! 13. Tf1—e1, Lf8—c5† usw. Der Textzug bereitet eine kleine Gegenkombination vor.

11.	....	De7—h4

Durch diesen Zug hofft Schwarz in Vorteil zu kommen, da 12. Sd4—f3 wegen Lf8—c5† schlecht erscheint.

Auch nach 11. .... Sg4—e5: konnte Weiß durch 12. Lc1—f4, f7—f6 13. Sc3—e4 usw. eine an Angriffsmöglichkeiten reiche Stellung herbeiführen.

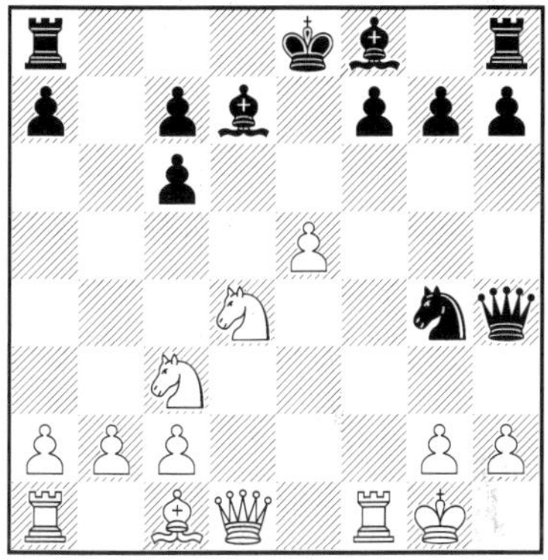

12.	Sd4—f3!	....

Zerstört die Hoffnungen des Gegners. Falls nämlich 12. .... Lf8—c5†, so 13. Kg1—h1, Sg4—f2† 14. Tf1—f2:, Dh4—f2: 15. Sc3—e4! und die schwarze Dame ist gefangen. Diese Kombination hatte Weiß im Auge, als er 11. Sb1—c3 spielte.

12.	....	Dh4—h5

Nach 12. .... Lf8—c5† 13. Kg1—h1 hätte Weiß Sc3—e4 mit Tempogewinn gezogen.

13.	Sc3—e4	Lf8—e7

Selbstverständlich nicht Sg4—e5: wegen 14. Sf3—e5: und 15. Se4—f6†.

14.	Dd1—d4	....

Verteidigt den Bauern e5 und hält den schwarzen Turm an die Verteidigung des Bauern a7 gebunden.

14.	....	Ld7—e6
15.	Lc1—g5!	....

Nach diesem Zug verliert Schwarz mindestens einen Bauern.

15. .... Le7—g5:
16. Se4—g5: 0—0

Noch das kleinste Übel. Falls 16. .... Sg4—h2:, so 17. Sg5—e6:, Sh2—f3‡ 18. Tf1—f3:, f7—e6: 19. Ta1—d1 und Weiß gewinnt.

17. h2—h3 Sg4—h6
18. Dd4—e4 ....

Gewinnt den Bauern c6.

18. .... Le6—f5
19. De4—c6: Dh5—g6
20. Dc6—g6: Lf5—g6:

Die schwarze Stellung ist noch nicht hoffnungslos. Weiß hat keine Möglichkeit, sich in Bälde einen Freibauern zu verschaffen, dagegen ist sein e-Bauer isoliert. Ferner ist es wohl bekannt, daß ein Endspiel mit 2 Springern gegen Läufer und Springer nicht so sehr vorteilhaft ist. Nach Erwägung aller dieser Umstände entschließt sich Weiß, auf sein materielles Übergewicht zu verzichten, um den Gewinn auf dem Wege der Kombination zu suchen, — und der Erfolg krönt diesen Versuch.

21. Sf3—d4! ....

Dient hauptsächlich dazu, um die beiden leichten Figuren des Gegners in eine Pattstellung zu bringen; außerdem auch, um den Bauern c7 am Vorgehen zu hindern, denn falls jetzt 21. .... c7—c5, so 22. Sd4—c6, Lg6—c2: 23. Tf1—c1 und Tc1—c5:, woraufhin Weiß ohne Schwierigkeiten einen Freibauer auf dem Damenflügel sich verschaffen würde.

21. .... Ta8—b8
22. b2—b3 Tf8—e8

Dieser unangebrachte Angriff gegen den e-Bauern, der dazu wegen Sd4—c6 usw. nicht sofort geschlagen werden kann, bringt den Weißen auf den Gedanken, zu versuchen, den Angriffsplan abzuändern und die schwarzen Türme von der achten Linie abzuschneiden.

23. Ta1—d1 Tb8—b6

Die logische Folgerung des vorhergegangenen Zuges.

24. c2—c4! Te8—e5:

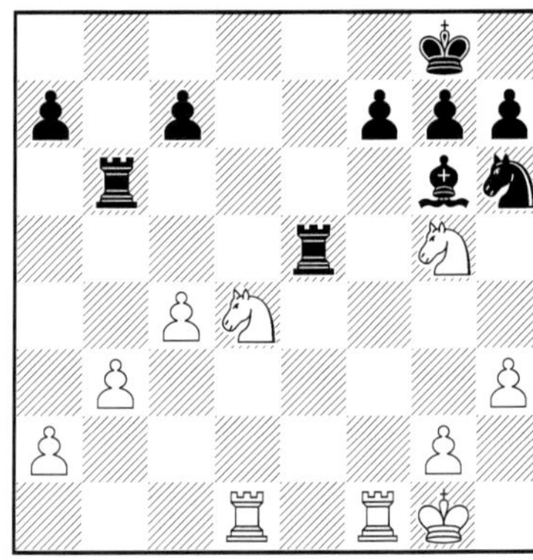

25. c4—c5!! ....

Schwarz hatte wahrscheinlich 25. Sd4—e6 erwartet, worauf 25. .... Tb6—b8 usw. die Antwort wäre; jetzt aber ist der Turm gezwungen, die b-Linie zu verlassen, denn auf 25. Te5—c5: würde 26. Sd4—e6! folgen und nach 25. .... Tb6—b7 26. Sd4—c6, Te5—e8 27. Sc6—e7†, Kg8—f8 (oder Kg8—h8 28. Se7—g6‡, f7—g6: 29. Td1—d7 usw.) 28. Se7—g6‡, h7—g6: 29. Td1—d7, Te8—e7 30. Td7—d8†, Te7—e8 31. Sg5—h7†, Kf8—e7 32. Td8—d1! könnte Schwarz ohne bedeutende Verluste das Matt nicht abwenden. Die Fortsetzung ist deshalb beinahe erzwungen.

25. .... Tb6—a6
26. Sd4—e6! Kg8—h8
27. Td1—d8† Sh6—g8

28. Se6—c7: ....

Aber nicht 28. Tf1—d1, Ta6—e6: 29. Sg5—e6:, f7—e6: usw.

28. .... Ta6—a2:

29. Tf1—d1 ....

Das ist klarer als die Variante 29. Sg5—f7‡, Lg6—f7: 30. Tf1—f7:, Te5—e1† 31. Kg1—h2, Te1—e2 32. Tf7—f8, Te2—g2‡ 33. Kh2—h1, h7—h6 34. Tf8—g8‡, Kh8—h7 usw., welche dem Schwarzen Remischancen gab.

29. .... f7—f6!

Wiederum der einzige Zug.

30. Td8—g8‡ Kh8—g8:

31. Td1—d8† Lg6—e8

32. Sc7—e8: ...

Droht Matt in 2 Zügen.

32. ... Kg8—f8

33. Se8—d6† Kf8—e7

34. Td8—e8† Ke7—d7

35. Te8—e5: f6—e5:

Die Lage hat sich nach den komplizierten Manövern geklärt. Weiß hat mit 2 Springern und einem Freibauern für den Turm ein sicheres, wenn auch nicht sehr leicht zu gewinnendes Endspiel.

36. Sd6—c4 Kd7—c6

37. Sg5—e4 Ta2—a1†

Um sich mit dem König zu nähern, was jetzt wegen 38. Se4—c3† unmöglich ist.

38. Kg1—f2 Kc6—d5

39. Kf2—f3 ....

Weiß, unter dem Eindruck der vorhergegangenen problemartigen Manöver, sucht weiter nach ungewöhnlichen Kombinationen; der Gewinn war leicht genug durch 39. Sc4—d2, 40. Kf2—e3 mit der Drohung 41. Sd2—b1 und 42. Sb1—c3† usw. zu erzielen.

39. .... a7—a5

40. Kf3—e2 ....

Schön, aber nicht logisch. Auch jetzt noch würde 40. Sc4—d2 usw. zum Gewinn führen.

40. .... a5—a4!

Selbstverständlich nicht Kd5—e4: wegen c5—c6, wonach Schwarz den Turm für diesen Bauern opfern müßte. Der Textzug führt zur Vereinfachung des Spieles, welches nunmehr Remis werden müßte.

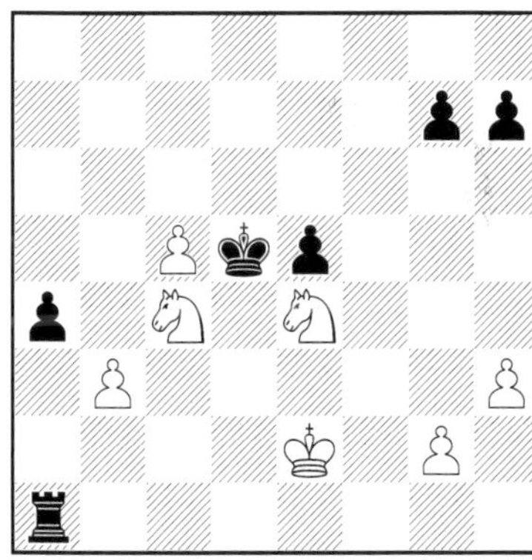

Ich hatte das Vorrücken des a-Bauern nicht verhindert, in der Hoffnung, durch die folgende studienartige Spielweise den Gewinn zu erzwingen: 41. b3—b4, Kd5—c4: 42. c5—c6, Kc4—b4: (oder Ta1—a2† 43. Ke2—d1, Kc4—d5 44. Se4—c3† usw.) 43. Se4—c3!! und Weiß gewinnt. Ich merkte jedoch rechtzeitig, daß Schwarz den Se4 schlagen kann, weil nach 42. c5—c6, Ta1—c1 der andere Springer ungedeckt wäre.

Remis konnte durch 41. Se4—c3†, Kd5—c5: 42. Sc3—a4‡, Kc5—d4 43. Sa4—b2 usw. erzwungen werden, da ich aber unbedingt gewinnen wollte, habe ich trotz der Unsicherheit meiner Stellung eine andere Variante gewählt.

41. Sc4—d2 a4—a3!
42. b3—b4 ....

Weiß hat bereits zwei verbundene Freibauern, muß aber für den schwarzen Freibauer einen Springer hergeben.

42. .... Ta1—c1
43. Ke2—d3 a3—a2
44. Sd2—b3 Tc1—d1†!

Gewinnt ein äußerst wichtiges Tempo und verschafft dadurch dem Schwarzen das Übergewicht. Als ich 41. Sc4—d2 spielte, rechnete ich mit 44. .... a2—a1D 45. Sb3—a1: Tc1—a1: 46. Se4—c3† in Verbindung mit Kd3—c4 und erwartete ein Endspiel, wie es sich in der Partie wirklich — aber nur dank einem Fehler meines Gegners — ergeben hat.

45. Kd3—c2 a2—a1D
46. Sb3—a1: Td1—a1:
47. Se4—c3† Kd5—c6

Der entscheidende Fehler. Schwarz mußte Kd5—c4! 48. c5—c6, Ta5—a3! 49. Sc3—e4, Ta3—a7 spielen, wonach der Freibauer am Vorgehen verhindert wäre und Schwarz sein materielles Übergewicht ausnützen könnte. Nach dem Textzuge erreicht Weiß wieder Gewinnstellung.

48. Kc2—d3 Ta1—f1
49. g2—g3! ....

Um das Feld c4 für den König freizuhalten.

49. .... h7—h5
50. Kd3—c4 h5—h4
51. b4—b5† Kc6—d7
52. g3—h4: Tf1—f4†
53. Kc4—d5 Tf4—h4:
54. c5—c6† Kd7—c7
55. Kd5—c5 Th4—h3:

Schwarz kann nichts mehr machen.

56. b5—b6† Kc7—b8
57. Sc3—b5 Schwarz gibt auf.

11. Läuferspiel

Internationales Meisterturnier zu Stockholm, Juni 1912.

Weiß: R. Spielmann.

1. e2—e4 e7—e5
2. Lf1—c4 Sg8—f6
3. d2—d4 e5—d4:
4. Sg1—f3 Lf8—c5

Nach 4. .... Sf6—e4: 5. Dd1—d4: erhält Weiß einen starken Angriff für den geopferten Bauern. Ich bin prinzipiell gegen derartige materielle Eroberungen im Eröffnungsstadium; sie sind stets mit Zeitverlust und Entwicklungshemmungen verbunden, welche oft fatal werden.

5. 0—0 ....

Auf 5. e4—e5 hätte Schwarz selbstverständlich 5. .... d7—d5 geantwortet.

5. .... d7—d6
6. c2—c3 ....

Weiß will um jeden Preis Gambit spielen!

6. .... d4—d3

Nach 6. .... d4—c3: 7. Sb1—c3: mit nachfolgendem 8. Lc1—g5 wäre Weiß glänzend entwickelt. Der Textzug gibt den Bauern zurück und verhindert eine schnelle und kräftige Mobilisation der weißen Figuren.

7. Dd1—d3: Sb8—c6
8. b2—b4 ....

Dieser Zug schwächt den Damenflügel. Weiß tut ihn doch, weil in der ruhigen Variante 9. Lc1—g5, h7—h6 10. Lg5—h4, Lc8—g4 11. Sb1—d2, Sc6—e5! Schwarz ein leichtes Spiel hätte.

8. .... Lc5—b6
9. b4—b5 Sc6—a5
10. e4—e5 ....

Das Vorgehen dieses Bauern zwingt den Schwarzen, angesichts der etwas unsicheren Lage seines Königs, sehr vorsichtig zu spielen; es pariert auch die Drohung 10. .... Sa5—c4:, welche in Verbindung mit der Rochade dem Schwarzen die bessere Partie gewährt hätte.

10. .... d6—e5:
11. Dd3—d8† Ke8—d8:
12. Lc4—f7: e5—e4
13. Sf3—e5 Lb6—c5!

Notwendig angesichts der Drohung 14. Lc1—a3 mit Aussicht auf guten Angriff für Weiß. Ohne diese Möglichkeit muß aber der Anziehende vom direkten Angriff zur einfachen Entwicklung seiner noch zurückgebliebenen Streitkräfte übergehen.

14. Sb1—d2 Th8—f8

Droht mit Figurengewinn durch 15 .... Lc5—d6 usw.

15. Sd2—c4 Sa5—c4:
16. Lf7—c4: Kd8—e7
17. Lc1—g5 Lc5—d6!

Zwingt den Weißen zu 18. f2—f4 und nimmt ihm dadurch die Möglichkeit, später die e-Reihe durch f2—f3 usw. zu öffnen.

18. f2—f4 Lc8—f5!
19. g2—g4 ....

Weiß will den schwarzen Läufer von der Diagonale b1—h7 vertreiben. In der Tat könnte Schwarz sonst durch h7—h6 seinem Läufer den Rückzug nach h7 sichern, worauf der Freibauer e4 sehr stark geworden wäre; der Zug g2—g4 hat aber auch seine Schattenseiten: er schwächt die Königsstellung.

19. .... Lf5—e6
20. Tf1—e1 ....

Weiß hatte die ihm Vorteil versprechende Variante 20. .... Ld6—e5: 21. f4—e5:, Le6—e4: 22. Te1—e4: usw. im Auge. Deshalb hat er auch nicht Ta1—e1 gespielt, denn sonst bliebe der Turm f1 vom Läufer c4 bedroht.

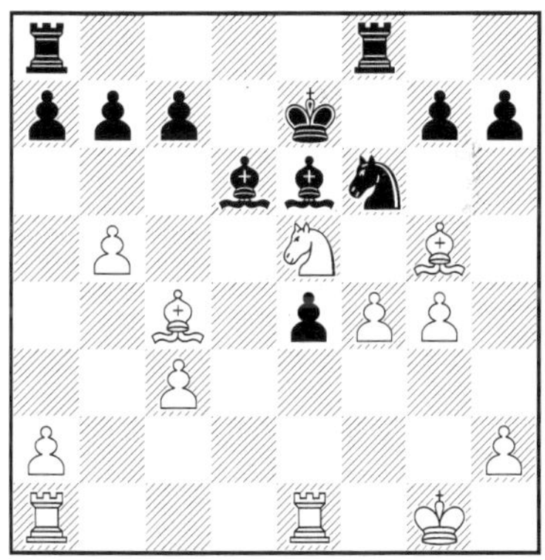

20. .... e4—e3!

Die Schwäche der weißen Stellung, welche durch das Vorgehen der Bauern auf beiden Flügeln erschüttert ist, beginnt in Erscheinung zu treten.

21. Lc4—d3 ....

Für Weiß wäre es besser, sich durch 21. Kg1—g2 vom e-Bauern zu befreien. Es könnte folgen: 21. .... Ld6—e5: 22. f4—e5:, Le6—c4: 23. Te1—e3:, Ke7—f7 24. e5—f6: usw., aber auch in diesem Fall wäre das Endspiel für Schwarz günstig.

21. .... Ke7—e8!

Dieser den Springer befreiende Zug

gestattet nicht nur, den e-Bauern durch Sf6—d5 zu schützen, sondern bedroht auch den Bauern g4.

22. h2—h3 Sf6—d5

Wiederum 2 Bauern angegriffen! Ein klarer Beweis dafür, wie gefährlich es war, sie vorzeitig vorzuschieben.

23. f4—f5 ....

Durch 23. .... Ld3—h7: hätte Weiß vorerst materielle Verluste vermeiden können, aber dann wäre seine Lage nach 23. .... Sd5—f4: 24. Lg5—f4:, Tf8—f4: usw. fast hoffnungslos. Er zieht eine Opferkombination vor, durch die er die Initiative zu bekommen hofft.

23. ... Ld6—e5:

24. f5—e6: Le5—c3:

25. Ld3—h7: ....

Mit der Drohung 26. Lh7—g6† usw.

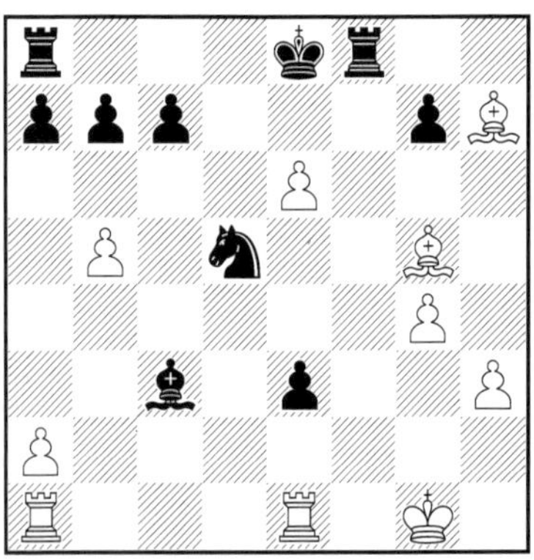

25. .... Sd5—f4!

Das einzige Mittel zum Erfolg. Weder 25. .... Tf8—f3 26. Lh7—g6† mit nachfolgendem Te1—f1 usw., noch 25. .... Sd5—e7 (ein Zug, den Spielmann wahrscheinlich erwartet hatte) 26. Ta1—d1!, Lc3—e1: 27. Td1—d7!, Le1—b4 28. Lg5—e7: nebst 29. Lh7—g6† usw. wären ausreichend gewesen. Jetzt muß Weiß verlieren.

26. Ta1—d1 Lc3—e1:

27. Td1—d7 ....

Die letzte Hoffnung! Nach 27. .... Sf4—e2† 28. Kg1—g2, Tf8—f2† 29. Kg2—h1, Le1—b4, könnte Weiß Td7—g7: spielen, drohend Matt in 3 Zügen und Schwarz müßte durch ewiges Schach Remis halten.

27. .... Le1—b4!

Weiß gibt auf.

12. Abgelehntes Damengambit

Russisches Nationalturnier zu Wilna, September 1912.

Weiß: Dr. O. Bernstein.

1. d2—d4 d7—d5
2. Sg1—f3 Sg8—f6
3. c2—c4 c7—c6
4. e2—e3 ....

Auf 4. Sb1—c3 habe ich neuerdings (London 1922) gegen Rubinstein und Bogoljubow 4. .... d5—c4: (5. e2—e3, b7—b5—b4 usw. oder 5. a2—a4, Lc8—f5!) mit Erfolg gespielt. Auf den Textzug kann aber recht gut 4. .... Lc8—f5 5. Dd1—b3, Dd8—b6 usw. geschehen.

4. .... g7—g6

Von Schlechter in seinem Wettkampf mit Dr. Lasker eingeführt. Das System ist aber nicht zu empfehlen, da der fianchettierte Königsläufer hier ausnahmsweise einen geringen Wirkungskreis hat, und auch dem Damenläufer, obwohl er nicht eingesperrt ist, keine günstigen Entwicklungsfelder zur Verfügung stehen.

5.	Sb1—c3	Lf8—g7
6.	Lf1—d3	0—0
7.	Dd1—c2	Sb8—a6
8.	a2—a3	....

Bis jetzt ist die Partie identisch mit der erwähnten 10. Wettpartie Lasker-Schlechter, wo Schwarz das verzweifelte Manöver 8. .... d5—c4: nebst b7—b5—b4 (was ohne Grund den ganzen Damenflügel verdirbt) unternahm.

8. .... Sa6—c7

Nach diesem Zuge steht Schwarz allerdings gedrückt, hat aber Schwächungen vermieden und ist nicht ohne Aussichten, nach und nach sein Spiel zu befreien.

9. 0—0 Lc8—e6

10. c4—d5: ....

Auf 10. b2—b3 spielt Schwarz Ta8—c8, und falls dann 11. Lc1—b2, so 11. .... c6—c5! (12. d4—c5:, d5—c4: nebst Sc7—a6 usw.) wodurch sein Spiel ein Gesicht bekäme.

10. .... Sf6—d5:!

Das einzig Richtige. Auf 10. .... c6—d5: käme Weiß durch die Besetzung der c-Linie infolge der ungünstigen schwarzen Figurenkonstellation rasch in Vorteil.

11. h2—h3 ....

Ein Präventivzug: Weiß will nämlich nach e3—e4, Sd5—c3:, b2—c3: die Möglichkeit, Le6—g4 verhindern. Das dazu verwendete Tempo wird aber von Schwarz zu einem wichtigen Gegenstoß benutzt.

11. .... Sd5—c3:

12. b2—c3: c6—c5!

Gegen die Verstärkung der weißen Zentralstellung gerichtet. Die Stellung erinnert nun an die viel besprocheneGrünfeldvariante(1.d2—d4, Sg8—f6 2. c2—c4, g7—g6 3. Sb1—c3, d7—d5 usw.) mit dem für Schwarz allerdings etwas ungünstigen Unterschied, daß sein Springer statt c6 oder d7 hier auf c7 steht.

13. Ta1—b1 Ta8—b8

14. Tf1—d1 ....

Auf 14. e3—e4 folgt nun 14. .... c5—d4: 15. c3—d4:, Dd8—d6! mit gutem Spiel, z. B. 16. d4—d5, Le6—d7 oder 16. e4—e5, Dd6—d7 nebst Tf8—c8. Übrigens ist es klar, daß Weiß den Bauern c5 weder im vorigen Zug, noch jetzt wegen Dd8—d5! usw. gut nehmen konnte.

14. .... c5—c4

Damit überläßt Schwarz dem Gegner die Beherrschung der zentralen Felder, um sich ein Übergewicht am Damenflügel zu sichern — jedenfalls ein kühnes Unternehmen. Ruhiger und zum Ausgleich ausreichend war 14. .... Dd8—d6 nebst Tf8—c8 usw.

15. Ld3—e2 b7—b5

Nicht sofort 15. .... f7—f5 wegen 16. Dc2—a4! usw.

16. Sf3—d2 ....

Nach diesem Rückzug erhält Schwarz endgültig die Initiative. Um das Gleichgewicht zu halten, war es notwendig, sofort 16. e3—e4, Dd8—d6 17. Lc1—e3, a7—a6 usw. mit aussichtsreichem Spiel für beide Teile zu spielen.

16. .... f7—f5!

Sichert den eigenen Figuren den Punkt d5, und das ist hier eigentlich die strategische Entscheidung.

17. Le2—f3 Le6—d5

18. e3—e4 ....

Notwendig, um endlich den Damenläufer entwickeln zu können.

18. .... Ld5—a8!

Um den Springer nach d5 zu bringen und den weißen Springer nicht nach c5 zu lassen.

19. Sd2—f1 f5—e4:

20. Lf3—e4: Sc7—d5

Nun beherrscht Schwarz das ganze Brett und hat gute Chancen auf beiden Flügeln. Auf 21. Sf1—g3 (nicht 21. Sf1—e3 wegen 21. ...., Sd5—c3: usw.) käme zunächst 21. ...., Dd8—d6, um den Läufer c1 an den Schwächling a3 zu fesseln; dann a7—a6 und Verdoppelung der Türme auf der f-Linie mit weit überlegenem Spiel. Der nächste plausible Entwicklungszug von Weiß wird durch das folgende Kombinationsspiel widerlegt.

21. Lc1—g5 ....

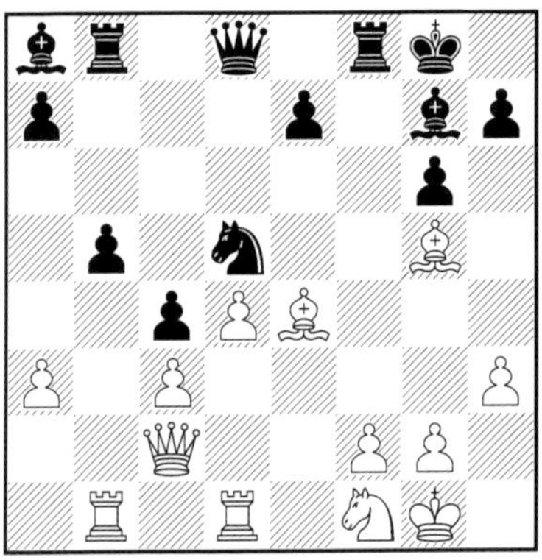

21. .... Sd5—c3:!

Die Krisis. Auf 22. Le4—a8: folgt 22. ...., Sc3—b1: 23. La8—e4, Sb1—a3: nebst b5—b4 usw., wobei Schwarz die Qualität behalten würde. Weiß wählt noch das beste Gegenspiel.

22. Le4—g6:! Dd8—d5!

Nur auf diese Weise wird der Vorteil klargestellt. Weit schwächlicher wäre 22. ...., Sc3—b1: 23. Lg6—h7†, Kg8—h8 24. Dc2—g6! (droht mit Dg6—h5 usw.), Dd8—e8! 25. Dg6—b1: und Weiß hätte noch einige Aussichten das Spiel zu halten.

23. Lg6—h7† Kg8—h8

24. f2—f4 ....

Offenbar erzwungen.

24. .... Sc3—b1:

25. Td1—b1: Dd5—d4†

26. Kg1—h1 ....

Auf 26. Kg1—h2 entscheidet 26. ...., Tf8—f4:! 27. Lg5—f4:, Dd4—f4† 28. Kh2—h1 (oder 28. Sf1—g3, Lg7—e5), Tb8—f8! mit der Drohung Df4—f1† nebst Matt in drei Zügen.

26. .... Dd4—c3!

Nun am einfachsten, da auch 27. ...., De3—h3† droht.

27. Kh1—h2 Dc3—c2:

28. Lh7—c2: e7—e5

Es scheint gefährlich zu sein, dem Weißen drei Freibauern zu gestatten. Aber Schwarz erkannte, daß sein Gegenspiel auf dem Damenflügel zuerst kommt. Sofort 28. ...., Lg7—f6 29. Lg5—h6 nebst g2—g4—g5 usw. wäre wohl nicht stärker gewesen.

29. f4—f5 Lg7—f6

30. Lg5—f6† ....

Nun wären nach 30. Lg5—h6, Tf8—g8 31. g2—g4 die Bauern zunächst gestoppt. Weiß zieht es vor, seinen Springer ins Spiel zu bringen, um noch einen Figurenangriff zu versuchen.

30. .... Tf8—f6:

31. Sf1—e3 a7—a5!

32. Tb1—d1 ....

Auf 32. Se3—c4: gewinnt Schwarz leicht durch 32. .... Tf6—c6 33. Sc4—e3, Tc6—c3 34. Tb1—e1, Tc3—a3: usw.

32. .... Tf6—f8!

Um sofort die offene Linie zu besetzen, worauf die paar Schachs auszuhalten sind.

33. Td1—d6 Tb8—d8
34. Td6—h6† Kh8—g7
35. Th6—g6† Kg7—f7
36. Se3—g4! ....

Dr. Bernstein, welcher in diesem Turnier um den ersten Preis kämpfte, hat sich auf geistreiche Art taktische Gegenchancen verschafft. Er droht sogar nun mit einem eigenartigen zweizügigem Epauletten-Matt!

36. .... Td8—d2!

Deckt das Matt und gewinnt überraschenderweise den Läufer, der keinen Zug haben wird. Das war die Pointe von 32. ...., Tf6—f8!

37. Sg4—e5‡ Kf7—e7
38. Lc2—b1 Td2—b2
39. Tg6—e6† Ke7—d8
40. Te6—d6† Kd8—c8
41. h3—h4 Tb2—b1:
42. g2—g4 c4—c3
43. Td6—d3 b5—b4
44. a3—b4: a5—b4:

Aufgegeben.

13. Damenbauernspiel

Russisches Nationalturnier zu Wilna, September 1912.

Weiß: A. Nimzowitsch.

1. d2—d4 d7—d5
2. Sg1—f3 c7—c5
3. Lc1—f4 Sb8—c6
4. e2—e3 Sg8—f6

Verfrüht wäre hier 4. ...., Dd8—b6 wegen Sb1—c3! usw.

5. Sb1—c3 ....

Nun ist aber dieser Zug unzweckmäßig. Die gewöhnliche Behandlung dieser Variante: c2—c3, Sb1—d2, Lf1—d3 usw. ist sicher besser.

5. .... Lc8—g4

Gut war auch zunächst 5. ...., a7—a6 und dann erst Lc8—g4, indes sollte auch der Textzug dem Schwarzen ein gutes Spiel verschaffen.

6. Lf1—b5! e7—e6
7. h2—h3 Lg4—h5

Aber dieser Zug gestattet dem Gegner, eine Schwächung der schwarzen Stellung auf den beiden Flügeln zu erzwingen. Sowohl 7. ...., Lg4—f3: 8. Dd1—f3:, a7—a6 9. Lb5—c6‡, b7—c6: nebst Lf8—d6 als auch 7. ...., c5—d4: 8. e3—d4:, Lg4—h5 9. g2—g4, Lh5—g6 10. Sf3—e5, Dd8—b6 11. a2—a4, Lf8—b4 usw. waren für Schwarz recht befriedigend.

8. g2—g4 Lh5—g6
9. Sf3—e5 Dd8—b6

Natürlich nicht 9. ...., Ta8—c8 wegen 10. Se5—c6: nebst Lb5—a6 usw. Aber 9. ...., Dd8—c8 war wohl vorsichtiger.

10. a2—a4! ....

Darauf kann Schwarz nicht mehr 10. ...., c5—d4: wegen 11. a4—a5! spielen und muß dem Gegner dauernd den Punkt b5 überlassen.

10. .... a7—a5
11. h3—h4! h7—h5

Dies ist verhältnismäßig besser als 11. ...., h7—h6, denn dadurch wird eine baldige Klärung der Bauernkonstellation auf dem Königsflügel erreicht.

12. Se5—g6: f7—g6:
13. g4—h5: ....

Die Variante 13. g4—g5, Sf6—g8

14. Dd1—d3, Ke8—f7 15. Th1—h3, sieht besser aus, als sie ist, denn Schwarz bekäme dann eine starke Springerstellung auf f5 und hätte sich infolgedessen ausreichend verteidigen können. Nach dem Textzuge bleibt der Bauer g7 schwach; dafür erhält aber Schwarz Gegenchancen im Zentrum.

13. .... g6—h5:

14. Dd1—e2 0—0—0

Hier steht der König sicher, da der Läufer f4 bald beseitigt wird.

15. 0—0—0! ....

Eine ganz raffinierte Falle.

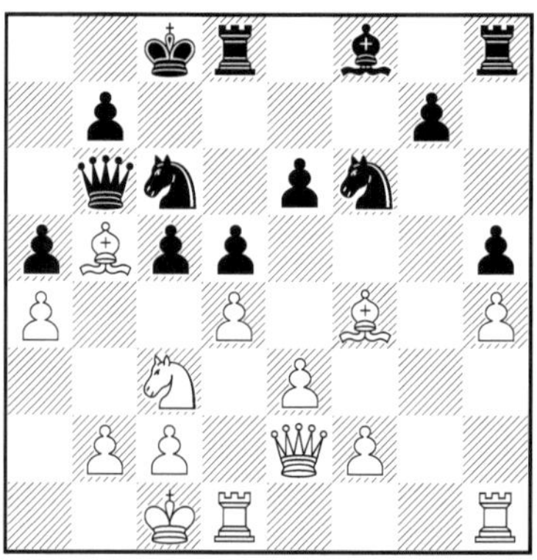

15. .... Lf8—d6!

Schwarz geht nicht auf die bösen Absichten des Gegners ein. Falls nämlich 15. ...., c5—d4: 16. e3—d4:, Sc6—d4:, so 17. Td1—d4:!, Db6—d4: 18. De2—e6‡, Sf6—d7 19. De6—c6†!, b7—c6: 20. Lb5—a6‡. Der Textzug beseitigt jede Gefahr.

16. Lf4—d6: Td8—d6:

17. Lb5—d3 ....

Nach diesem Zuge kommt Weiß in Nachteil, da er seine taktischen Folgen — und besonders den Umstand, daß er zu Sc3—b5 keine Zeit finden wird — nicht genau erwogen hatte. Besser war jedenfalls 17. Lb5—c6:, b7—c6: 18. Th1—g1, obwohl nach 18. ...., Td6—d7 die schwarze Stellung auch in diesem Falle etwas den Vorzug verdient hätte.

17. .... c5—c4!

Der Läufer wird nun herumgejagt und Schwarz erhält die Initiative auf den beiden Flügeln.

18. Ld3—g6 ....

Natürlich nicht 18. Sc3—b5, c4—d3: 19. Sb5—d6‡, Kc8—d7—d6: usw.

18. .... Sc6—e7

19. Th1—g1 Db6—b4!

Damit wird Sc3—b5 endgültig verhindert, da nach Td6—b6 der Bauer a4 dann nicht zu decken wäre.

20. Kc1—d2 ....

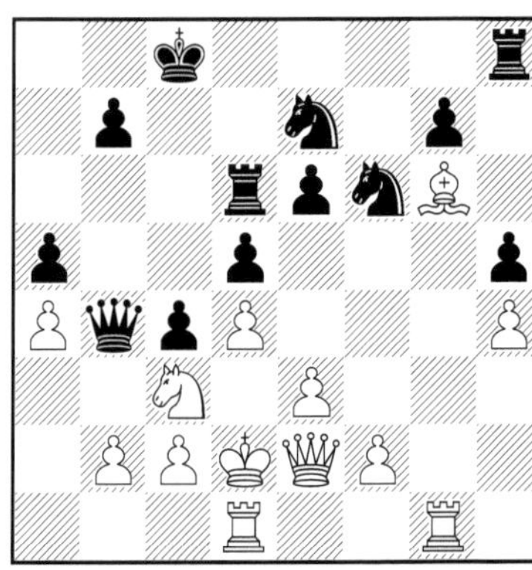

20. .... Td6—b6!

Der entscheidende Räumungszug und zugleich eine kleine Revanche für die Falle des Weißen im 15. Zug. Es droht nämlich auch eine Kombination mit Damenopfer: 21. ...., Se7—g6: 22. Tg1—g6:, Db4—b2: 23. Td1—b1, Db2—c3:† 24. Kd2—c3:, Sf6—e4‡. Der nächste Zug von Weiß pariert diese Drohung.

21. f2—f3 Th8—h6
22. Lg6—f7 ....

Der arme Läufer!

22. .... Se7—f5
23. De2—h2 Db4—e7!
24. Sc3—b5 ....

Verzweiflung, da auf 24. Lf7—g6, Sf5—h4:! usw. sofort gewinnt. Nach dem Textzuge hofft Weiß vielleicht noch mit der Dame auf b8 etwas auszurichten.

24. .... De7—f7:
25. Sb5—a7† Kc8—d7
26. Dh2—b8 Sf5—d6

Es konnte natürlich auch 26. ....., Df7—e8 usw. geschehen; Schwarz zieht es aber vor, auf Damenfang zu spielen, was ihm schließlich auch gelingt.

27. Tg1—g5 Sf6—e8
28. Td1—g1 Th6—f6

Und nicht 28. ....., Df7—f3: wegen 29. Tg5—g7‡ usw.

29. f3—f4 g7—g6
30. Kd2—c1 Df7—h7
31. c2—c3 Dh7—f7
32. Kc1—b1 Df7—e7!

Da 33. Tg5—g6: wegen 33. ....., De7—h7 nicht geht.

33. Kb1—a2 Tf6—f8
34. Sa7—b5 Sd6—b5:
35. a4—b5: Se8—c7
36. Db8—a7 De7—d6!

Um auf 37. Tg5—g6: mit 37. ....., Sc7—b5: 38. Tg6—g7†, Kd7—c6 39. Da7—a5:, Tb6—a6 ein Ende zu machen.

Aufgegeben.

14. Sizilianisch

Russisches Nationalturnier zu Wilna, September 1912.

Schwarz: Dr. O. Bernstein.

1. e2—e4 c7—c5
2. Sg1—f3 e7—e6
3. Sb1—c3 ....

Jetzt halte ich es für besser, zunächst 3. Lf1—e2 zu spielen, um im Falle, daß Schwarz sich mit a7—a6, Dd8—c7 usw. verteidigt, c2—c4 spielen zu können.

3. .... a7—a6
4. d2—d4 c5—d4:
5. Sf3—d4: Dd8—c7

Die Paulsensche Verteidigung, welche in den letzten Turnieren ziemlich oft — besonders von Sämisch und Dr. Tartakower — mit Erfolg gespielt wurde.

6. Lf1—e2 Sg8—f6
7. 0—0 Lf8—e7
8. f2—f4 Sb8—c6

Droht mit 9. ....., Sc6—d4: usw. und verhindert dadurch 9. e4—e5.

9. Kg1—h1 ....

Einfacher war sofort Lc1—e3. Indes hat das Tempo hier keine größere Bedeutung und der König steht auf h1 für alle Fälle besser.

9. .... d7—d6
10. Le2—f3 Lc8—d7
11. Lc1—e3 0—0
12. Dd1—e2 ....

Eine typische Stellung für die Paulsenvariante. Die schwarzen Figuren haben zunächst eine geringere Wirksamkeit als die weißen; dafür hat aber der Nachziehende Aussichten auf eine Initiative am Damenflügel — hauptsächlich wegen der offenen c-Linie.

12. .... Ta8—c8

Richtiger war es, diese Linie mit dem Königsturm zu besetzen, da dem Schwarzen am Königsflügel zunächst nichts drohte. Mit zwei Türmen auf dem Damenflügel hätte sich die folgende Aktion vielleicht wirksamer gestalten können.

13. De2—f2! ....

Ein wichtiger Zug, der zunächst 13. ...., Sc6—a5 wegen 14. Sd4—e6:! nebst Le3—b6 usw. verhindert. Schwarz muß also Zeit verlieren, um diesen Zug durchsetzen zu können.

13. .... b7—b5

14. Sd4—b3 Sf6—e8

Nach der Absperrung des f-Turmes kommt Schwarz in offenbaren Nachteil. Das pater peccavi Tc8—b8 nebst Tf8—c8 und dann erst, falls möglich, Sf6—e8, war am Platze.

15. Ta1—d1 Tc8—b8

16. Td1—d2! ....

In Erwartung von Sc6—a5 bereitet Weiß das folgende Angriffsmanöver vor. Der Turmzug bezweckt nicht etwa Verdoppelung, sondern Deckung (im Notfalle) des Bauern a2 durch den Königsturm.

16. .... Sc6—a5

17. Sb3—a5: Dc7—a5:

(S. Stellungsbild.)

18. e4—e5! ....

Damit geht Weiß plötzlich zum Angriff über. Ungünstig für Schwarz wäre nun 18. ...., d6—d5 wegen 19. Lf3—d5:!, e6—d5: (oder b5—b4 20. Ld5—b3!, b4—c3: 21. Td2—d7: usw. ±), 20. Sc3—d5:, I. 20. ...., Da5—d8 21. Le3—c5! (noch stärker als Sd5—e7‡), Le7—c5: 22. Df2—c5:, und Schwarz hat gegen die vielfachen Drohungen keine genügende Verteidigung. II. 20. ...., Le7—d8 21. Le3—c5, Ld7—e6! 22. Lc5—f8:, Kg8—f8: 23. Df2—c5†, Kf8—g8 24. f4—f5!, Le6—d5:! (Le6—f5: 25. b2—b4 usw. oder Da5—d2: 25. f5—e6: und gewinnt), 25. Dc5—d5: usw. mit weit überlegenem Spiel. Aber auch seine nächsten Züge bringen nur den weißen Springer auf günstige Felder.

Stellung nach dem 17. Zuge von Schwarz.

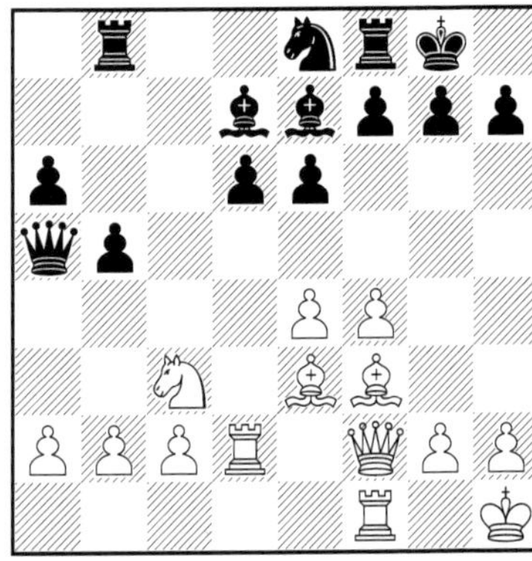

18. .... b5—b4

19. Sc3—e4 d6—d5

20. Se4—c5 Ld7—b5

21. Tf1—a1! ....

Vgl. die Anmerkung zum 16. Zuge von Weiß.

21. .... Se8—c7

Schneidet der Dame den Rückweg ab, was Weiß sofort ausnutzt. Es mußte wohl oder übel 21. ...., Da5—c7 oder d8 geschehen, obwohl auch in diesem Falle die schwarze Stellung durchaus nicht beneidenswert geblieben wäre.

22. a2—a4! ....

Droht mit Damengewinn durch 23. Sc5—b3. Schwarz muß sich schon zu dem folgenden Qualitätsopfer entschließen, da auf 22. ...., b4—a3 (e. p.) 23. Ta1—a3:, Da5—b4 24. c2

—c3, Db4—c4 25. Lf3—e2 die Dame ebenfalls verloren ginge, und nach 22. ...., Le7—c5: 23. Le3—c5:, Tf8—c8 die Fortsetzung 24. c2—c3!, Lb5—a4: 25. Lf3—d1, b4—c3: 26. b2—b4! sofort entscheiden würde.

22. .... Lb5—c4

Schwarz hofft, für die Qualität eine kleine Chance in dem vorgerückten b-Bauern in Verbindung mit dem Hinüberspielen des Springers nach c4 finden zu können, kommt aber nicht dazu.

23. Sc5—d7 ....

Nicht 23. b2—b3 wegen 23. ...., Lc4—b5.

23. .... b4—b3
24. Sd7—b8: Tf8—b8:
25. c2—c3 Sc7—a8
26. Lf3—e2 ....

Vorbereitung zu dem folgenden entscheidenden Königsangriff.

26. .... Tb8—c8
27. f4—f5! Lc4—e2:
28. Td2—e2: Le7—c5
29. Ta1—f1 Lc5—e3:
30. Te2—e3: Da5—b6
31. a4—a5 Db6—c6
32. Te3—f3 ....

Noch einfacher war wohl 32. f5—f6, g7—g6 33. Df2—h4, Dc6—e8 34. Te3—h3, h7—h5 35. Dh4—g5, De8—f8 36. Th3—h5: usw.

32. .... e6—f5:
33. Tf3—f5: Sa8—c7
34. Tf5—f7: Sc7—e6

(8. Stellungsbild.)

35. Df2—a7! ....

Droht mit 36. Tf7—g7‡, Se6—g7: 37. Da7—f7†, Kg8—h8 38. Df7—f8† nebst Matt. Sofort 35. Tf7—g7‡ hätte nach 35. Kg8—g7: nur zum Remis geführt.

Stellung nach dem 33. Zuge von Schwarz.

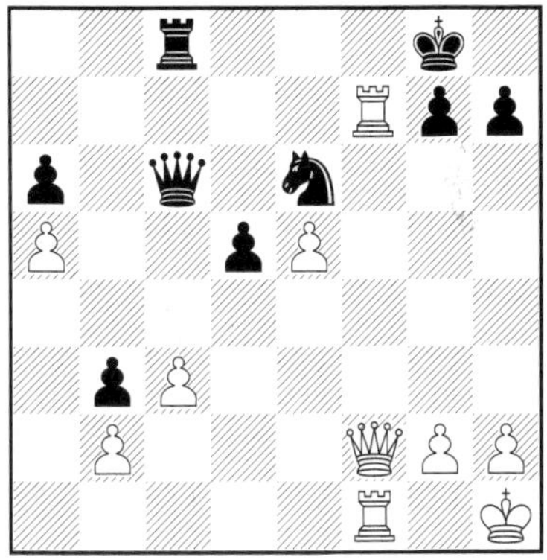

35. .... h7—h6
36. Tf7—e7 Dc6—c4

Gegen die Triplierung ließ sich nichts Wirksames erfinden.

37. Tf1—f7 Dc4—e4!

Begegnet der Drohung 38. Tf7—g7‡ und droht mit 38. ...., d5—d4!.

38. Da7—a6:! Tc8—c6

Falls 38. ...., Tc8—c4, so einfach 39. Da6—e6:.

39. Da6—f1 ....

Droht wieder mit 40. Tf7—g7‡

39. .... Kg8—h7
40. Tf7—f6! ....

Nun ist es endgültig aus. Auf 40. ...., Se6—d8 gewinnt am einfachsten Tf6—d6!, und 40. ...., De4—e5: geht nicht wegen 41. Df1—d3†.

40. .... d5—d4
41. Tf6—e6: Tc6—e6:
42. Te7—e6: d4—c3:
43. b2—c3: b3—b2
44. Te6—b6 De4—c2
45. a5—a6 Dc2—c1
46. Df1—g1 Aufgegeben.

15. Spanische Partie

Russisches Nationalturnier zu Wilna, September 1912.

Weiß: H. Loewenfisch.

1.	e2—e4	e7—e5
2.	Sg1—f3	Sb8—c6
3.	Lf1—b5	a7—a6
4.	Lb5—a4	Sg8—f6
5.	Dd1—e2	....

Alapins Zug. Obwohl nicht schlecht, gestattet er immerhin dem Schwarzen, das Spiel auf verschiedene Weise auszugleichen.

5. .... Lf8—e7

Ebensogut wäre 5. ...., b7—b5 und 6. ...., Lf8—c5.

6. c2—c3 d7—d6
7. h2—h3 ....

Ein Zug, der die Bindung des Sf3 verhindern soll. Er wäre notwendig, wenn Weiß d2—d4 hätte spielen wollen — dann muß der Springer Manövrierfreiheit haben. Aber da Weiß, wie aus dem folgenden zu ersehen ist — bloß d2—d3 spielen wollte, so ist dieser Zug einstweilen nutzlos und wäre später, wenn Schwarz bereits Lg4 gespielt hätte, logischer.

7. .... Lc8—d7
8. d2—d3 0—0
9. La4—c2 ....

Beugt der möglichen Drohung Sc6—d4 usw. vor.

9. .... Kg8—h8!

Die zurückhaltende Spielart von Weiß gestattet dem Schwarzen, sofort zur Vorbereitung des Angriffs zu schreiten.

10. 0—0 Sf6—g8

Um mit f7—f5 fortzusetzen. Weiß bereitet sich auf diese Möglichkeit vor, indem er die e-Linie mit dem Turm besetzt, um durch das Vorrücken des d-Bauern eine Kompensation im Zentrum zu erlangen.

11. Tf1—e1 Dd8—e8

Schwarz setzt die Vorbereitung seines versteckten Angriffsplans fort.

12. d3—d4 f7—f6!

Dem Prinzip folgend, daß das Vorgehen der Flügelbauern nur nach Befestigung des Zentrums geschehen soll.

13. Sb1—d2 ....

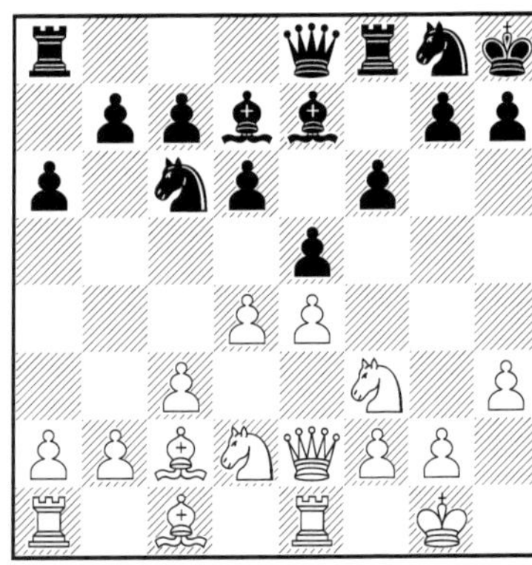

13. .... g7—g5!

Die logische Reaktion auf h2—h3 (vgl. die Partie Nr. 18). Die Öffnung der g-Linie nach 14. ...., g5—g4 15. h3—g4:, Ld7—g4: wäre offenbar für Schwarz vorteilhaft. Um das zu vermeiden, ist Weiß gezwungen, seine Königsstellung zu schwächen.

14. d4—d5 ....

Nach 14. g2—g4, h7—h5! wäre Weiß doch gezwungen, das Zentrum abzusperren.

14. .... Sc6—d8

Die Untätigkeit dieses Springers und des Königsläufers sind die einzigen Mängel der schwarzen Stellung.

15. g2—g4 h7—h5

16. Sf3—h2 Sg8—h6
17. Sd2—f1 c7—c6

Schwarz ergreift die Initiative auch auf dem Damenflügel und verbessert dadurch seine Stellung noch mehr.

Auch bei anderen Antworten, als die in der Tat gewählte, wäre er in Vorteil gekommen, z. B :

I. 18. c3—c4, b7—b5 19. b2—b3, Sd8—b7 20. Lc1—e3, c6—d5: 21. c4—d5:, Ta8—c8 mit nachfolgendem Sb7—c5 usw.

II. 18. Sf1—e3, h5—g4: 19. h3—g4:, c6—d5: 20. Se3—d5:, Sd8—e6 mit nachfolgendem Se6—f4 usw.

18. Sf1—g3 ....

Ein vergeblicher Versuch, den Abtausch oder das Vorgehen des h-Bauern zu provozieren.

18. .... c6—d5:
19. e4—d5: De8—f7!

Gewinnt die nötige Zeit, um durch f6—f5 das Zentrum zu sprengen, falls der Gegner den Bauern d5 verteidigen sollte, z. B.: 20. c3—c4, h5—g4: 21. h3—g4:, f6—f5! 22. g4—f5:, Sh6—f5: 23. Sg3—f5:, Ld7—f5: 24. Lc2—f5:, Df7—f5: usw. mit Vorteil für Schwarz. Weiß beschließt, dieser Drohung durch ein Manöver entgegenzutreten, dessen Ziel darin besteht, das Feld f5 zu besetzen und dadurch den Zug f6—f5 mechanisch zu verhindern.

20. Sg3—f5 Sh6—f5:
21. Lc2—f5: ....

Auch nach 21. g4—f5: wäre der Zug Df7—h7 ebenso stark.

21. .... Ld7—f5:
22. g4—f5: Df7—h7!
23. De2—e4 Sd8—f7
24. Sh2—f1 Sf7—h6
25. Sf1—e3 Tf8—g8
26. Kg1—g2 ....

In Voraussicht der Drohung 26. .... g5—g4 nebst 27. .... g4—g3 usw.

26. .... Le7—d8

Der Eintritt dieses Läufers ins Spiel ist das entscheidende Moment in der Partie. Schwarz droht mit 27. ...., b7—b5 und 28. ...., Ld8—b6 usw.

27. a2—a4 a6—a5!

Sichert dem Läufer die Diagonale a7—g1. Weiß versucht die Überführung des Läufers über b6 nach c5 zu verhindern, gestattet aber dem Schwarzen auf andere Weise in Vorteil zu kommen.

28. b2—b4 a5—b4:
29. c3—b4: Ld8—b6
30. Se3—c4! ....

Dieser Zug, welcher das Opfer von zwei leichten Figuren für einen Turm bezweckt, ist noch die einzige Ressource von Weiß, da nur energischer Angriff ihn retten kann. Auf 30. Te1—f1 hätte Schwarz durch 30. ...., g5—g4 31. h3—h4, Lb6—e3: 32. f2—e3:, g4—g3, dann Sh6—g4 usw. leicht gewonnen.

30. .... Lb6—d4
31. Lc1—b2 Ta8—c8

Schwarz hätte auch 31. Ld4—b2: mit nachfolgendem Sh6—f5: spielen können, aber der Textzug ist zwingender.

32. Ta1—c1 Tc8—c4:
33. Tc1—c4: Ld4—b2:
34. De4—c2! ....

Diese Stellung hatte Weiß im Auge, als er die Figur opferte. In der Tat hätte Weiß nach 34. ...., Lb2—d4 35. Tc4—c7, Tg8—g7 36. Tc7—g7:, Dh7—g7: 37. Dc2—c8†, Kh8—h7

38. Te1—c1 noch gewisse Möglichkeiten gehabt.

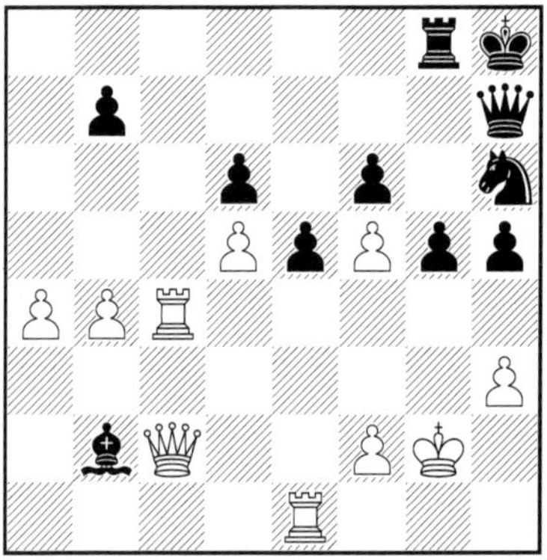

34. .... Sh6—f5:!

Der Anfang vom Ende. Nimmt Weiß den Läufer, so gewinnt Schwarz durch 35. ...., Sf5—h4† 36. Kg2—h1, Dh7—d3 37. Tc4—c3, Dd3—d5‡ 38. f2—f3, Sh4—f3: usw.

35. Tc4—c7 Dh7—g6!

Wenn 36. Dc2—b2:, dann g5—g4! und gewinnt.

36. Tc7—c8 g5—g4

Der Anfang einer Mattkombination.

37. Tc8—g8‡ Kh8—g8:
38. Dc2—b2: ....

Oder 39. Dc2—c8†, Kg8—h7 40. Dc8—b7‡, Kh7—h6 und Schwarz gewinnt.

38. .... g4—h3‡
39. Kg2—h3: ....

Auf 39. Kg2—f1 würde die schöne Variante 39. ...., Dg6—g2† 40. Kf1—e2, Dg2—e4† 41. K∼, De4—e1‡ nebst h3—h2 folgen. Nach dem Textzuge kündigte Schwarz Matt in 5 Zügen an:

39. .... Dg6—g4†
40. Kh3—h2 Sf5—h4
41. f2—f4 Sh4—f3†
42. Kh2—h1 Dg4—h3†
43. Db2—h2 Dh3—h2 ‡

16. Spanische Partie

Viermeisterturnier zu St. Petersburg, April 1913.

Schwarz: O. Duras.

1. e2—e4 e7—e5
2. Sg1—f3 Sb8—c6
3. Lf1—b5 a7—a6
4. Lb5—a4 Sg8—f6
5. Dd1—e2 b7—b5

Dies in Verbindung mit dem folgenden Zuge bildet meines Erachtens für Schwarz den einfachsten Weg, die Spiele auszugleichen.

6. La4—b3 Lf8—c5
7. a2—a4 ....

Die Öffnung der a-Linie ist in dieser Variante von großer Bedeutung. Schwarz kann sie durch 7. ...., b5—b4 nicht verhindern, weil darauf 8. Lb3—f7‡, Ke8—f7: 9. De2—c4†, d7—d5 10. Dc4—c5:, Dd8—d6 11. Dc5—c6:! usw. folgen könnte.

7. .... Ta8—b8
8. a4—b5: a6—b5:
9. d2—d3 ....

Auf 9. Sb1—c3 könnte Schwarz einfach rochieren, um nach 10. Sc3—b5: durch d7—d5! einen sehr aussichtsreichen Angriff zu erlangen. Durch den Textzug behält sich Weiß die Möglichkeit vor, eventuell auch c2—c3 zu spielen und den Damenspringer nach e3 oder g3 via d2—f1 zu führen.

9. .... d7—d6
10. Lc1—e3 Lc8—g4

Hier konnte Schwarz durch 10. . . . . , Lc8—e6, was den Abtausch des wichtigen weißen Königsläufers erzwungen hätte, ungefähren Ausgleich erlangen; denn es ist klar, daß Weiß in diesem Falle von dem doppelten Tausch auf e6 und c5 keinen Vorteil gehabt hätte — im Gegenteil, Schwarz würde dank der Beherrschung der zentralen Felder und der zwei offenen Linien bald die Führung übernehmen.

11. h2—h3 Lg4—h5

Konsequent, aber nicht das Beste. Schwarz sollte nach e6 zurückkehren, um ähnliche Stellungen wie die oben besprochenen womöglich herbeizuführen.

12. Sb1—d2 0—0

13. 0—0 Sc6—d4

Ein verfrühtes Tauschangebot, welches seine Stellung merklich kompromittiert. Vorzuziehen wäre jedenfalls 13. . . . . , Dd8—e7 nebst Sc6—d8—e6 usw. mit erträglichem Spiel.

14. Le3—d4: Lh5—f3:

Anders käme dieser Läufer stark ins Gedränge, z. B. I. 14. . . . . , Lc5—d4: 15. g2—g4, Lh5—g6 16. Sf3—d4:, e5—d4: 17. f2—f4 usw. II. 14. . . . . , e5—d4: 15. g2—g4, Lh5—g6 16. Sf3—h4 nebst f2—f4 — in beiden Fällen mit starkem Vorteil für Weiß.

15. Sd2—f3: e5—d4:

(S. Stellungsbild.)

16. e4—e5! . . . .

Der Beginn einer gefährlichen Attacke gegen den durch den frühzeitigen Abtausch des schwarzen Damenläufers geschwächten Punkt f7. Bemerkenswert ist dabei die Bedeutung der offenen a-Linie.

16. . . . . Dd8—e7

Stellung nach dem 15. Zuge von Schwarz.

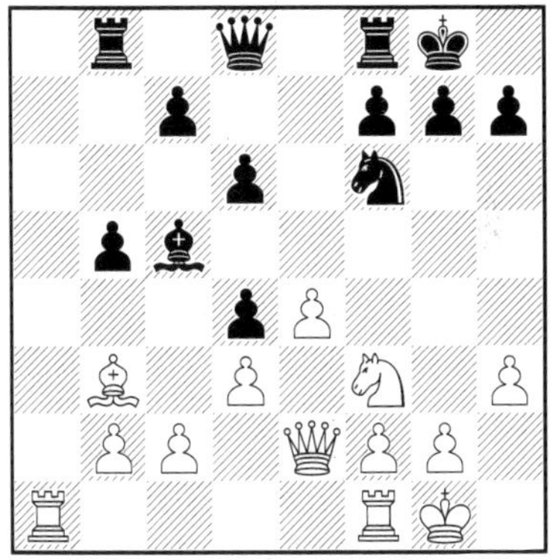

Sonst kämen noch folgende zwei Fortsetzungen in Betracht: I. 16. . . . . , d6—e5: 17. De2—e5:, Dd8—d6 18. De5—d6:, c7—d6: 19. Tf1—e1 ±. II. 16. . . . . , Tf8—e8 17. e5—e6!, f7—e6: 18. Lb3—e6‡, Kg8—f8 (Kg8—h8 19. Sf3—g5 usw.) 19. b2—b4!, Lc5—b4: (Lc5—b6 20. Tf1—e1 usw.) 20. Sf3—d4:, Tb8—b6!, 21. De2—f3!, Lb4—c3 22. Sd4—c6!, Tb6—c6: 23. Df3—c6:, Lc3—a1: 24. Te1—a1: ±.

17. Tf1—e1 Tb8—e8

18. De2—d2 d6—e5:

Nun erzwungen wegen der Drohung 19. e5—e6.

19. Te1—e5: De7—d6

20. Dd2—g5! . . . .

Der damit erzwungene Turmtausch ermöglicht das entscheidende Eingreifen des Springers.

20. . . . . Te8—e5:

Oder 20. . . . . , h7—h6 21. Dg5—f5 usw.

21. Sf3—e5: . . . .

Mit der Drohung 22. Se5—f7:, Tf8—f7: 23. Ta1—a8† usw.

21. . . . . Dd6—b6

Ungenügend wäre 21. ...., Sf6—d7, z. B. 22. Se5—f7:!, Tf8—f7: 23. Ta1—a8†, Sd7—f8 24. Dg5—f5!, Dd6—e7 25. Lb3—f7‡, De7—f7: 26. Df5—c5: und gewinnt. Der Textzug beseitigt die unmittelbare Gefahr und pariert auch den möglichen Vorbereitungszug 22. Dg5—f5, worauf nun 22. ...., g7—g6 nebst Kg8—g7 mit genügender Verteidigung möglich wäre.

22. g2—g4! ....

Dagegen führt diese versteckte Vorbereitung zum Springeropfer auf f7 in wenigen Zügen die Entscheidung herbei, da sie zunächst die folgende katastrophale Absperrung der schwarzen Dame so gut wie erzwingt.

22. .... Lc5—d6

Falls 22. ....., g7—g6, so 23. Dg5—h6 mit der Doppeldrohung 24. Se5—f7: oder 24. Ta1—a8. Oder 22. ....., Lc5—e7 23. Se5—d7!, Sf6—d7: 24. Dg5—e7:, Db6—d6 25. De7—d6:, c7—d6: 26. Ta1—a5, Tf8—b8 27. Ta5—a7, Tb8—d8 28. Ta7—b7 und gewinnt.

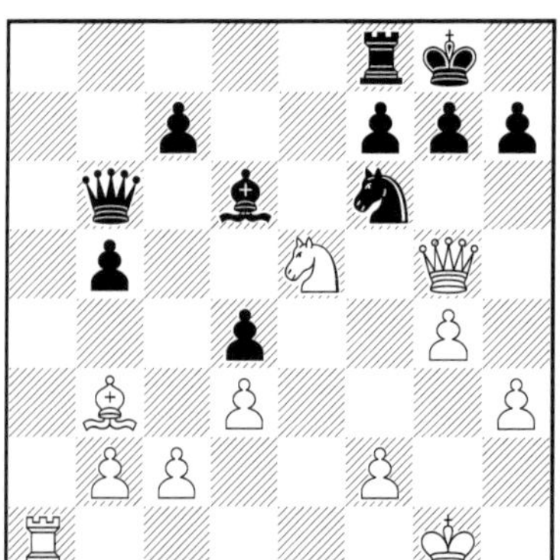

23. Se5—f7:! Tf8—f7:
24. Dg5—f5! ....

Die eigentliche Pointe des Zuges 22. g2—g4!. Gegen die Drohungen 25. Lb3—f7‡ nebst 26. g4—g5 oder 25. Df5—e6! ist Schwarz wehrlos.

24. .... g7—g6

Falls 24. ...., Db6—c6, so 25. g4—g5, Dc6—d7 26. Lb3—f7‡, Kg8—f7: 27. Df5—f3 und gewinnt.

25. Df5—e6 Kg8—g7
26. De6—f7‡ Kg7—h6
27. Lb3—e6! Aufgegeben.

17. Spanische Partie

Viermeisterturnier zu St. Petersburg, April 1913.

Weiß: E. Snosko-Borowski.

1. e2—e4 e7—e5
2. Sg1—f3 Sb8—c6
3. Lf1—b5 a7—a6
4. Lb5—a4 d7—d6
5. d2—d4 Lc8—g4

Besser ist 5. ...., Lc8—d7. Die von **Marshall** bevorzugte Textfortsetzung ist ungünstig für Schwarz, falls Weiß (wie es in der Partie **Réti—Spielmann**, Berlin 1920, geschah) mit 5. d4—d5, b7—b5 6. d5—c6:, b5—a4: 7. c2—c4! usw. fortsetzt.

6. La4—c6‡ ....

Auch durch diesen Zug erhält Weiß ein gutes Spiel, räumt aber dem Gegner doch einige Gegenchancen ein.

6. .... b7—c6:
7. d4—e5: d6—e5:
8. Dd1—e2 ....

Es ist klar, daß nach dem Damentausch der schwarze e-Bauer wegen der Drohung 9. .... Td8—d1: nicht zu nehmen wäre.

8. .... Lf8—d6
9. Lc1—e3 Sg8—e7

10. h2—h3 Lg4—h5
11. Sb1—d2 0—0

Es ginge auch 11. ...., f7—f6, um im Notfall den Läufer sofort nach f7 zurückzuziehen. Schwarz glaubt aber mit Recht, daß der Gegner keine Zeit haben wird, seinen Druck auf dem Königsflügel zu verstärken, da er auf der anderen Seite und auch im Zentrum genügend beschäftigt wird.

12. g2—g4 Lh5—g6
13. h3—h4 ....

Falls 13. Sf3—h4, so Se7—d5! 14. Sh4—g6:, Sd5—e3: 15. De2—e3:, f7—g6: usw. mit Gegenspiel.

13. .... f7—f6
14. h4—h5 Lg6—f7
15. Sf3—h4 Dd8—b8!

Ein gutes Ausfallstor für die Dame.

15. b2—b3 Db8—b4!
17. f2—f3 ....

Ohne Wert wäre die Öffnung der g-Linie, weil nach 17. Sh4—f5, Se7—f5: 18. g4—f5:, Db4—c3! Weiß, um den ersatzlosen Verlust des c-Bauern zu vermeiden, sich zur kurzen Rochade entschließen müßte, worauf 19. ...., Ld6—a3! mit weit überlegenem Spiel folgen würde.

17. .... Tf8—d8

Stärker als 17. .... Db4—c3 18. Ke1—f2!, Dc3—c2: 19. Th1—c1, Dc2—b2 20. Sd2—c4!, Db2—e2† 21. Kf2—e2: und Weiß hätte ein genügendes Äquivalent für den geopferten Bauern.

18. Ke1—f2 ....

Nach 18. 0—0 wäre der nächste Zug von Schwarz noch wirksamer gewesen.

18. .... Ld6—c5
19. Sd2—f1 Td8—d6
20. Le3—c5: Db4—c5†
21. Sf1—e3 Ta8—d8
22. Th1—d1 Dc5—c3!

Erzwingt die Entdoppelung der c-Bauern und beseitigt dadurch die einzige Schwäche der schwarzen Stellung.

23. Td1—d6: ....

Falls 23. Se3—f1, so einfach 23. ...., a6—a5 und Weiß wird sich doch früher oder später zum Abtausch entschließen müssen.

23. .... c7—d6:
24. Ta1—d1 d6—d5!

Am zwingendsten. Für seinen Randbauern erhält Schwarz einen starken Freibauern im Zentrum, und außerdem wird der weiße a-Bauer zu einer Angriffsmarke gestempelt.

25. De2—a6: d5—d4
26. Se3—f5 ....

Das Eingreifen dieses Springers ist ohne besondere Wirkung, da er durch andere Steine nicht bequem unterstützt werden kann.

26. .... Se7—f5:
27. Sh4—f5: Dc3—c2†
28. Da6—e2 Dc2—c5
29. De2—d3 ....

Etwas besser war 29. De2—d2! mit der Doppeldrohung 30. Td1—c1 nebst Tc1—c6: oder 30. g4—g5. Aber auch in diesem Fall hätte Schwarz mit 29. ...., Dc5—f8 sich Stellungsvorteil gesichert.

29. .... Lf7—e6

Um gelegentlich den Springer durch g7—g6 vertreiben zu können. Weiß zieht es aber vor, ihn zur Hilfe seines stark bedrohten Damenflügels sofort zurückzuziehen.

30. Sf5—g3 Td8—a8
31. Td1—d2 Dc5—b4!
32. Td2—c2 c6—c5

33. Sg3—f1 ....

Nun würde bloß noch ein Zug (Sf1—d2) genügen, um ihn sicherzustellen. Schwarz gibt ihm aber keine Zeit dazu.

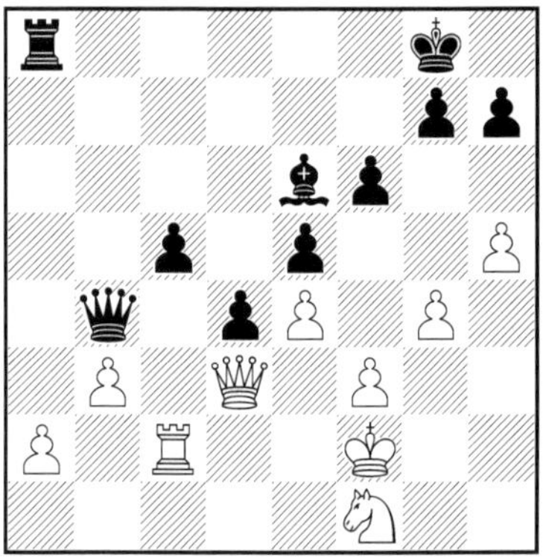

33. .... c5—c4!

Durch dieses Manöver wird den schwarzen Steinen der Weg zum feindlichen König freigemacht und eine Attacke inszeniert, die in wenigen Zügen die Entscheidung bringt, da der Freibauer die Verteidigungskräfte von Weiß am andern Flügel festhalten wird.

34. b3—c4: Ta8—a3
35. Dd3—d2 Db4—c5
36. Kf2—g3 ....

Nach 36. Kf2—g2, Le6—c4: würde gelegentlich Lc4—f1 ‡ drohen.

36. .... Le6—c4:
37. Dd2—c1 Ta3—c3!
38. Tc2—c3: d4—c3:
39. Sf1—e3 ....

Es drohte Dc5—g1† usw.

39. .... Lc4—a2:
40. Dc1—c2! La2—e6
41. Se3—d1 ....

Anders würde Schwarz ganz leicht durch seinen Freibauern gewinnen.

41. .... Dc5—g1†
42. Kg3—h4 g7—g5†

In Verbindung mit dem folgenden Zuge bildet dies den schnellsten Weg zum Gewinn.

43. h5—g6: (e. p.) ....

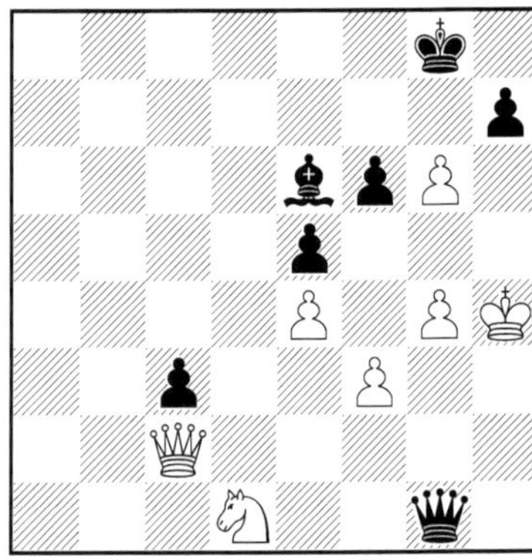

43. .... h7—h5!

Das Mitwirken dieses Bauern entscheidet sofort, da Weiß keine Verteidigung gegen die Drohung 44. ...., Dg1—h1† 45. Kh4—g3, h5—h4† 46. Kg3—f2, Dh1—h2† mehr hat. Weniger überzeugend wäre dagegen 43. .... h7—g6: wegen der Verteidigungsmöglichkeit 44. Dc2—e2!, Kg8—g7 45. Kh4—h3! usw.

44. Sd1—e3 Dg1—e3:
45. Dc2—a4 De3—f2†
46. Kh4—h3 h5—h4
47. Da4—e8† Kg8—g7
48. De8—e7† Kg7—g6:

Aufgegeben.

18. Spanische Partie

Internationales Turnier
zu Scheveningen, August 1913.

Weiß: Dr. A. Olland.

1. e2—e4 e7—e5
2. Sg1—f3 Sb8—c6
3. Lf1—b5 Sc6—d4

Diese alte Variante ist wohl etwas bedenklich. Weiß antwortet darauf am besten 4. Sf3—d4:, e5—d4: 5. 0—0, c7—c6 6. Lb5—c4, Sg8—e7 (oder g7—g6) 7. d2—d3 nebst 8. c2—c3! usw.

4. Lb5—e2 ....

Indem er dem Gegner den Vorteil des Läuferpaares ohne Ersatz einräumt, verzichtet Weiß von vornherein darauf, die Birdsche Variante zu widerlegen.

4. .... Sd4—e2:
5. Dd1—e2: d7—d6
6. c2—c3 ....

Auch mit 6. d2—d4 hätte Weiß das Aufgeben des Zentrums seitens des Gegners nicht erzwingen können, da nach 6. ...., c7—c6! 7. d4—e5:, d6—e5: der e-Bauer durch die Möglichkeit 8. ...., Dd8—a5† gedeckt wäre.

6. .... c7—c6
7. d2—d4 Dd8—c7
8. Lc1—e3 Sg8—f6
9. Sb1—d2 ....

Weiß hat nun glücklich alle seine kleinen Figuren „entwickelt“, aber sie erfreuen sich nur eines sehr beschränkten Bewegungsraumes, und die weißen Felder sind infolge des verfrühten Abtausches des Königsläufers entschieden geschwächt. Schwarz steht also schon jetzt besser.

9. .... Lf8—e7
10. h2—h3 ....

Verhindert zwar Lc8—g4, gibt aber (wie aus unzähligen Beispielen bekannt ist) dem Gegner eine sehr bequeme Angriffsmarke. Verhältnismäßig besser wäre 10. 0—0 und falls 10. ...., Lc8—g4, so 11. De2—d3 usw.

10. .... b7—b6!

Mit der Idee, entweder dem Läufer die Diagonale a6—f1 zugänglich zu machen oder, falls der Gegner diese obstruiert, das Zentrum vollständig zu blockieren, um dann in aller Ruhe den König angreifen zu können. Die Richtigkeit dieses Planes wird durch den Verlauf der Partie überzeugend bewiesen.

11. 0—0 a7—a5
12. c3—c4 ....

Auf 12. Tf1—e1 hätte sich Schwarz mit 12. ...., Lc8—a6 nebst 0—0 begnügt. Nun aber benutzt er die Gelegenheit, seinen Angriffstraum zu verwirklichen.

12. .... c6—c5!
13. d4—d5 ....

Die Öffnung der d-Linie wäre offenbar zum Vorteil von Schwarz.

13. .... h7—h6!
14. a2—a3 ....

Eine Gegendemonstration auf der anderen Seite, die aber natürlich wenig Aussicht auf Erfolg hat, da die nötigen Vorbedingungen (gegnerische Schwächen, harmonisches Zusammenspiel der eigenen Figuren) in ungenügendem Maße vorhanden sind.

14. .... g7—g5
15. b2—b4 ....

Falls nun Sf3—h2, so 15. ...., h6—h5 16. Le3—g5:, Sf6—d5:

17. Lg5—e7:, Sd5—f4! usw. mit Angriffsspiel.

15. .... g5—g4
16. h3—g4: Lc8—g4:
17. b4—c5: b6—c5:
18. De2—d3 Dc7—d7!

Die nun kommende Kombination des Weißen konnte durch 18. ...., Dc7—c8 vermieden werden. Schwarz hat aber ihre Ungefährlichkeit erkannt und sucht sie, im Gegenteil, zu provozieren.

19. Le3—c5: ....

Geistreich und anscheinend auch richtig, da nach 19. ...., d6—c5: 20. Sf3—e5: nebst 21. f2—f4 die weiße Bauernübermacht im Zentrum erdrückend wäre. Zum Unglück von Weiß ist aber Schwarz gar nicht gezwungen, das Opfer sofort anzunehmen.

19. .... Lg4—f3:

Und nicht 19. ...., Th8—g8 wegen 20. Sf3—e5:, worauf der schwarzen Dame das Feld g4 noch nicht zur Verfügung stände.

20. Sd2—f3: ....

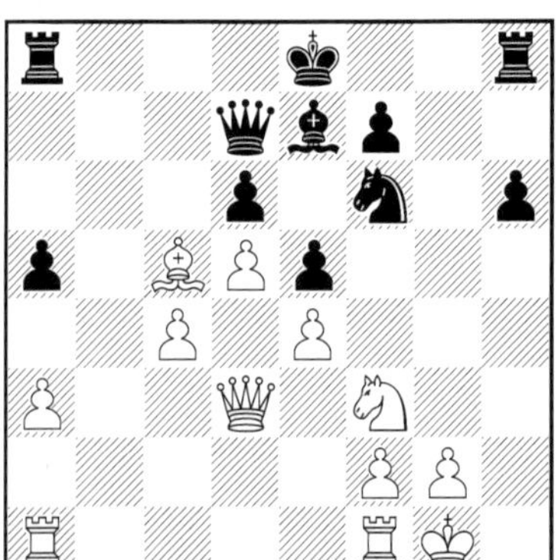

20. .... Th8—g8!

Durch die ruhige Ablehnung des Danaergeschenks wird das Stellungsübergewicht des Nachziehenden klargestellt. Auf 21. Lc5—e3 (21. Lc5—b6, Dd7—h3! usw.) hätte er seinen Angriff folgendermaßen fortgesetzt: 21. ...., Tg8—g2‡ 22. Kg1—g2:, Dd7—g4† 23. Kg2—h2, Dg4—f3: 24. Tf1—g1, Sf6—g4† 25. Tg1—g4:, Df3—g4: 26. Ta1—g1, Dg4—h5† 27. Kh2—g2, f7—f5! 28. e4—f5:, Ke8—f7 usw. mit baldigem Zusammenbruch von Weiß. Deshalb versucht dieser, sich durch ein neues Opfer zwei verbundene Freibauern im Zentrum zu verschaffen, deren Vorgehen dem Gegner in der Tat große Sorgen zu bereiten scheint.

21. Sf3—e5: d6—e5:
22. Lc5—e7: Dd7—g4!

Es war wichtig, dem Gegner keine Zeit zu 23. f2—f3 zu lassen, was ihm eine bequeme Deckung des Punktes g2 durch die Türme ermöglicht hätte.

23. g2—g3 Ke8—e7:
24. d5—d6† Ke7—f8
25. Tf1—e1 h6—h5!

Schwarz hat gerade noch Zeit, seinen Angriff gegen g3 entscheidend zu verstärken.

26. Ta1—d1 ....

Droht 27. d6—d7 nebst Dd3—d6† und Dd6—e5:.

26. .... Ta8—d8
27. c4—c5 h5—h4
28. Te1—e3 h4—g3:
29. f2—g3: ....

Oder 29. Te3—g3:, Dg4—e4: usw. mit leichtem Gewinn.

29. .... Sf6—h5

(S. Stellungsbild.)

30. d6—d7 ....

Es ist nichts mehr zu machen. Falls z. B. 30. Td1—d2, so Dg4—h3 (31. Td2—g2, Dh3—g2‡ usw.) und

Stellung nach dem 29. Zuge von Schwarz.

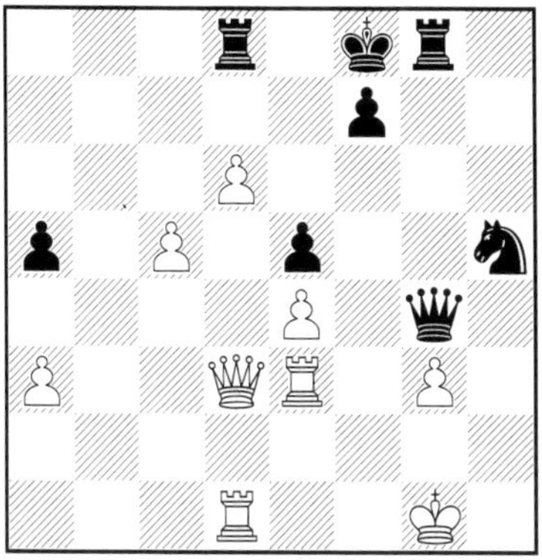

falls 30. Kg1—f2, so 30. .... Tg8—g6! usw. Der Textzug verliert allerdings noch schneller.

30.	....	Sh5—g3:
31.	Dd3—d6†	Kf8—g7
32.	Dd6—e5‡	Kg7—h7
33.	Kg1—f2	Dg4—d1:
34.	Te3—g3:	Dd1—d2†
35.	Kf2—f1	Tg8—g3:
36.	De5—f5†	Tg3—g6
37.	c5—c6	Dd2—c1†

Aufgegeben.

19. Mittelgambit

Internationales Meisterturnier zu Scheveningen, August 1913.

Weiß: J. Mieses.

1.	e2—e4	e7—e5
2.	d2—d4	e5—d4:
3.	Dd1—d4:	....

Es leuchtet ein, daß derartige Damenbewegungen in der Eröffnung nicht geeignet sind, das Anzugstempo zu bewahren. Schwarz muß aber sehr sorgfältig vorgehen, um dem Gegner keine Gelegenheit zu einem Angriff gegen seinen König oder selbst gegen seine Zentralstellung zu geben, da die weiße Dame von g3 doch einen gewissen Druck ausüben wird.

3.	....	Sb8—c6
4.	Dd4—e3	Lf8—e7

Schwarz konnte auch 4. ...., Sg8—f6 versuchen, da die Variante 5. e4—e5, Sf6—g4 6. De3—e4, d7—d5! 7. e5—d6: (e. p.), Lc8—e6 8. Lf1—a6, Dd8—d6: 9. La6—b7:, Dd6—b4† 10. De4—b4:, Sc6—b4: usw. ihn schließlich in Vorteil bringen würde.

5.	Lc1—d2	Sg8—f6
6.	Sb1—c3	0—0
7.	0—0—0	d7—d5!

Dieser Bauernzug, der auf den ersten Blick etwas gewagt aussieht, erlaubt in der Tat dem Schwarzen, seinen Entwicklungsvorsprung am zweckmäßigsten zu verwenden. Nach 7. .... d7—d6 bliebe das Spiel halb geschlossen und Weiß hätte die nötige Zeit gehabt, seine Entwicklung zu vollenden.

8.	e4—d5:	Sf6—d5:
9.	De3—g3	Le7—h4!

Pariert ohne Zeitverlust die Drohung 10. Ld2—h6.

10.	Dg3—f3	Lc8—e6

Einleitung zu einem chancenreichen und dabei risikofreien Opfer. Logischer wäre aber wohl 10. ...., Sd5—c3: 11. Ld2—c3:, Dd8—g5† 12. Lc3—d2 (anders 12. ...., Lc8—g4), Dg5—c5! 13. Ld2—e3, Dc5—a5, womit er ohne Verwicklungen seinen Vorteil behaupten würde.

11.	Ld2—e3!	....

Damit wird die folgende Kombination direkt herausgefordert, da nun 11. ...., Sc6—e7 wegen 13. Df3—h5 nebst c2—c4 usw. fehlerhaft wäre.

S. Stellungsbild.)

11.	....	Sd5—c3:!

Stellung nach dem 11. Zuge von Weiß.

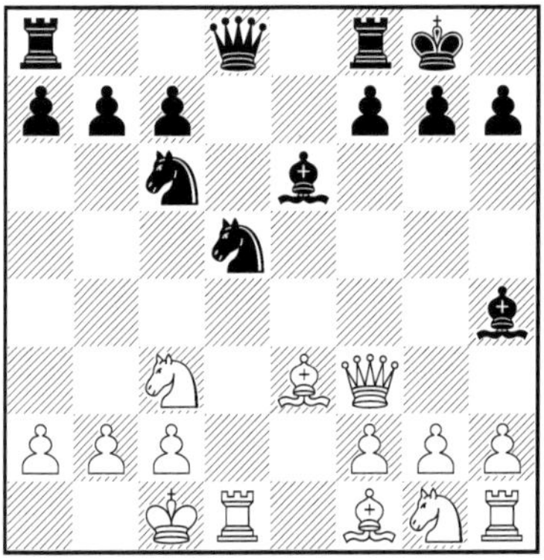

Damit erhält Schwarz Turm, Springer und einen Bauern für die Dame bei überlegener Stellung — also ein vollkommen genügendes Äquivalent. Weit schwächer wäre dagegen 11. ...., Sc6—b4 12. a2—a3, Sd5—c3: 13. Td1—d8:, Sb4—a2† 14. Kc1—d2, Sc3—b1† 15. Kd2—e1 — und die Springer haben sich offenbar verirrt.

12. Td1—d8: Sc3—a2‡
13. Kc1—b1 Ta8—d8:
14. Lf1—e2 Sa2—b4
15. Sg1—h3 Tf8—e8

Eine notwendige Vorbereitung zu allen folgenden Kombinationen.

16. Sh3—f4 ....

Ungenügend wäre 16. Th1—d1, Le6—d5 17. Df3—h5, Lh4—f6 mit der Drohung 18. ...., Ld5—e4.

16. .... Le6—f5
17. Th1—c1 g7—g6

Mit der Drohung 18. ...., Sb4—c2:, was momentan noch nicht ginge, z. B. 17. ...., Sb4—c2: 18. Tc1—c2:, Sc6—b4 19. Sf4—d3!, Te8—e4 20. Sd3—b4:! usw.

18. g2—g4 ....

Um den gefährlichen schwarzen Damenläufer abzutauschen.

18. .... Lf5—e4
19. Df3—h3 Lh4—f6
20. Le2—f3 ....

Erzwingt den erwähnten erleichternden Abtausch. Schwarz behält aber trotzdem einen gewaltigen Druck.

20. .... Le4—f3:
21. Dh3—f3: Sc6—e5
22. Df3—e2 ....

Es ist klar, daß das Wegnehmen von b7 einen unwiderstehlichen kombinierten Angriff (b-Linie und schräge a1—h8) verursachen würde.

22. .... c7—c5!

Ein sehr wichtiger Zug, welcher dem schwarzen Angriff neues Leben gibt. Er pariert nämlich die gegnerische Vereinfachungsdrohung 23. c2—c3, Sb4—d3 24. Sf4—d3:, Se5—d3: 25. Tc1—d1 usw. aufs wirksamste und verleitet dadurch den Gegner, sein Heil in einem wenig aussichtsvollen Gegenspiel auf dem rechten Flügel zu suchen.

23. Tc1—g1 c5—c4
24. h2—h4 Sb4—d5!

Die damit hervorgerufenen Verwicklungen erforderten eine weite Vorausberechnung.

25. Sf4—d5: Td8—d5:
26. f2—f4 ....

Falls 26. g4—g5, Lf6—g7 27. Tg1—d1, so 27. ...., Td5—b5 28. Le3—d4, Te8—e6! usw. gleichfalls zum Vorteil von Schwarz.

26. .... Se5—d3!

Damit wird die nun schutzbedürftige Stellung des Läufers e3 sofort ausgenutzt.

27. De2—f3 ....

Falls statt dessen 27. c2—d3:, so 27. ...., Td5—d3: 28. Tg1—g3, Lf6—d4! 29. De2—c2 (und nicht

De2—d3:, c4—d3: 30. Le3—d4:, Te8—e1† 31. Kb1—a2, d3—d2 usw.), Ld4—e3: 30. Dc2—c4:, Te8—d8∓; doch sollte Weiß diese Variante dem Textzuge, welcher eine neue, diesmal entscheidende Opferwendung ermöglicht, entschieden vorziehen.

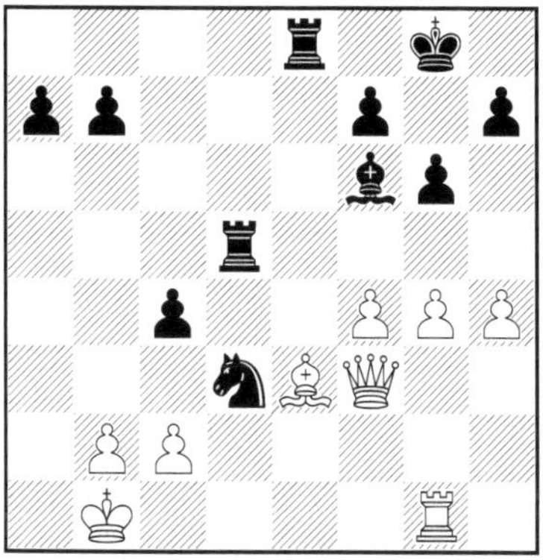

27. .... Td5—b5!

Tödlich. Weiß ist gezwungen, den Springer zu nehmen, denn auf 28. b2—b3, Tb5—a5 29. c2—d3: gewinnt Schwarz durch 29. ...., c4—b3: 30. Kb1—c1, Lf6—c3 31. Kc1—d1, Ta5—a1† usw.

28. c2—d3: Tb5—b2‡
29. Kb1—c1 c4—d3:
30. Kc1—d1 ....

30. Tg1—g2, Te8—c8† 31. Kc1—d1 wäre nur Zugumstellung.

30. .... Te8—c8!

(8. Stellungsbild.)

Die einzige Verteidigung gegen die Drohung 31. ...., Tc8—c2 war nun 31. Tg1—g2. Aber auch dieser Zug (trotz der entgegengesetzten Meinung der gesamten derzeitigen Kritik) wäre auf die Dauer ungenügend gewesen. Schwarz hätte darauf folgendermaßen gewonnen: 31. ...., Tb2—b1†,

Stellung nach dem 30. Zuge von Schwarz.

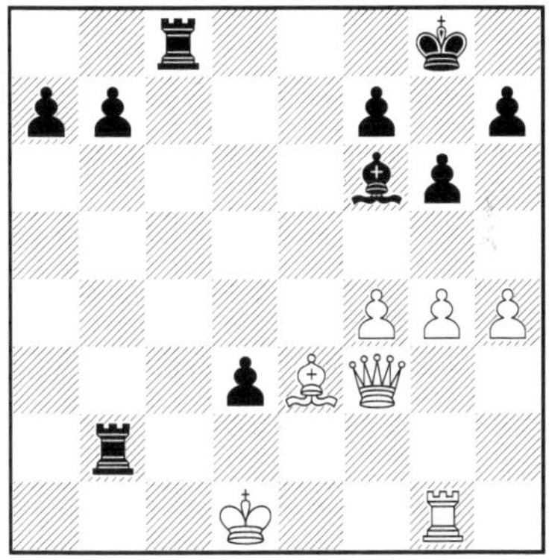

32. Kd1—d2, Tb1—b3! 33. Kd2—d1 (oder a), Lf6—c3! 34. Le3—c1, Lc3—b4!, worauf Weiß keine Verteidigung gegen die Drohungen 35. ...., Tc8—c1†, 35. ...., d3—d2 oder 35. ...., Tb3—b1 gehabt hätte. a) 33. Kd1—e1, Tc8—c1†! 34. Ke1—f2 (oder 34. Le3—c1:, d3—d2† usw.), Lf6—h4‡ und gewinnt. Diese Feststellung ist wichtig für die Beurteilung des Wertes sowohl des Damenopfers im 11. Zuge als auch der Schlußkombination dieser gehaltvollen und eigenartigen Partie.

31. g4—g5 Tc8—c2!
32. Kd1—e1 Tb2—b1†
33. Df3—d1 Lf6—c3†

Aufgegeben.

20. Spanische Partie

Nationales Meisterturnier
zu St. Petersburg, Januar 1914.

Schwarz: H. Loewenfisch.

1.	e2—e4	e7—e5
2.	Sg1—f3	Sb8—c6
3.	Lf1—b5	a7—a6
4.	Lb5—a4	Sg8—f6

5. Dd1—e2 Lf8—e7
6. c2—c3 b7—b5
7. La4—b3 0—0

Wenig gebräuchlich. Vorzuziehen ist das übliche 7. ...., d7—d6.

8. a2—a4 ....

Aber dies ist nicht die beste Entgegnung. Richtig war 8. d2—d4 (nicht 8. Lb3—d5 wegen Le7—d6!), d7—d6 (falls e5—d4:, so 9. e4—e5, Tf8—e8 10. 0—0 usw.) 9. d4—d5, Sc6—a5 10. Lb3—c2 nebst Sb1—d2 und a2—a4, was den Zug 5. Dd1—e2 vollkommen gerechtfertigt hätte.

8. .... d7—d5!

Gut.

9. a4—b5: ....

Natürlich nicht 9. e4—d5: wegen 9. ...., e5—e4!.

9. .... d5—e4:

Führt zu sehr interessanten Verwicklungen, bei welchen Weiß aber schließlich das letzte Wort haben wird. Mit 9. ...., Lc8—g4! 10. d2—d3! (10. b5—c6:, d5—e4:∓), d5—e4: 11. d3—e4:, a6—b5: 12. Ta1—a8:, Dd8—a8: 13. 0—0 usw. konnte Schwarz ein zum mindesten gleiches Spiel erlangen.

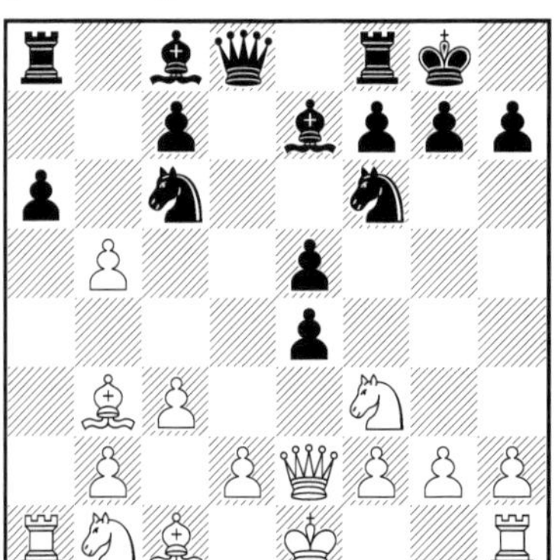

10. Sf3—g5! ....

Gewinnt einen Bauern. Obwohl Schwarz dabei eine Zeitlang einen beträchtlichen Entwicklungsvorsprung behält, ist das Unternehmen wenig bedenklich, da Weiß schließlich des Schlüsselpunktes e4 sich bemächtigen wird. Die Richtigkeit des Springerzuges beruht auf der Erwägung, daß 10. ...., Lc8—g4 wegen Sg5—f7:!, Tf8—f7: 12. De2—c4! mit Qualitätsgewinn nicht geht. Falsch wäre dagegen auf 10. ...., Lc8—g4 sowohl 11. f2—f3, e4—f3: 12. g2—f3:, a6—b5:! 13. Ta1—a8:, Dd8—a8: 14. f3—g4:, Sc6—a5!∓ als auch (nach 11. Sg5—f7:, Tf8—f7:) 12. Lb3—f7‡, Kg8—f7: 13. De2—c4†, Lg4—e6 14. Dc4—c6:, Le6—d5! mit Gewinn für Schwarz.

10. .... Sc6—a7

Noch seine beste Gegenchance.

11. b5—a6: ....

Ungenügend wäre 11. Sg5—e4: wegen Sa7—b5:.

11. .... Lc8—f5
12. Lb3—c2 ....

Natürlich muß der Punkt e4 sofort mit allen Kräften gestürmt werden.

12. .... Dd8—d5
13. c3—c4 ....

Notwendig, um endlich den Damenspringer entwickeln zu können. Dadurch werden aber dem Feinde die Punkte b4 und d4 zugänglich und daraus entsteht ein aufregender Kampf.

13. .... Dd5—d4

Nur scheinbar gefährlich für Weiß war 13. ...., Dd5—c6, z. B. 14. Sb1—c3, e4—e3 15. Lc2—f5:, Dc6—g2: 16. Th1—f1, Dg2—g5: (oder 16. ..... e3—f2‡ 17. Tf1—f2:, Dg2—g5: 18. d2

—d4 usw.) 17. f2—e3:, Dg5—h4† 18. Ke1—d1 ±.

14. Sb1—c3 Lf5—g4

15. De2—e3 Sa7—c6

Da der e-Bauer nicht mehr zu verteidigen ist, versucht Schwarz als Ersatz dafür den gefährlichen a-Bauern zu erobern. Ein richtiger Plan, von dem er aber später zu seinem Nachteil Abstand nimmt.

16. Sg5—e4: Sc6—b4!

17. Se4—f6‡ Le7—f6:

Kaum besser wäre 17. ...., g7—f6:, weil Weiß darauf nicht 18. Lc2—e4 (wegen 18. ...., f6—f5), sondern 18. Lc2—b1! geantwortet hätte.

18. Lc2—e4 Dd4—c4:

Dieser Versuch, den Angriff um jeden Preis festzuhalten, wird durch das Bauernopfer des Weißen im 20. Zuge widerlegt. Besser war 18. ...., Ta8—a6: 19. Ta1—a6:, Sb4—a6: 20. d2—d3, Sa6—b4 21. 0—0 usw. mit einigen Remischancen wegen der Schwäche der weißen Bauern am Damenflügel.

19. a6—a7! ....

Dieser eben verschmähte Bauer wird nun fürchterlich.

19. .... Tf8—d8

20. b2—b3! ....

Dadurch kommt Weiß zur Rochade und macht damit der gegnerischen Offensive ein Ende. Nutzlos wäre nun 20. ...., Sb4—d3† wegen 21. Ke1—f1 usw.

20. .... Dc4—b3:

21. 0—0 Sb4—c2

(S. Stellungsbild.)

22. De3—c5! ....

Entscheidend. Falls nun 22. ...., Sc2—a1:, so 23. Le4—a8:, Td8—a8: 24. Dc5—c6! und gewinnt. Weniger

Stellung nach dem 21. Zuge von Schwarz.

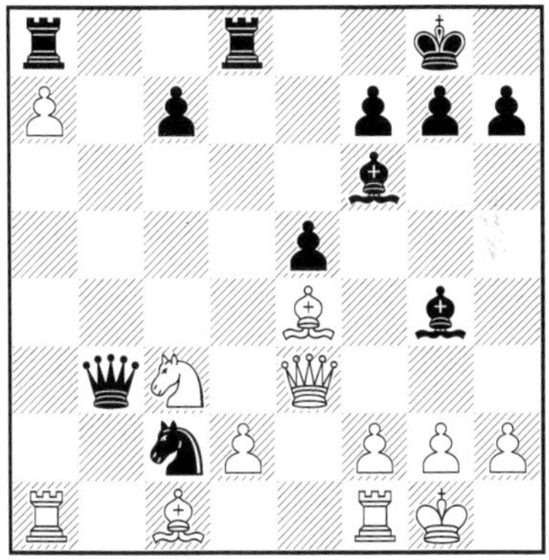

stark war dagegen 22. Le4—a8:, Sc2—e3: 23. La8—d5, Se3—d5: 24. a7—a8D, Sd5—c3: 25. b2—c3:, Dc4—c3: usw. mit recht chancenreichem Spiel für Schwarz.

22. .... c7—c6

Ebenso ungenügend wie jeder andere Zug.

23.	Ta1—b1	Db3—e6
24.	Le4—c2:	Lf6—e7
25.	Dc5—b6	De6—d7
26.	Tb1—a1	f7—f5
27.	Lc2—a4	Td8—c8
28.	Lc1—a3	Le7—g5
29.	La3—c5	Lg5—d2:
30.	Sc3—d5!	Lg4—e2
31.	Sd5—e7†	Kg8—h8
32.	Se7—c8:	Ta8—c8:
33.	La4—c6:	Aufgegeben.

21. Spanische Partie

Nationales Meisterturnier
zu St. Petersburg, Januar 1914.

Schwarz: A. Nimzowitsch.

1.	e2—e4	e7—e5
2.	Sg1—f3	Sb8—c6
3.	Lf1—b5	a7—a6

4. Lb5—a4 Sg8—f6
5. 0—0 Sf6—e4:

Wohl die meistanalysierte Variante der Spanischen. Nach den letzten Forschungen schlägt sie eher zugunsten von Weiß aus und deshalb wird nun beinahe ausnahmslos statt des Textzuges 5. ...., Lf8—e7 gespielt.

6. d2—d4 b7—b5
7. La4—b3 d7—d5
8. d4—e5: Lc8—e6
9. c2—c3 Lf8—e7
10. Sb1—d2 ....

Falls 10. Lc1—e3, so 10. ...., 0—0 11. Sb1—d2, Se4—d2: 12. Dd1—d2:, Sc6—a5 mit befriedigendem Spiel für Schwarz. Weniger empfehlenswert wäre dagegen 11. ...., f7—f5 12. e5—f6: (e. p.), Se4—f6: 13. Sf3—g5! usw. oder auch 11. ...., Lc8—g4 12. Sd2—e4:, d5—e4: 13. Dd1—d5! usw. (vgl. Partie Nr. 91).

10. .... Se4—c5

Besser war 10. ...., 0—0 11. Lb3—c2, f7—f5 12. e5—f6: (e. p.), Se4—f6:, obwohl Weiß auch in diesem Falle durch 13. Sd2—b3 (aber nicht 13. Sf3—g5 wegen 13. ...., Le6—g4 14. f2—f3, Lg4—c8!) einen kleinen Vorteil behaupten könnte.

11. Lb3—c2 Le6—g4

Ungenügend wäre hier 11. ...., 0—0 und zwar wegen der geistreichen von Bogoljubow gegen Réti (Stockholm 1920) angewandten Fortsetzung 12. Sf3—d4, Sc6—e5: 13. f2—f4, Le6—g4 14. Dd1—e1, Le7—h4 15. De1—e5:, Tf8—e8 16. Sd4—c6, Dd8—d7 17. f4—f5 mit voraussichtlichem Gewinn für Weiß.

12. Tf1—e1 0—0
13. Sd2—b3 Sc5—e4

Auf 13. ...., Sc5—e6 (Janowski—Dr. Lasker, Suresnes 1913) erhält Weiß mit 14. Dd1—d3 ein schönes Angriffsspiel. Aber auch die Neuerung im Text erweist sich als ungenügend.

14. Lc1—f4! ....

Und nicht 14. Lc2—e4:, d5—e4: 15. Dd1—d8:, Ta8—d8: 16. Te1—e4: Td8—d1† 17. Sf3—e1, Lg4—f5 18. Te4—e2, Lf5—d3 19. Te2—e3, Le7—g5 usw. Nun aber droht Weiß einen Bauern zu gewinnen.

14. .... f7—f5
15. e5—f6: (e. p.) Se4—f6:
16. Dd1—d3 Sf6—e4

Das Bauernopfer ist ungenügend, aber Schwarz stand schon gefährdet genug. Falls z. B. 16. .... Lg4—h5, so einfach 17. Sf3—g5, Lh5—g6 18. Dd3—e2 usw. mit Vorteil.

17. Lf4—c7: Dd8—d7

Falls 17. ...., Dd8—c7:, so natürlich 18. Dd3—d5‡ usw.

18. Sf3—e5! Sc6—e5:
19. Lc7—e5: Le7—h4

Nicht 19. ...., Tf8—f2: wegen 20. Te1—e4:.

20. Le5—g3 Lh4—g3:
21. h2—g3: Lg4—f5

Stellt den Gegner vor ein kleines Problem. Falls z. B. nun 22. Dd3—e2, so 22. ...., Lf5—g4 und die weiße Dame müßte wegen der Bedrohung des f-Bauern wieder nach d3 zurück.

(S. Stellungsbild.)

22. Dd3—d4! ....

Beweist, daß der g-Bauer nur scheinbar bedroht war, z. B. 22. ...., Se4—g3: 23. Sb3—c5, Dd7—d6 24. Lc2—b3 mit Gewinn. Schwarz muß also zunächst seinen Schwächling d5 noch einmal decken.

22. .... Tf8—d8

Stellung nach dem 21. Zuge von Schwarz.

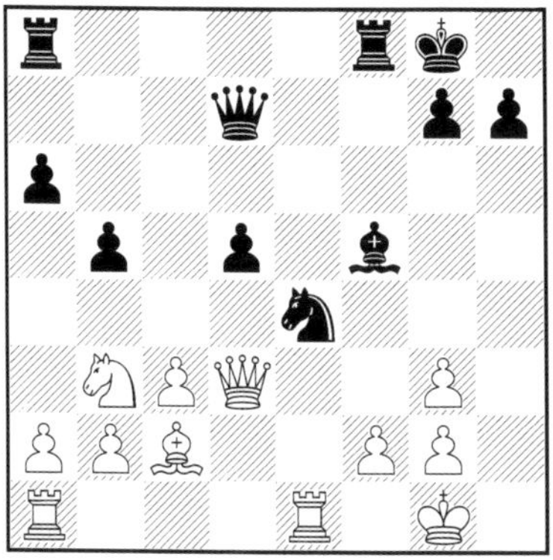

Um eine Nuance besser war Ta8—d8.

23. Ta1—d1 Dd7—c7

Droht wiederum 23. ...., Se4—g3:.

24. Sb3—d2! ....

Darauf kann Schwarz weder Se4—g3: (wegen 25. Lc2—b3) noch 24. ...., Se4—d2: wegen folgender Variante spielen: 25. Lc2—f5:, Sd2—c4 26. Lf5—e6†, Kg8—h8 27. Le6—d5:, Sc4—b2: 28. Td1—b1, Sb2—c4 29. Ld5—a8: und gewinnt.

24. .... Se4—f2:

Verzweiflung. Ebenfalls aussichtslos wäre übrigens 24. ...., Lf5—g6 25. Lc2—b3, Se4—f6 26. Sd2—f3 usw.

25. Lc2—f5: Sf2—d1:
26. Te1—d1: Dc7—g3:
27. Lf5—e6† Kg8—h8
28. Le6—d5: Ta8—c8
29. Sd2—e4 Dg3—h4
30. b2—b3 Tc8—c6
31. Dd4—f2 ....

Noch einfacher war 31. Ld5—c6:, Td8—d4: 32. c3—d4: und dieser Bauer wäre unwiderstehlich. Aber auch nach dem Damentausch wird Weiß keine Schwierigkeiten mehr haben.

31. .... Dh4—h5

Oder 31. ...., Dh4—h6 32. Td1—f1 nebst c3—c4 usw.

32. Df2—f3 Dh5—f3:

Erzwungen.

33. g2—f3: g7—g6
34. Td1—d2 Tc6—b6
35. c3—c4 b5—c4:
36. b3—c4: Tb6—b1†
37. Kg1—f2 a6—a5
38. c4—c5 Tb1—c1
39. c5—c6 Kh8—g7

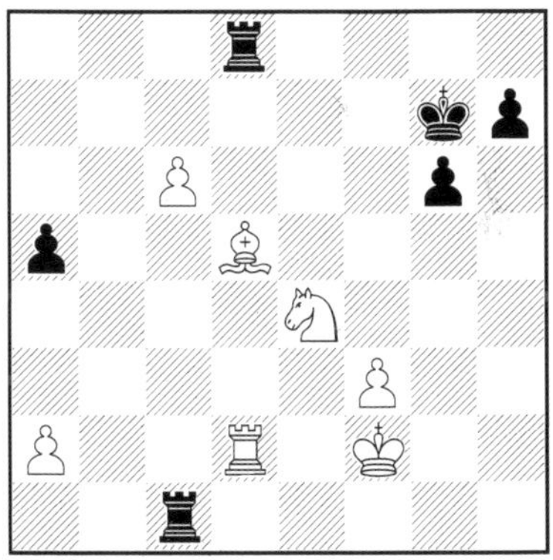

40. Ld5—c4! ....

Gewinnt noch die Qualität, denn falls 40. ...., Td8—c8, so 41. Td2—d7†, Kg7—h6 42. Lc4—d5 usw. und falls 40. ...., Td8—d2‡, so 41. Se4—d2: nebst c6—c7 mit sofortigem Gewinn.

40. .... Tc1—c4:
41. Td2—d8: Tc4—c6:
42. Td8—d7† Kg7—h6
43. Kf2—g3 Tc6—c4

Oder 43. ...., Tc6—c2 44. f3—f4, Tc2—a2: 45. Se4—g5 mit undeckbarem Matt.

44. Se4—f2! Kh6—g5

Falls 44. ...., Tc4—a4, so 45. Sf2—g4†, Kh6—h5! 46. Td7—d5†, g6

—g5 47. Td5—d6 nebst Matt; oder 44. ...., g6—g5 45. Sf2—g4† nebst 46. Sg4—e5† und gewinnt.

45. Td7—d5† Kg5—f6
46. Td5—a5: Aufgegeben.

22. Abgelehntes Damengambit

Nationales Meisterturnier zu St. Petersburg, Januar 1914.

Weiß: S. von Freymann.

1. d2—d4 d7—d5
2. Sg1—f3 Sg8—f6
3. c2—c4 e7—e6
4. Lc1—g5 ....

Gestattet dem Gegner, den Abtausch dieses Läufers beinahe zu erzwingen. Vorzuziehen ist deshalb wohl 4. Sb1—c3.

4. .... h7—h6!

Darauf hat Weiß nichts Besseres als 5. Lg5—f6:, denn nach dem folgenden Rückzug des Läufers ist die nachträgliche Annahme des Gambits ganz gut anwendbar.

5. Lg5—h4 d5—c4:

Noch exakter wäre hier zunächst 5. ...., Lf8—b4† und dann erst d5—c4:, was die Deckung dieses Bauern durch b7—b5 ermöglicht hätte.

6. Dd1—a4† ....

Die einzige Möglichkeit, den Bauern zurückzugewinnen, da 6. ...., Lf8—b4† drohte.

6. .... Sb8—d7
7. Da4—c4: c7—c5
8. Sb1—c3 a7—a6

Mit der Absicht, den Läufer auf die Diagonale a8—h1 zu entwickeln. Wie die Folge zeigt, kann der Gegner diesen Plan nicht verhindern.

9. a2—a4 ....

Wirkungslos, wie die Antwort zeigt. Notwendig war 9. e2—e3, obwohl auch dann Schwarz etwas besser stünde.

9. .... b7—b5
10. Dc4—d3 c5—c4
11. Dd3—b1 ....

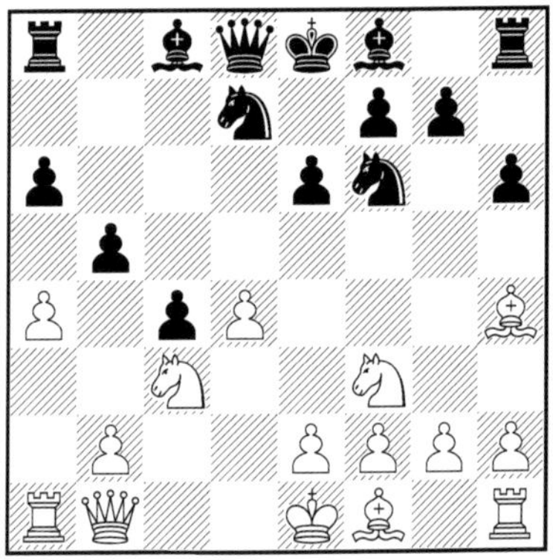

11. .... Lc8—b7!

Der Zweck dieses Bauernopfers ist eine weitere Hemmung der weißen Entwicklung, verursacht durch einen dadurch ermöglichten Druck auf den Punkt c3.

12. a4—b5: ....

Vorsichtiger war es, auf den Bauern zu verzichten. Aber auch nach 12. e2—e3, Dd8—b6 wäre seine Stellung sehr wenig ersprießlich.

12. .... a6—b5:
13. Sc3—b5: Lf8—b4†
14. Sb5—c3 g7—g5
15. Lh4—g3 Sf6—e4
16. Db1—c1 ....

Diese letzten Züge waren offenbar erzwungen.

16. .... Sd7—b6

Mit der Drohung 17. ...., Sb6—a4 usw.

17. Ta1—a8: Dd8—a8:

18. Sf3—d2 Se4—d2:
19. Ke1—d2: Da8—a2!

Der Beginn der Schlußkombination. Es droht nun wieder 20. ...., Sb6—a4 und Weiß hat also noch immer keine Zeit zu 20. e2—e3.

20. Kd2—d1 Da2—b3†
21. Dc1—c2 ....

Darauf geht der schwarze c-Bauer direkt zur Dame!

21. .... Lb4—c3:
22. b2—c3: ....

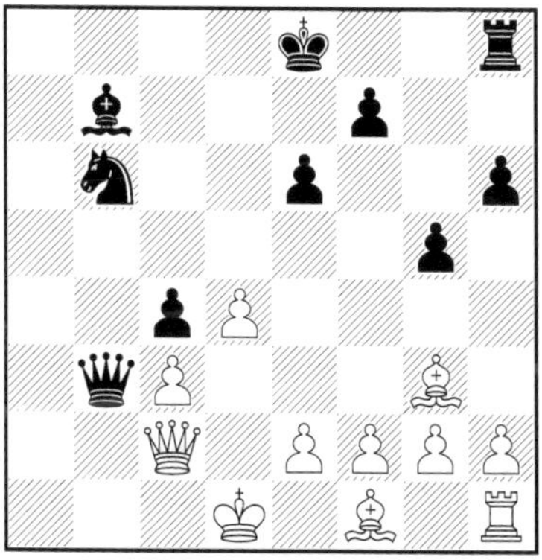

22. .... Lb7—e4!

Einfach und sofort entscheidend.

23. Dc2—b3: c4—b3:
24. e2—e3 ....

Oder Kd1—c1, Sb6—c4 nebst Matt in wenigen Zügen.

24. .... b3—b2

Aufgegeben.

23. Vierspringerspiel

Nationales Meisterturnier zu St. Petersburg, Januar 1914.

Weiß: A. Nimzowitsch.

1. e2—e4 e7—e5
2. Sg1—f3 Sb8—c6
3. Sb1—c3 Sg8—f6
4. Lf1—b5 Sc6—d4!

Die Einführung und Begründung dieses lange Zeit verschmähten Zuges ist eines der größten Verdienste Rubinsteins auf dem Gebiete der Eröffnungstheorie. Dem Weißen, falls er die wenig einladenden Verwicklungen, welche mit der Annahme des Bauernopfers verbunden sind, vermeiden will, bleibt nichts besseres übrig als 5. Sf3—d4:, e5—d4: 6. e4—e5, d4—c3: 7. e5—f6:, Dd8—f6:! (aber nicht c3—d2‡? 8. Lc1—d2:, Dd8—f6: 9. 0—0 mit unwiderstehlichem Angriff) 8. d2—c3:, Lf8—c7 9. 0—0, 0—0 usw. mit ungefähr gleichem Spiel. Die vorliegende Partie ist ein überzeugendes Beispiel dafür, wie gefährlich es für den Anziehenden ist, die Rubinsteinvariante widerlegen zu wollen.

5. Lb5—c4 ....

Oder I. 5. 0—0, Sd4—b5: 6. Sc3—b5:, c7—c6 7. Sb5—c3, d7—d6 8. d2—d4, Dd8—c7, II. 5. Sf3—e5:, Dd8—e7 6. Se5—f3, Sd4—b5: 7. Sc3—b5:, De7—e4‡ 8. Dd1—e2, De4—e2:† 9. Ke1—e2:, Sf6—d5! 10. c2—c4, a7—a6 — immer mit ganz gutem Spiel für Schwarz.

5. .... Lf8—c5
6. Sf3—e5: Dd8—e7!
7. Se5—d3 ....

Auch nach 7. Se5—f3 würde Schwarz durch 7. ..... d7—d5 einen starken Angriff erlangen. Es leuchtet übrigens ein, daß Weiß den Bauern f7 weder mit dem Springer (wegen 7. ...., d7—d5) noch mit dem Läufer (wegen 7. ..... Ke8—d8 nebst 8. ..... d7—d6) nehmen konnte.

7. .... d7—d5

Die Pointe der ganzen Variante.

8. Lc4—d5: ....

Oder 8. Sc3—d5: (Sd3—c5:, d5—c4:∓), Sf6—d5: 9. Lc4—d5:, c7—c6 zum Vorteil von Schwarz.

8. .... Sf6—d5:
9. Sc3—d5: De7—e4‡
10. Sd5—e3 Lc5—d6
11. 0—0 Lc8—e6

Das Bauernopfer hat sich glänzend rentiert: Schwarz ist überlegen entwickelt, und Weiß hat mit großen Schwierigkeiten zu kämpfen, hauptsächlich deshalb, weil seine Springer keine Anhaltspunkte im Zentrum haben.

12. Sd3—e1 0—0—0!

Um so schnell wie möglich die offenen Zentrallinien auszunutzen.

13. c2—c3 Sd4—f5
14. Dd1—c2 ....

Etwas besser war 14. d2—d3, worauf Schwarz 14. ...., De4—h4 15. Se1—f3, Dh4—h5 mit dauerndem Druck gespielt hätte. Nun wird aber die weiße Stellung durch eine Serie scheinbar ganz einfacher, jedoch wegen ihrer äußerlichen Harmlosigkeit nicht gar so leicht zu findender Züge direkt zertrümmert.

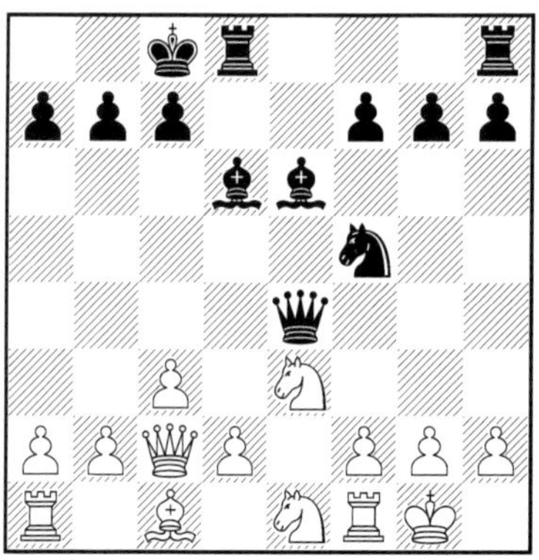

14. .... De4—h4!

Plausibel erschiene hier 14. ...., De4—f4, was 15. g2—g3 erzwungen und dadurch einen Angriff in Verbindung mit dem Vorstoß des h-Bauern ermöglicht hätte. Aber die Folge 15. g2—g3, Df4—g5 16. d2—d4, Dg5—f6 17. Se1—g2 oder auch Se1-d3 schien für den Weißen doch genügende Verteidigungsmöglichkeiten zu bieten. Deshalb sucht Schwarz seinen Königsangriff mit einem Unternehmen im Zentrum zu verbinden und erzwingt vor allem den die e-Linie schwächenden Bauernzug f2—f4.

15. Se1—f3 ....

Nun wäre 15. g2—g3 wegen 15. ...., Dh4—h3 sofort ruinös.

15. .... Dh4—f4

Mit der Drohung 16. ...., Sf5—h4.

16. Se3—f5: Le6—f5:
17. d2—d3 Df4—g4

Droht mit 18. ...., Dg4—h5 nebst 19. Lf5—d3: und 20. ...., Ld6—h2‡ usw.

18. Sf3—d4 Dg4—h5
19. f2—f4 ....

So hat Schwarz das bei seinem 14. Zuge angestrebte Ziel erreicht.

19. .... Th8—e8
20. b2—b4 ....

Falls 20. Lc1—d2, so 20. ...., Ld6—c5 21. Ta1—e1, Te8—e2! mit Vorteil.

20. .... c7—c5!

Erzwingt den Abtausch der einzigen aktiven Figur von Weiß.

21. Sd4—f5: Dh5—f5:

Mit der Drohung 22. ...., c5—c4.

22. Dc2—d2 Ld6—c7
23. Tf1—f3 c5—b4:
24. c3—b4: ....

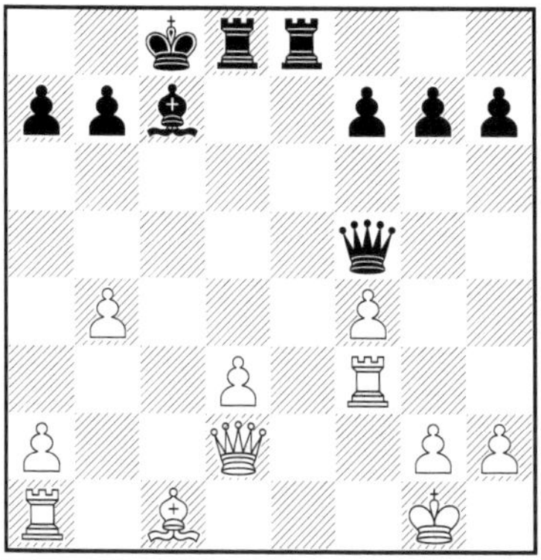

24. .... g7—g5!

Dadurch wird zum mindesten der Gambitbauer bei überwiegender Stellung zurückgewonnen.

25. f4—g5: ....

Auf 25. Lc1—b2 (was noch das Beste war) hätte 25. ...., Lc7—f4: 26. Dd2—c3†, Kc8—b8 mit späterem Gewinn des Schwächlings d3 folgen können.

25. .... Df5—e5

26. Lc1—b2 De5—h2‡

27. Kg1—f1 Lc7—g3?

Eine Überstürzung in Zeitnot, die dem Gegner eine Remisrettung gestattet. Das Spiel war mit 27. .... Dh2—h1† leicht gewonnen, z. B. 28. Kf1—f2, Dh1—h4† 29. Kf2—f1, Lc7—g3! 30. Dd2—c3†, Kc8—d8 31. Dc3—c5, b7—b6 32. Dc5—g1, Td8—d3:! 33. Td1—d3:, Dh4—f4† 34. Td3—f3, Df4—c4† nebst Matt im nächsten Zuge.

28. Lb2—d4 ....

Nach dieser unangenehmen Überraschung wird es an Schwarz sein, um das Remis zu kämpfen. Das folgende Opfer entspricht diesem Ziel.

28. .... Td8—d4:!

29. Dd2—c3† Kc8—b8

30. Dc3—d4: Lg3—e5

31. Dd4—d7 Td8—c8

32. Tf3—f7:! ....

Durch diese Mattdrohung beseitigt Weiß jede reelle Gefahr. Zu seinem Unglück aber kommt er auf Gewinnideen und begibt sich infolgedessen in neue höchst bedenkliche Abenteuer.

32. .... Dh2—h1†

33. Kf1—f2 Dh1—h4†

Natürlich nicht 33. ...., Tc8—c2† wegen 34. Kf2—e3 und gewinnt.

34. Kf2—e2 Dh4—h5†

35. g2—g4 ....

Dieser tollkühne Bauernzug gibt dem Nachziehenden wieder Gewinnchancen. Nach 35. Ke2—f1 hätte er sich mit Remis durch 35. ...., Dh5—h1† usw. begnügt.

35. .... Dh5—h2†

36. Ke2—f3 Dh2—g3†

37. Kf3—e4 ....

Erzwungen, denn falls 37. Kf3—e2, so 37. ...., Dg3—g2† nebst 38. ...., Le5—a1: oder Tc8—c2† und gewinnt.

37. .... Le5—c7

Droht mit 38. ...., Dh2—e5† und 39. .... De5—a1:.

38. Ta1—c1 Dg3—g2†

39. Ke4—e3 Lc7—b6†

40. d3—d4 ....

Verliert sofort. Das Einzige war noch 40. Tc1—c5 mit der Folge 40. ...., Tc8—d8 41. Dd7—f5! (anders 41. ...., Dg2—g3†), Td8—e8† 42. Ke3—d4, Dg2—b2† 43. Kd4—c4, Db2—a2‡ 44. Kc4—c3, und Schwarz hätte wegen der Drohung Tf7—b7‡ noch vorsichtig vorgehen müssen.

40. .... Tc8—d8!

Entscheidend.

41. Tc1—c7 ....

Auf Damenzüge gewinnt 41. ...., Lb6—d4‡ 42. Ke3—f4, Dg2—f2† usw.

41. .... Dg2—g3†
42. Tf7—f3 Dg3—e1†
43. Ke3—d3 De1—d1†
44. Kd3—e3 Lb6—c7:

Aufgegeben.

24. Russische Partie

Internationales Turnier
zu St. Petersburg, Mai 1914.

Schwarz: F. Marshall.

1. e2—e4 e7—e5
2. Sg1—f3 Sg8—f6
3. Sf3—e5: d7—d6
4. Se5—f3 Sf6—e4:
5. d2—d4 d6—d5
6. Lf1—d3 Lf8—d6
7. c2—c4 ....

Die ganze Variante ist kaum geeignet, dem Nachziehenden Eröffnungsschwierigkeiten zu verschaffen. Aussichtsreicher ist sowohl 3. d2—d4 (Steinitz) als auch 5. Dd1—e2 (Lasker) oder noch 5. Sb1—c3.

7. .... Ld6—b4†
8. Sb1—d2 Se4—d2:

Ein unzweckmäßiger Abtausch, welcher dem Anziehenden einen beträchtlichen Entwicklungsvorsprung überläßt. Die richtige Spielweise ist 8. ...., 0—0 9. 0—0, Lb4—d2:! 10. Lc1—d2:, Lc8—g4 usw. mit aussichtsreichem Spiel.

9. Lc1—d2: Dd8—e7†
10. Dd1—e2 De7—e2‡

Der Damentausch ist in diesem Moment direkt verfehlt. Zwar wäre Weiß auch nach 10. ...., Lb4—d2‡ 11. Ke1—d2:, De7—e2‡ 12. Ld3—e2:, d5—c4: 13. Le2—c4:, 0—0 usw. etwas im Vorteil geblieben, doch wäre diese Fortsetzung bei weitem nicht so schlimm wie die gewählte gewesen.

11. Ke1—e2: Lb4—d2:
12. Ke2—d2:! Lc8—e6

Falls nun 12. ...., d5—c4:, so 13. Th1—e1†! mit noch größerer Kraft wie in der Partie, da Weiß dabei noch den Läufer zum Angriff gegen die Schwächen der unentwickelten gegnerischen Stellung behalten hätte.

13. c4—d5: Le6—d5:
14. Th1—e1† Ke8—d8
15. Ld3—e4! Ld5—e4:

Erzwungen, da 15. ...., c7—c6 nach 16. Le4—d5: nebst 17. Te1—e5 usw. einen Bauern verlieren würde.

16. Te1—e4: Th8—e8

Wiederum notwendig, um die Turmverdoppelung auf der e-Linie zu verhindern.

17. Ta1—e1 Te8—e4:
18. Te1—e4: Sb8—c6

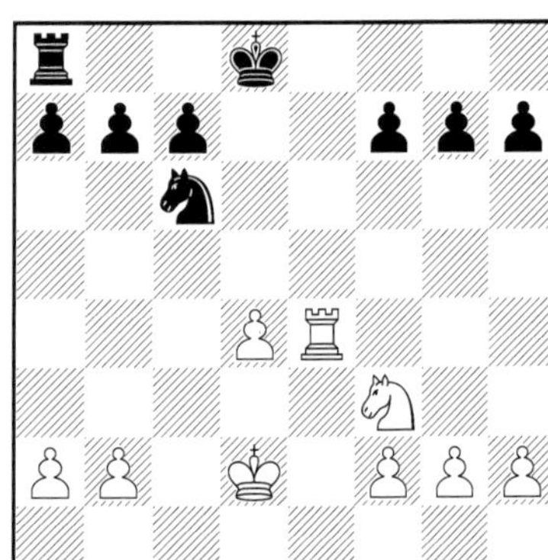

19. Te4—g4! ....

Gewinnt einen Bauern. Ungenügend wäre dagegen 19. Sf3—g5, Kd8—d7! usw.

19. .... g7—g6
20. Tg4—h4! Kd8—e7

Verhältnismäßig das Beste. Auf 20. ...., h7—h5 würde Weiß nach 21. g2—g4 nebst g4—h5: usw. bald einen Freibauern bekommen.

21. Th4—h7: Ta8—d8
22. Th7—h4 Td8—d5
23. Th4—e4†! ....

Erzwingt den folgenden Rückzug des Königs, denn auf 23. .... Ke7—f6 24. Kd2—c3 würde die Drohung 25. Te4—e8 usw. schon sehr unangenehm werden.

23. .... Ke7—f8
24. Kd2—c3 Td5—f5

Bereitet das Hinüberspielen des Springers nach d5 vor, was dem Gegner noch die meisten technischen Schwierigkeiten bereiten wird.

25. Te4—e2 a7—a6

Nur Zugumstellung wäre 25. ..... Sc6—e7 26. Te2—e5 usw.

26. a2—a3 Sc6—e7
27. Te2—e5! Tf5—f6

Der Turmtausch wäre natürlich ganz aussichtslos.

28. Kc3—d3 ....

Mit der Absicht 29. Te5—c5. Schwarz verhindert zwar diesen Zug, aber um den Preis einer weiteren Schwächung seiner Bauernstellung, die vom Gegner prompt ausgenutzt wird.

28. .... b7—b6
29. Te5—e2! ....

Weiß beabsichtigt, wie bald ersichtlich wird, einen Bauern zu opfern, um in die 7. Reihe mit dem Turm einzudringen, von wo aus er den frei gewordenen d-Bauer aufs wirksamste unterstützen wird. Dies ist in der Tat der schnellste Weg zum Gewinn.

29. .... Se7—d5
30. Kd3—e4 Sd5—f4

Nach 30. ....., Tf6—e6† 31. Sf3—e5, Sd5—f6† 32. Ke4—f3 usw. würde Weiß offenbar mit seinen Figuren alle wichtigen Punkte beherrschen.

31. Te2—c2 Sf4—g2:
32. Sf3—e5! ....

Natürlich nicht 32. Tc2—c7: ? wegen 32. ...., Tf6—f4† nebst Tf4—f3: usw. Mit dem Textzuge droht auch 33. Se5—d7†, und Schwarz hat also keine Zeit, seinen c-Bauern zu retten.

32. .... Kf8—e8
33. Tc2—c7: Tf6—f2:
34. Se5—c4! ....

Der Springer soll nach b7 geführt werden, von wo aus er das entscheidende Vorgehen des Freibauern unterstützen wird.

34. .... b6—b5
35. Sc4—d6† Ke8—f8
36. d4—d5 f7—f6
37. Sd6—b7! Sg2—f4
38. b2—b4 g6—g5
39. d5—d6 Sf4—e6

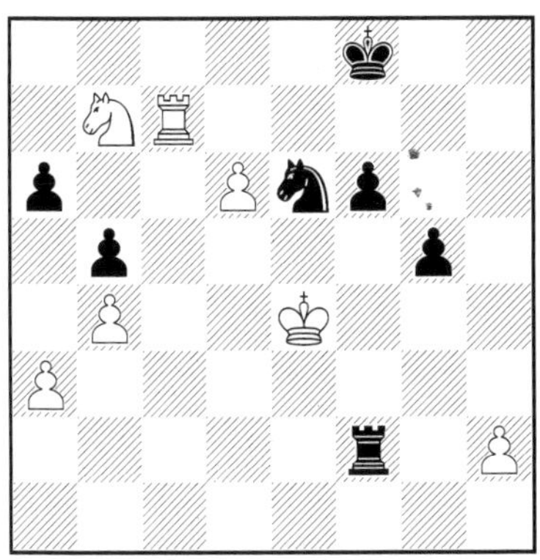

40. Ke4—d5! ....

Entscheidend. Offenbar kann der Turm wegen 41. d6—c7:, Tf2—c2, Sb7—c5 usw. nicht genommen werden, und auch nach 40. ...., Tf2—c2 würde Weiß mit 41. Kd5—c6, Se6—d4† 42. Kc6—b6 usw. leicht gewinnen. Schwarz versucht also, seine Freibauern am Königsflügel zur Geltung zu bringen, indem er seinen Turm für den Freibauern opfert. Aber natürlich ist das nur eine Verzweiflungschance.

40.	....	Se6—f4†
41.	Kd5—c6	Tf2—h2:
42.	Sb7—c5!	....

Schneidet den Springer ab und sichert damit das ungestörte Vorgehen des d-Bauern.

42.	....	Th2—d2
43.	Tc7—c8†	Kf8—f7
44.	d6—d7	Sf4—e6
45.	Sc5—e6:	Kf7—e6:
46.	d7—d8D	Td2—d8:
47.	Tc8—d8:	g5—g4
48.	Td8—e8†	Ke6—f7
49.	Te8—e2	f6—f5
50.	Kc6—d5	Kf7—f6
51.	Kd5—d4	f5—f4
52.	Kd4—e4	Kf6—g5
53.	Te2—c2	f4—f3
54.	Tc2—d2	Kg5—h4
55.	Ke4—f4	Aufgegeben.

25. Falkbeers Gegengambit

Internationales Meisterturnier zu St. Petersburg, Mai 1914.

Schwarz: Dr. S. Tarrasch.

1	f2—f4	e7—e5
2.	e2—e4	....

Bei der Annahme des Fromschen Gambits kann Weiß höchstens auf Ausgleich rechnen.

2.	....	d7—d5

Zu der Zeit, wo diese Partie gespielt wurde, galt dieses Gegengambit (hauptsächlich auf Grund einer Alapinschen Analyse) als nicht ganz befriedigend für Schwarz. In den letzten Jahren hat sich diese Anschauung geändert, und gerade Dr. Tarrasch gelang es, die Lebensfähigkeit des schwarzen Angriffs durch eine schöne Partie gegen Spielmann (Mährisch-Ostrau 1923) zu demonstrieren. Es gibt also mehrere Wege, das alte Königsgambit zu bekämpfen: sowohl 2. ...., e5—f4: in Verbindung mit dem späteren d7—d5 als auch 2. ...., Lf8—c5 sind ja zu einem bequemen Ausgleich mehr als genügend.

3.	e4—d5:	e5—e4
4.	d2—d3	Sg8—f6
5.	d3—e4:	Sf6—e4:
6.	Sg1—f3	Lc8—f5

In diesem Augenblick ist der Läuferzug verfehlt. Zunächst mußte 6. ...., Lf8—c5 und erst nach Dd1—e2, Lc8—f5! (wie in der erwähnten Partie) erfolgen. Die Pointe ist die, daß auf 8. g2—g4 Schwarz in diesem Falle sehr wohl rochieren kann, um nach 9. g4—f5: mit 9. ...., Tf8—e8 einen entscheidenden Angriff in der Mitte einzuleiten. Nach dem Textzuge fällt es dem Weißen nicht schwer, die Eröffnungsklippen zu überwinden.

7.	Lc1—e3	....

Dadurch wird Schwarz seiner gefährlichsten Gegenwaffen — der Diagonale a7—g1 — beraubt und wird keinen Ersatz für den verlorenen Bauern finden können.

7.	....	c7—c6
8.	Lf1—c4	b7—b5

Er muß versuchen, den Gegner um jeden Preis sofort zu beschäftigen, bevor dieser seine Stellung durch die Rochade endgültig konsolidiert.

9. Lc4—b3 ....

Es ginge auch 9. Lc4—e2, a7—a6 10. a2—a4!, b5—b4 11. d5—c6:, Dd8—d1 ‡ 12. Le2—d1:, Sb8—c6: usw. Aber die mit dem Textzuge eingeleitete Kombination schien noch schönere Perspektiven zu eröffnen.

9. .... c6—c5

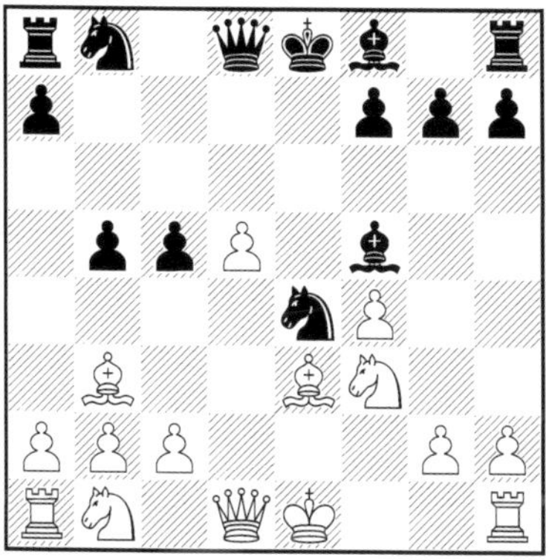

10. d5—d6! ....

Führt zur Vereinfachung, was bei dem materiellen Plus natürlich erstrebenswert ist. Schwarz hat nun eine gebundene Marschroute, z. B. kann er hier den Bauern mit der Dame wegen 11. Dd1—d6:, gefolgt von 12. Lb3—d5 usw. offenbar nicht nehmen.

10. .... c5—c4
11. Dd1—d5 Sb8—d7
12. Dd5—f5: Se4—d6:
13. Df5—d5 Lf8—e7
14. 0—0 0—0
15. Sb1—c3 Sd7—f6
16. Dd5—d2 c4—b3:

Es war dies der letzte Moment zum Schlagen des Läufers, da nun 17. Sc3—b5: usw. drohte.

17. a2—b3: ....

Der materielle Vorteil von Weiß ist durch die Bauernverdoppelung keineswegs beeinträchtigt worden, da er jederzeit die Möglichkeit hat, sich durch c2—c4 usw. einen Freibauern zu verschaffen.

17. .... b5—b4
18. Sc3—d5 Sd6—f5
19. Sd5—e7‡ Dd8—e7:

Als Folge der gewagten Eröffnung ist dem Weißen noch jetzt eine kleine Schwäche der zentralen Felder geblieben, die er aber bald durch die Verschaffung und Befestigung eines Vorpostens auf d4 beseitigen wird.

20. Tf1—e1 Tf8—d8
21. Le3—d4! Sf5—d4:
22. Sf3—d4: De7—c5
23. Ta1—d1 ....

Mit der Absicht, c2—c3 erst dann zu spielen, wenn er dazu gezwungen wird, d. h. nach der Verdoppelung der schwarzen Türme auf der d-Linie.

23. .... Td8—d5
24. h2—h3 Ta8—d8
25. c2—c3 ....

Nun ist der Anziehende endgültig gesichert und Schwarz ist zu einem peinvollen Abwarten verurteilt. Die nächsten Züge von Weiß verfolgen ein und dasselbe Ziel, die Entfesselung des Springers, welcher in Verbindung mit der Besetzung der e-Linie im kommenden Angriff eine entscheidende Rolle spielen wird.

25. .... h7—h6
26. Dd2—d3 Dc5—d6
27. Dd3—f3 Sf6—h5

Eine unschuldige Demonstration, die auf die Ausführung der gegnerischen Pläne keinen Einfluß haben kann.

28. Te1—e4 Sh5—f6

Natürlich nicht 28. ...., f7—f5 wegen 29. Te4—e6.

29. Te4—e3 Sf6—h5
30. Td1—f1 Sh5—f6
31. Tf1—e1 ....

Um 31. ...., Sf6—h5 nun mit 32. Te3—e5! beantworten zu können.

31. .... Dd6—c5
32. Kg1—h2 Td8—c8
33. Te1—e2 ....

Eine versteckte Vorbereitung des folgenden Angriffszuges.

33. .... Kg8—f8
34. Te3—e5! ....

Da Schwarz darauf nicht mehr 34. ...., b4—c3: 35. b2—c3:, Dc5—c3: wegen 36. Te2—c2! usw. spielen darf.

34. .... Tc8—d8
35. Sd4—f5 ....

Droht u. a. mit 36. c3—c4, Td5—e5: 37. f4—e5: nebst 38. e5—e6 usw.

35. .... Dc5—b6
36. Df3—g3 Sf6—h5
37. Dg3—h4 ....

Mit einer dreizügigen Mattdrohung (38. Te5—e8†! usw.).

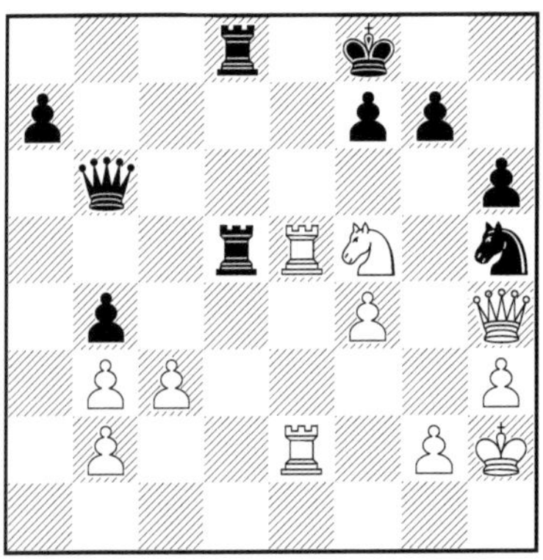

37. .... Td5—e5:

Ein Verzweiflungszug in einer unhaltbaren Stellung. Auf 37. ...., Sh5—f6 (was Dr. Tarrasch im Turnierbuch als eine momentane Rettung empfiehlt) hatte Weiß die folgende hübsche Kombination vorbereitet: 38. Sf5—h6:!, g7—h6: 39. Te5—e6!, f7—e6: (oder A. 39. .... Td5—d6 40. Dh4—f6:, Td6—e6: 41. Te2—e6: und gewinnt; B. 39. ...., Td8—d6 40. Dh4—h6‡ nebst Matt in zwei Zügen) 40. Dh4—f6‡, Kf8—g8 41. Te2—e6:, Td5—d6 42. Df6—g6†, Kg8—h8 (oder 42. Kg8—f8 43. Dg6—f5†, K beliebig, 44. Te6—e7 und gewinnt) 43. Dg6—h6‡, Kh8—g8 44. Dh6—g6†, Kg8—h8 45. Dg6—h5†, Kh8—g8 46. Te6—e7 mit undeckbarem Matt. Durch den Textzug wurde also der Anziehende einer berechtigten Aussicht auf einen der Schönheitspreise beraubt.

38. f4—e5: Td5—d1
39. Te2—e3 ....

Weiß konnte auch statt dessen den Springer nehmen und dann mit dem König nach h4 entfliehen. Der gewählte Zug ist aber einfacher, weil darauf 39. .... g7—g6 ebenfalls zu einem sofortigen Debakel geführt hätte, nämlich 40. Dh4—e7†, Kf8—g8 41. De7—e8†, Kg8—h7 42. De8—f7‡, Kh7—h8 43. Sf5—e7 usw.

39. .... Db6—g6
40. Dh4—b4‡ Aufgegeben.

26. Französische Partie

Internationales Meisterturnier. zu St. Petersburg, Mai 1914.

Weiß: Dr. S. Tarrasch.

1. e2—e4 e7—e6
2. d2—d4 d7—d5

3. Sb1—c3	Sg8—f6
4. Lc1—g5	....

In der von Svenonius empfohlenen Variante 4. e4—d5:, e6—d5: 5. Lc1—g5 spielt Schwarz am besten 5. ...., Sb8—c6 (von dem Verfasser seinerzeit empfohlen und von Bogoljubow in seiner Partie gegen Mieses, Berlin 1920, in die Meisterpraxis eingeführt).

4.	Lf8—b4
5. e4—d5:	....

Diese Variante ist allmählich aus der Mode gekommen. Jetzt zieht man es meistens vor, das Spiel auf einen Königsangriff anzulegen, nämlich 5. e4—e5, h7—h6 6. Lg5—d2, Lb4—c3: 7. b2—c3:, Sf6—e4 8. Dd1—g4, Ke8—f8! 9. h2—h4 usw.; doch scheint die letzte Turnierpraxis (und insbesondere einige Partien von Dr. Tarrasch als Schwarz) zu beweisen, daß dem Nachziehenden auch bei dieser Spielweise genügende Verteidigungsmittel zur Verfügung stehen. Interessant ist übrigens auch Tschigorins Fortsetzung 5. e4—e5, h7—h6 6. e5—f6:, h6—g5: 7. f6—g7: Th8—g8 8. h2—h4, g5—h4: mit der Verstärkung 9. Dd1—g4! (statt 9. Dd1—h5). Eine vom Verfasser (Moskau 1915) so gespielte Partie wurde folgendermaßen fortgesetzt: 9. ...., Lb4—e7 10. g2—g3!, c7—c5 (besser Le7—f6) 11. g3—h4:, c5—d4: 12. h4—h5!, d4—c3: 13. h5—h6, c3—b2: 14. Ta1—b1, Dd8—a5† 15. Ke1—e2, Da5—a2: 16. h6—h7, Da2—b1: 17. h7—g8D‡, Ke8—d7 18. Dg8—f7:, Db1—c2‡ 19. Ke2—f3, Sb8—c6! 20. Dg4—e6‡, Kd7—c7 21. Df7—f4†, Kc7—b6 22. De6—e3†, Le7—c5 23. g7—g8D, b2—b1D.

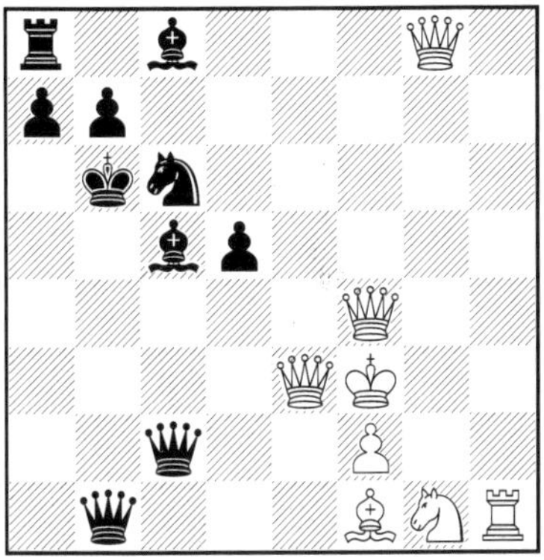

In dieser sinnverwirrenden Stellung gewinnt Weiß durch einen stillen Zug, nämlich 24. Th1—h6!! (mit der Drohung 25. Dg8—d8‡), denn falls darauf 24. ...., Db1—f1:, so 25. Df4—b4†, Df1—b5 26. Dg8—d8†, Kb6—a6 27. De3—a3† nebst Matt in zwei Zügen. Die nach dem 23. Zuge von Schwarz erreichte Stellung bildet gewiß ein Unikum!

5.	Dd8—d5:
6. Lg5—f6:	Lb4—c3‡
7. b2—c3:	g7—f6:
8. Sg1—f3	b7—b6

Diese Läuferentwicklung ist hier sehr stark, um so mehr, als, wie vor ein paar Jahren ein Leningrader Schachfreund bewiesen hat, Weiß sie nicht gut mit einem Gegenfianchetto beantworten kann.

9. g2—g3	....

Schwarz konnte nämlich darauf sehr gut 9. ...., Sb8—d7! antworten, mit der Idee, 10. Lf1—g2 abzuwarten und dann die kurze Rochade von Weiß durch 10. ...., Lc8—a6! zu verhindern; denn die Antwort 11. Sf3—h4 wäre in diesem Falle wegen 11. .... Dd5—a5! nicht zu befürchten. Diese wichtige Neuerung stellt das ganze mit dem 5. Zuge von Weiß eingeleitete System direkt in Frage.

9. .... Lc8—b7

Auch mit diesem einfacheren Zuge erlangt Schwarz ein durchaus sicheres Spiel.

10. Lf1—g2 Dd5—e4†

11. Ke1—d2 ....

Weit erträglicher war Dd1—e2, obwohl auch dann Schwarz nach dem Damentausch wegen der Möglichkeit, das Zentrum mit c7—c5 anzugreifen, die besseren Chancen behalten würde. Sowohl der Textzug, als auch 11. Ke1—f1 (Réti-Bogoljubow, Berlin 1920) setzen den Weißen wegen der Unsicherheit seiner Königstellung großen Unannehmlichkeiten aus.

11. .... De4—g6

Das Einzige, um der Drohung 12. Sf3—h4 zu entgehen, aber vollständig genügend.

12. Sf3—h4 Dg6—h6†

13. f2—f4 Sb8—c6!

Droht mit 14. ...., 0—0—0 nebst e6—e5 usw. und erzwingt dadurch eine weitere Königswanderung.

14. Dd1—e2 0—0—0

15. Kd2—c1 Kc8—b8

Mit der Drohung 16. ...., e6—e5, was in diesem Moment wegen 16. d4—d5, e5—f4: 17. De2—g4† nebst Dg4—f4: noch nicht ersprießlich wäre.

16. Kc1—b2 Sc6—a5!

Es war wichtig, den Läufertausch zu erzwingen, um das Hinüberspielen des Turmes nach dem Damenflügel via d5 zu ermöglichen.

17. Lg2—b7: Sa5—b7:

18. Ta1—d1 Td8—d5

19. c3—c4 ....

Das Beste; nur mußte Weiß auch im nächsten Zuge das Richtige treffen.

19. .... Td5—a5

20. Sh4—g2 ....

Nötig war nämlich 20. Td1—d3, um nach 20. ...., Th8—d8 21. Th1—d1, Dh6—f8 sich mit 22. Td3—b3 usw. verteidigen zu können. Nach der Antwort von Schwarz bleibt ihm dazu keine Zeit mehr.

20. .... Th8—d8!

Denn falls nun 21. Td1—d3, so 21. ...., Dh6—f8 mit der starken Drohung 22. ...., Td8—d4:! nebst 23. Df8—a3†—a2‡—a1†—h1:. Weiß entschließt sich also, um materiellen Nachteil zu vermeiden, zu einer Bauernaktion im Zentrum, die seine Stellung natürlich noch mehr schwächt.

21. Sg2—e3 Dh6—f8

22. c4—c5 ....

Verhindert auf einen Augenblick das Eingreifen der schwarzen Dame — aber eben nur auf einen Augenblick.

22. .... b6—c5:

23. d4—d5 c5—c4!

24. Se3—c4: ....

Natürlich nicht 24. De2—c4: wegen 24. ...., Df8—a3† usw.

24. .... Df8—b4†

25. Kb2—a1 Db4—c3†

26. Sc4—b2 Td8—d6!

Weit stärker als der Bauerngewinn mittels 26. ...., Td8—d5:, denn nun kann Weiß auf keine Weise (selbst nicht durch 27. Td1—d3) die Verdoppelung der Türme auf der a-Linie verhindern.

27. De2—c4 ....

(S. Stellungsbild.)

27. .... Td6—a6!

Stellung nach dem 27. Zuge von Weiß.

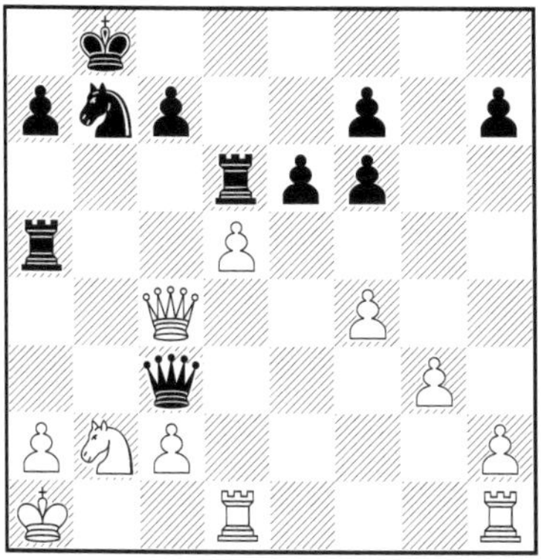

Gewinnt die Dame und zwei Bauern für die Türme, was bei der exponierten weißen Königstellung entscheidet. Natürlich darf die schwarze Dame wegen eines zweizügigen Matts nicht genommen werden.

28. d5—e6:	f7—e6:
29. Ka1—b1	Ta5—a2:
30. Dc4—a2:	Ta6—a2:
31. Kb1—a2:	Dc3—c2:
32. Td1—c1	Dc2—d2
33. Ka2—b1	Sb7—d6

Das Eingreifen dieses Springers sollte in wenigen Zügen den Gegner zum Aufgeben zwingen.

34. Tc1—c2	Dd2—b4
35. Th1—d1	Sd6—b5
36. Td1—d8†	Kb8—b7
37. Tc2—d2	e6—e5

Etwas nachlässig gespielt. Der kürzere Weg war 37. .... a7—a5, worauf Weiß keine Verteidigung gegen das weitere Vorgehen dieses Bauern gehabt hätte.

38. f4—e5:	f6—e5:
39. Kb1—c1	Sb5—d4
40. Td2—d3	Db4—e1†
41. Td3—d1	De1—e4
42. Td1—d3	De4—h1†

Auch hier hätte 42. ...., c7—c5 nebst c5—c4 usw. rascher gewonnen. Natürlich ist die Verspeisung der letzten weißen Bauern auch gut genug.

43. Td3—d1	Dh1—h2:
44. Kc1—b1	Dh2—g3:
45. Td1—d3	Dg3—e1†
46. Kb1—a2	h7—h5†
47. Td8—e8	De1—e4
48. Td3—c3	Sd4—b5
49. Tc3—c5	De4—b4!

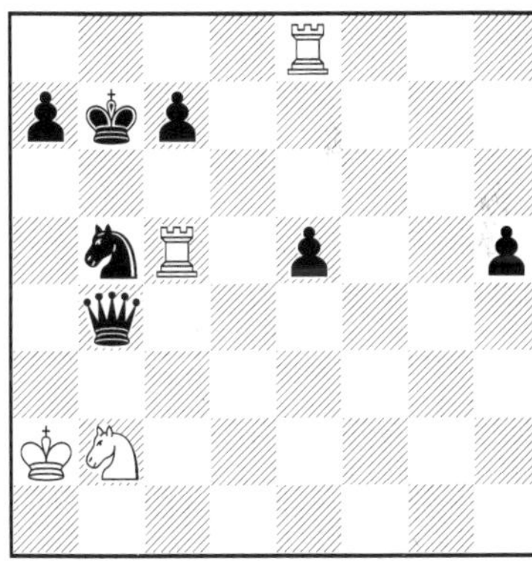

Der letzte Damenzug erzwingt (wegen der Drohung 50. ...., Sb5—c3†) Qualitätsgewinn. Die einzige Möglichkeit für Weiß, das Spiel fortzusetzen, wäre noch 50. Te8—e5:, Sb5—c3† 51. Tc5—c3:, Db4—c3: 52. Te5—h5:; darauf hätte aber Schwarz auf folgende Weise ganz leicht gewonnen: 52. ...., Kb7—c6 53. Th5—h4, Kc6—b5 54. Th4—h5†, c7—c5 55. Th5—h4, a7—a5 56. Th4—f4, Dc3—c2! 57. Ka2—a3, Dc2—g2!, und der weiße Turm müßte die vierte Reihe verlassen, worauf 58. ...., Dg2—g3† nebst 59. ...., a5—a4 usw. entscheiden würde.

Aufgegeben.

27. Spanische Partie

Internationales Meisterturnier
zu Mannheim, Juli 1914.

Weiß: O. Duras.

1.	e2—e4	e7—e5
2.	Sg1—f3	Sb8—c6
3.	Lf1—b5	a7—a6
4.	Lb5—c6:	b7—c6:

Wenig gebräuchlich, aber scheinbar doch ganz gut spielbar. Jedenfalls hat diese Spielweise den Vorzug, dem Gegner keine klare Bauernmajorität auf dem rechten Flügel zu lassen, was z. B. bei 4. ...., d7—c6: 5. d2—d4, e5—d4: 6. Dd1—d4:, Dd8—d4: 7. Sf3—d4: usw. der Fall ist.

5. d2—d4 ....

Von 5. Sf3—e5:, Dd8—g5 usw. hätte Weiß offenbar keinen Vorteil.

5. .... e5—d4:
6. Dd1—d4: Dd8—f6!

Ein neuer Zug und wohl an dieser Stelle der beste. Schwarz meint, daß seine etwas beengte Stellung nach dem Verschwinden der Damen leichter zu verteidigen wäre, und der Verlauf dieser Partie gibt ihm Recht.

7. 0—0 ....

Weiß dagegen hätte besser dem Damentausch ausweichen sollen. Auch das Bauernopfer 7. e4—e5, Df6—g6 8. 0—0, Dg6—c2: 9. Sb1—c3 usw. kam stark in Betracht. Nach dem passiven Textzug hat Schwarz im wesentlichen nichts mehr zu fürchten.

7. .... Df6—d4:
8. Sf3—d4: Ta8—b8

Erschwert die Entwicklung des feindlichen Damenläufers.

9. Sd4—b3 ....

Auf 9. b2—b3 hätte das Bauernopfer c6—c5 nebst c5—c4! analog der Partie Nr. 2 sehr wohl folgen können.

9. .... Sg8—e7!

Weit besser als das plausible 9. ...., Sg8—f6, worauf Weiß durch 10. Lc1—f4, d7—d6 11. Tf1—e1 mit der Drohung 12. e4—e5 usw. ein schönes Spiel erlangen würde.

10. Lc1—d2 ....

Mit der Absicht, die Entwicklung des Läufers f8 zu verhindern. Schwarz kommt aber doch dazu.

10. .... Se7—g6
11. Ld2—c3 Sg6—f4!

Droht mit 12. ...., Sf4—e2† nebst Se2—c3: usw. und gewinnt damit Zeit zur Entwicklung des Läufers.

12. Tf1—e1 Lf8—e7
13. Sb1—d2 ....

Es ist klar, daß 13. Lc3—g7:, Th8—g8 nebst Tg8—g2‡ usw. nur für Schwarz günstig wäre.

13. .... 0—0
14. Sd2—c4 Tf8—e8

Bis dahin hatte Schwarz konsequent gespielt. Der Textzug aber ist zu gewagt, da er dem Gegner gestattet, dauernd den Zug d7—d6 zu verhindern. Schwarz wählt ihn nur, um dem möglichen Remis nach 14. ...., d7—d6 15. Sc4—a5, Lc8—d7 16. Sb3—d4, Tb8—b6 17. Sa5—c4, Tb6—b8 18. Sc4—a5 usw. auszuweichen. Nun entsteht ein für beide Teile sehr schwer zu behandelndes Spiel.

15. Sc4—a5 Le7—f8
16. Ta1—d1 c6—c5
17. e4—e5! ....

Verhindert wieder 17. ...., d7—d6, was Schwarz mit seinen letzten Zügen vorbereitet hatte; darauf würde Weiß nämlich durch 18. e5

—d6:, Te8—e1‡ 19. Td1—e1:, c7—d6: 20. Te1—e8 usw. Gewinnstellung erlangen.

17. .... Sf4—e6

18. Sa5—c4 ....

Weiß hat sein Ziel — die dauernde Verhinderung von d7—d6 — erreicht, aber die schwarze Stellung läßt sich doch ganz gut verteidigen, da sie keine reellen Schwächen enthält. Die einzige Gefahr für Schwarz läge nur im Vorgehen der weißen Bauern des Königsflügel, und die gelingt es ihm, durch seine nächsten Züge zu beseitigen.

18. .... h7—h6!

Bereitet g7—g5 vor, womit dem König das gute Feld g6 gesichert wird.

19. h2—h4 ....

Ungünstig wäre 19. g2—g3 wegen 19. ...., Se6—g5, 20. Te1—e3, Lc8—b7! 21. Td1—d7:, Sg5—f3† 22. Kg1—f1, Sf3—h2‡ 23. Kf1—e2, Sh2—g4, 24. Td7—d3, Tb8—c8 usw. Der schwächende Textzug ist offenbar in der illusorischen Hoffnung gespielt worden, zu einem Turmangriff auf der h-Linie zu gelangen.

19. .... Lf8—e7

20. g2—g3 g7—g5!

21. h4—g5: h6—g5:

22. Sb3—a5 ....

Beiderseits konsequent gespielt. Nur unterschätzt Weiß die sehr versteckte gegnerische Ressource im 24. Zuge und kommt dadurch allmählich in Nachteil.

22. .... Kg8—h7

23. Kg1—g2 Kh7—g6

24. Te1—h1 ....

Notwendig war — wie bald ersichtlich wird — 24. a2—a3, worauf Schwarz allerdings 24. ...., Te8—h8 gespielt und durch den Abtausch dieses Turmes die Verteidigung wesentlich erleichtert hätte. Der Textzug gibt ihm die längst ersehnte Gelegenheit, sich der Initiative zu bemächtigen.

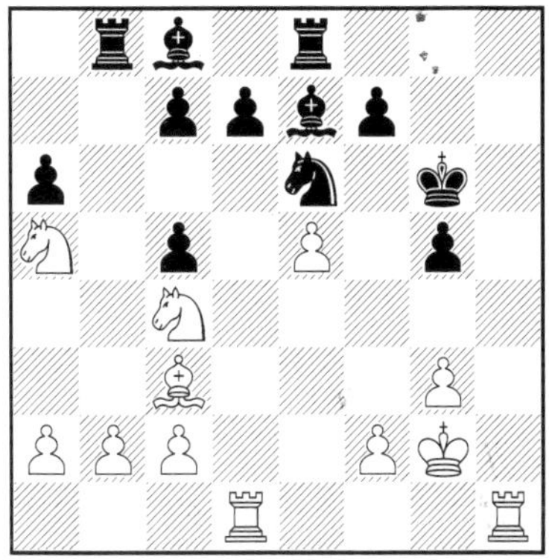

24. .... Se6—d4!

Ein unerwartetes Bauernopfer, dessen Annahme so gut wie erzwungen ist, da die Fortsetzungen 25. Td1—d2, Sd4—b5 26. Td2—d3, Sb5—c3: 27. Td3—c3:, d7—d5! oder 25. Sc4—e3, d7—d6! den Nachziehenden ohne Verwicklungen in Vorteil bringen würde.

25. Lc3—d4: c5—d4:

26. Td1—d4: Le7—b4!

Bedroht indirekt die e- und b-Bauern. Deshalb hätte Weiß im 24. Zuge a2—a3 spielen sollen.

27. Sa5—b3 ....

Der einzige Zug, der ihm erlaubt, momentan seinen Mehrbauern zu behaupten.

27. .... d7—d5!

Dies ist die eigentliche Pointe der mit dem 24. Zuge eingeleiteten Kombination. Weiß kann nämlich nicht 28. e5—d6: (e. p.) spielen, weil darauf 28. ...., Lc8—b7† 29. f2—f3,

Te8—e2† 30. Kg2—f1, Tb8—e8 usw. mit Gewinnstellung folgen würde.

28. Sc4—e3 c7—c5!

Besser als 28. ...., Te8—e5: 29. a2—a3, Lb4—d6 30. Se3—d5:, Lc8—b7 31. Th1—d1 usw. mit zweifelhaftem Ausgang.

29. Td4—d5: ....

Das Beste. Falls 29. Td4—d1, so 29. ...., d5—d4 30. Se3—c4, Lc8—b7† 31. f2—f3, Lb7—d5 nebst Te8—e5:, mit entscheidendem Vorteil.

29. .... Lc8—b7

30. c2—c4! ....

Und nicht 30. f2—f4 wegen 30. ...., c5—c4 und gewinnt.

30. .... Te8—e5:

31. a2—a3! ....

Ein geistreiches Auskunftsmittel, womit Weiß überraschenderweise die geopferte Qualität zurückgewinnt.

31. .... Lb4—a3:!

32. Sb3—a5 Lb7—d5‡

33. c4—d5: ....

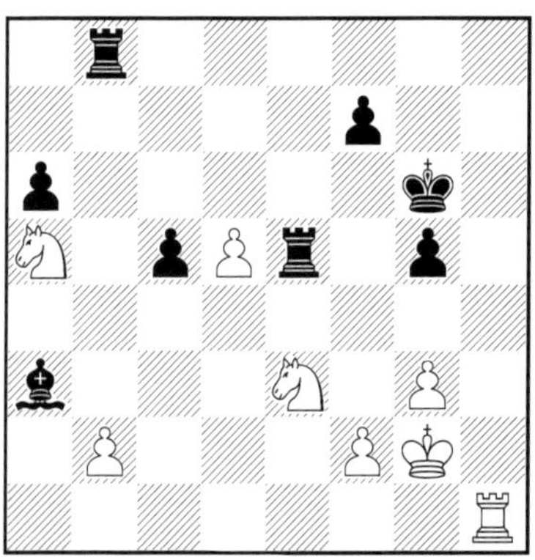

Nach den schwierigen Verwicklungen der letzten Züge hat sich die Situation einigermaßen geklärt. Obwohl Schwarz nun wegen der Drohungen 34. Sa5—c6, 34. Se3—c4 oder 34. b2—a3: die Qualität zurückgeben muß, behält er doch wegen seines Mehrbauern und der größeren Kraft des Läufers gegenüber dem Springer ausgezeichnete Gewinnchancen im kommenden Endspiel.

33. .... Te5—e3:!

34. f2—e3: Tb8—b2‡

35. Kg2—f3 f7—f5!

Der einzige Zug, der den Vorteil festhält, denn nun kann Weiß weder 36. Sa5—c4 (wegen 36. ...., g5—g4† nebst 37. .... Tb2—b4) noch 36. d5—d6 (wegen 36. ...., g5—g4† 37. Kf3—f4, c5—c4! mit der Drohung Lb4—d6‡) spielen und muß schon zu heroischen Mitteln greifen, um seinen König zur Unterstützung des Freibauern ins Zentrum zu bringen.

36. g3—g4 f5—g4‡

37. Kf3—e4! ....

Nicht 37. Kf3—g4: wegen 37. ...., c5—c4 usw.

37. .... Tb2—b4†

38. Ke4—d3 ....

Nur Zeitverlust wäre 38. Ke4—e5, und zwar wegen 38. ...., c5—c4 39. Ke5—d4, La3—b2† usw.

38. .... La3—b2

Schwarz hat gerade noch Zeit, seinen Läufer in die Nachbarschaft des gefährlichen feindlichen Freibauern hinüberzubringen.

39. d5—d6 Lb2—f6

40. Th1—f1 ....

(S. Stellungsbild.)

40. .... g4—g3!

Darauf ist Weiß ohne Verteidigung. Falls z. B. 41. d6—d7, so 41. Tb4—b8 42. Sa5—c6, g3—g2! 43. Tf1—f6‡ (oder T beliebig auf der 1. Reihe Tb8—b7! usw.), Kg6—f6: 44. Sc6—b8:, Kf6—e7 45. Sb8—c6†, Ke7

Stellung nach dem 40. Zug von Weiß.

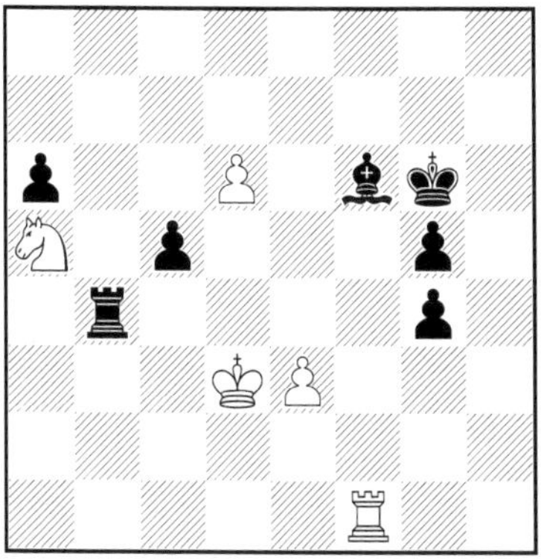

—d7: 46. Sc6—e5†, Kd7—e6 47. Se5—f3, g5—g4 48. Sf3—g1, Ke6—e5 usw. mit leichtem Gewinn.

41.	d6—d7	Tb4—b8
42.	Tf1—d1	....

Ebensowenig genügend wie die oben ausgeführte Variante.

42.	....	g3—g2
43.	Kd3—e2	Tb8—b2†
44.	Ke2—f3	Tb2—d2
45.	Td1—g1	Td2—d7:
46.	Tg1—g2:	....

Der Rest ist nur eine Sache der Technik.

46.	....	Td7—d3
47.	Tg2—c2	Td3—c3
48.	Tc2—c3:	Lf6—c3:
49.	Sa5—c4	a6—a5
50.	Sc4—b6	Lc3—b4

Nun wird sich der schwarze König nach dem Damenflügel begeben und die Freibauern ungehindert zur Dame führen.

Aufgegeben.

28. Spanische Partie

Internationales Turnier zu Mannheim, Juli 1914.

Weiß: A. Flamberg.

1.	e2—e4	e7—e5
2.	Sg1—f3	Sb8—c6
3.	Lf1—b5	a7—a6
4.	Lb5—a4	Sg8—f6
5.	0—0	Sf6—e4:
6.	d2—d4	b7—b5
7.	La4—b3	d7—d5
8.	d4—e5:	Lc8—e6
9.	c2—c3	Lf8—e7
10.	Tf1—e1	....

Besser ist nach meiner Ansicht 10. Sb1—d2, 0—0 11. Lb3—c2 oder auch 11. Sf3—d4.

10.	....	0—0
11.	Sb1—d2	Se4—c5

Um auf 12. Lb3—c2, d5—d4! (Dr. Tarrasch) zu spielen.

12.	Sf3—d4	....

Aber das ist keineswegs besser. Im allgemeinen erweist sich der Zug 10. Tf1—e1 in dieser Variante als Tempoverlust.

12.	....	Sc6—d4:
13.	c3—d4:	Sc5—d3
14.	Te1—e3	Sd3—f4!

Viel besser als 14. ...., Sd3—c1:, was dem Weißen nach 15. Ta1—c1: einen starken Druck auf der c-Linie ermöglicht hätte.

15.	Lb3—c2	....

In der Hoffnung, dadurch 15. .... c7—c5 wegen der Drohung 16. d4—c5: nebst 17. Lc2—h7‡ und 18. Dd1—c2† usw. zu verhindern.

15.	....	c7—c5!

Und doch ist dieser Zug möglich, wie die folgende Variante beweist: 16. d4—c5:, Le7—c5: 17. Lc2—h7‡, Kg8—h7: 18. Dd1—c2†, Kh7—g8

19. Dc2—c5:, d5—d4 20. Te3—e4, Ta8—c8 21. Dc5—a3, Dd8—g5! 22. g2—g3 (oder 22. Da3—g3, Dg5—g3: nebst 23. ...., Sf4—d3 und gewinnt), Sf4—h3†, nebst Tc8—c1: und gewinnt.

16. Sd2—b3 ....

Mit der Absicht, die Stellung im Zentrum zu blockieren (da 16. ...., c5—d4: 17. Sb3—d4: für Schwarz offenbar ungünstig wäre) und dann einen Königsangriff zu versuchen. Aber die Bauernmehrheit des Schwarzen auf dem Damenflügel wird, wie aus der Partie hervorgeht, eine viel gefährlichere Waffe bilden, als die problematischen Chancen des Gegners auf dem andern Flügel.

16. .... c5—c4
17. Sb3—d2 f7—f5

In Verbindung mit dem folgenden Zuge ein sehr gutes Defensivmanöver. Schwarz muß zunächst danach trachten, seine Königstellung endgültig zu sichern, bevor er am Damenflügel vorgeht.

18. Sd2—f1 ....

Ungenügend wäre 18. e5—f6: (e. p.), Le7—f6: 19. Sd2—f3, Le6—g4 usw.

18. .... Tf8—f7!

Räumt für alle Eventualitäten dem Springer das Feld f8 ein und deckt gleichzeitig g7. Weniger gut wäre 18. ...., Sf4—g6, weil nach 19. Te3—h3 die Antwort 19. ...., f5—f4 wegen 20. Th3—h7: usw. unmöglich wäre.

19. Te3—g3 Sf4—g6
20. f2—f4 a6—a5
21. Lc1—e3 b5—b4
22. Sf1—d2 Dd8—b6

Verhindert für einen Augenblick den Zug 23. Dd1—h5, worauf 23. ...., Sg6—f4: 24. Le3—f4:, Db6—d4‡ 25. Lf4—e3, Dd4—b2: usw. ∓ folgen würden.

23. Sd2—f3 ....

Natürlich nicht 23. Sd2—c4:, d5—c4: 24. d4—d5, Le7—c5! und gewinnt.

23. .... Le6—d7

Bereitet sowohl 24. ...., a5—a4 als auch eventuell das Hinüberspielen des Springers nach e6 vor.

24. Sf3—g5 ....

Oder 24. Lc2—a4, Ld7—a4: 25. Dd1—a4:, Sg6—f8—e6 mit weit besserem Spiel für Schwarz.

24. .... Le7—g5:
25. Tg3—g5: ....

Nun ist der Turm noch weiter von dem eigentlichen Kriegsschauplatz entfernt.

25. .... a5—a4
26. Kg1—h1 ....

Um gelegentlich Dd1—h5 spielen zu können, was hier wegen 26. .... Sg6—f4: usw. nicht ginge. Doch wäre es etwas besser gewesen, den Turm nach g3 zurückzuziehen und sich nur auf die Verteidigung zu verlegen.

26. .... Sg6—e7

Beseitigt endgültig die Möglichkeit g2—g4, was übrigens auch im 26. Zuge für Weiß katastrophal gewesen wäre, z. B. 26. g2—g4, f5—g4: 27. f4—f5, Sg6—e5: usw.

27. Dd1—h5 ....

Ein letzter Angriffsversuch, der aber in den Anfängen stecken bleibt, da Schwarz energisch am Damenflügel angreift.

27. .... b4—b3
28. a2—b3: c4—b3:
29. Lc2—d3 ....

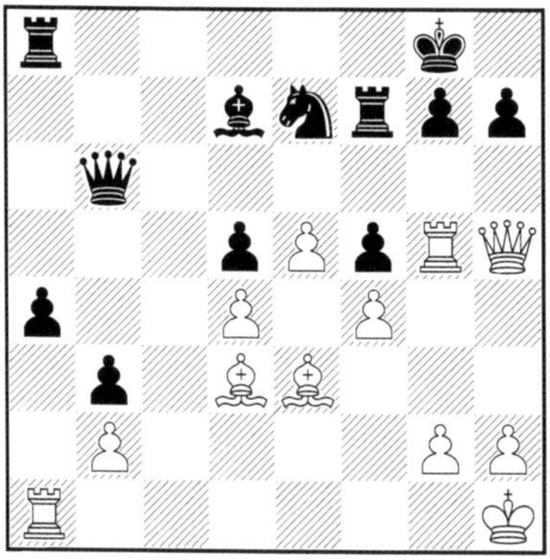

29. .... a4—a3!

Der Freibauer, welchen Schwarz durch dieses Scheinopfer erlangt, entscheidet nun in wenigen Zügen.

30. Ta1—a3: Ta8—a3:
31. b2—a3: b3—b2
32. Dh5—d1 ....

Der allgemeine Rückzug kommt viel zu spät.

32. .... Tf7—f8!
33. Tg5—g3 Tf8—a8
34. Ld3—b1 Ta8—a3:
35. Le3—g1 Ta3—a1
36. Tg3—c3 Ld7—a4!

Das Schlußmanöver. Dieser Läufer muß ohne Zeitverlust nach b5 gelangen.

37. Dd1—d3 ....

Oder 37. Dd1—e1, La4—b3 usw.

37. .... La4—b5
38. Dd3—d1 Db6—a6!

Darauf hat Weiß keine Verteidigung gegen die Drohung 39. ...., Ta1—b1: 40. Dd1—b1:, Da6—a1! usw. Falls z. B. 39. Tc3—b3, so Da6—a4!; oder 39. Tc3—c2, Lb5—a4; oder endlich Tc3—e3, Lb5—a4 nebst 40. ...., La4—c2 und gewinnt.

Aufgegeben.

29. Italienische Partie

Internationales Turnier
zu Mannheim, Juli 1914.

Schwarz: Dr. S. Tarrasch.

1. e2—e4 e7—e5
2. Sg1—f3 Sb8—c6
3. Lf1—c4 Lf8—c5
4. c2—c3 Dd8—e7

Diese alte Verteidigung ist sicher weniger schlecht als ihr Ruf, aber sie erfordert seitens des Schwarzen ein besonders sorgsames Spiel.

5. d2—d4 Lc5—b6

Ganz unlogisch wäre hier 5. ...., e5—d4:, worauf Weiß durch 6. 0—0 eine starke Angriffsstellung erlangen würde.

6. 0—0 d7—d6

Der gebräuchlichste Zug, aber nicht der beste. Mit 6. .... Sg8—f6 (was übrigens in einer Partie zwischen denselben Gegnern mit vertauschten Farben in Baden-Baden 1925 mit Erfolg gespielt wurde) konnte Schwarz ein wichtiges Tempo durch die Bedrohung des Bauern e4 gewinnen und dadurch den gegnerischen Entwicklungsplan einigermaßen erschweren.

7. a2—a4 a7—a6
8. Lc1—e3 ....

In der Partie Gunsberg-Aljechin (St. Petersburg 1914) versuchte Weiß hier 8. a4—a5, konnte aber nach 8. ...., Sc6—a5: 10. Ta1—a5:, Lb6—a5:, Dd1—a4†, b7—b5 11. Da4—a5:, b5—c4: keinen genügenden Ersatz für die geopferte Qualität finden.

8. .... Lc8—g4

Wie die Folge zeigen wird, ist dieser Läufer zur Verteidigung des Bauern b7 notwendig. Infolgedessen wäre es besser gewesen, zunächst den Königsspringer zu entwickeln.

9. d4—d5 Sc6—b8

Um im Falle 10. Le3—b6:, c7—b6: 11. Dd1—b3 den Bauern durch Sb8—d7 decken zu können.

10. a4—a5! ....

Weniger gut wäre der Läufertausch, da in diesem Falle Schwarz zu einem Gegenspiel auf der geöffneten c-Linie gelangen und dadurch einen Ersatz für die Schwäche seiner Bauernstellung haben würde. Der Textzug dagegen erzwingt entweder den Läuferrückzug nach a7, was nach 11. Le3—a7:, Ta8—a7: zu einer unangenehmen Deplacierung dieses Turmes führen würde, oder aber — was in der Partie geschieht — die Öffnung der f-Linie, welche dem Anziehenden die Initiative auf den beiden Flügeln sichert.

10. .... Lb6—e3:

11. f2—e3: Sg8—f6

12. Sb1—d2 ....

Falls 12. Dd1—b3, so 12. .... Lg4—c8 usw.

12. .... Sb8—d7

13. Dd1—e1 ....

Einfacher war wohl zunächst 13. b2—b4 und dann erst 14. Dd1—e1 usw. Der Textzug, der auch an sich objektiv kaum schwächer ist, wird in der Tat sogar mit größerem Erfolge gekrönt da der Gegner nun auf die seltsame Idee kommt, seinen Damenläufer nach c8 heimzuführen, und dadurch dem Weißen freie Hand auf dem Königsflügel überläßt.

13. .... Sd7—c5

14. De1—b1! ....

Und nicht 14. De1—g3 wegen 14. .... h7—h5! usw.

14. .... Lg4—c8

Besser war doch 14. .... 0—0, worauf Weiß seine Aktion auf dem Damenflügel fortgesetzt hätte, und zwar durch 15. b2—b4, Sc5—d7 16. Lc4—d3 nebst c3—c4 usw.

15. b2—b4 Sc5—d7

16. Sf3—h4! ....

Mit der Absicht, im Falle von 16. .... Sd7—f8 mit 17. b4—b5! fortzusetzen. Schwarz zieht es aber vor, eine nicht unbedenkliche Schwäche seines Königsflügels in Kauf zu nehmen, um das lästige Eindringen des Springers nach f5 zu verhindern.

16. .... g7—g6

17. Db1—e1 c7—c6

Dieser Gegenstoß im Zentrum ist hier wohl die einzige Möglichkeit, einigermaßen zum Gegenspiel zu kommen. Durch den folgenden Bauerntausch nebst e5—e4 gewinnt Schwarz das Feld e5, überläßt aber dem Gegner den nicht minder wichtigen Punkt d4. Es kommt zu einem komplizierten Manövrierungsspiel, in dem sich die exponierte schwarze Königstellung als ein entscheidender Faktor zugunsten des Weißen erweisen wird.

18. Sh4—f3 c6—d5:

19. e4—d5: e5—e4

(S. Stellungsbild)

20. Sf3—g5! ....

Keineswegs naheliegend. Anstatt den Springer sofort nach d4 zu spielen, verwendet Weiß dazu volle 5 Züge — aber dann besetzt er diesen Punkt mit sofort entscheidender Wirkung! Die Idee ist, zunächst durch einen kombinierten Angriff gegen e4 eine weitere Schwäche der gegnerischen Bauernstellung zu er-

Stellung nach dem 19. Zuge von Schwarz.

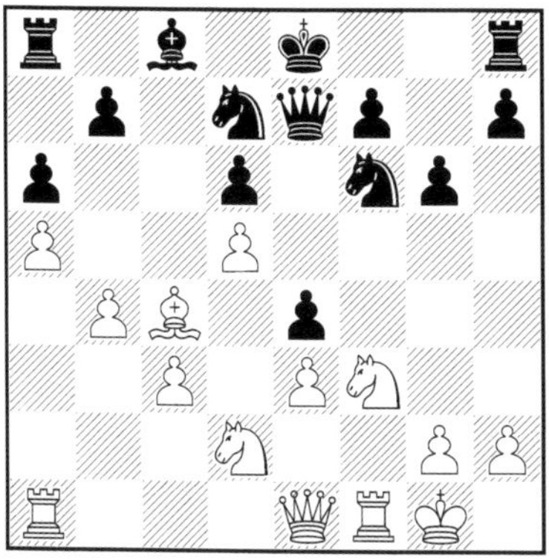

zwingen und womöglich auch das Feld f5 zu erobern. Auf 20. Sf3—d4 würde Schwarz durch 20. .... Sd7—e5 21. Tf1—f4 (oder 21. De1—h4, Sf6—d5:! usw.), 0—0 ein befriedigendes Spiel erlangen, da darauf 22. Sd2—e4: wegen 22. .... Sf6—e4: 23. Tf4—e4:, f7—f5 usw. offenbar nicht ginge.

20. .... h7—h6

Falls aber nun 20. .... Sd7—e5, so 21. Lc4—b3!, Lc8—f5 22. Lb3—a4†, Ke8—f8 23. La4—c2! zum Vorteil von Weiß.

21. Sg5—h3 ....

Ein Fehler wäre De1—h4 wegen 21. Sf6—h7! usw.

21. .... De7—e5

Schwarz überschätzt die Bedeutung seines Gegenangriffs. Er hätte sich doch zu 21. .... Sd7—e5 entschließen müssen, worauf Weiß nach 22. Sh3—f4, Lc8—f5 23. h2—h3, h7—h5 24. Lc4—b3, Ta8—c8 25. c3—c4 nebst Sf4—e2—d4 usw. zwar immer noch besser stünde, aber es doch noch nicht ganz leicht gehabt hätte, seinen Vorteil entscheidend zu verstärken.

22. Ta1—c1! ....

Nur der c-Bauer bedurfte einer Deckung. Denn nach dem Nehmen von d5 würde Schwarz sehr schnell in entscheidenden Nachteil kommen, z. B. 22. .... Sf6—d5: 23. Lc4—d5:!, De5—d5: 24. Sh3—f4, Dd5—c6 25. c3—c4! nebst 26. Sf4—d5 usw.

22. .... Sf6—g4

Erweist sich als wirkungslos, da er zu f7—f5 doch nicht kommen kann. Das kleinere Übel war immer noch 22. .... 0—0 usw.

23. Sh3—f4 g6—g5

24. h2—h3 Sg4—f6

Erzwungen, denn falls 24. .... g5—f4:, so 25. e3—f4:! nebst 26. h3—g4: usw. mit Gewinnstellung.

25. Sf4—e2 Sf6—d5:

Schwarz steht so schlecht, daß er nun diesen Bauern ohne Risiko nehmen kann. Lange zu halten war ja seine Stellung in keinem Falle mehr.

26. Lc4—d5: De5—d5:

27. Se2—d4! ....

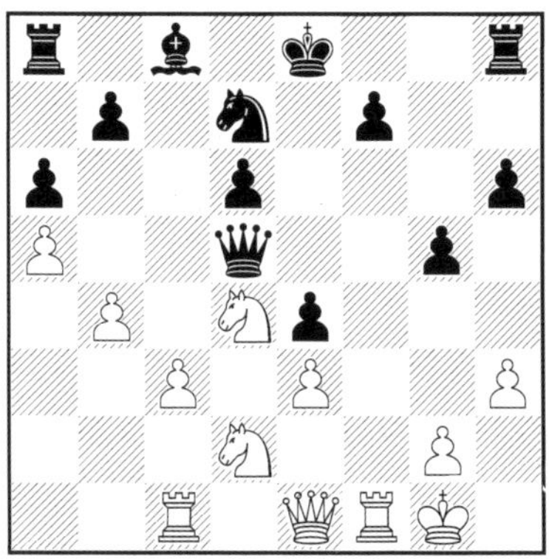

27. .... Dd5—e5

Oder I. 27. .... 0—0 28. Tf1—f5, Dd5—a2 (Sd7—e5 29. c3—c4 usw.) Tc1—a1, Da2—b2 30. Sd2—c4,

II. 27. .... Sd7—f8 28. De1—e2! (droht mit Sd2—c4—b6), Lc8—e6 29. c3—c4, Dd5—e5 30. c4—c5, d6—d5! 31. c5—c6!, b7—c6: 32. Tc1—c6: nebst Tc6—a6: mit entscheidendem Übergewicht auf dem Damenflügel. Nach dem Textzug gewinnt Weiß durch einen direkten Königsangriff.

28. Sd2—c4 De5—d5
29. Sd4—f5! Ke8—f8
30. Sf5—d6: Th8—h7
31. Tc1—d1 Dd5—c6
32. Td1—d4! ....

Einfacher als die mit Sd6—f7: usw. verbundenen Kombinationen. Denn nun steht Schwarz beinahe Patt.

32. .... b7—b5
33. a5—b6: (e. p.) Lc8—b7
34. Sc4—a5 Aufgegeben.

30. Giuoco Piano

Internationales Turnier
zu Mannheim, Juli 1914.

Weiß: J. Mieses.

1. e2—e4 e7—e5
2. Sg1—f3 Sb8—c6
3. Lf1—c4 Lf8—c5
4. Sb1—c3 d7—d6
5. d2—d3 Lc8—e6

Ein sicherer Weg, die langweiligen symmetrischen Varianten nach 5. .... Sg8—f6 zu vermeiden.

6. Sc3—d5 ....

Die folgenden Abtausche sind für den Nachziehenden günstig. Besser wäre daher 6. Lc1—e3! usw.

6. .... Sc6—a5!
7. Lc1—e3 ....

Auf 7. Lc4—b3 würde ebenfalls 7. .... Sa5—b3: nebst Vertreibung des Springers d5 durch c7—c6 zum Vorteil für Schwarz folgen.

7. .... Sa5—c4:
8. d3—c4: ....

Falls 8. Le3—c5:, so natürlich 8. .... Sc4—b2: usw.

8. .... Lc5—e3:

Der richtige Moment dazu, da Weiß wegen 9. .... c7—c6 usw. nicht mit dem Bauern wiedernehmen darf.

9. Sd5—e3: Sg8—f6
10. Dd1—d3 ....

Etwas besser wäre Sf3—d2, denn nach dem Textzuge gelingt es Schwarz, eine weitere Schwächung des gegnerischen Damenflügels zu erzwingen.

10. .... Sf6—d7!
11. b2—b4 ....

Falls nun 11. Sf3—d2, so 11. .... Sd7—c5 12. Dd3—e2, Dd8—h4! ebenfalls mit Vorteil.

11. .... a7—a5!
12. c2—c3 0—0
13. 0—0 ....

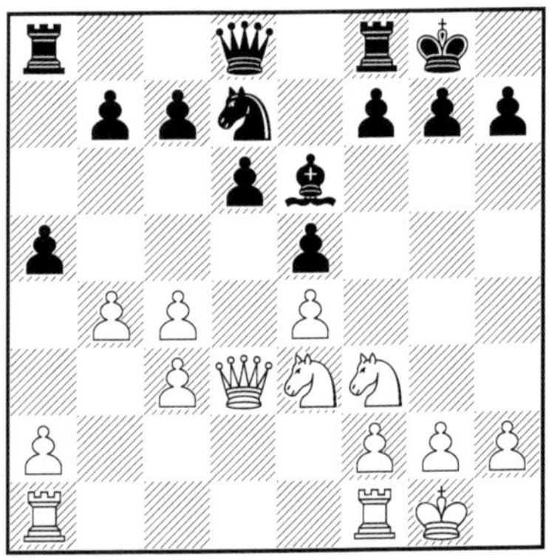

13. .... g7—g6

Nachdem er sich die Initiative auf dem Damenflügel gesichert hat, bereitet Schwarz damit das Vorgehen im Zentrum vor. Nach f7—f5, wird Weiß nämlich vor eine peinliche

Alternative gestellt werden — entweder nach e4—f5:, g6—f5: usw. dem Gegner die vollständige Herrschaft über die zentralen Felder zu überlassen oder aber f5—f4 zuzulassen, was dem Schwarzen nach dem erzwungenen f2—f3 einen leicht vorzubereitenden Durchbruch mittels g6—g5—g4 ermöglichen wird. Die Partie ist also schon so früh strategisch entschieden.

14. Sf3—d2 f7—f5
15. f2—f3 f5—f4
16. Se3—d1 ....

Und nicht Se3—d5 wegen 16. .... c7—c6. Aber nach dem Textzuge stehen die beiden weißen Springer beinahe wirkungslos da.

16. .... g6—g5
17. Sd1—f2 h7—h5
18. h2—h3 Sd7—f6
19. Tf1—d1 Dd8—e7

Der folgende Befreiungsversuch von Weiß war durch 19. b7—b6 leicht zu verhindern. Aber diese Vorsichtsmaßregel schien dem Schwarzen nutzlos zu sein, da die mit c4—c5 verbundenen Varianten ihm einen sicheren Vorteil im Endspiel versprachen.

20. c4—c5 ....

Erzwingt eine Änderung des gegnerischen Angriffsplans — aber um einen recht hohen Preis. Auf andere Zügen wäre allerdings das Vorgehen g5—g4 nach den Vorbereitungszügen Kg8—h8, Tf8—g8, Tg8—g6, De7—g7, Ta8—g8 usw. unwiderstehlich geworden.

20. .... a5—b4:

Auch 20. .... d6—c5: kam in Betracht, z. B. 21. Sd2—c4:, Le6—f7! 22. Sc4—a5: (oder 22. b4—a5:, De7—e6), c5—b4: usw. Doch ist der materielle Vorteil von Schwarz nach dem Textzuge im Endspiel leichter zu verwerten.

21. c5—d6: De7—d6:

Auf den ersten Blick scheint Schwarz nicht viel erreicht zu haben, denn nach 22. c3—b4:, Dd6—b4: würde Weiß durch 23. Td1—b1 usw. eine recht gute Gegenchance bekommen. Die Feinheit der ganzen Spielweise tritt erst nach dem 24. Zuge von Schwarz hervor.

22. c3—b4: Ta8—a2:
23. Ta1—a2: Dd6—d3:!
24. Sf2—d3: Le6—a2:

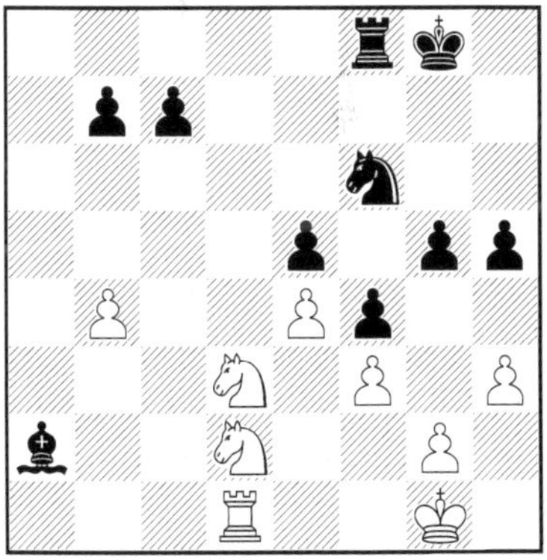

Jetzt ist nämlich der Bauer e5 unantastbar, und zwar wegen (24. Sd3—e5:?) Tf8—d8! mit der unparierbaren Drohung La2—b3, Td1—b1, Lb3—c2 usw. Das Schlußspiel scheint wegen der Schwäche e5 noch mit einigen technischen Schwierigkeiten verbunden zu sein. Es spielt sich aber ohne größere Anstrengung ab, weil Schwarz einen verschmitzten Weg findet, die beiden weißen Figuren dauernd zu fesseln und damit die ungehinderte Verwendung seiner Bauernmehrheit auf dem Damenflügel zu sichern.

25. Td1—a1 Tf8—d8
26. Ta1—a2: Td8—d3:
27. Sd2—c4 Td3—d4
28. Ta2—c2! Sf6—e8!

Ungenügend wären die anderen Verteidigungen des Bauern c7, z. B. I. 28. .... c7—c6 29. b4—b5!, c6—b5: Sc4—e5:, und der Vorteil von Schwarz ist ganz illusorisch geworden. II. 28. .... Sf6—d7 29. Sc4—a5, b7—b6 30. Sa5—c6, und diese starke Springerstellung gäbe dem Weißen berechtigte Remisaussichten. Mit dem Textzuge droht Schwarz 28. .... b7—b5 usw.

29. b4—b5 ....

Droht seinerseits mit 30. b5—b6 nebst 31. Sd3—e5: usw.

29. .... b7—b6
30. Sc4—e5: ....

Erzwungen, denn falls z. B. 30. Kg1—f2, so 30. .... g5—g4! usw. Nun hofft er aber, durch das Eindringen des Turmes nach c6 sich genügende Gegenchancen zu verschaffen.

30. .... Td4—b4
31. Tc2—c6 Tb4—b5:
32. Tc6—g6† Se8—g7
33. Tg6—g5: h5—h4!

Die Pointe des mit 28. .... Sf6—e8 eingeleiteten Manövers. Die weißen Offiziere stehen patt, da 34. Se5—f7 wegen 34. .... Tb5—b1† nicht geht. Weiß versucht also noch

34. Kg1—f2 Tb5—c5
35. Kf2—e2 ....

(S. Stellungsbild.)

35. .... Kg8—h7!

Beraubt den Gegner seiner letzten Hoffnung, sich (auf 35. .... b6—b5 z. B.) durch 36. Se5—f7! zu befreien. Denn falls nun 36. Se5—f7, so einfach 36. .... Tc5—g5: 37. Sf7—g5‡,

Stellung nach dem 35. Zuge von Weiß.

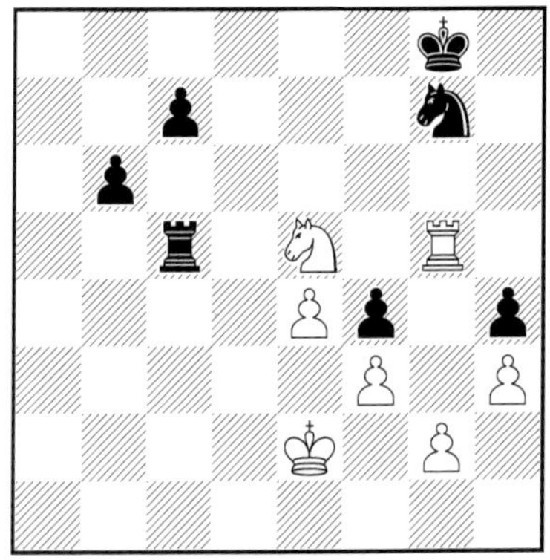

Kh7—g6 mit Springergewinn. Und auf andere Zügen ginge der b-Bauer ungehindert zur Dame.

Aufgegeben.

31. Französische Partie

Internationales Turnier zu Mannheim, Juli 1914.

Schwarz: H. Fahrni.

1. e2—e4 e7—e6
2. d2—d4 d7—d5
3. Sb1—c3 Sg8—f6
4. Lc1—g5 Lf8—e7
5. e4—e5 Sf6—d7
6. h2—h4! ....

Dieser energische Zug ist von dem französischen Amateur Chatard vor Jahren in leichten Partien mehrfach probiert worden. Auch der Wiener Meister A. Albin hat ihn in den neunziger Jahren ein paarmal angewandt. Aber die internationale Feuerprobe erlebte er in der vorliegenden Partie.

6. .... Le7—g5:

Sehr gewagt! Ebenfalls ungünstig für Schwarz ist 6. .... 0—0, wie es

Bogoljubow in seiner Partie gegen Spielmann (Wien 1922) glänzend bewiesen hat: 7. Lf1—d3, c7—c5 8. Sg1—h3!, Tf8—e8 19. Sc3—b5, f7—f5 10. Sb5—d6, c5—d4: 11. Sd6—e8:, Dd8—e8: 12. Ld3—b5, und Weiß muß gewinnen. Verhältnismäßig besser erscheint dagegen 6. .... c7—c5 und falls 7. Sc3—b5, so 7. f7—f6! usw.

7. h4—g5: Dd8—g5:
8. Sg1—h3 Dg5—e7

Mit 8. .... Dg5—h6 würde sich die schwarze Dame in eine Sackgasse begeben. In diesem Falle würde Weiß am besten mit 9. g2—g3 nebst Lf1—g2 usw. fortsetzen.

9. Sh3—f4 Sd7—f8

Dieser Springerzug wird hier überzeugend widerlegt. Aber auch in andern Fällen würde Weiß einen vollen Ersatz für den geopferten Bauern haben. Eine sehr interessante Fortsetzung kam in einer von Bogoljubow (Weiß) in Stockholm 1919 gespielten Partie vor: 9. .... a7—a6 10. Dd1—g4, g7—g6 11. 0—0—0, c7—c5 12. Dg4—g3!, Sd7—b6 13. d4—c5:, De7—c5: 14. Lf1—d3, Dc5—f8 15. Ld3—e4!! und der Springer dringt über e4 oder d5 mit entscheidender Wirkung ein.

10. Dd1—g4! ....

Mit der Doppeldrohung 11. Dg4—g7: und 11. Sc3—d5:. Die Antwort ist also erzwungen.

10. .... f7—f5
11. e5—f6: (e. p.) g7—f6:
12. 0—0—0 ....

Da der weiße König die e-Linie verlassen hat, droht Weiß wieder mit 13. Sc3—d5:.

12. .... c7—c6
13. Td1—e1 Ke8—d8

Es gibt kein anderes Mittel, zur Entwicklung des Damenflügels zu kommen. Falls 13. .... Lc8—d7, so entscheidet das Springeropfer auf d5.

14. Th1—h6! ....

Durch den Druck auf f6 werden die schwarzen Steine noch mehr eingeengt, und von hier ab sind alle Züge des Nachziehenden so gut wie erzwungen.

14. .... e6—e5
15. Dg4—h4 Sb8—d7
16. Lf1—d3 ....

Droht u. a. auch mit 17. Ld3—f5 usw.

16. .... e5—e4
17. Dh4—g3! ....

Eine notwendige Vorbereitung zu dem folgenden Opfer. Es droht nun 18. Sc3—d5: usw. mit sofortigem Gewinn, und auch 17. .... De7—d6 kann Schwarz nicht spielen, da er nach 18. Ld3—e4:, d5—e4: 19. Te1—e4:! ohne Verteidigung gegen die Drohung 20. Dg3—g7 wäre.

17. .... De7—f7

Also noch das Einzige.

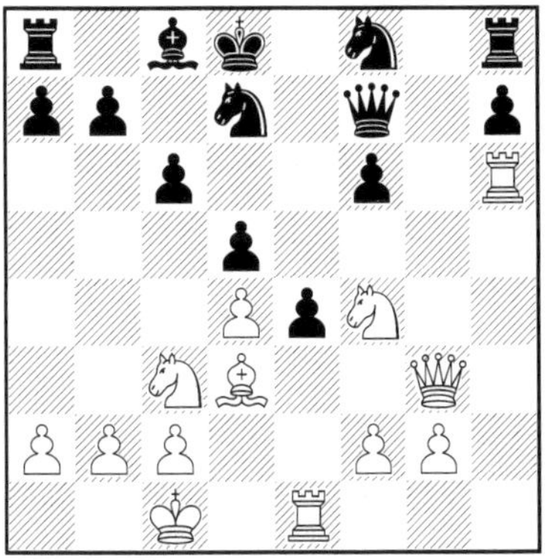

18. Ld3—e4:! ....

Das Opfer, welches Schwarz offenbar annehmen muß, führt eine baldige Entscheidung herbei.

18. .... d5—e4:
19. Sc3—e4: Th8—g8

Falls 19. .... Df7—a2:, so 20. Se4—f6:!, Sd7—f6: 21. Dg3—g7! und gewinnt.

20. Dg3—a3! ....

Auf 20. Se4—d6 hätte Schwarz noch 20. .... Df7—a2: gehabt, da die Abzugschachs in diesem Falle zu keinem Matt führen würden.

20. .... Df7—g7

Oder 20. .... Df7—e7 21. Da3—a5†!, b7—b6 22. Da5—c3 und gewinnt.

21. Se4—d6! Sd7—b6

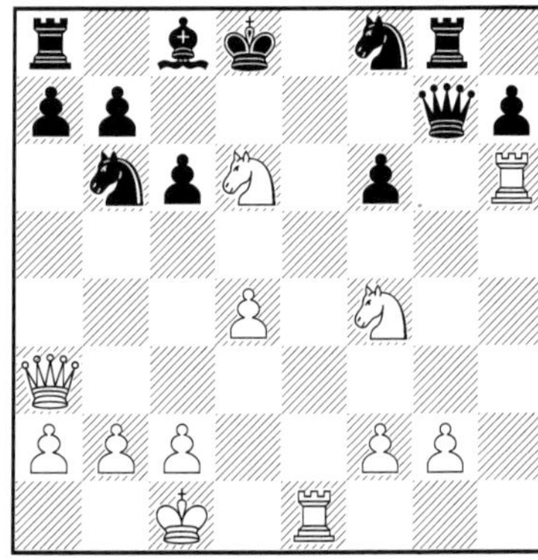

22. Sd6—e8! ....

Erzwingt Matt oder Damengewinn, z. B. 22. .... Dg7—d7 23. Se8—f6: oder 22. .... Sb6—c4 23. Da3—c5, Dg7—f7 24. Th6—f6: usw.

22. .... Dg7—f7
23. Da3—d6† nebst Matt in zwei Zügen.

II. Wettspiele, Gelegenheitspartien durch Briefwechsel, Blind- oder Simultanspiele usw.

32. Kieseritzkys Gambit

Gespielt durch Briefwechsel in Rußland in den Jahren 1908–1909.

Schwarz: W. Jukowsky.

1.	e2–e4	e7–e5
2.	f2–f4	e5–f4:
3.	Sg1–f3	g7–g5
4.	h2–h4	g5–g4
5.	Sf3–e5	Sg8–f6
6.	Lf1–c4	d7–d5
7.	e4–d5:	Lf8–d6
8.	0–0	....

Dieser vom Professor Rice vorgeschlagene Zug hat eigentlich keinen theoretischen Wert, da Schwarz einerseits durch 8. .... 0–0, durch Zugumstellung eine für ihn nicht ungünstige Variante des eigentlichen Kieseritzky-Gambits herbeiführen kann, andererseits aber, wie es die mehrfachen Untersuchungen überzeugend nachgewiesen haben, den Springer auch unbedenklich nehmen darf, ohne dabei eine Verlustgefahr zu laufen. Trotzdem ist die Erfindung von Professor Rice insofern verdienstvoll, als sie zu ganz außerordentlich verwickelten Stellungen führt und so Anlaß zu lehrreichen analytischen Untersuchungen bietet, zu denen sich gerade das Korrespondenzspiel besonders eignet.

8.	....	Ld6–e5:
9.	Tf1–e1	Dd8–e7
10.	c2–c3	....

Und nicht 16. d2–d4 wegen 16. .... Le5–d4‡ usw.

10.	....	g4–g3

Ein Versuch, das Springeropfer durch einen sofortigen vehementen Angriff zu widerlegen. Außer dem Zuge kommen noch 16. .... f4–f3 (analytischer Wettkampf Lasker-Tschigorin, Brighton 1904) oder auch 16. .... Sf6–h5! (Jasnogrodsky) in Betracht, welcher letzterer meiner Ansicht nach der beste ist.

11.	d2–d4	Sf6–g4
12.	Sb1–d2	De7–h4:
13.	Sd2–f3	Dh4–h6

Droht mit Damengewinn durch 14. .... Sg4–f2.

14.	Dd1–a4†	....

Ungenügend wäre sowohl I. 14. Te1–e5‡, Sg4–e5: 15. d4–e5:, Lc8–g4 usw., als auch II. 14. Dd1–e2 (14. Dd1–d2, Sg4–e3!), 0–0 15. d4–e5:, Sg4–f2 16. Kg1–f1, Dh6–h1† 17. Sf3–g1, Sf2–h3! usw.

14.	....	Lc8–d7
15.	Da4–a3	....

Dieser Zug wurde auch von Professor Rice selbst in einer New Yorker Beratungspartie angewandt, die mit Remis endete. Die Alternative 15. Da4—b4 wurde in einer Partie Lipschütz-Napier versucht, die folgenden Verlauf nahm: 15. .... Sb8—c6! 16. d5—c6:, Ld7—c6: 17. Lc4—b5, 0—0—0 18. Lb5—c6:, b7—c6: 19. d4—e5:, Sg4—f2 20. Kg1—f1, Dh6—h1† 21., Sf3—g1, Sf2—h3! 22. Db4—c5 (oder 22. g2—h3:, f4—f3 usw.) f4—f3! 23. g2—f3:, Sh3—g1: und Schwarz gewann. Aber auch auf a3 bleibt die weiße Dame sehr lange außer Spiel, was dem Gegner die waghalsigsten Opferwendungen ermöglicht.

15. .... Sb8—c6!

16. d5—c6: ....

Es gibt keine Wahl, da 19. d4—e5:, Sd7—e5: nebst 0—0—0 mit einer baldigen Katastrophe endigen würde.

16. .... Ld7—c6:

17. d4—d5 ....

Ebenfalls erzwungen.

17. .... Lc6—d5:

Sehr geistreich, doch wäre wahrscheinlich die einfache Variante 17. .... Lc6—d7 18. Da3—c5!, f7—f6! 19. d5—d6, c7—c6, die dem Schwarzen ein Übergewicht von zwei Bauern bei genügend gesicherter Stellung lassen würde, vorzuziehen gewesen. Die durch den Textzug herbeigeführten Verwicklungen waren nur im Korrespondenzspiel und selbst auch dann nicht bis zu ihren äußersten Folgen auszurechnen.

18. Lc4—d5: Dh6—b6†

19. Sf3—d4 0—0—0

Nun ist der König in Sicherheit gebracht, und Schwarz hat eine wirklich brillante Angriffsstellung. Um einen sofortigen Zusammenbruch zu vermeiden, muß sich Weiß daher sofort entschließen, einen Teil seines Übergewichts zurückzugeben.

20. Te1—e5: ....

Um auf 20. .... Sg4—e5: mit 21. Da3—b3, Db6—b3: 22. Ld5—b3:, Se5—g6 23. Lc1—d2 usw. eine günstige Vereinfachung herbeizuführen. Schwarz hat aber eine neue Überraschung vorbereitet.

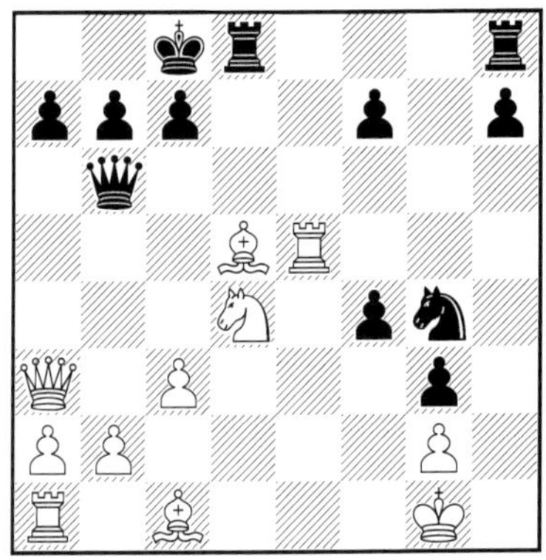

20. .... Td8—d5:

Eine sehr weit berechnete Kombination, durch die Schwarz, obwohl er Turm und Läufer weniger haben wird, den Gewinn zu erzwingen hofft.

21. Te5—d5: Db6—h6

22. Sd4—f3 ....

Nach 22. Da3—a7:, Dh6—h2† 23. Kg1—f1, Dh2—h1† 24. Kf1—e2, Dh1—g2‡ 25. Ke2—d3, Dg2—d5: 26. Da7—a8†, Kc8—d7 27. Da8—h8: würde Schwarz zum mindesten durch 27. .... Sg4—e5† 28. Kd3—c2, Dd5—e4† 29. Kc2—b3, De4—d5† ein Remis durch ewiges Schach haben. Er hätte aber auch versuchen können, seine Freibauern durch 27. .... f4—f3 usw. zu verwerten.

22. .... Sg4—f2

23. Kg1—f1 Th8—e8!

Droht mit 24. .... Dh6—h1† 25. Sf3—g1, Dh1—g1‡ nebst 26. .... Te8—e1‡.

24. Lc1—f4:! ....

Noch das Einzige, um sich aus der fürchterlichen Umklammerung einigermaßen zu befreien.

25. .... Dh6—h1†

25. Sf3—g1 Sf2—g4

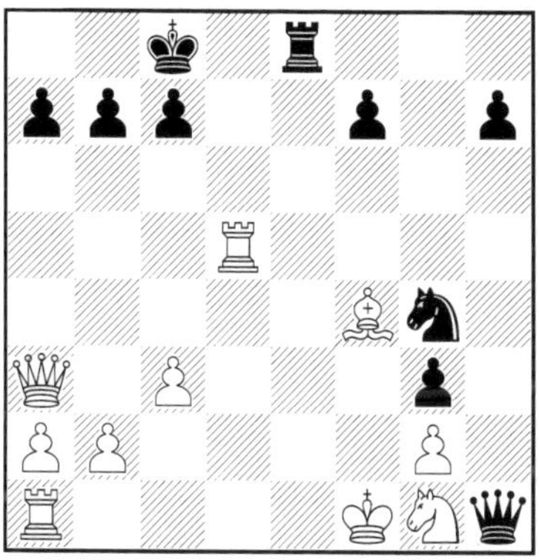

26. Td5—h5! ....

Der sicherste Weg. Mit 26. Td5—e5 hätte sich Weiß neuen und dabei unnützen — da sie mit keinen Gewinnhoffnungen verbunden wären — Gefahren ausgesetzt, wie die folgenden sehr interessanten Varianten beweisen: 26. Th5—e5, Sg4—h2† 27. Kf1—e2, Te8—d8! (verhindert das Hinüberspielen des weißen Königs auf die Damenseite), 28. Lf4—g3:!, Dh1—g2‡ 29. Lg3—f2, Dg2—g4† 30. Ke2—e3 (oder 30. Ke2—e1, Dg4—g2! 31. Ke1—e2, Dg2—g4† und Schwarz hat schon Remis in der Hand), f7—f5!; nun hat Weiß gegen die Drohung 31. .... Dg4—g5† 32. Ke3—e2, Dg5—d2‡ nur folgende zwei Verteidigungen zur Verfügung: I. 31. Da3—e7, f5—f4† 32. Ke3—e4, Dg4—g2† 33. Ke4—f4:, Dg2—f2‡, und Schwarz kann wieder ewiges Schach bieten, da der weiße König nach g5 wegen 34. .... Df2—g3† nebst 35. .... Dg3—g5† und 36. .... Dg5—g6‡ nicht entfliehen kann. II. 31. Da3—b4, Dg4—g5† 33. Db4—f4, Sh2—g4† (stärker als 32. .... Td8—d3†) 33. Ke3—f3, Sg4—e5‡ 34. Df4—e5:, Dg5—g4† 35. Kf3—e3, f5—f4† 36. Ke3—e4, Dg4—g2† 37. Sg1—f3, Dg2—f2: usw. mit guten Gewinnchancen, da Weiß nicht gleichzeitig seinen König und seine Bauern am Damenflügel verteidigen kann. Diese Varianten beweisen die außerordentliche Lebensfähigkeit des mit dem 20. Zuge von Schwarz inszenierten Angriffs.

26. .... Dh1—h5:

27. Sg1—h3 Dh5—b5†

Auch das verführerische Manöver Sg4—h2† 28. Kf1—g1, Sh2—f3† 29. Kg1—h1, Te8—g8! mit der Drohung 30..... Dh5—h3‡ nebst 31. .... g3—g2‡ hätte bei korrekter Verteidigung nur zu Remis geführt, z. B. 30. Lf4—g3:, Tg8—g3: 31. Da3—f8†, Kc8—d7 32. Ta1—d1†, Kd7—c6 33. Df8—e8†, Kc6—b6 34. De8—e3†, Kb6—a6 35. De3—d3†! (nicht De3—e2†, b7—b5! 36. De2—f1, Sf3—h4 und gewinnt); Ka6—b6! (nicht b7—b5 wegen 36. Dd3—d7! mit dreizügiger Matt-Drohung) 36. Dd3—e3†, Kb6—a6! (falls 36. .... c7—c5, so 37. Td1—d6†, Kb6—a5 38. Td6—h6, Dh5—f5 39. Sh3—g1 und gewinnt), De3—d3† usw. — Remis.

28. Kf1—g1! ....

Mit 28. c3—c4 hätte Weiß sein

materielles Übergewicht behaupten können; aber doch dem Gegner Gewinnchancen eingeräumt, z. B. 28. c3—c4, Db5—c4‡ 29. Kf1—g1, Dc4—d4† 30. Kg1—h1, Sg4—f2† 31. Sh3—f2:, g3—f2: 32. Lf4—g3 (oder A), Dd4—f6 33. Ta1—f1, Df6—h6† 34. Lg3—h2, Te8—e1 35. Da3—d3, Dh6—c1 und gewinnt. A. 32. Da3—g3, Dd4—b2: (und nicht 32. .... Te8—e1† 33. Ta1—e1:, f2—e1D‡ 34. Dg3—e1:, Dd4—f4: 35. De1—e8‡) 33. Ta1—f1, Db2—a2: und Schwarz muß gewinnen.

28.	....	Db5—b6†
29.	Kg1—h1	Sg4—f2†
30.	Sh3—f2:	Db6—f2:!

Und nicht 30. .... g3—f2: 31. Ta1—f1, Db6—f6 32. g2—g3 und Weiß gewinnt,

31.	Lf4—g3:	Df2—g3:
32.	Da3—a7:	....

Der heiße Kampf hat die beiderseitigen Kräfte im wesentlichen erschöpft und es ist ein ruhiges Damenendspiel mit gleichen Aussichten entstanden. Schwarz begnügt sich nun mit Recht mit ewigem Schach, da der einzige Gewinnversuch 32. .... Te8—e4 mit 33. Kh1—g1! usw. leicht pariert worden wäre.

32.	....	Te8—e1†
33.	Ta1—e1:	Dg3—e1‡
34.	Kh1—h2	De1—h4†
35.	Kh2—g1	Dh4—e1†

Remis.

33. Wiener Partie

Gespielt durch Briefwechsel in Rußland im Jahre 1908.

Weiß: A. Wjakhireff.

1.	e2—e4	e7—e5
2.	Sb1—c3	Sg8—f6
3.	Lf1—c4	Lf8—b4
4.	d2—d3	Sb8—c6
5.	Sg1—e2	....

Diese Partie wurde noch vor der Zeit gespielt, als Mieses den besseren Zug 5. Lc1—g5 in die Meisterpraxis einführte.

5.	....	d7—d5
6.	e4—d5:	Sf6—d5:
7.	Lc4—d5:	Dd8—d5:
8.	0—0	Dd5—d8

Dies ist besser als 8. .... Lb4—c3:, was Dr. Bernstein in einem Exhibitiongame gegen mich (Paris 1922) versuchte. Es folgte nämlich 9. Se2—c3:, Dd5—d8 10. f2—f4, e5—f4: 11. Lc1—f4:, 0—0 12. Sc3—b5!, wodurch Weiß in Vorteil kam und schließlich gewann.

9.	Se2—g3	....

In einer Partie Mieses—Tschigorin (Monte Carlo 1902) folgte hier 9. f2—f4, 0—0 (besser e5—f4: 10. Lc1—f4:, 0—0 11. Sc3—e4, Lb4—e7! usw.) 10. f4—f5 usw. mit Vorteil für Weiß.

9.	....	0—0
10.	f2—f4	....

Nun ist aber dieser Zug nicht mehr so gut wegen des folgenden Gegenstoßes, der dem Schwarzen Chancen auf dem Königsflügel verschafft.

10.	....	f7—f5
11.	Sc3—e2	Dd8—h4
12.	Kg1—h1	Lb4—d6

Verhindert das Manöver Se2—gl —f3.

13. d3—d4 ....

Weiß steht schon etwas schlechter und versucht durch diesen Zug den Gegner zur Bildung eines gedeckten Freibauern zu verleiten, wodurch er selbst Gegenchancen im Zentrum bekommen konnte.

13. .... e5—e4

Gegenwärtig hätte ich mich mit der einfacheren Fortsetzung 13. .... e5—d4: 14. Se2—d4:, Sc6—d4: 15. Dd1—d4:, Lc8—e6 oder Lc8—d7 —c6 usw. — die einen klaren Vorteil versprach — zweifellos begnügt. Damals aber war die Versuchung, auf komplizierte Mattkombinationen zu spielen, zu stark. Übrigens verwirklichen sich diese Kombinationen in der Partie, aber nur infolge eines nachgiebigen Gegenspiels.

14. c2—c4 Tf8—f6
15. c4—c5 Tf6—h6
16. h2—h3 Ld6—f8
17. Dd1—b3† Kg8—h8
18. Db3—c3 ....

Ein folgenschwerer Positionsfehler, durch welchen dem Gegner ohne ersichtlichen Grund der hochwichtige Punkt d5 überlassen wird. Es mußte natürlich 18. d4—d5 und auf 18. .... Sc6—e7 oder d8 19. Lc1—e3 geschehen, womit die Bewegungsfreiheit der schwarzen Figuren beschränkt wäre. Nun wird der Vorteil des Nachziehenden eklatant.

18. .... Sc6—e7!

Natürlich nicht 18. .... Lc8—e6 wegen 19. d4—d5 usw.

19. Lc1—e3 Lc8—e6
20. Le3—f2 Dh4—f6
21. a2—a3 ....

Der Bauernvormarsch am Damenflügel (siehe auch den 23. und 26. Zug von Weiß) ist wertlos, da er gar keine Drohung enthält. Seine Stellung nach dem verfehlten 18. Zuge ist aber so schlecht, daß ein halbwegs vernünftiger Verteidigungsplan überhaupt nicht zu finden ist.

21. .... Le6—d5

Mit der Drohung 22. .... e4—e3 nebst 23. .... Th6—h3‡ usw. Der Punkt d5 wird durch den Läufer besetzt, da dem Springer, wie man sehen wird, eine andere Aufgabe beschieden ist.

22. Lf2—e3 Se7—g6
23. b2—b4 Sg6—h4
24. Kh1—g1 ....

Auch auf anderen Zügen wäre Sh4—f3 gefolgt, wodurch der weiße König in der Ecke eingesperrt und ebenfalls einem starken Angriff (z.B. Df6—h4 mit der Drohung Dh4—h3‡ usw.) ausgesetzt würde.

24. .... Sh4—f3†!
25. Kg1—f2 ....

Das Nehmen des Springers hätte zu einem sofortigen Zusammenbruch geführt, nämlich 25. g2—f3:, e4—f3: 26. Se2—c1, Th6—h3: 27. Kg1—f2 (oder Le3—f2), Df6—h4 usw.

25. .... Df6—h4!

Die Stellung ist eigentümlich. Schwarz beabsichtigt 26. .... Th6—g6 nebst 27. .... Lf8—e7, dann Turmopfer und Damenopfer auf g3 mit folgendem Matt. Und dagegen läßt sich nichts Rechtes erfinden!

26. b4—b5 Th6—g6
27. Tf1—c1 Lf8—e7!

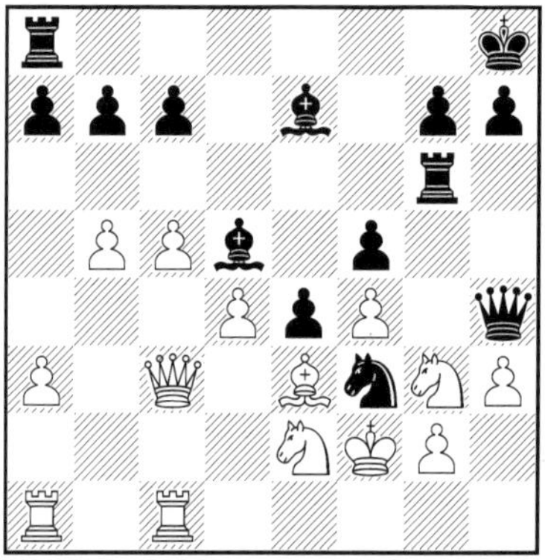

28. Kf2—f1 ....

Da es keine Möglichkeit gibt, die erwähnte Drohung (28. .... Tg6—g3: 29. Se2—g3:, Dh4—g3‡! usw.) direkt zu parieren, entschließt sich Weiß, in den sauren Apfel zu beißen und endlich den Springer zu schlagen. Aber gleich darauf gerät er in eine neue Mattstellung.

28. .... Tg6—g3:
29. Se2—g3: ....

Falls 29. Le3—f2, so 29. ... Sf3—h2† 30. Kf1—g1 (oder 30. Kf1—e1, Tg3—c3: usw), Tg3—g2‡! 31. Kg1—g2:, e4—e3† nebst Matt im nächsten Zuge.

29. .... Dh4—g3:
30. Le3—f2 Dg3—h2
31. g2—f3: e4—f3:
32. Tc1—c2 Ta8—e8!

Der Einleitungszug zu der Schlußkombination. Zunächst wird der weiße König von dem Damenflügel abgesperrt.

33. Lf2—e3 ....

Oder 33. Lf2—g1, Dh2—g3! nebst Le7—h4 usw.

33. .... Dh2—h1†
34. Le3—g1 Le7—h4!
35. Tc2—h2 ....

Nun ist die schwarze Dame gefangen.

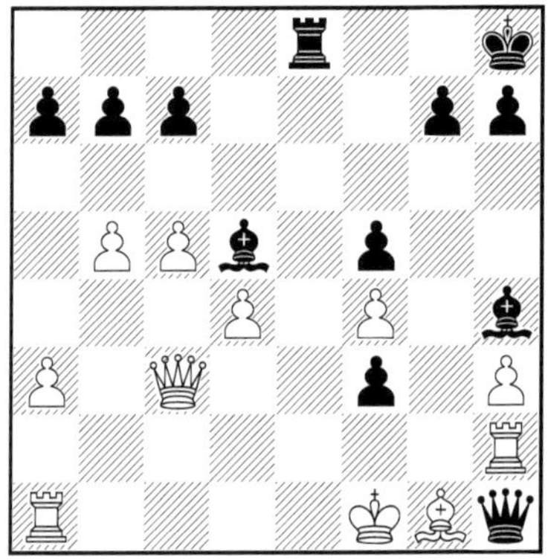

35. .... Dh1—g2†!
36. Th2—g2: f3—g2‡

34. Spanische Partie

Gespielt durch Briefwechsel in Rußland in den Jahren 1908—1909.

Weiß: K. Wygodschikoff.

1. e2—e4 e7—e5
2. Sg1—f3 Sb8—c6
3. Lf1—b5 a7—a6
4. Lb5—a4 Sg8—f6
5. 0—0 Lf8—c5

Dieser zuerst von Möller empfohlene Zug ist meiner Ansicht nach viel besser als sein Ruf. Es ist mir jedenfalls bis jetzt nicht gelungen, seine klare Widerlegung zu finden, und auch die Partien, in denen ich ihn versucht habe, sprechen eher zu seinen Gunsten.

6. Sf3—e5: ....

Außer diesem Zuge kommt ernstlich nur 6. c2—c3 in Betracht, was auch Yates gegen mich in Hastings (1922) versuchte. Die Fortsetzung dieser Partie war für Schwarz durchaus befriedigend: 6. .... Lc5—a7 7. d2—d4 (interessant ist 7. Tf1—e1, Sf6—g4! 8. d2—d4,e5—d4: 9.c3—d4:, Sc6—d4:! 10. Sf3—d4:, Dd8—h4 usw. mit entscheidendem Angriff), Sf6—e4: 8. Dd1—e2, f7—f5 9. d4—e5:, 0—0 10. Sb1—d2, d7—d5 11. e5—d6:, Se4—d6: 12. La4—b3†, Kg8—h8 13. Sd2—c4, f5—f4! 14. Sc4—e5, Sc6—e5: 15. Sf3—e5:, Dd8—g5 16. Lc1—d2, Lc8—h3 17. Lb3—d5, Ta8—e8 18. Tf1—e1, Te8—e6! 19. De2—d3 und Schwarz konnte statt des gekünstelten 19. .... La7—e3 mit 19. .... Lh3—g2: nebst Te6—e5: usw. einfach einen Bauern gewinnen.

6.	....	Sc6—e5:
7.	d2—d4	Sf6—e4:!
8.	Tf1—e1	....

Nach 8. d4—c5:, Se4—c5: 9. Dd1—d5 (d4), Dd8—e7 hat Weiß keinen genügenden Ersatz für den geopferten Bauern. Takacz spielte gegen mich in Wien 1922 8. Dd1—e2, die Folge war 8. .... Lc5—e7 9. De2—e4:, Se5—g6 10. c2—c4, 0—0 11. Sb1—c3, f7—f5! 12. De4—f3, Sg6—h4 13. Df3—d3, b7—b5! 14. La4—b3, Kg8—h8 15. Lc1—f4, Sh4—g6 16. Lf4—d2, Lc8—b7 17. Tf1—e1, b5—c4: 18. Lb3—c4:, d7—d5 19. Lc4—b3, c7—c5! 20. d4—c5:, d5—d4 21. Sc3—a4, Lb7—e4 22. Dd3—c4, Le7—g5 23. Dc4—c1, Lg5—d2: 24. Dc1—d2:, Sg6—h4 25. f2—f3, Le4—f3: 26. g2—g3 und Schwarz konnte durch die Opferkombination 26. .... f5—f4! 27. g3—h4:, Dd8—h4: die Partie sofort entscheiden, da auf 28. Lb3—c2, d4—d3! 29. Lc2—d3:, Ta8—d8 usw. gewann.

8.	....	Lc5—e7
9.	Te1—e4:	Se5—g6
10.	Sb1—c3	0—0
11.	Sc3—d5	Le7—d6!

Es war sehr wichtig, diesen Läufer zu behalten. Nun hat Schwarz die Eröffnungsschwierigkeiten bereits überwunden und sollte wenigstens Ausgleich erreichen.

12. Dd1—f3 ....

Auf 12. c2—c4 konnte sehr stark 12. .... f7—f5 13. Te4—e1, b7—b5! usw. folgen.

12. .... f7—f5

Hier ist aber dieser Zug verfrüht, da Weiß ein wichtiges Tempo zum Rückzuge des Königsläufers gewinnt und Schwarz nicht mehr zu b7—b5 kommt. Richtig war sofort 12. .... b7—b5, 13. La4—b3, Lc8—b7 usw. mit aussichtsreichem Spiel.

13. La4—b3! Kg8—h8

Es ist klar, daß auf 13. .... f5—e4: Matt in vier Zügen folgen würde.

14. Te4—e2 f5—f4

Als Vorbereitung zu c7—c6. Auf 14. .... Dd8—h4 15. h2—h3, Dh4—d4: folgt 16. c2—c3, Dd4—c5 17. Lc1—e3, Dc5—c6 18. Le3—d4 usw. mit starkem Angriff.

15. c2—c4 c7—c6

Schon mit der Absicht, im zweitnächsten Zuge den Damenturm zu opfern. Ungenügend wäre sowohl 15. .... Dd8—g5 16. c4—c5, Sg6—h4 wegen 17. Df3—g3! usw., als auch 15. .... c7—c5 wegen 16. Lb3—c2! — was überhaupt drohte.

16.	c4—c5	Ld6—b8
17.	Sd5—b6	....

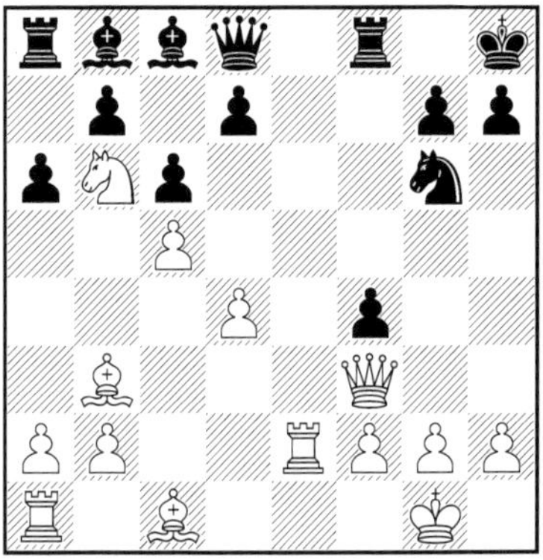

17. .... d7—d5!

Ein überraschendes Turmopfer! Weiß hätte besser getan, es abzulehnen und statt des Turmes den Läufer zu schlagen. Nach 18. Sb6—c8: (nicht sofort 18. Lb3—c2 wegen 18. .... Dd8—g5!), Dd8—c8: 19. Lb3—c2! stünde er dann noch immer etwas besser. Die Annahme des Opfers war aber sehr verlockend, zumal keine forcierte Angriffsfortsetzung für Schwarz darauf ersichtlich war.

18. Sb6—a8: Sg6—h4

19. Df3—c3 ....

Natürlich nicht 19. Df3—h5 wegen 19. .... g7—g6 20. Dh5—h6, Sh4—f5 nebst Sf5—d4: usw. Aber 19. Df3—d3 kam stark in Betracht. Darauf hätte sich der schwarze Angriff folgendermaßen entwickelt: 19. .... Lc8—f5 20. Dd3—c3 (Dd3—d1, Dd8—g5! usw.), f4—f3 21. Te2—e3! (21. g2—f3:, Dd8—f6 22. f3—f4, Lf5—g4 usw.), f3—g2: 22. f2—f3!, Dd8—g5! (drohend Lb8—h2‡ usw.) 23. Te3—e5, Lb8—e5:! 24. Lc1—g5:, Le5—d4‡ 25. Dc3—d4:, Sh4—f3‡ 26. Kg1—g2:, Sf3—d4: 27. Sa8—b6, Lf5—e4† 28. Kg2—g3 (h3), Tf8—f3† 29. Kg3—h4, Le4—f5! nebst Matt in wenigen Zügen. Nach dem Textzug wird die Sache etwas leichter, weil Schwarz noch über eine starke Drohung mit Damenopfer verfügt.

19. .... f4—f3

20. Te2—e5 ....

Falls nämlich jetzt 20. Te2—e3, so 20. .... Dd8—g5 21. g2—g3, Lb8—g3:! 22. h2—g3:, Dg5—g3‡! 23. f2—g3:, f3—f2† 24. Kg1—f1, Lc8—h3† und gewinnt. Weiß ist deshalb gezwungen, die Qualität zurückzuopfern.

20. .... Lb8—e5:

21. d4—e5: Sh4—g2:!

Droht mit Dd8—h4—h3 usw.

22. Dc3—d4 Dd8—d7

Es gewann auch 22. .... Sg2—f4! 23. Lc1—f4:, Dd8—h4. Aber die Textfortsetzung ist nicht weniger zwingend.

23. e5—e6 ....

Verzweiflung. Nach 23. Kg1—h1, Dd7—h3 hätte Weiß keine Verteidigung gegen 24. .... Sg2—e1! gehabt.

23. .... Dd7—e6:

24. Lc1—d2 De6—g6!

Stärker als 24. .... De6—h3 25. Ld2—c3, Tf8—g8 26. Dd4—e5, Sg2—f4 27. De5—g5 und Schwarz dürfte nicht 27. .... Lc8—g4 spielen wegen 28. Lc3—g7‡ usw. mit ewigem Schach.

25. Lb3—c2 ....

25. Kg1—h1, Sg2—e1! usw. oder 25. Kg1—f1, Lc8—h3 usw.

25. .... Dg6—c2:

26. Kg1—h1 Dc2—g6

27. Ta1—g1 ....

Offenbar wieder erzwungen.

27. .... Lc8—h3

28. Sa8—b6 ....

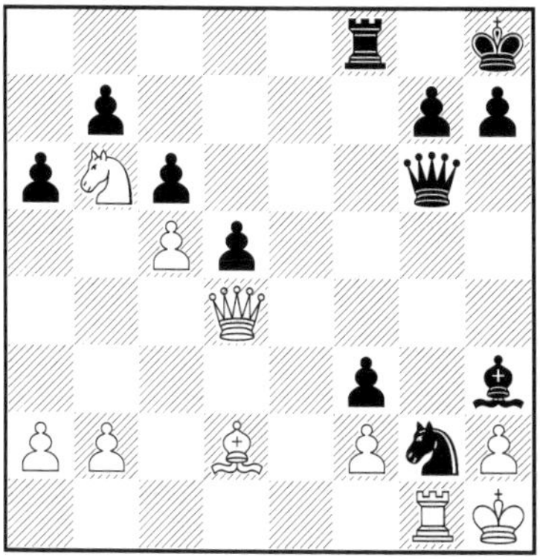

35. Partie

28. .... Sg2—f4!

Die von langer Hand vorbereitete entscheidende Wendung. Nach der folgenden Vereinfachung ist das Endspiel mit der Qualität weniger für Weiß natürlich aussichtlos.

29. Tg1—g6: Lh3—g2†
30. Tg6—g2: f3—g2‡
31. Kh1—g1 Sf4—e2†
32. Kg1—g2: Se2—d4:

Aufgegeben.

35. Unregelmäßig

Lokalturnier zu Moskau, September 1908.

Schwarz: W. Rosanoff.

1. e2—e4 b7—b6
2. d2—d4 Lc8—b7
3. Sb1—c3 e7—e6
4. Sg1—f3 d7—d5

Dies ist nicht konsequent, schon wegen der Fortsetzung 5. e4—d5:, e6—d5: (oder Lb7—d5: 5. Sc3—d5±) 6. Lf1—b5†, c7—c6 7. Lb5—d3 usw. Mehr im Geiste der Eröffnung ist 4. .... Lf8—b4 5. Lf1—d3, d7—d6 nebst Sb8—d7, Sg8—e7 usw.

5. Lf1—b5† c7—c6
6. Lb5—d3 Sg8—f6

Verhältnismäßig besser war 6. .... d5—e4: 7. Sc3—e4:, Sg8—f6 — um eine Art Variante aus der französischen Partie herbeizuführen. Der Textzug wird von Weiß zu einem energischen Königsangriff ausgenutzt.

7. e4—e5 Sf6—d7
8. Sf3—g5! ....

Diese unmittelbare Attacke wird durch die ungünstige Lage der schwarzen Steine völlig gerechtfertigt. Zunächst droht Weiß durch 9. Sg5—e6:!, f7—e6: 10. Dd1—h5† nebst 11. Lc1—g5† usw. sofort zu gewinnen.

8. .... Lf8—e7

Falls 8. .... h7—h6, so 9. Sg5—e6:, f7—e6: 10. Dd1—h5†, Ke8—e7 11. Dh5—h4† usw.

9. Dd1—g4! ....

Dies ist viel besser als 9. Dd1—h5, worauf Schwarz sich durch 9. .... g7—g6 10. Dh5—g4, Sd7—f8 usw. noch halbwegs verteidigt hätte. Auf den Textzug hatte er aber schon nichts Besseres als 9. .... Le7—g5: gehabt — mit der Folge 10. Lc1—g5:, Dd8—c7 11. Lg5—h4!, g7—g6 12. Sc3—e2, c6—c5 13. c2—c3 nebst Se2—f4 usw.±

9. .... Sd7—f8

Dieser Zug aber ermöglicht dem Gegner, durch eine elegante, wenn auch nicht fernliegende Kombination in entscheidenden Vorteil zu kommen.

10. Sg5—h7:! Th8—h7:
11. Ld3—h7: Sf8—h7:
12. Dg4—g7: Sh7—f8

Auf den ersten Blick sieht es so aus, als ob dem einfachen Vormarsch des Eckbauern bis h7 nichts im Wege stünde. In Wirklichkeit aber hätte

Schwarz auf das ruhigere 13. g2—g3 entweder den Gegner im Zentrum dauernd beschäftigen oder aber anderweitige Vorteile erlangen können, die den unvermeidlichen Verlust des Springers f8 aufgewogen hätten, z. B. 13. g2—g3, c6—c5 14. h2—h4 (oder 14. Sc3—e2, Sb8—c6 15. c2—c3, c5—d4: 16. c3—d4:, Lb7—a6! nebst Sc6—b4 usw.) c5—d4: 15. Sc3—e2, d4—d3! 16. c2—d3:, d5—d4 17. T beliebig, Lb7—a6 usw. Ohne die Stellung zu erschöpfen, zeigen doch diese Varianten, daß der weiße Vorteil nur auf einem schärferen Weg in baldigen Gewinn umzusetzen ist.

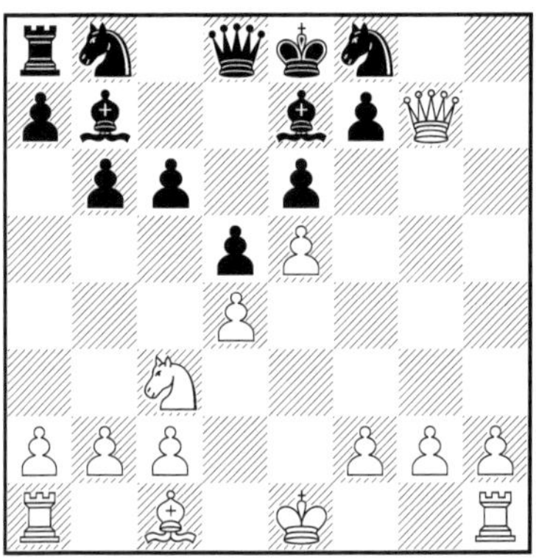

13. h2—h4! ....

Ein überraschender Zug, welcher in Verbindung mit der folgenden Kombination die Entscheidung herbeiführt. Falls Schwarz diesen Bauern nicht nimmt und z. B. 13. .... c6—c5 spielt, so gewinnt 14. Th1—h3! nebst Th3—f3 usw.

13. .... Le7—h4:
14. Th1—h4:! Dd8—h4:
15. Lc1—g5 ....

Nun ist Schwarz gezwungen, wegen der Drohung 16. Dg7—f6 nebst Matt auf e7 oder d8 die Dame herzugeben.

15. .... Dh4—h1†
16. Ke1—d2 Dh1—g2:
17. Dg7—f6 Dg2—g5‡
18. Df6—g5: ....

Der Rest ist leicht.

18. .... Sf8—g6
19. f2—f4 Sg6—e7
20. Ta1—h1 Sb8—d7
21. Sc3—d1 Sd7—f8
22. Sd1—e3 Lb7—c8
23. Se3—g4 Lc8—d7
24. Th1—h8 Se7—g6
25. Sg4—f6† Ke8—d8
26. Dg5—g6:!

Am einfachsten, da Weiß einen Turm mehr behält.

Aufgegeben.

36. Philidors Verteidigung

Zweite Partie eines Wettkampfes, Moskau, Oktober 1908.

Weiß: B. Blumenfeld.

1. e2—e4 e7—e5
2. Sg1—f3 d7—d6
3. d2—d4 Sb8—d7

Exakter ist hier das später von Nimzowitsch eingeführte 3. .... Sg8—f6, da die Variante 4. d4—e5:, Sf6—e4: 5. Lf1—c4, c7—c6! usw. für Schwarz ganz unbedenklich ist. Auf den Textzug ist die Schlechtersche Fortsetzung 4. Lf1—c4, c7—c6 5. Sb1—c3, Lf8—e7 6. Sf3—g5! usw. stark.

4. b2—b3 ....

Nach diesem Zug allerdings ist Schwarz vor Überraschungen gesichert und kann sich ruhig weiter entwickeln.

4. .... c7—c6
5. Lc1—b2 Dd8—c7

6. Sb1—d2 ....

Mit der Absicht, auf 6. .... Sg8—f6 den Gegner durch 7. Sd2—c4 zum Aufgeben des Zentrums zu zwingen. Schwarz vereitelt dies auf die einfachste Weise.

6. .... Sg8—e7!

Der Springer wird nach g6 entwickelt, von wo er nicht nur den Punkt e5 deckt, sondern auch den durch die Fianchettierung des weißen Damenläufers geschwächten Punkt f4 zu besetzen droht.

7. Lf1—e2 ....

Infolgedessen wäre es für Weiß besser gewesen, den Königsläufer nach g2 zu entwickeln, denn auf e2 steht er im folgenden ganz wirkungslos.

7. .... Se7—g6
8. 0—0 Lf8—e7
9. a2—a4 ....

Dadurch verliert Weiß Zeit. Der Zug b7—b5 war hier nicht zu befürchten, und Schwarz hätte es natürlich auch nie gespielt.

9. .... 0—0
10. Sd2—c4 Tf8—d8

Die d-Linie ist in der Hanham-Verteidigung ebenso wichtig wie z. B. die e-Linie in der Abtauschvariante der französischen Partie.

11. Dd1—c1 ....

Es ist begreiflich, daß die Dame sich auf der d-Linie nicht recht wohl fühlt; aber zunächst mußte 11. Tf1—e1 geschehen, um den zwar momentan untätigen, aber für die Zukunft wichtigen Königsläufer behalten zu können. Schwarz nützt diesen kleinen Fehler des Gegners sofort aus.

11. .... Sg6—f4
12. Tf1—e1 Sf4—e2†!
13. Te1—e2: f7—f6

Nach dem Verschwinden des entsprechenden gegnerischen Läufers können die weißen Felder unbedenklich geschwächt werden.

14. Sf3—h4 Sd7—f8

Nun soll auch der zweite Springer mit der Zeit nach f4 geführt werden.

15. Sc4—e3 Sf8—e6
16. d4—e5: ....

Weiß hat sich überzeugt, daß er die Öffnung der d-Linie auf die Dauer doch nicht verhindern kann. Und diese Erkenntnis ist eine Verurteilung seiner ganzen Eröffnungsstrategie. In der Tat wäre die Fortsetzung 16. Sh4—f5, Le7—f8 17. c2—c3, g7—g6 18. Sf5—g3, Se6—f4 19. Te2—d2, Lc8—e6 20. Dc1—c2, Dc7—f7 usw. für ihn noch weniger einladend gewesen.

16. .... d6—e5:
17. Sh4—f5 ....

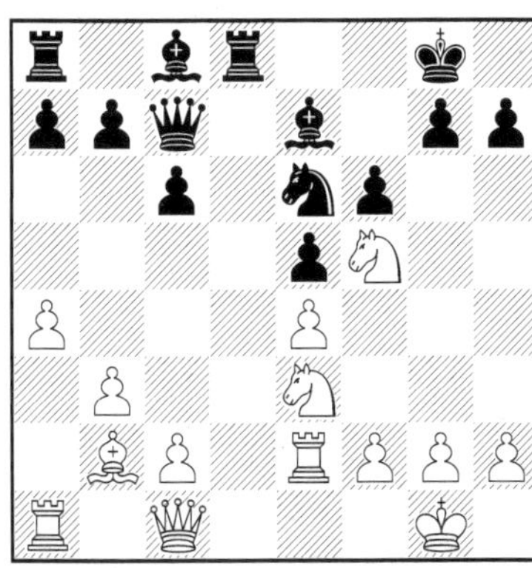

17. .... Le7—b4!

Ein feines Manöver, welches letzten Endes die Besetzung der d-Linie bezweckt. Zunächst wird durch die Drohung Se6—f4 die den Punkt d3 schwächende Antwort erzwungen.

18. c2—c3 ....

Oder A. 18. g2—g3, Se6—g5 usw. B. 19. f2—f3, Se6—f4 19. Te2—f2, Lc8—f5: 20. e4—f5: (20. Se3—f5:, Lb4—c5 21. Sf5—e3, Dc7—b6 usw. mit Bauerngewinn), Lb4—c5, und Schwarz, der mit Sf4—d5 und auch mit Dc7—b6 droht, muß gewinnen.

18. .... Se6—f4

Es war wichtig, das Tempo für den Abtausch auf f5, welcher den Damenturm befreit, zu gewinnen. Nach 18. .... Lb4—f8 19. Te2—d2, Se6—f4 20. Td2—d8:, Dc7—d8: 21. Dc1—d1 usw. hätte sich Weiß ausreichend verteidigen können.

19. Te2—d2 Lc8—f5:

20. Se3—f5: Lb4—c5

21. b3—b4 ....

Sonst befestigt sich der Läufer nach a7—a5 auf der wichtigen Diagonale g1—a7. Wie trostlos steht aber jetzt der Läufer b2!

21. .... Lc5—f8

22. Td2—d8: Ta8—d8:

23. Dc1—c2 Dc7—d7

24. Ta1—f1 ....

Um die eventuelle Mattdrohung auf der ersten Linie — nach dem Entfernen der weißen Dame — zu beseitigen.

24. .... Dd7—d3!

25. Dc2—b3† ....

Nach 25. Dc2—d3:, Td8—d3: 26. Sf5—g3, c6—c5! 27. b4—c5:, Lf8—c5: mit folgendem Td3—d2 usw. wäre die weiße Stellung ganz hoffnungslos.

25. .... Kg8—h8

26. Sf5—g3 ....

Offenbar erzwungen! Schwarz beherrscht nun das ganze Brett.

26. .... h7—h5

Hier verfehlt er aber den einfachsten und sichersten Weg zum Gewinn, der mit 26. ... Sf4—e2† 27. Sg3—e2:, Dd3—e2: usw. zu erzwingen war, da Weiß zunächst bei schlechter Stellung einen Bauern verloren hätte, z. B. 28. Lb2—c1, De2—e4: 29. Db3—f7, c6—c5! 30. b4—c5:, Lf8—c5: 31. Df7—c7, Lc5—b6 usw. mit leichtem Gewinnspiel. Der Textzug sollte die Sache etwas erschweren.

27. Lb2—c1 ....

Darauf wird sie allerdings wieder einfach. Es mußte unbedingt 27. h2—h4! geschehen, worauf es für Schwarz nicht unbedenklich gewesen wäre, den Königsflügel durch 27. .... g7—g5 weiter zu entblößen — und zwar wegen 28. Db3—f7!, Lf8—g7 29. h4—g5:, f6—g5: 30. Lb2—c1! usw. Er hätte deshalb doch 27. .... Sf4—e2† gespielt und nach 28. Sg3—e2:, Dd3—e2: 29. Lb2—c1, De2—e4: 30. Db3—f7, c6—c5! 31. Df7—h5‡, Kh8—g8 usw. durch sein positionelles Übergewicht wohl doch gesiegt, aber nicht so schmerzlos wie nach 26. .... Sf4—e2†.

27. .... h5—h4!

Der Schluß spielt sich nun von selbst.

28. Lc1—f4: e5—f4:

29. Sg3—f5 ....

Falls nun 29. .... Dd3—e4:, so 30. Sf5—h4: mit verteidigungsfähigem Spiel. Dem Schwarzen steht aber eine viel stärkere Fortsetzung zur Verfügung.

(S. Stellungsbild.)

29. .... h4—h3!

Entscheidend, wie es die folgenden Varianten beweisen: I. 30. f2—f3, Dd3—e2! 31. g2—h3:, Td8—d2 und

37. Partie

Stellung nach dem 29. Zuge von Weiß.

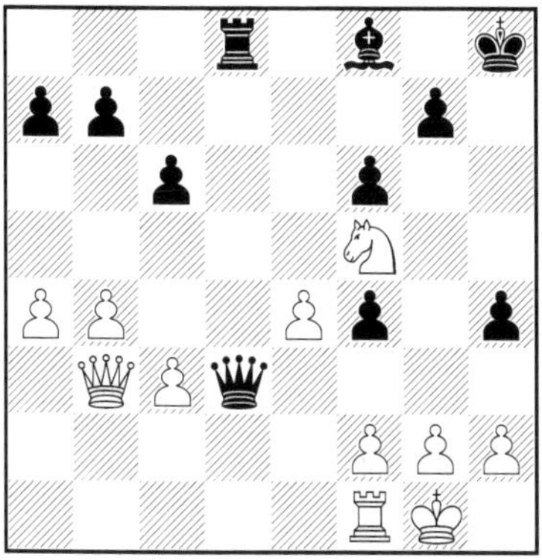

gewinnt; II. 30. g2—h3:, Dd3—e4: 31. Sf5—d4, Td8—d5! und gewinnt, da auf 32. f2—f3, De4—e3† nebst 33. .... Td5—d4: folgen würde; III. 30. Tf1—e1, Dd3—d2 31. Te1—f1, Dd2—e2 und gewinnt.

30. Db3—e6 h3—g2:

31. Kg1—g2: ....

So wird Weiß mattgesetzt, aber auch 31. Tf1—e1 war aussichtslos, z. B. 31. .... Dd3—c3: 32. Te1—b1, Dc3—c2 33. Tb1—e1, Td8—d1 (am einfachsten) 34. Te1—d1:, Dc2—d1 ‡ 35. Kg1—g2:, Dd1—g4† 36. Kg2—f1, Lf8—b4: 37. De6—c8†, Kh8—h7 38. Dc8—b7:, a7—a5! 39. Db7—c6:, f4—f3 und gewinnt.

31. .... f4—f3†

32. Kg2—g1 Dd3—f1 ‡!

nebst Matt im nächsten Zuge.

37. Spanische Partie

Exhibitiongame, gespielt während des Kölner Turniers im Juni 1911.

Schwarz: S. von Freymann.

1. e2—e4 e7—e5
2. Sg1—f3 Sb8—c6
3. Lf1—b5 Sg8—f6
4. 0—0 d7—d6
5. Sb1—c3 Lc8—d7
6. d2—d4 e5—d4:

Das Losschlagen im Zentrum ist bekanntlich in dieser Stellung verfrüht und muß erst nach 6. .... Lf8—e7 7. Tf1—e1! geschehen. Die Zugumstellung gibt dem Weißen viel günstigere Entwicklungsmöglichkeiten.

7. Sf3—d4: Lf8—e7
8. Sd4—c6: ....

Stark ist hier auch 8. Lb5—c6:, b7—c6: 9. Dd1—f3! usw.

8. .... Ld7—c6:

Auf 8. ... b7—c6: spielt Weiß am besten 9. Lb5—a4!, was unter anderem von Marco gegen Breyer (Budapest 1913) mit Erfolg angewandt wurde.

9. Dd1—e2! ....

Weiß will auf c6 nur dann schlagen, wenn er gleich darauf imstande ist, eine Änderung der kompakten Bauernkonstellation c7, c6, d6 zu erzwingen — eine richtige strategische Idee.

9. ... 0—0
10. Lc1—g5 Tf8—e8
11. Tf1—e1 ....

Schwarz drohte mit 11. .... Sf6—e4: usw.

11. .... h7—h6

Wahrscheinlich, um 12. Lg5—h4 mit Sf6—h7 zu beantworten und sich durch den Läufertausch etwas zu befreien. Deshalb wählt Weiß einen anderen Rückzug.

12. Lg5—f4 Sf6—d7

Falls nun 12. .... Sf6—h7, so 13. Lb5—c4! und Schwarz kann den Tausch nicht mehr erzwingen (13. .... Le7—g5 14. Lf4—g3, Lg5—h4? 15. De2—h5 usw.). Auf den Textzug kommt Weiß durch das Erzwingen von c6—c5 in Vorteil. (Vgl. die Anmerkung zu seinem 9. Zuge.)

13. Lb5—c6:! b7—c6:
14. De2—c4 Le7—g5

Ein geistreicher Zwischenzug, der aber auch nicht viel hilft. Weiß darf nur nicht 15. Lf4—g5:, Dd8—g5: 16. Dc4—c6: spielen wegen Sd7—e5—f3† usw.

15. Lf4—g3 c6—c5
16. Ta1—d1 ....

Droht schon mit 17. e4—e5.

16. .... Lg5—f6
17. b2—b3 Sd7—e5
18. Dc4—e2 g7—g6

Um den Läufer nach 19. Sc3—d5 doch behalten zu können, da die schwarzen Felder der weißen Stellung dadurch eventuell schwach werden und so dem Nachziehenden eine Gegenchance bieten können.

19. Sc3—d5 Lf6—g7

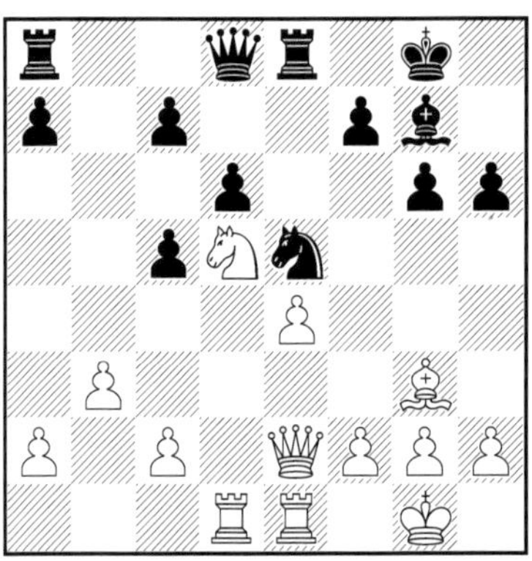

20. De2—a6! ....

Damit wird die Schwäche des schwarzen Damenflügels am energischsten ausgenutzt. Es droht einfach 21. Lg3—e5: nebst 22. Da6—b7 mit Bauerngewinn. Schwarz muß daher c7—c6 spielen, und es ist interessant zu sehen, wie diese Schwächung logischerweise eine Reihe von anderen Schwächen verursacht, bis die Stellung rasch unhaltbar wird.

20. .... Dd8—c8
21. Da6—a5 c7—c6
22. Sd5—e3 Te8—d8
23. Lg3—h4! ....

Erzwingt f7—f6 oder g6—g5, da 23. .... Td8—d7 wegen 24. f2—f4 nicht geht.

23. .... g6—g5
24. Lh4—g3 Dc8—e6
25. Se3—f5 Lg7—f8
26. Da5—c3 ....

Droht mit 27. f2—f4, Se5—g6 28. f4—g5: nebst 29. Lg3—d6: usw. und erzwingt dadurch den Gegenzug.

26. .... f7—f6
27. f2—f4 Se5—g6

Auf 27. .... Se5—f7 entscheidet das Hinüberspielen der Dame nach h5 via f3. Auf den Textzug gewinnt aber Weiß zunächst einen Bauern.

28. Sf5—h6‡! Lf8—h6:
29. f4—f5 De6—e7
30. f5—g6: Lh6—f8
31. Dc3—c4† Kg8—g7

Auf 31. .... Kg8—h8 gewinnt 32. Te1—f1! nebst 33. Dc4—e2 mit der Drohung Tf1—f6: usw.

32. Lg3—d6:! Aufgegeben.

38. Sizilianische Partie

Winterturnier der St. Petersburger Schachgesellschaft, März 1912.

Weiß: P. Potemkin.

1. e2—e4 c7—c5
2. g2—g3 ....

Eine ganz gute Behandlung der

sizilianischen Partie, die besonders von Tschigorin bevorzugt wurde, und neuerdings öfters von Dr. Tarrasch mit Erfolg gespielt wird.

2. .... g7—g6
3. Lf1—g2 Lf8—g7
4. Sg1—e2 Sb8—c6
5. c2—c3 ....

Das damit beabsichtigte Vorgehen im Zentrum gehört nicht zum gewählten System. Weiß sollte dem Gegner vorläufig den Punkt d4 überlassen und sich ruhig mit 5. Sb1—c3, 6. d2—d3, 7. 0—0 usw. weiter entwickeln.

5. .... Sg8—f6
6. Sb1—a3 ....

Dies ist aber ganz inkonsequent und erlaubt dem Schwarzen, sofort in Vorteil zu kommen. Aber auch nach 6. d2—d4, c5—d4: 7. c3—d4:, d7—d6 usw. würden die hängenden Bauern eine Schwäche des weißen Spiels bilden.

6. .... d7—d5!

Natürlich!

7. e4—d5: Sf6—d5:
8. Sa3—c2 0—0
9. d2—d4 ....

Darauf wird der d-Bauer unheimlich schwach, freilich wäre er es auch nach 9. d2—d3 geblieben.

9. .... c5—d4:
10. c3—d4: Lc8—g4
11. f2—f3 ....

Auch 11. Lc1—e3, Dd8—d7 nebst Ta8—d8 usw. sah wenig einladend aus.

11. .... Lg4—f5

Droht natürlich mit 12. .... Lf5—c2: usw.

12. Sc2—e3 Dd8—a5†!

Zerstört die weiße Rochade, da weder 13. Dd1—d2, noch 13. Lc1—d2 wegen 13. .... Sd5—e3: usw. angängig sind.

13. Ke1—f2 Sd5—b4!

Droht unter anderem mit 14. .... Lf5—d3 nebst Bauerngewinn.

14. Se3—f5: Da5—f5:
15. g3—g4 ....

Die Stellung ist wegen der Schwäche d4 trostlos. Mit dem Textzuge versucht Weiß, den Gegner zu einer Übereilung zu verleiten, um vielleicht noch im Trüben fischen zu können.

15. .... Sb4—d3†
16. Kf2—g3 ....

Auf 16. Kf2—g1 (oder e3) folgt 16. .... Df5—b5 und Weiß kann nicht Se2—c3 spielen wegen des Läuferschachs auf d4. Nun folgt ein hübscher Schluß.

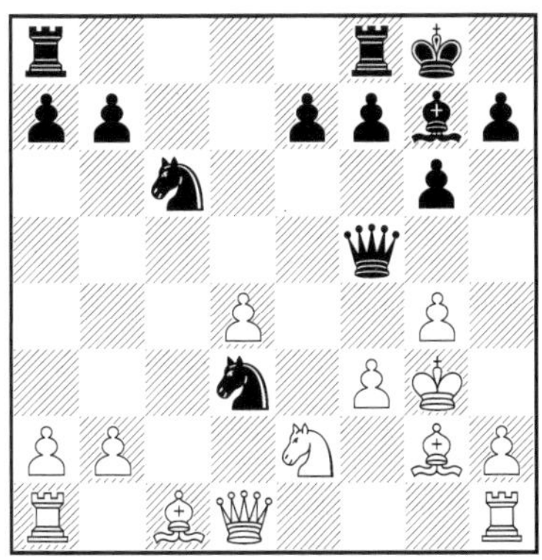

16. .... Sc6—d4:!!

Entscheidend.

17. g4—f5: ....

Oder 17. Se2—d4:, Df5—e5† usw. mit leichtem Gewinn.

17. .... Sd4—f5‡

nebst Matt in zwei Zügen: 18. Kg3—g4 (oder 18. Kg3—h3, Sd3—f2 — ein reines Matt), h7—h5† nebst L oder S‡.

39. Unregelmäßig

Winterturnier der St. Petersburger Schachgesellschaft, März 1912.

Schwarz: H. Löwenfisch.

1. d2—d4 c7—c5

Dies gilt mit Recht als ungünstig sogar nach 1. .... Sg8—f6 2. Sg1—f3. Beim ersten Zuge ist c7—c5 überhaupt ein Positionsfehler, da Weiß durch das einfache Vorgehen im Zentrum nun rasch in Vorteil kommt.

2. d4—d5 Sg8—f6
3. Sb1—c3 d7—d6
4. e2—e4 g7—g6

Auch 4. .... e7—e6 5. Lf1—c4 usw. ist wegen der Schwäche d6 unbefriedigend.

5. f2—f4! ....

Droht schon mit 6. e4—e5.

5. .... Sb8—d7
6. Sg1—f3 ....

Falls nun 6. .... Lf8—g7, so 7. e4—e5, d6—e5: 8. f4—e5:, Sf6—g4 9. e5—e6, Sd7—e5 10. Lf1—b5† usw. Deshalb spielt Schwarz

6. .... a7—a6
7. e4—e5 d6—e5:
8. f4—e5: Sf6—g4
9. e5—e6! ....

Damit ist die Eröffnung des Nachziehenden glatt widerlegt.

9. .... Sd7—e5
10. Lc1—f4 Se5—f3‡

Oder 10. .... Lf8—g7 11. Dd1—e2!, Se5—f3‡ 12. g2—f3:, Sg4—f6 13. e6—f7‡, Ke8—f7: 14. 0—0—0 usw. mit riesigem Spiel. Mit dem Textzuge hofft Schwarz noch auf 11. Dd1—f3:, f7—e6:! usw., wodurch er ein leidliches Spiel bekäme.

11. g2—f3:! Sg4—f6
12. Lf1—c4 ....

Noch besser als das sofortige 12. e6—f7‡, was nun mit verstärktem Effekt droht.

12. .... f7—e6:
13. d5—e6: Dd8—b6

Die Alternative war 13. .... Dd8—d1‡ 14. Ta1—d1:, Lf8—g7 15. Lf4—c7!, 0—0 16. Lc7—b6 und Weiß gewönne zunächst einen Bauern, ohne dabei den Druck aufzugeben. Der Damenzug, der zugleich zwei Bauern angreift, scheitert an einer überraschenden Opferkombination.

14. Dd1—e2!! ....

Der Einleitungszug.

14. .... Db6—b2:

Anscheinend unbedenklich, da 15. Ke1—d2 durch 15. .... Sf6—h5! 16. Lf4—e5, Lf8—h6† 17. Kd2—d3, Lc8—e6:! 18. Lc4—e6:, Ta8—d8† usw. direkt widerlegt würde. Es kommt aber anders.

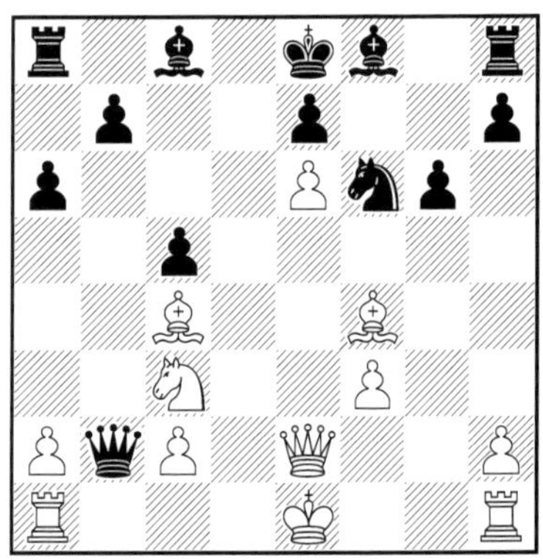

15. Sc3—b5! ....

Das Eindringen dieses Springers, der nicht genommen werden darf (15. .... a6—b5: 16. Lc4—b5‡, Ke8—d8 17. Ta1—d1†, Lc8—d7 18. Lf4—e5!, Db2—b4† 19. c2—c3 und gewinnt) entscheidet nun rasch.

Dem Schwarzen bleibt nichts anderes übrig, als die angebotenen Türme zu nehmen.

15. .... Db2—a1‡
16. Ke1—f2 Da1—h1:
17. Sb5—c7† Ke8—d8
18. De2—d2† Lc8—d7
19. e6—d7: ....

Damit droht 20. Sc7—e6‡. Falls 19. .... Sf6—d7:, so 20. Lc4—e6 nebst Matt in einigen Zügen, und falls 19. .... e7—e5; so 20. Sc7—e6†, Kd8—e7 21. d7—d8D†, Ta8—d8: 22. Dd2—d8‡, Ke7—f7 23. Se6—f8‡, Kf7—g7 24. Dd8—e7‡.

Aufgegeben.

40. Läufergambit

Zweite Partie des Wettkampfes St. Petersburg, März 1913.

Schwarz: S. Lewitsky.

1. e2—e4 e7—e5
2. f2—f4 e5—f4:
3. Lf1—c4 Sg8—f6

Dies gilt zur Zeit als die stärkste Verteidigung gegen dieses Gambit. Das ältere 3. .... Dd8—h4† 4. Ke1—f1, d7—d5 5. Lc4—d5:, g7—g5 usw. ist hauptsächlich wegen des Tschigorinschen 6. g2—g3 in Mißkredit geraten.

4. Sb1—c3 Lf8—b4

Damit spielt Schwarz mit einem Tempo weniger eine durch 3. .... f7—f5 verteidigte Spanische. Sehr interessant und wahrscheinlich noch besser ist die auf einen sofortigen Gegenstoß im Zentrum gerichtete Bogoljubowsche (Partie gegen Spielmann, Karlsbad 1923) Neuerung 4. .... c7—c6!.

5. Sg1—e2 ....

Ein neuer Versuch, der durch die vorliegende Partie nicht widerlegt wird. Nach 5. Sg1—f3, 0—0 6. 0—0, Sf6—e4: muß Weiß, um die Initiative zu behalten, sich zum allerdings nicht chancenlosen endgültigen Bauernopfer 7. Sc3—d5! usw. entschließen.

5. .... d7—d5

Auf 5. .... Sf6—e4: hätte Weiß natürlich zunächst rochiert. Das mit dem Textzuge beabsichtigte Bauernopfer ist sehr kühn, aber von zweifelhafter Korrektheit.

6. e4—d5: f4—f3

Dadurch hofft Schwarz, die gegnerische Königsstellung zu kompromittieren. Das Öffnen der g-Linie erweist sich aber im folgenden als zweischneidig, und Weiß hat immerhin zunächst einen Bauern mehr.

7. g2—f3: 0—0
8. d2—d4 ....

Dies ist aber inkonsequent. Nach 8. 0—0, c7—c6! 9. d5—c6:, Sb8—c6: 10. d2—d4, Lc8—h3 11. Tf1—f2, Ta8—c8 hätte Schwarz für den Bauern zwar einen kleinen Entwicklungsvorsprung behalten, aber keinen richtigen Angriff erlangt. Nach dem Textzuge konnte er aber — und mußte auch — den Bauern durch 8. .... Sf6—d5: 9. 0—0, Lc8—e6 usw. bei gutem Spiel zurücknehmen.

8. .... Lc8—h3

So wird allerdings der Bauer ebenfalls zurückgewonnen, da Weiß in die ihm gestellte schlaue Falle nicht hineinfällt. Aber Schwarz wird in eine schwere Defensive gedrängt.

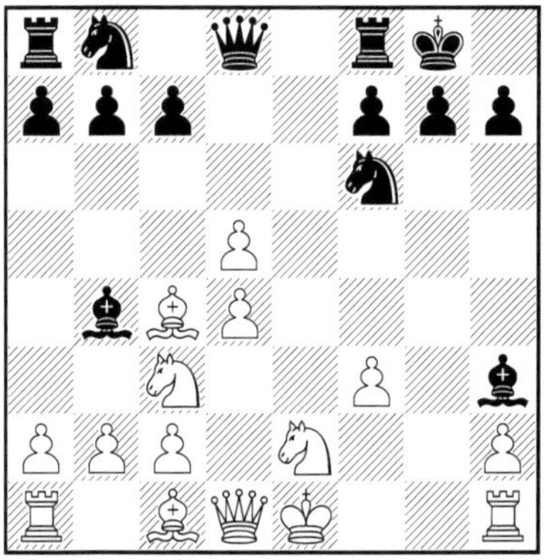

9. Lc1—g5! ....

Naheliegend war es hier, durch 9. Se2—f4 die beiden Bauern zu decken und scheinbar den Läufer zurückzuwerfen. Darauf hatte aber Lewitsky folgende Variante ausgeklügelt: 9. .... Tf8—e8† 10. Ke1—f2, Sf6—g4†! (scheinbar unwirksam wegen des Gegenzuges) 11. Kf2—g3, Sg4—f2! und Schwarz gewinnt. Der Textzug dreht den Spieß um.

9. .... Lh3—g2
10. Th1—g1 Lg2—f3:
11. Dd1—d2! ....

Weil 11. .... Sf6—e4 wegen 12. Lg5—d8:, Se4—d2: 13. Ld8—f6 usw. nicht geht.

11. .... Lb4—e7

Es drohte auch 12. Dd2—f4 und die Variante 11. .... Lf3—e2: 12. Lc4—e2:, Lb4—c3: 13. Dd2—c3:, Tf8—e8 würde mit 14. 0—0—0!, Te8—e2: 15. Td3—f3 usw. beantwortet werden.

12. 0—0—0 Lf3—h5

Auch jetzt hätte 12. .... Sf6—e4 zum Verlust geführt, und zwar nach 13. Lg5—e7:, Se4—d2: (oder Dd8—e7: 14. Dd2—h6 usw.) 14. Le7—d8:, Sd2—c4: 15. Tg1—g7‡!, Kg8—g7: 16. Td1—g1†, Kg7—h6 17. Ld8—g5†, Kh6—g6 (Kh6—h5 18. Se2—f4‡) 18. Lg5—e7†—f8: usw. Der weiße Angriff spielt sich nun ziemlich leicht.

13. Td1—e1 Sb8—d7
14. Se2—f4 Lh5—g6
15. h2—h4! ....

Droht natürlich mit h4—h5 usw.

15. .... Tf8—e8
16. Dd2—g2 ....

Mit derselben Drohung.

16. .... Le7—f8
17. h4—h5 Lg6—f5

Etwas länger hätte sich Schwarz mit 17. .... Te8—e1‡ nebst Lg6—f5 halten können. Selbstverständlich müßte auch dann der Angriff schließlich durchdringen.

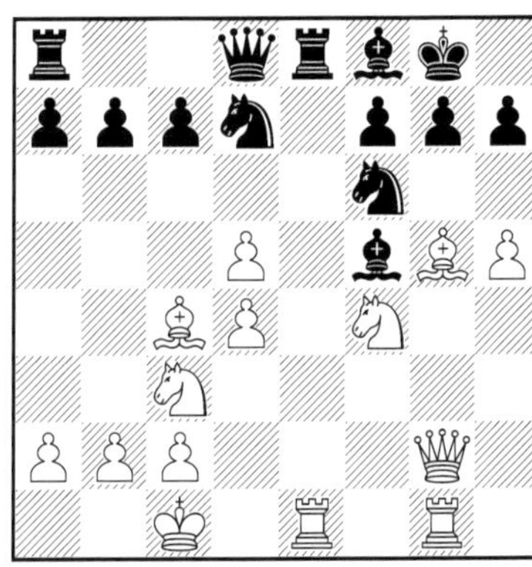

18. Sf4—e6! ....

Durch dieses Scheinopfer, das Schwarz annehmen muß, da auf 18. .... Dd8—c8 19. Dg2—f3! gewinnt, werden neue entscheidende Angriffslinien geöffnet.

18. .... f7—e6:
19. d5—e6: Kg8—h8
20. e6—d7: Te8—e1‡
21. Tg1—e1: Lf5—d7:

22. h5—h6! ....

Entscheidend. Es muß nun auf f6 mindestens eine Figur verloren gehen.

22. .... Ld7—c6
23. d4—d5 Lc6—d7
24. Te1—f1 b7—b5
25. Lc4—b3 Dd8—e8
26. d5—d6 ....

Auch 26. Tf1—f6: usw. war gut genug.

26. .... Sf6—h5

Oder 26. .... Ld7—c6 27. d6—d7! I. 27. .... Lc6—g2: 28. d7—e8:D, Ta8—e8: 29. Tf1—f6: II. 27. .... De8—d7: 28. Dg2—f2!, Sf6—g8 29. Df2—f8:! und gewinnt. Die letzte Variante war bei 26. d5—d6 beabsichtigt.

27. Lb3—f7! Aufgegeben.

41. Wiener Partie

Achte Partie des Wettkampfes St. Petersburg, 1913.

Schwarz: S. Lewitsky.

1. e2—e4 e7—e5
2. Sb1—c3 Sg8—f6
3. Lf1—c4 Sf6—e4:!

Nur wegen dieses Zuges, der dem Schwarzen einen leichten Ausweg sichert, vermeide ich gegenwärtig, die Wiener Partie zu spielen.

4. Dd1—h5 ....

Es ist klar, daß Schwarz nach 4. Sc3—e4:, d7—d5 oder 4. Lc4—f7†, Ke8—f7: nebst d7—d5 gar keine Entwicklungsschwierigkeiten mehr hätte.

4. .... Se4—d6
5. Lc4—b3 ....

Weiß hat hier wohl nichts Besseres, als mit 5. Dh5—e5† nebst Damentausch auf Ausgleich zu spielen. Das mit dem Textzuge verbundene Bauernopfer ist von zweifelhaftem Wert.

5. .... Sb8—c6!

Um nach Sc3—b5, g7—g6 7. Dh5—f3, f7—f5 8. Df3—d5, Dd8—f6 (e7) 9. Sb5—c7†, Ke8—d8 10. Sc7—a8:, b7—b6! unter Qualitätsopfer einen durchschlagenden Angriff zu erhalten. Aber auch 5. .... Lf8—e7, was mit Zugumstellung zu der Partievariante geführt hätte, wäre völlig ausreichend gewesen.

6. d2—d3 Lf8—e7

In Betracht kam auch 6. .... g7—g6 nebst Lf8—g7 usw. Wie man sieht, hat hier Schwarz eine ganze Auswahl an guten Fortsetzungen.

7. Sg1—f3 g7—g6

Dieser alte Zug (bekannt schon aus der Partie Mieses-Marco, Paris 1900) sieht nach der Läuferentwicklung auf e7 unlogisch aus und ist auch nicht der beste. Es konnte ganz gut 7. .... 0—0 geschehen, da 8. h2—h4 wegen der Antwort 8. .... Sc6—d4! nicht gefährlich war. Durch den Textzug verzichtet Schwarz jedenfalls auf die kurze Rochade.

8. Dh5—h3 Sd6—f5
9. g2—g4 ....

Auch dies ist schon mehrmals versucht worden.

9. .... Sf5—d4
10. Lc1—h6 Sd4—b3:

Damit gerät Schwarz auf Abwege. Der richtige Zug ist hier 10. .... Le7—f8, worauf Weiß nach 11. Lh6—f8:, Th8—f8: nichts besseres als die lange Rochade hätte, da 12. Sf3—d4:, Sc6—d4: 13. Dh3—h7: wegen

13. .... Dd8—g5 für ihn direkt nachteilig wäre.

11. a2—b3: f7—f5

Dies war beim vorigen Abtausch — der sonst keinen Zweck hätte — offenbar beabsichtigt. Nach 12. g4—f5:, d7—d6 nebst Lc8—f5: usw. käme Schwarz tatsächlich zu einer schönen Entwicklung.

12. Lh6—g7 f5—g4:

13. Dh3—h6! ....

Mit diesem zweiten Bauernopfer wird nun ein sehr nachhaltiger Angriff eingeleitet.

13. .... Le7—f8

Erzwungen.

14. Lg7—f8: Th8—f8:

15. Sf3—g5 Sc6—d4

Dieser Gegenangriff bietet noch die besten Gegenchancen. Ganz ungenügend wäre dagegen 15. .... Dd8—f6 wegen 16. 0—0! usw.

16. Sg5—h7: Tf8—g8

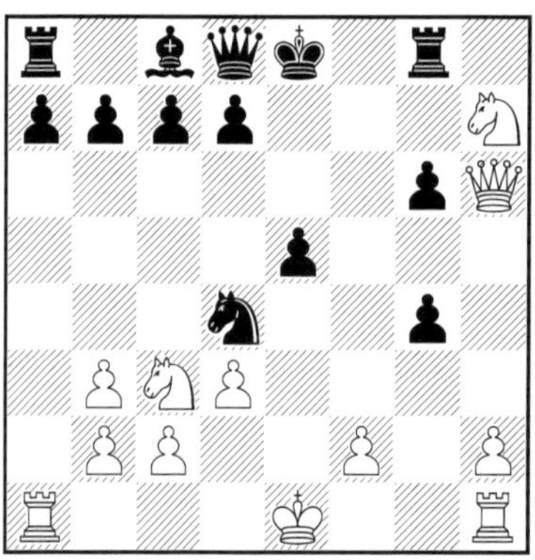

17. Sc3—d5! ....

Die einzig richtige Fortsetzung des Angriffs, dessen verborgene Pointe im 23. Zuge steckt. Auf das näherliegende 17. 0—0—0 hätte Schwarz mit 17. .... Sd4—f5 18. Dh6—d2, Dd8—h4 usw. den Angriff leicht zurückgeschlagen und wäre durch seinen Mehrbauern in Vorteil gekommen.

17. .... Sd4—c2‡

Wegen der unparierbaren Drohung Sd5—f6† ist er gezwungen, als Ersatz den Turm a1 zu nehmen.

18. Ke1—d2 Sc2—a1:

19. Th1—a1: c7—c6

19. .... d7—d6 20. Sh7—f6†, Ke8—f7 21. Sf6—g8:, Dd8—g8: 22. Sd5—c7: nebst Sc7—b5 usw. wäre offenbar nicht um ein Jota besser gewesen.

20. Sh7—f6†! Ke8—f7

21. Sf6—g8: Dd8—g8:

Falls 21. .... c6—d5:, so 22. Dh6—h7†, Kf7—f8 23. Dh7—g6:, Dd8—e8 24. Dg6—g5, De8—f7 25. Sg8—f6, d7—d6 26. h2—h3, g4—h3: 27. Ta1—g1 usw. mit entscheidendem Angriff.

22. Sd5—b6 Ta8—b8

Falls nun 23. Ta1—a7:, so 23. .... d7—d5 und Schwarz stünde plötzlich wieder ganz gut.

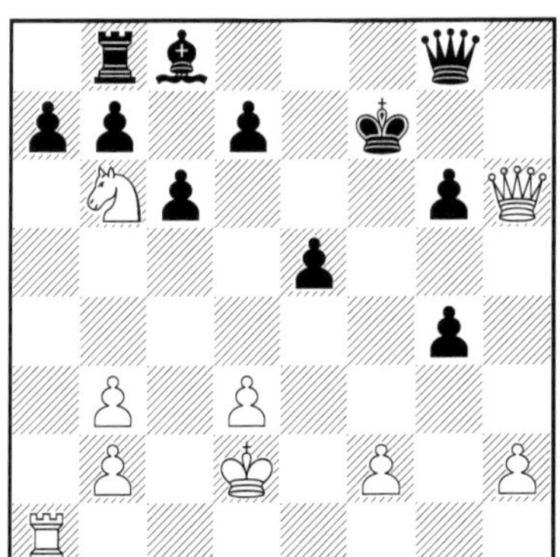

23. Sb6—c4! ....

Der Gewinnzug, da Schwarz nun

die entscheidende Öffnung der e-Linie nicht verhindern kann.

23. .... d7—d6

Falls 23. .... Kf7—e6, so 24. Sc4—e5:!, Ke6—e5: 25. Ta1—e1† und Weiß erobert durch ein Damenschach auf e5 oder f4 den Turm b8.

24. Sc4—d6‡ Kf7—e7
25. Sd6—c4 Lc8—f5
26. Ta1—e1 Dg8—h8
27. Dh6—e3! Tb8—d8

Auf 27. .... Ke7—d7 gewinnt 28. De3—a7:! usw. Der Textzug führt zu einem noch schnelleren Ende.

28. Sc4—e5: Ke7—f6
29. Se5—g4‡! Lf5—g4:
30. De3—e5† Aufgegeben.

42. Springerspiel

Freie Partie, Paris, August 1913.

Weiß: J. Rodzinsky.

1. e2—e4 e7—e5
2. Sg1—f3 Sb8—c6
3. Lf1—c4 d7—d6

Jedenfalls nicht schlechter als z. B. der ungarische Läuferzug nach e7. Diese kleine Partie bildet ein drastisches Beispiel dafür, wie sich Weiß verlaufen kann, wenn er den Zug d7—d6 sofort „widerlegen" will.

4. c2—c3 Lc8—g4
5. Dd1—b3 Dd8—d7
6. Sf3—g5 ....

Damit hofft Weiß, 2 Bauern zu gewinnen. Falls sofort 6. Lc4—f7‡, so 6. .... Dd7—f7: 7. Db3—b7:, Ke8—d7 8. Db7—a8:, Lg4—f3: 9. g2—f3:, Df7—f3: 10. Th1—g1, Df3—e4‡ 11. Ke1—d1, De4—f3† und Schwarz hätte zum mindesten ewiges Schach, da 12. Kd1—c2 wegen 12. .... Sc6—d4† nicht ginge.

6. .... Sg8—h6
7. Sg5—f7: ....

Nach 7. Db3—b7:, Ta8—b8 8. Db7—a6, Tb8—b6 9. Da6—a4, Lf8—e7 nebst 0—0 hätte Schwarz als Ersatz für den verlorenen Bauern einen beträchtlichen Entwicklungsvorsprung.

7. .... Sh6—f7:
8. Lc4—f7‡ Dd7—f7:
9. Db3—b7: Ke8—d7!

Durch dieses Qualitätsopfer erlangt Schwarz plötzlich einen starken Gegenangriff.

10. Db7—a8: Df7—c4!
11. f2—f3 ....

Natürlich erzwungen.

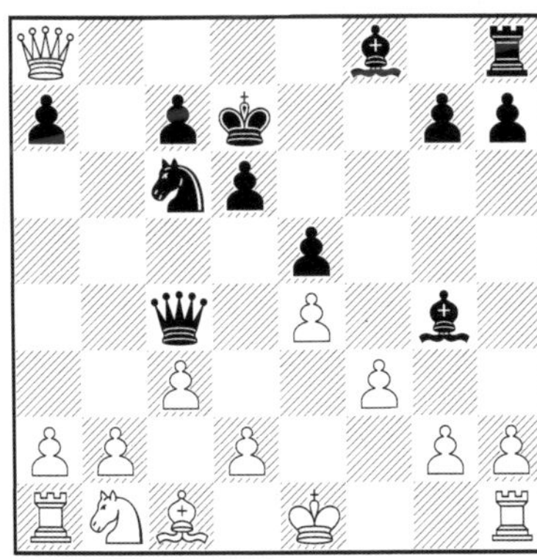

11. .... Lg4—f3:!

Durch diese überraschende Kombination kommt Schwarz jedenfalls in Vorteil. Unrichtig wäre dagegen das sofortige 11. .... Sc6—d4 wegen 12. d2—d3, Dc4—d3: 13. c3—d4:, Lg4—f3: 14. Sb1—c3! usw.

12. g2—f3: Sc6—d4!
13. d2—d3 ....

Führt zum sofortigen Verlust. Es mußte schon wohl oder übel 13. c3

—d4: geschehen, worauf 13. .... Dc4—c1‡ 14. Ke1—e2, Dc1—h1: 15. d4—d5, Dh1—h2‡ 16. Ke2—d3, Dh2—g1! 17. Da8—c6†, Kd7—d8 usw. mit offenbarem Vorteil für Schwarz gefolgt wäre.

13. .... Dc4—d3:
14. c3—d4: Lf8—e7!

Die Pointe, welche den Gegner vor die unangenehme Wahl zwischen Matt oder Damenverlust stellt. Er zieht das erste vor.

15. Da8—h8: Le7—h4‡

43. Damenbauernspiel

Aus einer Simultanvorstellung in Paris, September 1913.

Schwarz: J. Prat.

1. d2—d4 d7—d5
2. Sg1—f3 Sb8—c6
3. c2—c4 e7—e6

Die Tschigorin-Verteidigung hat nur einen Sinn in Verbindung mit 3. .... Lc8—g4. Nach dem Textzuge ist die Verstellung des c-Bauern natürlich nur schädlich.

4. Sb1—c3 d5—c4:

Und jetzt noch das Aufgeben des Zentrums! Kein Wunder, daß Weiß schon nach wenigen Zügen eine positionell gewonnene Partie erhält.

5. e2—e3 Sg8—f6
6. Lf1—c4: Lf8—b4
7. 0—0 Lb4—c3:
8. b2—c3: 0—0
9. Dd1—c2 Sc6—e7
10. Lc1—a3 c7—c6
11. e3—e4 h7—h6

Pariert die Drohung 12. e4—e5 nebst 13. Sf3—g5 — aber auf Kosten einer bedenklichen Schwächung des Königsflügels.

12. Ta1—d1 Lc8—d7
13. Sf3—e5 Tf8—e8

Schwarz steht elend und will wenigstens die Dame mobil machen. Aber nun muß es früher oder später auf f7 platzen.

14. f2—f4 Dd8—c7
15. f4—f5 Ta8—d8
16. Se5—f7:! ....

Schon ist das Unglück da. Der Zug ist natürlich kein Opfer, da Weiß jederzeit die Figur mit Vorteil zurückgewinnen kann.

16. .... Kg8—f7:
17. e4—e5 Se7—g8
18. La3—d6 ....

Es gewänne auch 18. e5—f6:, g7—f6:! (Sg8—f6: 19. f5—e6‡, Ld7—e6: 20. Tf1—f6‡! usw.) 19. f5—e6‡, Kf7—g7! usw. — aber Weiß spielt auf direktes Matt, da der Gegner sich nicht rühren kann.

18. .... Dc7—c8
19. Dc2—e2 b7—b5
20. Lc4—b3 a7—a5
21. Td1—e1! ....

Ein notwendiger Vorbereitungszug:

21. .... a5—a4

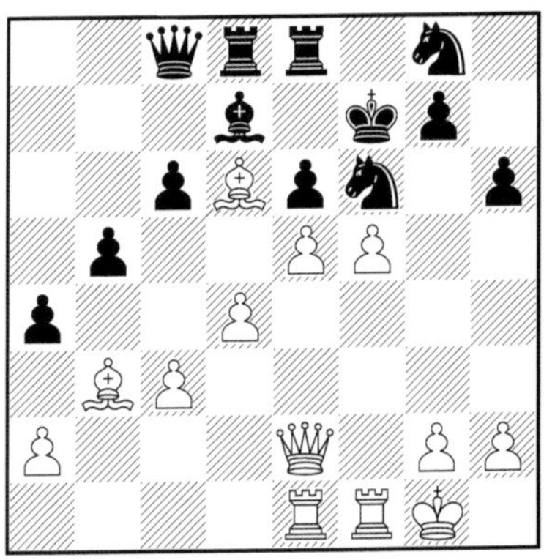

Weiß kündigt Matt in zehn Zügen an.

22.	De2—h5!	Sf6—h5:
23.	f5—e6†‡	Kf7—g6
24.	Lb3—c2†	Kg6—g5
25.	Tf1—f5†	Kg5—g6!
26.	Tf5—f6††	Kg6—g5
27.	Tf6—g6†	Kg5—h4
28.	Te1—e4†	Sh5—f4
29.	Te4—f4‡	Kh4—h5
30.	g2—g3	beliebig
31.	Tf4—h4‡	

44. Wiener Partie

2. Partie aus einer Serie von drei. Paris, September 1913.

Schwarz: Ed. Lasker.

1.	e2—e4	e7—e5
2.	Sb1—c3	Sg8—f6
3.	Lf1—c4	Sb8—c6
4.	d2—d3	Lf8—c5
5.	Lc1—g5	....

Jetzt ziehe ich die Zugfolge 5. f2—f4, d7—d6 6. Sg1—f3, welche das Spiel auf eine von den für Weiß günstigen Varianten des abgelehnten Königsgambits zurückführt, entschieden vor. Der Textzug gestattet dem Schwarzen, das Spiel auszugleichen.

5.	....	d7—d6
6.	Sc3—a4	....

Die Fortsetzung 6. Sc3—d5, Lc8—e6! 7. Sd5—f6‡, g7—f6: 8. Lc4—e6:, f7—e6: 9. Dd1—h5†, Ke8—d7 usw. ergibt nichts für Weiß.

6.	....	Lc5—b6

In ähnlichen Stellungen ist es viel besser 6. .... Lc8—e6 zu spielen, um die Zentrumslinie zu öffnen. Natürlich ist der Läuferrückzug auch kein Fehler.

7.	Sa4—b6:	a7—b6:
8.	Sg1—e2	Lc8—e6
9.	Se2—c3!	....

Sehr wichtig ist es, den Druck auf d5 aufrechtzuerhalten.

9.	....	h7—h6
10.	Lg5—h4	Dd8—e7

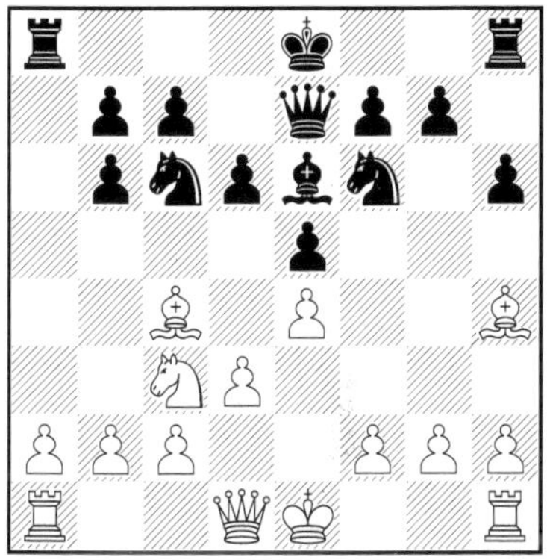

11.	f2—f3!	....

Durch diesen durchaus nicht naheliegenden Zug, der nach genauem Studium der Stellung gemacht wurde, behält Weiß die Aktionsfreiheit auf beiden Flügeln und wartet eine der Rochaden des Gegners ab, um zu entscheidenden Schritten auf dem entsprechenden Kampfplatz überzugehen.

Die Grundmotive des Zuges f2—f3 sind folgende: für den Fall g7—g5 gibt er dem Läufer h4 das gute Rückzugsfeld f2 und bereitet den sofortigen Angriff g2—g4 für den Fall der kurzen Rochade von Schwarz vor. Andere Varianten, z. B.

I. 11. Dd1—d2, Le6—c4: 12. d3—c4:, Sf6—e4:! oder

II. 11. 0—0, g7—g5 12. Lh4—g3, h6—h5 usw. überließen Schwarz die Initiative.

11. .... 0—0—0

Das weitere zeigt, daß der Angriff des Weißen, zu dessen Erfolg die Möglichkeit der Öffnung der a-Linie beiträgt, sich schneller entwickelt als der Angriff des Schwarzen auf dem Königsflügel.

Besser wäre 11. .... Ta8—d8, trotzdem auch in diesem Falle Weiß nach 12. Sc3—d5 usw. eine ausgezeichnete Partie erhält.

12. Sc3—d5! ....

Erzwingt eine Reihe von Abtauschen, wonach Weiß freie Hand bekommt und den Bauernangriff auf die schwarze Rochadestellung beginnen kann.

12. .... Le6—d5:
13. Lc4—d5: g7—g5
14. Lh4—f2 Sf6—d5:
15. e4—d5: Sc6—b4

Etwas besser wäre 15. .... Sc6—b8.

16. c2—c4 ....

Es ist interessant festzustellen, daß Weiß von diesem Zuge ab und bis zur Erlangung des entscheidenden Vorteils fast nur Bauernmanöver ausführt, darin den Geboten des Meisters aller Meister des 18. Jahrhunderts, des großen Philidor folgend.

16. .... f7—f5
17. 0—0 h6—h5

Das sofortige 17. .... Td8—g8 hätte ein Tempo gespart, aber die Stellung von Schwarz ist bereits derart kompromittiert, daß dies Tempo wohl kaum große Bedeutung haben kann.

18. a2—a4 Td8—g8
19. a4—a5 b6—a5:
20. Ta1—a5: ....

Droht 21. Ta5—a8† und 22. Dd1—a4†.

20. .... Sb4—a6
21. b2—b4! Kc8—d8
22. c4—c5 ....

Gut wäre auch 22. b4—b5, Sa6—c5 (22. .... Sa6—b8 23. Ta5—a7) 23. d3—d4, aber Weiß spielt auf Figurengewinn.

22. .... Kd8—e8
23. d3—d4 Ke8—f7

Diese erzwungene Flucht des Königs betont das Fehlerhafte der schwarzen Rochade.

24. b4—b5 d6—c5:

Offenbar die einzige Chance. 24. .... Sa6—b8 25. d4—e5:, d6—e5: 26. Ta5—a7 usw. würde zur sofortigen Katastrophe führen.

25. b5—a6: b7—b6
26. d5—d6 ....

Ein interessanter und auch zum Gewinn führender Zug. Aber 26. Ta5—a2, c5—d4: (oder 26. .... e5—d4: 27. Tf1—e1, De7—d6 28. Ta2—e2 usw.) 27. Dd1—b3, Kf7—g7 28. Tf1—c1 im Zusammenhang mit Ta2—c2 wäre wohl einfacher.

26. .... De7—d6:

Wenn 26. .... c7—d6:, so 27. Dd1—b3† und 28. Db3—b6: usw.

27. Dd1—b3† Dd6—e6
28. d4—d5 De6—d6
29. Ta5—a2 Tg8—a8
30. Tf1—e1 ....

Der Anfang des Schlußangriffs auf die schwachen Bauern des linken Flügels von Schwarz.

30. .... Th8—d8
31. Db3—d3 Dd6—f6

Die einzige Verteidigung, denn falls 31. .... Kf7—f6, so 32. f3—f4!

und falls 31. Kf7—g6, so 32. g2—g4 und Weiß gewinnt mit Leichtigkeit.

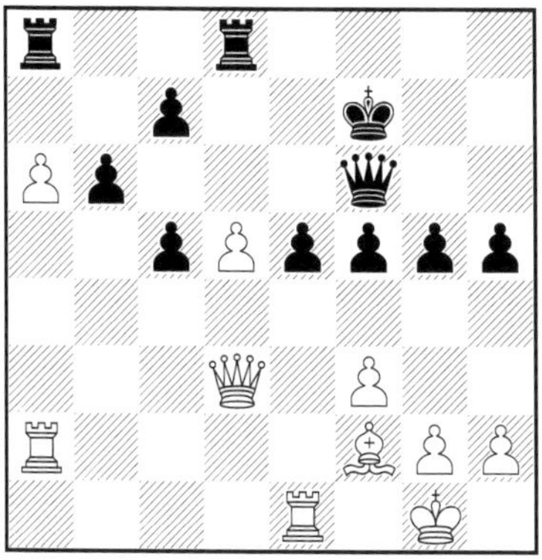

32. g2—g4! ....

Um den Läufer zum Angriff gegen die Bauern e5 und g5 zu verwenden, was die Stellung von Schwarz sofort hoffnungslos macht.

32. .... c7—c6
33. g4—f5: Td8—d5:

Wenn 33. .... c6—d5:, dann 34. Lf2—g3, c5—c4 35. Dd3—d1 und gewinnt.

34. Dd3—e4 h5—h4

Um 35. Lf2—g3 zu verhindern.

35. De4—g4 Df6—h6
36. Lf2—e3 Kf7—f6
37. Ta2—g2 Ta8—g8
38. f3—f4! ....

Ein tödlicher Zug!

38. .... e5—f4:
39. Le3—c5:! ....

Stärker als 39. Le3—d4†, worauf Schwarz noch Kf6—f7 antworten konnte.

Schwarz gibt auf.

45. Schottische Partie

Exhibition-Game, Moskau, März 1914.

Schwarz: Dr. E. Lasker.

1. e2—e4 e7—e5
2. Sg1—f3 Sb8—c6
3. d2—d4 ....

Die Wahl dieser Eröffnung war keineswegs eine Kühnheit, sondern vielmehr eine Folge von Befangenheit bei dem ersten Zusammentreffen mit dem damaligen Weltmeister. Zum Damengambit war ich nämlich damals noch nicht ausgereift.

3. .... e5—d4:
4. Sf3—d4: Sg8—f6
5. Sb1—c3 Lf8—b4
6. Sd4—c6: b7—c6:
7. Lf1—d3 d7—d5

Alles dies gilt mit Recht als die beste Verteidigung in der schottischen Partie.

8. e4—d5: c6—d5:
9. 0—0 0—0
10. Lc1—g5 Lc8—e6

Üblicher und wohl auch nachhaltiger ist hier 10. .... c7—c6. Auf den Textzug kann Weiß durch 11. Lg5—f6:, Dd8—f6: 12. Sc3—d5: (nicht 12. Dd1—h5, g7—g6 13. Sc3—d5:, Df6—d8 und gewinnt), Le6—d5: 13. Dd1—h5, g7—g6 14. Dh5—d5:, Df6—b2: 15. Ta1—b1 usw. sofort ein Remisspiel herbeiführen.

11. Dd1—f3 Lb4—e7
12. Tf1—e1 ....

Der Vorbereitungszug zu der folgenden überraschenden Kombination:

12. .... h7—h6

(S. Stellungsbild.)

13. Lg5—h6:! ....

Durch dieses kleine Feuerwerk erzwingt Weiß Remisschluß. Es ist

46. Partie

Stellung nach dem 12. Zuge von Schwarz.

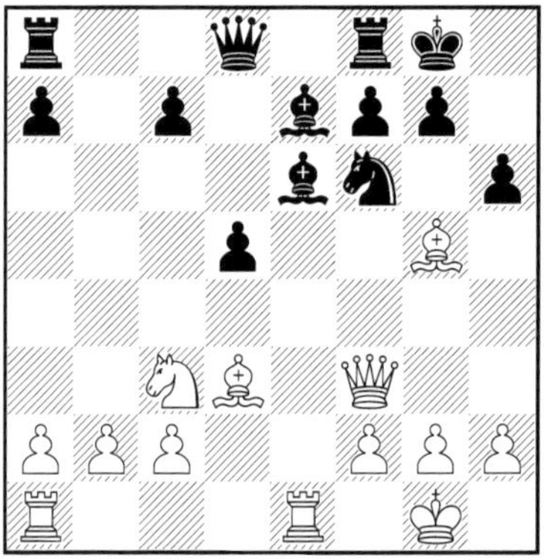

seltsam, daß die Kombination, obwohl sie eigentlich zur Theorie dieser früher viel gespielten Variante gehören sollte, in solcher Form weder aus Partien, noch aus Analysen bekannt war.

13. .... g7—h6:
14. Te1—e6:! f7—e6:
15. Df3—g3† Kg8—h8

Nicht 15. .... Kg8—f7 16. Dg3—g6‡.

16. Dg3—g6! ....

Die Pointe. Schwarz kann offenbar dem ewigen Schach nicht entgehen, kann es aber erzwingen — z. B. durch 16. .... Dd8—e8 — daher

Remis.

46. Damenbauernspiel

Moskauer Meisterschaftsturnier 1915—1916.

Schwarz: N. M. Zoubareff.

1. d2—d4 Sg8—f6
2. c2—c4 e7—e6
3. Sb1—c3 Lf8—b4
4. Dd1—c2 b7—b6

In dieser Stellung ist das Fianchetto nicht zu empfehlen, da Weiß ein starkes Zentrum erhält. Richtig ist 4. .... c7—c5, um 5. e2—e4 zu verhindern.

5. e2—e4! Lc8—b7
6. Lf1—d3 Lb4—c3‡

Um wenigstens irgendeine Gegenchance in der Verdoppelung der weißen Bauern zu haben.

Nach 6. .... d7—d5 7. c4—d5:, e6—d5: 8. e4—d5:, Sf6—e4 9. Sg1—e2 usw. wäre Weiß bedeutend im Vorteil.

7. b2—c3: d7—d6
8. Sg1—e2 Sb8—d7
9. 0—0 0—0
10. f2—f4 ....

Droht bereits Bauerngewinn durch e4—e5.

10. .... h7—h6
11. Se2—g3 Dd8—e7
12. Dc2—e2! ....

13. Lc1—a3 vorbereitend, was ohne diesen Zug das Spiel nach 12. .... Sf6—g4 mit der Drohung 13. Sg4—h2: bloß zwecklos kompliziert hätte.

12. .... Ta8—e8

Schwarz hat die Entwicklung seiner Figuren beendet, aber seine Stellung ist nicht aktiv genug, um dem nachfolgenden Angriff von Weiß im Zentrum erfolgreich entgegentreten zu können.

13. Lc1—a3 ....

Mit der starken Drohung 14. e4—e5, was Schwarz zu einer weiteren Schwächung seiner Stellung zwingt.

13. .... c7—c5
14. Ta1—e1 Kg8—h8

Um den Platz für den Springer frei zu machen.

15. d4—d5! ....

In Betracht ziehend, daß Schwarz wegen 16. Sg3—f5 usw. nicht 15. .... e6—d5: spielen kann.

15. .... Sf6—g8
16. e4—e5 g7—g6

17. e6—d5: vorbereitend.

17. De2—d2! e6—d5:

Wenn 17. .... d6—e5: 18. f4—e5:, e6—d5:, dann 19. e5—e6!, f7—e6: 20. Ld3—g6:, Tf8—f1‡ 21. Sg3—f1:, Te8—f8 22. c4—d5: und der Vorteil des Weißen würde zum Gewinn ausreichen.

18. c4—d5: d6—e5:
19. c3—c4! ....

Die Öffnung der großen Diagonale für den weißen Damenläufer entscheidet die Partie in wenigen Zügen.

19. .... Kh8—h7
20. La3—b2! Sg8—f6

Falls 20. .... f7—f6, so 21. Ld3—g6‡!, Kh7—g6: 22. Dd2—d3+, f6—f5 23. Sg3—f5:, Tf8—f5: 24. f4—e5: und gewinnt.

21. f4—e5: Sf6—g4
22. e5—e6 De7—h4

Der letzte Versuch! Falls 22. .... f7—e6:, so 23. Ld3—g6‡.

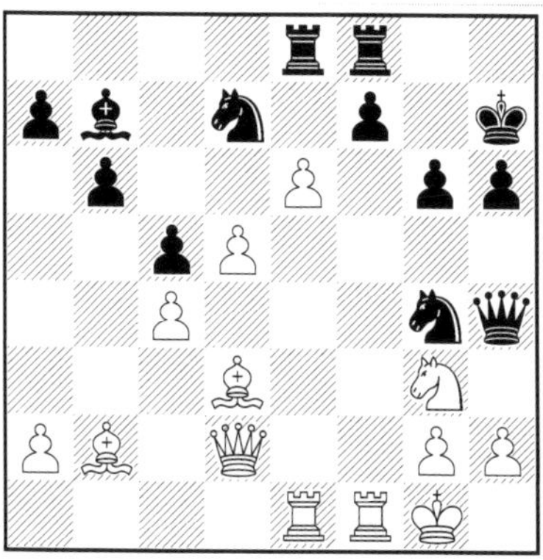

23. Tf1—f7‡! ....

Diese Kombination erzwingt Matt in wenigen Zügen.

23. .... Tf8—f7:
24. Ld3—g6‡! Kh7—g6:
25. Dd2—d3† Kg6—g5
26. Lb2—c1† Schwarz gibt auf, denn falls 26. .... Tf7—f4, so 27. Dd3—f5‡ und falls 26. .... Kg5—f6, so 27. Dd3—f5† usw.

47. Philidors Verteidigung

Gespielt in Kiew im Mai 1916.

Exhibitiongame.

Weiß: A. M. Evenson.

1. e2—e4 e7—e5
2. Sg1—f3 d7—d6
3. d2—d4 Sg8—f6

Dieser Zug, von Nimzowitsch in die Turnierpraxis eingeführt, gilt nicht ohne Grund für stärker als 3. .... Sb8—d7.

4. Sb1—c3 Sb8—d7
5. Lf1—c4 Lf8—e7

Der übliche Zug. Besser ist nach meiner Meinung 5. .... h7—h6, da Weiß nun statt 6. 0—0 ein besseres Endspiel hätte erlangen können, indem er 6. d4—e5:, Sd7—e5:! fortsetzen konnte (und nicht d6—e5: wegen Lc4—f7‡, Ke8—f7: 8. Sf3—g5†, Kf7—g8 9. Sg5—e6, Dd8—e8 10. Se6—c7: mit nachfolgendem 11. Sc7—a8: und besserem Spiel für Weiß) 7. Sf3—e5:, d6—e5: 8. Dd1—d8‡, Le7—d8: 9. Lc1—g5 in Verbindung mit 10. 0—0—0 und die einzige offene Linie bei besserer Entwicklung besetzt hätte.

Falsch ist übrigens das sofortige Läuferopfer 6. Lc4—f7‡, Ke8—f7: 7. Sf3—g5†, Kf7—g8 8. Sg5—e6, Dd8—e8 9. Se6—c7:, De8—g6 11. Sc7—a8:, Dg6—g2:! 12. Th1—f1, e5—d4: 13. Dd1—d4:, Sd7—e5, und Schwarz hat entscheidenden Angriff.

6. 0—0 0—0

7. d4—e5: ....

Jetzt dagegen befreit dieser Abtausch nur das schwarze Spiel. Besser wäre 7. Dd1—e2, c7—c6 8. a2—a4! und Weiß steht besser (vgl. Partie 9).

7. .... d6—e5:

8. Lc1—g5 c7—c6

9. a2—a4 ....

Es ist notwendig, ein für allemal den möglichen Gegenangriff in Verbindung mit b7—b5 usw. zu verhindern.

9. .... Dd8—c7

10. Dd1—e2 Sd7—c5

Das Spiel des Schwarzen ist jetzt vorzuziehen, da er sich der Felder d4 und f4 bemächtigen kann, ohne dem Gegner auf dem Königsflügel oder im Zentrum die Möglichkeit eines Gegenspiels zu gewähren.

11. Sf3—e1 ....

Der Weiße geht ohne genügenden Grund zur Verteidigung über. Durch 11. Ta1—d1 in Verbindung mit der Verdopplung der Türme auf der d-Linie hätte er das Spiel ausgeglichen. Überhaupt gilt die Regel, daß ohne besondere Notwendigkeit der Springer nicht auf die erste Linie gebracht werden darf, falls dies die Verbindung der Türme verhindert.

11. .... Sc5—e6

12. Lg5—e3 Se6—d4!

13. De2—d1 ....

Oder 13. Le3—d4:, e5—d4: 14. Sc3—d1, Le7—d6 15. g2—g3, Lc8—h3 16. Se1—g2, Ta8—e8 und Schwarz steht besser.

13. .... Tf8—d8

14. Se1—d3 Lc8—e6

15. Lc4—e6: ....

Nach Abtausch des Damenläufers, dessen Entwicklung die schwierigste Aufgabe dieser Eröffnung ist, steht Schwarz bereits viel besser.

15. .... Sd4—e6:

16. Dd1—e1 ....

Pariert die Drohung 16. .... c6—c5 und bereitet das Vorgehen des f-Bauern vor. Aber nicht ohne Grund beachtet Schwarz dieses Vorrücken nicht und verstärkt seinen Druck im Zentrum.

16. .... Td8—d7!

17. f2—f3 ....

Wenn jetzt 17. f2—f4, so Sf6—g4! und Weiß kann wegen Td7—d3: im Zusammenhang mit 19. .... Sg4—e3: und 20. .... Le7—c5 nicht 18. f4—f5 spielen.

17. .... Ta8—d8

18. Le3—f2 Sf6—h5

19. Sc3—e2 c6—c5!

Bereitet den folgenden Abtausch vor, als dessen Ergebnis die schwarzen Felder der weißen Stellung hoffnungslos schwach werden.

20. b2—b3 ....

Wenn 20. Se2—c3, dann 20. .... c5—c4 21. Sc3—d5, Dc7—d6 22. Sd3—c1, Sh5—f4 und dieser Springer ist noch stärker als in der Partie.

(S. Stellungsbild.)

20. .... Sh5—f4!

Eine einfache und entscheidende Strategie. Schwarz erzwingt den Abtausch zweier leichter Figuren, überläßt dem Gegner nur den untätigen Läufer und sichert sich auf diese Weise den Druck auf der d-Linie.

Das zweite Stadium der Partie ist

Stellung nach dem 20. Zuge von Weiß.

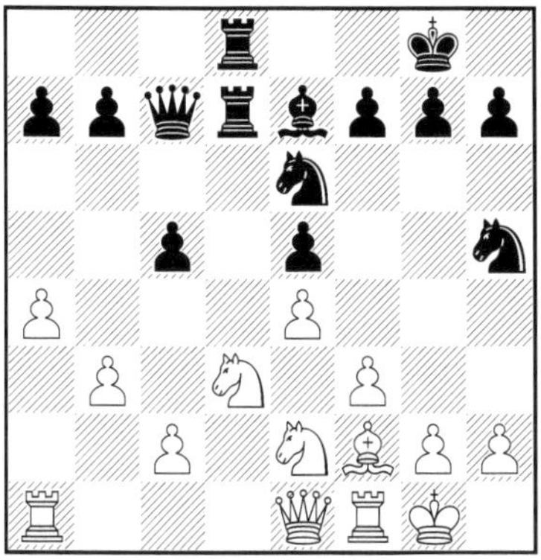

ein typisches Beispiel eines Blockierungs- und Erstickungsspiels.

21. Se2—f4: Se6—f4:
22. Sd3—f4: e5—f4:
23. c2—c3 ....

Es drohte 23. .... c5—c4 24. b3—b4, c4—c3 mit nachfolgendem 25. .... Td7—d2.

23. .... Dc7—e5
24. Ta1—a2 Td7—d3
25. Ta2—c2 b7—b6
26. De1—c1 De5—e6!

Um Feld e5 für den Läufer freizumachen.

27. Dc1—b1 Le7—f6
28. b3—b4 ....

Ein hoffnungsloser Versuch, sich zu befreien.

28. .... c5—c4
29. Db1—c1 g7—g5!

Bevor das Spiel auf der d-Linie forciert wird, muß der weiße Königsflügel ganz abgesperrt und die Diagonale a7—g1 erobert werden.

30. h2—h3 Lf6—e5
31. Dc1—a1 ....

Ein neuer Versuch, sich durch die Öffnung der a-Linie zu befreien, der ebenso endet wie der erste.

31. .... h7—h5
32. a4—a5 g5—g4!
33. a5—b6: a7—b6:
34. Lf2—h4 ....

Falls 34. h3—g4:, h5—g4: 35. f3—g4:, De6—g4: 36. Lf2—b6:, so Td3—d2 37. Tc2—d2:, Td8—d2: 28. Lb6—f2, f4—f3 und Schwarz gewinnt.

34. .... f7—f6
35. Lh4—e1 ....

Sonst, nach 35. .... g4—g3!, bleibt der weiße Läufer eingesperrt.

35. .... g4—g3!
36. Da1—a6 ....

Vergeblicher Versuch, den Zug b6—b5 und die Überführung der schwarzen Dame über b6 nach e3 zu verhindern.

36. .... De6—c6!

Mit der Drohung 37. .... Td8—a8.

37. Da6—a3 b6—b5
38. Da3—b2 Dc6—b6†
39. Kg1—h1 Td3—d1
40. Tc2—c1 ....

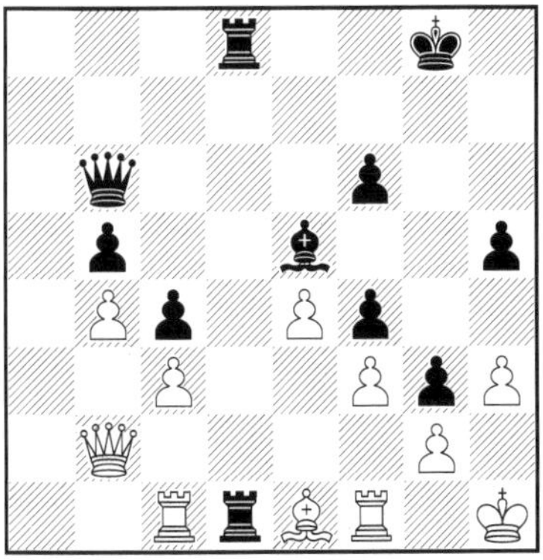

40. .... Db6—e3

Erstrebt die Möglichkeit, nach Abtausch des ersten den zweiten Turm auf d1 zu bringen und besiegelt damit endgültig das Schicksal des Läufers und folglich auch des weißen Spiels.

41. Tc1—a1 Td1—a1:
42. Db2—a1: De3—e2
43. Tf1—g1 Td8—d1

Gewinnt sofort.

Dem Weißen bleibt nur übrig, seine Rettung im ewigen Schach zu versuchen.

44. Da1—a8† Kg8—g7
45. Da8—a7† Kg7—g6
46. Da7—e7 De2—e1:
47. De7—e8† Kg6—g5
48. De8—g8† Kg5—h4

Weiß gibt auf.

48. Französische Partie

Gespielt in einer Blindlings-Vorstellung von 6 Partien im Militärspital zu Tarnopol im September 1916.

Schwarz: M. Feldt.

1. e2—e4 e7—e6
2. d2—d4 d7—d5
3. Sb1—c3 Sg8—f6
4. e4—d5: Sf6—d5:
5. Sc3—e4 ....

Häufiger wird 5. Sg1—f3 gespielt, aber auch der Textzug, der 5. .... c7—c5 verhindert, ist nicht schlecht.

5. .... f7—f5

Führt zur tödlichen Schwächung des Zentrums. Besser wäre 5. .... Sb8—d7 im Zusammenhang mit c7—c5.

6. Se4—g5! ....

Ein guter Zug, der die baldmöglichste Festsetzung eines Springers auf e5 bezweckt.

6. .... Lf8—e7
7. Sg5—f3 c7—c6

Zeitverlust. Besser gleich 7. .... 0—0.

8. Sf3—e5 0—0
9. Sg1—f3 b7—b6
10. Lf1—d3 Lc8—b7
11. 0—0 Tf8—e8

Wenn 11. .... Sb8—d7, dann 12. c2—c4, Sd5—f6 13. Sf3—g5 usw.

12. c2—c4 Sd5—f6
13. Lc1—f4 Sb8—d7
14. Dd1—e2 c6—c5

14. .... Sd7—f8 war notwendig. Der Textzug gestattet dem Weißen, die Partie glänzend zu beenden.

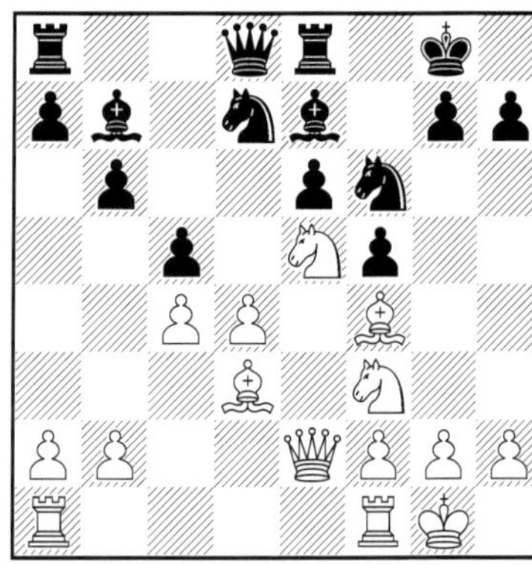

15. Se5—f7!! ....

Falls nun nach 15. .... Dd8—c8 so 16. De2—e6: in Verbindung mit folgendem erstickten Matt.

15. .... Kg8—f7:
16. De2—e6†! Kf7—g6

Oder 16. .... Kf7—e6: 17. Sf3—g5‡. Wenn 16. .... Kf7—f8, dann 17. Sf3—g5 und gewinnt. Weiß setzt nun Matt in zwei Zügen.

17. g2—g4! Lb7—e4
18. Sf3—h4‡

49. Schluß einer Vorgabepartie

Gespielt in St. Petersburg im Dezember 1917.

Schwarz: W. Hofmeister.

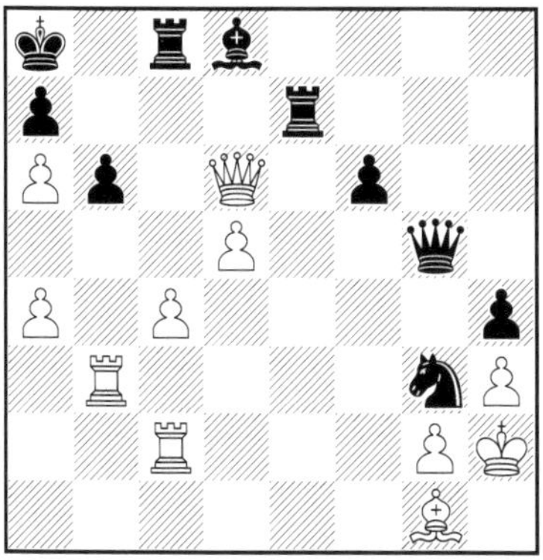

In dieser Stellung droht Schwarz einerseits 1. .... Sg3—e4 und 2. .... Ld8—c7, andererseits ein ewiges Schach durch 1. .... Sg3—f1†, Kh2—h1 2. Sf1—g3†, Kh1—h2 usw.

Dessen ungeachtet gelang es Weiß, auf folgende Weise zu gewinnen:

1. c4—c5! ....

Droht die c-Linie mit entscheidendem Effekt zu öffnen, wie es folgende Varianten zeigen:

I. 1. .... Sg3—f1† 2. Kh2—h1, Sf1—g3† 3. Tb3—g3:, Dg5—g3: 4. c5—b6:, Dg3—d6: (oder Tc8—c2: 5. Dd6—d8‡, Dg3—b8 6. Dd8—e7:, a7—b6: 7. De7—f6: und gewinnt) 5. Tc2—c8‡, Dd6—b8 6. b6—b7†, Te7—b7: 7. a6—b7‡, Ka8—b7: 8. Tc8—b8‡, Kb7—b8: 9. Lg1—f2, f6—f5 10. g2—g3 usw., und Weiß hat wegen des Mehrbauern ein gewonnenes Endspiel.

II. 1. .... Sg3—e4 (f5) 2. c5—b6:, Se4(f5)—d6: 3. b6—b7†, Te7—b7: 4. a6—b7‡, Sd6—b7: 5. Tc2—c8‡.

Um sich vor diesen Drohungen zu retten, ist Schwarz gezwungen,

1. .... b6—b5

zu spielen. Mit diesem Zuge pariert er die obenerwähnte Drohung, gerät aber in andere Gefahren.

2. a4—b5:! ....

Eine neue Überraschung!

Wie in der vorigen Variante würde auch hier der Versuch des ewigen Schachs mißlingen.

Zum Beispiel: 2. .... Sg3—f1† 3. Kh2—h1, Sf1—g3† 4. Tb3—g3:, Dg5—g3: 5. b5—b6, Dg3—d6: (oder 5. .... a7—b6: 6. c5—b6:!) 6. c5—d6:, Tc8—c2: 7. d6—e7:, Ld8—e7: 8. b6—b7†, Ka8—b8 9. Lg1—h2†, Tc2—c7 10. Lh2—f4!, Le7—c5 11. g2—g3, h4—g3: 12. h3—h4, Lc5—d4 13. Lf4—c7‡, Kb8—c7: 14. d5—d6†, Kc7—b8 15. d6—d7, Ld4—b6 16. h4—h5, und Weiß gewinnt.

Schwarz bleibt also nur übrig, die zweite Möglichkeit zu versuchen.

2. .... Sg3—e4
3. b5—b6! Se4—d6:

Hier gibt es keine Wahl mehr. Falls 3. .... a7—b6:, so 4. c5—b6: und gewinnt.

4. c5—d6: ....

Eine ganz ungewöhnliche Stellung. Der Schwarze hat eine ganze Dame mehr, kann aber die Partie nicht mehr retten.

4. .... Te7—c7

Alle anderen Züge verlieren ebenfalls.

I. 4. .... Tc8—c2: 5. b6—b7†, Te7—b7: 6. a6—b7‡, Ka8—b8 7. Lg1—a7‡ und Matt in zwei Zügen.

II. 4. .... Tc8—b8 5. b6—b7† und Matt in drei Zügen.

III. 4. .... a7—b6: 5. Tc2—c8‡,

Ka8—a7 6. d6—e7:, Ld8—e7: (6. . . . Dg5—e5[f4]† ändert nichts, da nach dem Läuferabzugsschach die Dame auf einem schwarzen Felde bedroht wird) 7. Lg1—b6‡, Ka7—a6: 8. Tc8—a8† nebst 9. Lb6—e3(d4)† und gewinnt.

IV. 4. . . . . Ld8—c7! 5. b6—b7†, Ka8—b8 6. d6—c7‡, Te7—c7: (wenn Tc8—c7:, dann 7. Lg1—a7‡ usw.) 7. Tc2—c7:, Dg5—f4† (der Turm c7 darf weder mit dem Turm wegen Lg1—a7‡ noch mit dem König wegen Tb3—c3† geschlagen werden. Falls 7. . . . . Tc8—g8, so 8. Tc7—c2 mit der Drohung 9. Kh2—h1, 10. Lg1—h2 und gewinnt) 8. Kh2—h1, Df4—c7: 9. Lg1—h2, Dc7—h2‡ 10. Kh1—h2: mit gewonnenem Endspiel.

5.	b6—b7†	Ka8—b8
6.	d6—d7!!	. . . .

Der Totschlag.

6.	. . . .	Dg5—g3†
7.	Kh2—h1	Schwarz gibt auf.

Schlußstellung.

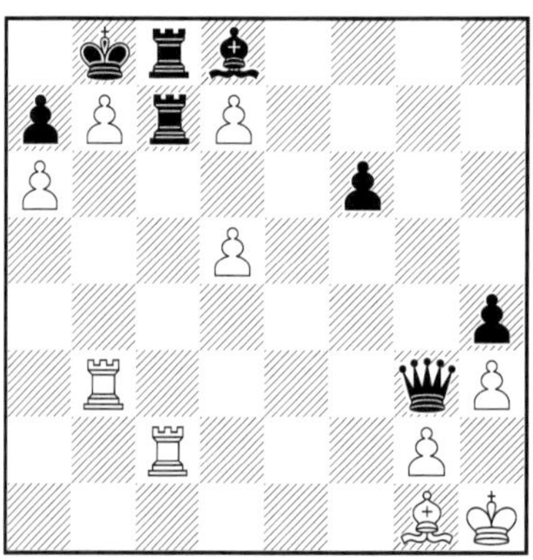

50. Russische Partie

Gespielt im Drei-Meister-Turnier in Moskau im Mai 1918.

Schwarz: A. J. Rabinowitsch.

1.	e2—e4	e7—e5
2.	Sg1—f3	Sg8—f6
3.	Sf3—e5:	d7—d6
4.	Se5—f3	Sf6—e4:
5.	Sb1—c3	d6—d5

Dieses geistreiche Bauernopfer ist nicht ganz korrekt, aber aus ganz andern Gründen als die im Handbuch und anderen Lehrbüchern angegeben sind.

Die von Weiß in dieser Partie gewählte Variante ist die einzige, die den weißen Vorteil wahrt.

6.	Dd1—e2	Lf8—e7
7.	Sc3—e4:	d5—e4:
8.	De2—e4:	0—0
9.	Lf1—c4	. . . .

Und nicht 9. d2—d4, worauf Schwarz mit Vorteil 9. . . . . Tf8—e8 spielt, während jetzt dieser Zug wegen 10. Sf3—e5 usw. nicht gefährlich ist.

9.	. . . .	Le7—d6
10.	0—0	. . . .

Eine Neuerung. — In der Partie Leonhardt-Schlechter (Barmen 1905), in welcher der fünfte Zug von Schwarz nach dem Handbuch „widerlegt" wurde, geschah hier 10. d2—d4, Tf8—e8 11. Sf3—e5, Ld6—e5: 12. d4—e5:, Dd8—e7? 13. f2—f4, Lc8—f5 14. De4—f5:, De7—b4† 15. Lc1—d2, Db4—c4: 16. Df5—d3, und Weiß behielt den gewonnenen Bauern bei guter Stellung.

Aber durch einfaches 12. . . . . Sb8—c6 (statt 12. . . . . Dd8—e7?) konnte

Schwarz Ausgleich erreichen, wie aus folgender Variante ersichtlich:

12. .... Sb8—c6 13. Lc1—f4 (wenn 13. f2—f4, dann 13. .... Dd8—h4† 14. g2—g3, Dh4—h3 15. Lc4—f1, Dh3—h5 mit starker Attacke) 13. .... Dd8—h4 14. 0—0—0, Te8—e5: 15. Td1—d8†, Dh4—d8: 16. Lf4—e5:, Dd8—e7 17. Th1—e1, Sc6—e5: 18. De4—e5:, De7—e5: 19. Te1—e5:, Kg8—f8 usw.

10. .... Tf8—e8
11. De4—d3 Sb8—c6

Auf den ersten Blick hat Schwarz eine schöne Zukunft: der Gegner steht unter Druck und kann sich schwer entwickeln. Aber durch das folgende unerwartete Manöver, das einzige, welches die vorherige Taktik rechtfertigt, überwindet Weiß nicht nur die Schwierigkeiten, sondern erhält selbst einen starken Angriff.

12. b2—b3! Dd8—f6

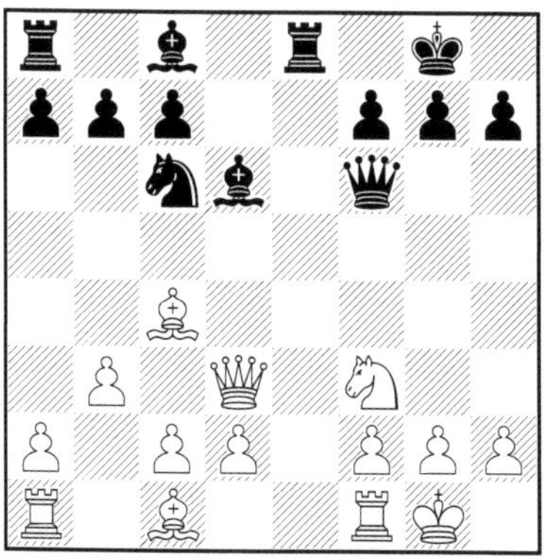

13. Lc1—b2! ....

Ein unerwartetes Opfer, das der Schwarze annehmen muß, da er nach 13. .... Df6—h6 14. Tf1—e1, Lc8—g4 15. h2—h3 gar keine Kompensation für den verlorenen Bauern hätte.

Wenn z. B. 15. .... Lg4—h3:, dann 16. g2—h3:, Dh6—h3: so 17. Lc4—f7‡ usw.

13. .... Df6—b2:
14. Sf3—g5 Lc8—e6

Eine andere Fortsetzung wäre nicht besser: 14. .... g7—g6 15. Lc4—f7‡, Kg8—g7 (oder 15. .... Kg8—f8 16. Lf7—e8:, Kf8—e8: 17. Ta1—e1† mit nachfolgendem 18. c2—c3 mit siegreichem Angriff) 16. Lf7—e8:, Db2—e5 17. Dd3—c3, Sc6—d4 18. f2—f4! und Weiß behauptet die Qualität.

15. Lc4—e6: f7—e6:
16. Dd3—h7‡ Kg8—f8
17. Ta1—e1 ....

Zum sofortigen Gewinn führte 17. c2—c3, z. B.:

I. 17. c2—c3, Db2—d2: 18. Dh7—h8†, Kf8—e7 19. Dh8—g7‡, Ke7—d8 20. Ta1—d1, Dd2—f4 21. g2—g3 und die Dame hat kein Rückzugsfeld, da auf 21. .... Df4—f8 Weiß mit dem Zug 22. Sg5—e6‡ und auf den Zug 21. .... Df4—f5 mittels 22. Sg5—f7†, Kd8—e8 23. Td1—d6:! usw. gewinnt.

II. 17. c2—c3, Ld6—e5 18. Dh7—h5, Kf8—g8 19. Dh5—f7†, Kg8—h8 20. f2—f4, Le5—f6 21. Tf1—f3!, Db2—a1‡ 22. Kg1—f2, Lf6—g5: 23. f4—g5: und Weiß gewinnt. Der Textzug gewinnt ebenfalls, aber mit größeren Schwierigkeiten.

17. .... Db2—f6!
18. Dh7—h5 ....

Ungenügend wäre 18. Dh7—h8†, Kf8—e7 19. Te1—e6‡, Ke7—d7! usw.

18. .... Kf8—g8
19. Te1—e3! ....

Die beste Fortsetzung des Angriffs und zu gleicher Zeit eine Falle, der Schwarz auch zum Opfer fällt.

51. Partie

19. .... Ld6—f4

Etwas besser wäre 19. .... Sc6—d4 mit der Fortsetzung: 20. Te3—h3, g7—g6 21. Dh5—h7†, Kg8—f8 22. Dh7—d7, Te8—e7 (der einzige Zug, denn falls 22. .... Kf8—g8, dann Th3—h8† und gewinnt) 23. Sg5—h7†, Kf8—g7 24. Sh7—f6:, Te7—d7: 25. Sf6—d7:, Ta8—d8 26. Th3—d3, Sd4—e2† 27. Kg1—h1, Td8—d7: (oder 27. .... Se2—f4 28. Sd7—e5 usw.) 28. g2—g3, e6—e5 29. c2—c3 mit Vorteil für Weiß.

20. Dh5—h7† Kg8—f8
21. Dh7—h8† Kf8—e7
22. Te3—e6‡ Df6—e6:

Jetzt erzwungen, denn falls 22. .... Ke7—d7, so 23. Te6—f6: nebst 24. Tf6—f4: usw.

23. Dh8—g7‡ Ke7—d6
24. Sg5—e6: Te8—e6:

Drei Figuren für die Dame genügen in dieser Stellung nicht, da Weiß außer der Mehrbauern noch sehr starken Angriff behält.

25. d2—d4 Ta8—e8
26. c2—c4 Te8—e7
27. Dg7—f8 Te6—e4

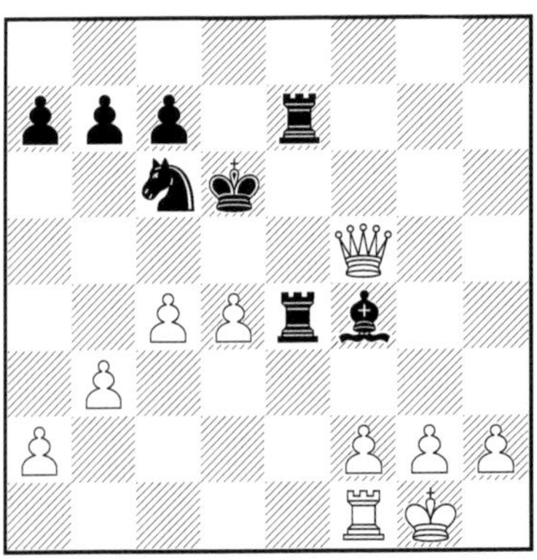

28. Df8—f5! ....

Gewinnt mindestens eine Figur, da auf den einzigen rettenden Zug 28. .... Te7—e6 29. Df5—c5† und 30. d4—d5 folgen würde.

28. .... Te4—d4:
29. c4—c5‡

51. Läuferspiel

In einer Blindlingsvorstellung aus 8 Partien in Odessa im Dezember 1918 gespielt.

Weiß: W. Gonssiorowsky.

1. e2—e4 e7—e5
2. Lf1—c4 Sg8—f6
3. d2—d3 c7—c6!

Die energischste Spielweise gegen die von Weiß gewählte Variante.

4. Dd1—e2 Lf8—e7
5. f2—f4 d7—d5!
6. e4—d5: ....

Falls 6. f4—e5:, dann 6. .... Sf6—e4:.

6. .... e5—f4:
7. Lc1—f4: 0—0
8. Sb1—d2 ....

Weiß ist in der Entwicklung bereits zurückgeblieben und kann sich den Luxus des Bauerngewinns durch 8. d5—c6:, Sb8—c6: usw. nicht gestatten.

8. .... c6—d5:
9. Lc4—b3 a7—a5!

Um 10. a2—a4 zu provozieren und dadurch den weißen Damenflügel zu schwächen.

Nicht so stark wäre 9. .... Tf8—e8 wegen 10. 0—0—0 usw.

10. c2—c3 ....

Dieser Zug kostet einen Bauern. 10. a2—a4 wäre immerhin besser.

10. .... a5—a4
11. Lb3—c2 a4—a3!

12. b2—b3 Tf8—e8
13. 0—0—0 ....

Weiß hat nichts Besseres mehr.

13. .... Le7—b4
14. De2—f2 Lb4—c3:
15. Lf4—g5 Sb8—c6
16. Sg1—f3 d5—d4!
17. Th1—e1 ....

Dieser unüberlegte Zug führt zur sofortigen Katastrophe, aber die Partie ist für Weiß selbstverständlich schon verloren.

17. .... Lc3—b2†
18. Kc1—b1 Sf6—d5!

Grauenvoll! Die Mattdrohung kann nur durch Figurenopfer abgewendet werden.

19. Te1—e8‡ Dd8—e8:
20. Sd2—e4 De8—e4:!
21. Lg5—d2 De4—e3!

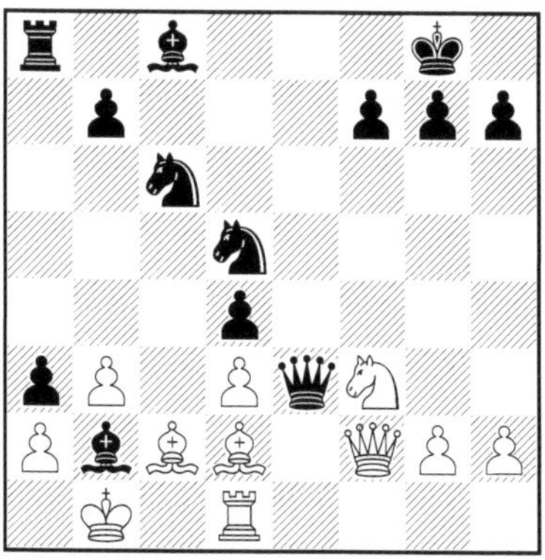

22. Td1—e1! ....

Weiß beantwortet die Überraschung mit einer Überraschung, aber das ist nur Augenblicksrettung.

22. .... Lc8—f5!
23. Te1—e3: d4—e3:
24. Df2—f1 ....

Schwarz kündigt Matt in drei Zügen an: 24. .... e3—d2: 25. Lc2—d1, Sc6—b4! 26. ~, Sd5—c3‡.

52. Mittelgambit

Moskauer Meisterschaftsturnier im Oktober 1919.

Schwarz: K. Issakoff.

1. e2—e4 e7—e5
2. d2—d4 e5—d4:
3. c2—c3 d4—c3:

Die Ablehnung des Gambits durch 3. .... d7—d5 oder 3. .... Dd8—e7 ist meiner Meinung nach besser.

4. Sb1—c3:! ....

Durch das Opfer eines einzigen Bauern erhält Weiß einen ebenso starken Angriff wie im dänischen Gambit, welches jetzt — nebenbei gesagt — dank der Untersuchungen des verstorbenen Meisters Schlechter kompromittiert ist und zwar wegen (4. Lf1—c4, c3—b2: 5. Lc1—b2:) d7—d5! 6. Lc4—d5:, Sg8—f6!.

4. .... Lf8—b4

In einer zwischen dem Verfasser (Weß) und Werlinsky in Odessa im Jahre 1918 gespielten Partie, spielte Schwarz hier 4. .... Sb8—c6 mit der Folge 5. Lf1—c4, d7—d6 6. Sg1—f3, Sg8—f6 7. Dd1—b3, Dd8—d7 8. Sf3—g5, Sc6—e5 (Sc6—d8 wäre besser) 9. Lc4—b5, c7—c6 10. f2—f4!, c6—b5: 11. f4—e5:, d6—e5: 12. Lc1—e3!, Lf8—d6 13. Sc3—b5:, 0—0 14. Ta1—d1, Sf6—e8 15. 0—0, Dd7—e7 16. Sb5—d6:, Se8—d6: 17. Db3—a3! (und nicht 17. Db3—b4 wegen Sd6—f5), Tf8—d8 18. Sg5—f7:, Lc8—g4 19. Td1—d6:, Td8—e8 20. Le3—g5, De7—c7

21. Da3—b3, Lg4—e2 22. Sf7—e5⁜, Kg8—h8 23. Tf1—c1, Te8—f8! (ein geistreicher Zug, der beinahe die Partie noch rettet).

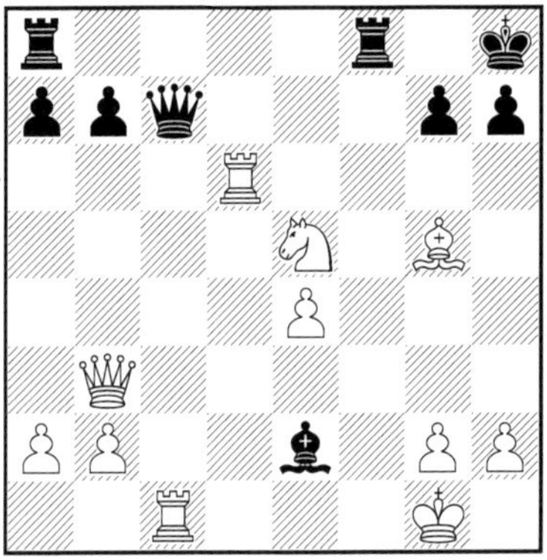

24. Db3—d1!! (die einzige gewinnende Antwort), Dc7—a5 25. Dd1—e2:, Da5—e5: 26. Td6—d5, und Schwarz gab auf.

5. Lf1—c4 d7—d6

Schwarz braucht den Zug 6. Lc4—f7⁜ nicht zu fürchten, da er nach Ke8—f7: 7. Dd1—b3†, Lc8—e6 8. Db3—b4:, Sb8—c6! 9. Db4—b7:, Sc6—d4 ein sehr starkes Spiel erhalten würde.

6. Sg1—f3 Lb4—c3⁜
7. b2—c3: Sb8—c6
8. 0—0 Sg8—f6
9. Lc1—a3 ....

Mehr im Geiste der Eröffnung wäre das sofortige 9. e4—e5! und auf d6—e5: 10. Dd1—b3 mit starkem Angriff für Weiß. Nach dem Textzuge konnte Schwarz durch 9. .... Lc8—g4 10. Dd1—b3, Sc6—a5!, 11. Lc4—f7⁜, Ke8—f8 12. Db3—a4, Lg4—f3: 13. g2—f3:, Kf8—f7: 14. Da4—a5:, Th8—e8 usw. ein befriedigendes Spiel erlangen.

9. .... 0—0
10. e4—e5 Sf6—g4

Nach 10. .... Sf6—e8 11. h2—h3!, Lc8—f5 12. Tf1—e1 usw. hatte Schwarz eine sehr beengte Partie. Deshalb zieht er vor, den Bauern zurückzugeben, nur um die Entwicklung zu vollenden.

11. e5—d6: c7—d6:
12. La3—d6: Tf8—e8
13. Tf1—e1! ....

Bereitet gelegentliches Läuferopfer vor.

Es ist klar, daß Schwarz nicht 13. .... Te8—e1⁜ 14. Dd1—e1:, Dd8—d6: wegen 15. De1—e8†, Dd6—f8 16. Lc4—f7⁜, Kg8—h8 17. De8—f8⁜ spielen kann.

13. .... Lc8—f5

Jedenfalls besser wäre 13. .... Te8—e1⁜ 14. Dd1—e1:, Lc8—f5 15. Ta1—d1, Dd8—e8 16. Sf3—d4! usw., und Schwarz würde der sofortigen Katastrophe, wenn auch bei schlechterer Stellung, entgehen.

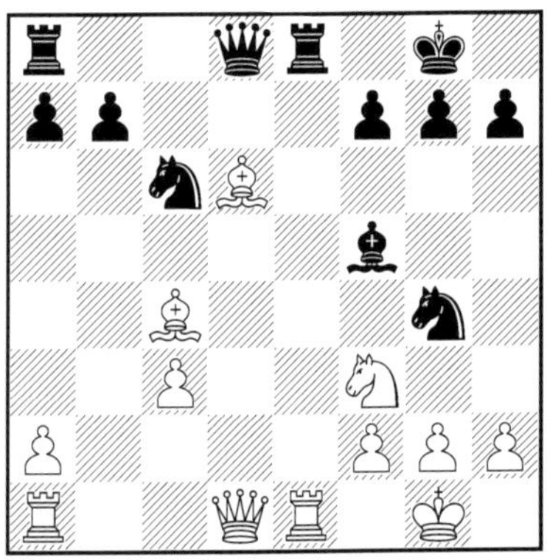

14. Lc4—f7⁜! ....

Eine schöne Kombination, deren Sinn ist, dem schwarzen Springer die Rückzugsmöglichkeit nach f6 zu nehmen, indem der König auf dieses Feld getrieben wird.

14. .... Kg8—f7:
15. Dd1—d5† Kf7—f6

Erzwungen. Wenn 15. .... Lf5—e6, dann 16. Sf3—g5†. Wenn aber 15. .... Kf7—g6, dann 16. Te1—e8: im Zusammenhang mit 17. Sf3—h4† und gewinnt.

16. h2—h3 Lf5—e6

Oder 16. .... Sg4—h6 17. g2—g4 usw.

17. Dd5—d2 Sg4—h6
18. g2—g4 ....

Erzwingt den Rückgewinn der geopferten Figur.

18. .... g7—g6!

Die einzige Möglichkeit.

Auf 18. .... Sh6—f7 oder g8 hatte Weiß die Problemvariante 19. Dd2—f4†, Kf6—g6 20. Ld6—e7!, Dd8—e7: 21. Te1—e6‡ mit nachfolgendem Matt vorbereitet.

19. g4—g5† ....

Sehr stark war auch 19. Dd2—h6:, Dd8—d6: 20. g4—g5†, Kf6—f7 21. Dh6—h7‡, Kf7—f8 22. Dh7—g6: mit gewinnbringendem Angriff.

Nach dem Textzuge, der die Figur zurückgewinnt, kann der schwarze König vorübergehend in Sicherheit gebracht werden.

19. .... Kf6—f7
20. g5—h6: Dd8—f6
21. Sf3—g5† Kf7—g8
22. f2—f4 Ta8—d8
23. Ta1—d1 Le6—c4

Der Nachziehende hofft die Gebundenheit des weißen Läufers zu benutzen, um den Druck des Weißen auf der e-Linie abzuschwächen, aber die Antwort des Weißen zerstört diese Erwartungen.

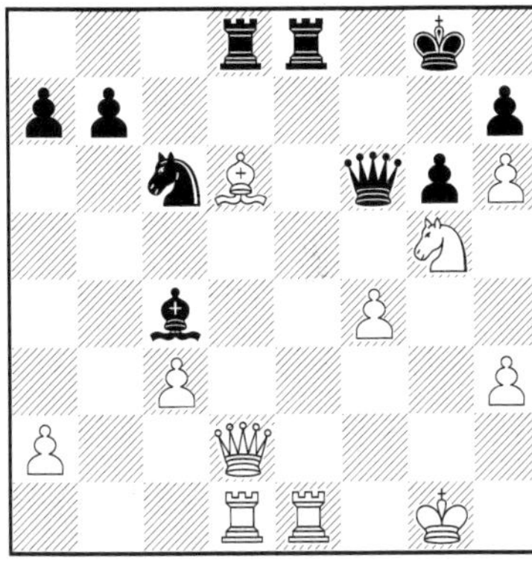

24. Ld6—e7! ....

Derselbe pikante Zug wie in der oben erwähnten Variante, aber mit anderer Pointe.

24. .... Td8—d2:

Denn falls 24. .... Sc6—e7:, so 25. Dd2—d8: und falls 24. .... Df6—e7:, so 25. Te1—e7: und Weiß gewinnt.

25. Le7—f6: Te8—e1‡
26. Td1—e1: Lc4—f7
27. Sg5—e4! ....

Gewinnt zum mindesten den h-Bauern und baut gleichzeitig ein Mattnetz auf.

27. .... Td2—a2:
28. Lf6—g7 Lf7—b3
29. Se4—f6† Kg8—f7
30. Sf6—h7: Schwarz gibt auf.

53. Damenbauernspiel

Nationales Turnier zu Moskau
Oktober 1920.

Weiß: E. Rabinowitsch.

1. d2—d4 Sg8—f6
2. Sg1—f3 b7—b6
3. c2—c4 e7—e6

4. Sb1—c3 ....

Für besser gilt das System Rubinsteins 4. g2—g3 in Verbindung mit 5. Lf1—g2.

4. .... Lc8—b7
5. e2—e3 ....

Dies gestattet dem Schwarzen, sich auf e4 festzusetzen und eine mindestens gleiche Partie zu bekommen.

5. .... Lf8—b4
6. Dd1—c2 Sf6—e4
7. Lf1—d3 f7—f5

Auf diese Weise hat Schwarz eine für ihn günstige Variante der holländischen Partie herbeigeführt.

8. 0—0 ....

Möglich war hier auch ein anderer Entwicklungsplan: 8. Lc1—d2, Se4—c3: 9. Ld2—c3:, 0—0 10. 0—0—0, wonach Schwarz durch a7—a5 in Verbindung mit Sb8—a6 die Initiative ergreift (Sämisch-Aljechin, Pistyan 1922).

8. .... Lb4—c3:
9. b2—c3: 0—0
10. Sf3—d2 ....

Die einzige Möglichkeit, den e-Bauern vorzubringen.

10. .... Dd8—h4!

Ein wichtiger Zug für die Entwicklung. Falls nun 11. g2—g3, Se4—g5! 12. e3—e4(?), so f5—e4:! und Schwarz gewinnt.

11. f2—f3 Se4—d2:
12. Lc1—d2: Sb8—c6

Nicht so gut wäre 12. .... c7—c5 wegen 13. d4—d5! usw.

13. e3—e4 f5—e4:
14. Ld3—e4: ....

Weiß überschätzt seine Stellung. Richtig war 14. f3—e4:, e6—e5! 15. d4—d5, Sc6—e7 16. c4—c5, Se7—g6 (aber nicht 16. .... b6—c5: wegen 17. d5—d6 in Verbindung mit 18. Dd1—b3† usw.) 17. c5—b6:, a7—b6: mit beinahe gleichem Spiel.

14. .... Sc6—a5!

Sichert dem Schwarzen dank dem weißen Doppelbauern ein kleines Übergewicht (selbst wenn Weiß die richtige Fortsetzung 15. Le4—b7:, Sa5—b7: 16. Tf1—e1 usw. gewählt hätte).

15. Ta1—e1 ....

Dieser unüberlegte Zug führt zum Verlust eines Bauern.

15. .... Lb7—e4:!
16. Te1—e4: Dh4—h5
17. Dc2—a4 ....

Den c-Bauern zu verteidigen, ist nicht mehr möglich, z. B.: 17. Te4—e5, Tf8—f5! 18. Te5—f5:, Dh5—f5: 19. Dc2—f5:, e6—f5: und Schwarz hat ein leicht gewonnenes Endspiel.

17. .... Sa5—c4:!

Schwarz hat das Übergewicht, welches aber trotz der Mehrbauern nicht so leicht zu realisieren ist, da Weiß beinahe keine schwachen Punkte hat.

18. Te4—e2 ....

Es ist klar, daß nach 18. Da4—c4:, d7—d5 19. Dc4—b5, a7—a6 usw. Schwarz gewonnen hätte.

18. .... b6—b5
19. Da4—b3 Dh5—f5
20. Tf1—e1 Ta8—b8
21. Ld2—c1 a7—a5
22. Te2—e4 a5—a4
23. Db3—d1 Tb8—e8

Nachdem der Nachziehende die dominierende Stellung seines Springers befestigt hat, verlegt er das Spiel ins Zentrum, wo er seine einzige Gewinnchance erblickt.

24. Dd1—e2 c7—c5

Erweitert den Wirkungskreis des weißen Läufers, um diesen späterhin zum Angriffsobjekt zu machen.

25. Lc1—e3 c5—d4:
26. Le3—d4: ....

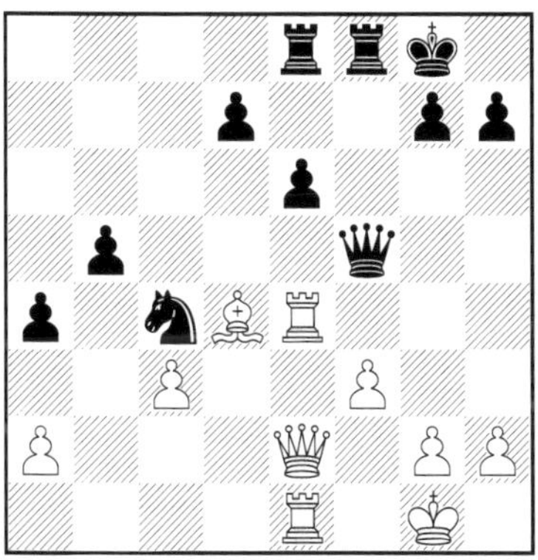

26. .... e6—e5!

Der Anfang einer Reihe interessanter Verwicklungen. Der Läufer kann diesen Bauern wegen 27. .... d7—d5! nicht schlagen und die Variante 27. Ld4—e5, d7—d5 28. Te4—c4:, b5—c4: 29. Lc5—f8:, Df5—f8: usw. verläuft auch zugunsten von Schwarz.

27. f3—f4! ....

Verhältnismäßig das Beste. Weiß rechnet auf 27. .... d7—d5 28. Te4—e5:, Sc4—e5: 29. Ld4—e5: usw. mit einer vollauf zu verteidigenden Stellung.

27. .... d7—d6

Deckt den Bauern e5 durch die Mattdrohung nach 28. f4—e5:, d6—e5: 29. Ld4—e5:?, Sc4—e5: 30. Te4—e5:, Te8—e5: 31. De2—e5:, Df7—f2† usw.

28. h2—h3 ....

Bedroht wiederum den Bauern e5, den Schwarz durch das folgende Manöver verteidigt.

28. .... Te8—e6!
29. f4—e5: d6—e5:
30. Ld4—c5! ....

Aber nicht 30. Ld4—e5: wegen Tf8—e8 31. Te1—f1, Df5—g6 32. Te4—c4:, Te6—e5:! und gewinnt. Der Textzug erscheint bedrohlich, weil der schwarze Turm die f-Linie nicht verlassen kann.

z. B.: 30. .... Tf8—d8 31. Te1—f1, Df5—g6 32. Te4—g4, Dg6—h6 33. De2—f3 und gewinnt.

30. .... Tf8—f7

Der Beginn einer Kombination, die einen entscheidenden Angriff auf den König bezweckt. Zum Verteidigungszwecke hätte der Zug 30. .... Tf8—f6 genügt, da Weiß dann wegen 31. .... Sc4—d2! nicht 31. Te1—b1 spielen kann.

31. Te1—b1 ....

Gewinnt den Bauern mit einer auf den ersten Blick guten Stellung zurück. 31. .... Sc4—d2 wäre jetzt wegen 32. De2—d2: nicht möglich.

31. .... h7—h6!

Pariert die Mattdrohung und lockt den Gegner noch weiter auf den Weg der Gefahren, wo er auch zugrunde geht.

32. Tb1—b5: Sc4—d2!
33. Te4—a4: ....

Weiß ist bereits schutzlos. Auf 33. Te4—g4 gewinnt Schwarz ebenso wie in der Partie. Falls 33. Te4—e3, so 33. .... Te6—g6 (gerade dieses Manöver hatte Schwarz im Auge, als er

30. Tf7 und nicht Tf6 spielte) 34. Tb5 — b8†, Kg8 — h7 35. Tb8 — b2 (oder 35. De2 — d2:, Df5 — f1† 36. Kg1 — h2, Tf7 — f2 und Schwarz gewinnt) 35. .... Sd2 — f3† 36. Kg1 — h1, Df5 — h3‡ usw.

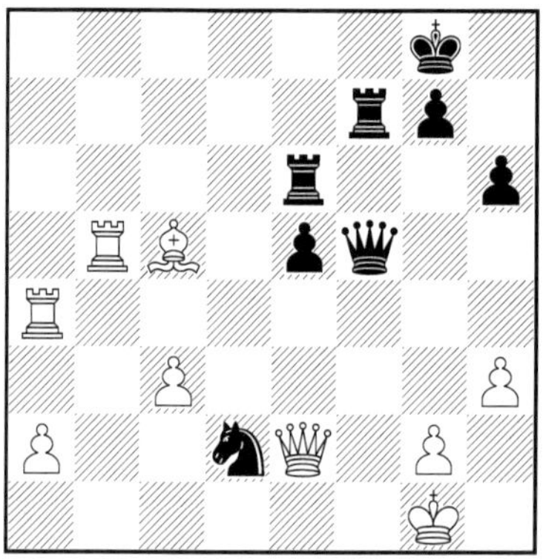

33. .... Df5 — c2!

Nach diesem Zug, der die Bauernopferkombination vollendet, gewinnt Schwarz, da die weißen Türme sich zur Verteidigung des Königs nicht nähern können.

34. Ta4 — a8† Kg8 — h7
35. Kg1 — h1 Tf7 — f1†
36. Lc5 — g1 Tf1 — g1‡!

Eine elegante Schlußkombination.

37. Kh1 — g1: Dc2 — c1†
38. Kg1 — f2 Te6 — f6†!
39. Kf2 — e3 ....

Oder 39. Kf2 — g3, Sd2 — f1†. Jetzt setzt Schwarz Matt oder gewinnt die Dame.

39. .... Sd2 — b1†!

Weiß gibt auf.

54. Damenbauernspiel

Gespielt im Turnier zu Triberg Juli 1921.

Weiß: A. S. Selesnieff.

1. d2 — d4 Sg8 — f6
2. Sg1 — f3 b7 — b6

Dieser Zug ist nach 2. Sg1 — f3 vor e7 — e6 möglich. Nach 2. c2 — c4 wäre er wegen 3. Sb1 — c3, Lc8 — b7 4. Dd1 — c2! usw. unangebracht. (Vgl. Partien Nr. 46 u. 47.)

3. g2 — g3 ....

Nach meiner Meinung der beste Zug. Der weiße Läufer auf g2 ist mindestens ebenso stark wie der schwarze auf b7.

3. .... Lc8 — b7
4. Lf1 — g2 d7 — d6

Dieses Entwicklungssystem ist zuerst von mir in meiner Partie gegen Teichmann (Berlin 1921) angewandt worden. Der einzige Fehler ist die Schwäche von c6, die aber nicht sehr wesentlich ist.

5. 0 — 0 ....

In demselben Triberger Turnier verlief meine Partie gegen Brinckmann folgendermaßen: 5. b2 — b3, Sb8 — d7 6. Lc1 — b2, e7 — e5 7. d4 — e5:, d6 — e5: 8. 0 — 0, e5 — e4! 9. Sf3 — e5, Lf8 — d6 10. Se5 — d7:, Dd8 — d7: 11. Sb1 — d2, Dd7 — e6 12. e2 — e3, h7 — h5! 13. Dd1 — e2, h5 — h4 14. Sd2 — c4, Ld6 — c5 15. Tf1 — d1, Lb7 — d5 16. Sc4 — a3, h4 — g3: 17. h2 — g3:, a7 — a6 18. c2 — c4, Ld5 — b7 19. Sa3 — c2, De6 — f5 20. Lb2 — a3, Lc5 — a3: 21. Sc2 — a3:, Sf6 — g4 22. Sa3 — c2, Th8 — h2 23. De2 — d2, Ke8 — e7! 24. Sc2 — b4, Td8 — h8 25. Dd2 — e2, Df5 — f3! und Weiß gab auf.

5. .... Sb8—d7
6. Lc1—f4 ....

Um den Zug 6. .... e7—e5 zu verhindern.

6. .... h7—h6

Bereitet den Zug g7—g5 in den möglichen Kombinationsvarianten vor, mit der Absicht, ihn jedoch nur dann zu tun, wenn er sofortige und greifbare Vorteile nach sich ziehen wird.

7. Sb1—c3 ....

Ein Zug, der es dem Schwarzen gestattet, folgende sehr wirksame Demonstration auf dem Damenflügel vorzunehmen. Besser wäre 7. c2—c4.

7. .... c7—c5!
8. d4—d5 ....

Auch nach 8. d4—c5:, Sd7—c5: hätte Schwarz das freiere Spiel mit vielen Möglichkeiten.

8. .... b6—b5!

Sonst würde Weiß durch a2—a4 die Möglichkeit einer Initiative von Schwarz auf dem Damenflügel lähmen.

9. Sf3—e1 ....

Der weiße d-Bauer ist selbstverständlich wertvoller als der schwarze b-Bauer.

9. .... a7—a6
10. a2—a4 b5—b4
11. Sc3—e4 Sf6—e4:
12. Lg2—e4: g7—g6

In der Absicht, den Läufer nach g7 zu entwickeln, wo seine Rolle durch das vorhergegangene Manöver auf dem Damenflügel vorbereitet wurde.

13. c2—c4 b4—c3: (e. p.)

Durchaus notwendig, um die Absperrung des Damenflügels durch Weiß zu verhindern, wonach Weiß durch das Vorgehen seiner Mittelbauern ohne Risiko einen starken Angriff beginnen könnte.

14. b2—c3: Lf8—g7
15. Ta1—b1 Ta8—b8
16. c3—c4 0—0
17. Dd1—c2 a6—a5

Bereitet das folgende Qualitätsopfer vor.

18. Se1—f3 Dd8—c7
19. Lf4—d2 Lb7—a6
20. Le4—d3 ....

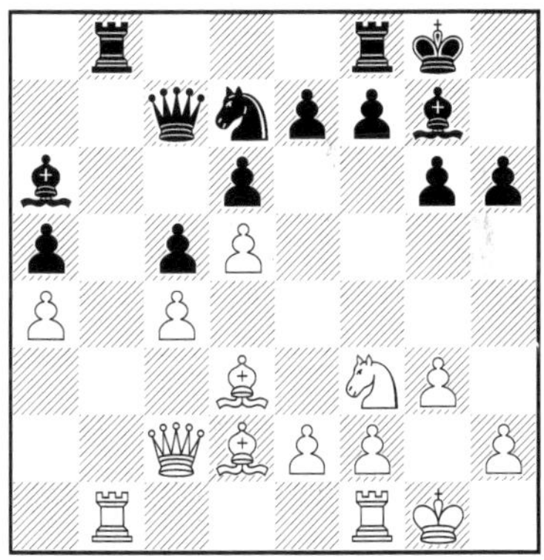

20. .... Tb8—b4!

Vollständig korrekt. Der als Folge des Opfers entstehende starke Freibauer, vom Läufer g7 unterstützt, und die Möglichkeit eines Angriffs auf den Bauern c4 — dies alles kompensiert das Qualitätsopfer vollständig.

21. Ld2—b4: c5—b4:
22. Sf3—d2 Sd7—c5

Dieser Zug ist aber nicht konsequent. Durch 22. .... Tf8—c8 in Verbindung mit 23. .... Sd7—b6 oder 23. .... Lg7—c3 hätte Schwarz die Korrektheit seines Opfers genauer bewiesen.

23. Sd2—b3 ....

Ein guter Zug, dessen Stärke Schwarz nicht rechtzeitig erkannt hatte. Auf 23. .... Sc5—a4: kommt Weiß auf folgende Weise in Vorteil: 24. Tb1—a1, Sa4—c5 25. Sb3—a5:, Lg7—a1: 26. Tf1—a1:, Kg8—g7 (anders Ld3—g6:!) 27. Sa5—c6 usw. Oder 23. .... Tf8—c8 24. Sb3—c5:, Dc7—c5: 25. Tf1—c1, Lg7—c3 26. Dc2—b3 (und nicht 26. Tb1—b3, La6—c4: 27. Tb3—c3:, b4—c3: 28. Ld3—g6: wegen 28. .... Kg8—g7!), Dc5—d4 27. Tc1—c3:, b4—c3: 28. Tb1—c1, und Weiß kann nicht verlieren.

23. .... Sc5—d7

Der Rückzug ist mit der unmittelbaren Drohung Tf8—c8 verbunden. Aber Weiß benutzt die Möglichkeit, sich durch ein Gegenopfer, welches ihm neue Linien öffnet und gute Chancen bietet, des schwachen Bauern c4 zu entledigen.

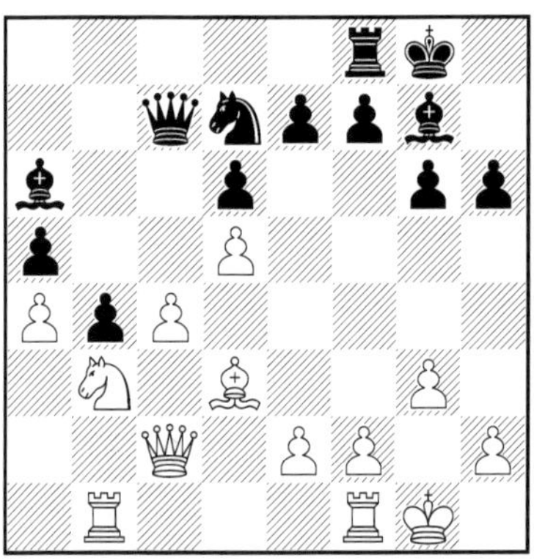

24. c4—c5! La6—d3:

25. e2—d3:! ....

Nach 25. Dc2—d3:, d6—c5: bekämen die schwarzen Freibauern entscheidende Bedeutung. Der Textzug weicht dieser Gefahr aus und öffnet dem Weißen die e-Linie. Er hinterläßt jedoch in der weißen Stellung eine kleine Schwäche — das Feld f3, ein Umstand, den Schwarz späterhin ausnutzt.

25. .... d6—c5:

26. Tf1—e1 ....

Auf 26. Dc2—c4 hätte Schwarz 26. .... Dc7—d6 27. Sb3—a5:, Sd7—e5 28. Dc4—b3, Tf8—a8 usw. mit vorzüglichen Chancen geantwortet.

26. .... Sd7—e5

27. Te1—e3 ....

Der Versuch des Weißen, seinerseits ein Qualitätsopfer zu bringen, würde nicht zu seinem Vorteil ausfallen, z. B. 27. Dc2—c5:, Se5—f3† 28. Kg1—f1, Dc7—c5: 29. Sb3—c5:, Sf3—d2† 30. Kf1—e2, Sd2—b1: 31. Te1—b1:, Tf8—d8! und Schwarz gewinnt einen Bauern.

27. .... Tf8—c8

28. Tb1—c1 Dc7—d7

29. d3—d4 Se5—g4

30. Te3—e4 ....

Auf 30. d4—c5:, Sg4—e3: 31. f2—e3: wäre 31. .... Dd7—a4:! und nicht 31. .... Dd7—d5: gefolgt.

30. .... c5—c4

Jetzt werden die schwarzen Freibauern sehr bedrohlich. Die Frage ist nur, ob es gelingen wird, sie zu erhalten. Die Partie hat ihren kritischen Punkt erreicht.

31. Sb3—c5 ....

Wenn 31. Sb3—a5:, dann 31. .... Dd7—a4: und Schwarz gewinnt dank den Freibauern mit Leichtigkeit.

31. .... Dd7—f5

Bis jetzt hat Weiß sich ausgezeichnet verteidigt und hofft, durch den nächsten Zug, der den Springer und den c-Bauern gleichzeitig bedroht, entscheidenden Vorteil zu erlangen; aber die unerwartete Antwort von Schwarz leitet die Partie in ein neues Fahrwasser.

32. Dc2—e2! ....

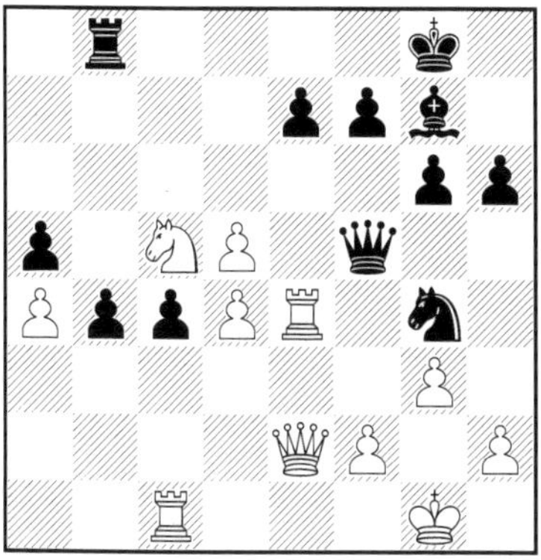

32. .... b4—b3!!

Bevor sich Schwarz zu diesem Zuge entschlossen hat, war es nötig, außer der Textfortsetzung noch folgende Varianten zu berücksichtigen:

I. 33. Te4—f4, Df5—h5 34. Tf4—g4:, b3—b2 35. Tc1—b1, d1, e1 (oder 35. De2—b2:, Dh5—g4:, wie in der Partie) 35. .... Lg7—d4: und die schwarzen Bauern entscheiden die Partie.

II. 33. De2—g4:, b3—b2 34. Tc1—b1, Df5—g4: 35. Te4—g4:, c4—c3 36. Sc5—d3, Tc8—c4 37. Sd3—b2:!, Tc4—b4! 38. Tg4—e4, Kg8—f8 zum Vorteil von Schwarz, denn falls 39. Tb1—c1, dann f7—f5! 40. Sb2—d3, f5—e4: 41. Sd3—b4:, a5—b4: 42. a4—a5, Lg7—d4: 43. a5—a6, Kf8—f7! und Schwarz gewinnt.

33. Te4—g4: b3—b2
34. De2—b2: Df5—g4:
35. Tc1—c4: ....

Weiß hat auf den ersten Blick den einfachsten und richtigsten Verteidigungsweg gewählt, indem er die schwarzen Freibauern beseitigt hat; er hat nun sogar einen Mehrbauern! Aber der nächste Zug des Gegners bringt ihm neue Schwierigkeiten.

35. .... h6—h5!

Zwingt Weiß zu einer Umgruppierung seiner Streitkräfte, um die Mattdrohung h5—h4—h3, Dg4—f3 usw. zu parieren.

36. Db2—c2 ....

Das einzige Manöver, um die Besetzung von f3 durch die schwarze Dame zu verhindern.

36. .... h5—h4

Selbstverständlich nicht 36. .... Lg7—d4: wegen 37. Kg1—g2!.

37. Dc2—d3 Tc8—d8!

Ungenügend wäre 37. .... h4—h3 38. f2—f3, Dg4—h5 (38. .... Dd3—e4, Dh5—h6 40. Tc4—c2 und Weiß hat sich verteidigt).

38. f2—f3 Dg4—h5

Aber nicht 38. .... Dg4—h3 wegen 39. g3—g4, Td8—b8 40. Sc5—e4, Tb8—b2 41. Tc4—c8†, Lg7—f8 42. Se4—f2 und Weiß gewinnt die Qualität.

39. Dd3—e4 h4—g3:
40. h2—g3: Dh5—g5!
41. Kg1—g2 Dg5—d2†

Nach 41. .... Td8—d5: hätte Weiß den Damenabtausch durch 42. f3—f4, Dg5—h5 43. De4—f3 erzwungen, woraufhin Schwarz schwerlich hätte gewinnen können.

42. Kg2—h3 Lg7—f6!

Um den Turm auf die h-Linie zu bringen. Das ist der einzige Weg zum Gewinn.

43. Tc4—c2 Dd2—h6†
44. Kh3—g2 Kg8—g7
45. g3—g4 ....

Sonst geht dieser Bauer ohne jede Kompensation verloren.

45. .... Td8—h8

46. Kg2—f2! ....

Weiß verteidigt sich mit beneidenswerter Kaltblütigkeit!

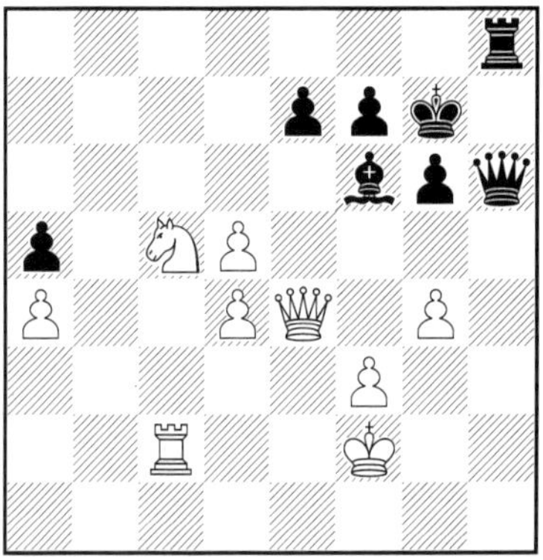

46. .... Th8—b8!

Der Clou des Manövers, das mit Lf6 begonnen hat! Der Turm hat die h-Linie vorübergehend besetzt, nur um das Eindringen der Dame in das feindliche Lager von dieser Seite zu ermöglichen. Seine Aufgabe ist beendet, und er begibt sich auf den Damenflügel, um an dem Angriff auf den Bauern d4 — den Schlüssel der weißen Stellung — teilzunehmen. Und dagegen ist Weiß wehrlos.

47. Kf2—e2 Tb8—b4

48. Tc2—d2 Dh6—h2†

49. Ke2—e3 ....

Oder 49. Ke2—d3, Dh2—g1!.

49. .... Dh2—g1†

50. Ke3—e2 Lf6—d4:

Jetzt könnte Weiß ruhig aufgeben, aber er setzt die letzte Hoffnung auf seinen folgenden, von der Verzweiflung diktierten Zug. Und seine Beharrlichkeit ist von einem Teilerfolg gekrönt.

51. Sc5—d3 Tb4—b1

51. .... Ld4—c3! 52. Sd3—b4:, Dg1—g2† usw. hätte die Partie sofort entschieden.

52. Sd3—c1! Ld4—c3

Schwarz könnte durch 52. .... Tb1—b4 53. Sc1—d3 (besseres gab es nicht) die frühere Stellung erreichen, aber er zieht vor, das Geschehene gutzuheißen, da die Textfortsetzung ihm vollständig klar und ausreichend erscheint.

53. De4—b1: Dg1—g2†

54. Ke2—d3 Dg2—d2‡

55. Kd3—c4 Dd2—d4†

56. Kc4—b3 ....

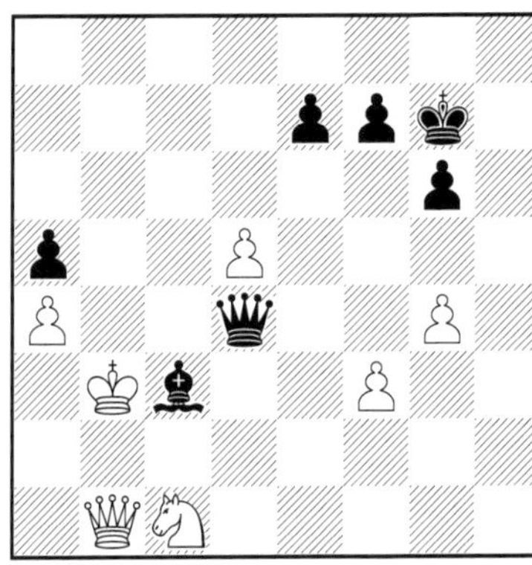

56. .... Lc3—a1!

Diese Fortsetzung hatte Schwarz bei 52. ..... Ld4—c3 im Auge. Weiß kann nun seine Bauern nicht halten. Z. B.: 57. Sc1—d3, Dd4—d5‡ 58. Kb3—a3, La1—f6 59. Db1—d1, g6—g5 60. Dd1—e2, Dd5—c4 61. De2—d1, Dc4—c3† 62. Ka3—a2, e7—e6!, und Schwarz gewinnt.

57. Kb3—a3 Dd4—c5†

58. Ka3—a2 La1—f6

59. g4—g5 ....

Ein neuer verzweifelter Versuch. Wie aus dem folgenden ersichtlich, verfolgt Weiß einen Plan, der ihm die Illusion einer Rettung vorspiegelt.

59. .... Dc5—d5‡
60. Sc1—b3 Dd5—g5:
61. Db1—e1 ....

Die letzte Hoffnung einer Rettung: Weiß versucht seinen a-Bauern vorzurücken. Aber Schwarz fürchtet diese Drohung nicht. Fr opfert seinen Läufer für den Bauern und gewinnt schnell durch seine Freibauern.

61. .... Dg5—g2†
62. De1—d2 Dg2—f3:!
63. Dd2—a5: g6—g5
64. Da5—e1 Df3—c3
65. De1—c3: Lf6—c3:
66. a4—a5 Lc3—a5:
67. Sb3—a5: g5—g4
68. Sa5—c4 g4—g3
69. Sc4—d2 Kg7—g6
70. Ka2—b2 Kg6—f5
71. Sd2—f3 Kf5—f4
72. Sf3—g1 Kf4—e3
73. Kb2—c2 Ke3—f2
74. Sg1—h3† Kf2—f1

Weiß gibt auf.

Eine schwierige und in allen Stadien sehr interessante Partie.

55. Damenindisch

Meisterturnier zu Triberg, Juli 1921.

Schwarz: E. D. Bogoljubow.

1. d2—d4 Sg8—f6
2. Sg1—f3 e7—e6
3. c2—c4 b7—b6

Diese Variante, welche Bogoljubow infolge der Textpartie aufgegeben hat, ist später in Turnieren öfters von Sämisch und Nimzowitsch angewandt worden. Das Mißgeschick von Schwarz in dieser Partie ist nicht in der allgemeinen Spielrichtung, sondern nur im 5. Zuge zu suchen.

4. g2—g3 Lc8—b7
5. Lf1—g2 c7—c5

Dieser Zug überläßt Weiß die Wahl zwischen zwei Entwicklungsmöglichkeiten. Außer 6. d4—c5:, wie in der Partie, konnte Weiß auch mit recht guten Chancen 6. d4—d5, e6—d5: 7. Sf3—h4 (von Rubinstein in der letzten Ausgabe des „Lärobok" vorgeschlagen) spielen.

Der beste Zug für Schwarz ist 5. .... Lf8—e7 in Verbindung mit 6. 0—0, 0—0 7. Sb1—c3, d7—d5 8. Sf3—e5, Dd8—c8 (von Sämisch vorgeschlagen) mit befriedigendem Spiel.

Weniger stark: I. 8. .... Sb8—d7 9. c4—d5:, Sd7—e5: (besser e6—d5:) 10. d5—d6! (Bogoljubow-Nimzowitsch, Karlsbad 1923).

II. 8. .... c7—c6 9. e2—e4, Sb8—d7 10. Se5—c6:!, Lb7—c6: 11. e4—d5:, Lc6—b7 12. d5—d6 usw. mit Gewinn eines Bauern.

6. d4—c5: ....

Wie aus dem folgenden ersichtlich, kommt Weiß auch durch diesen einfachen Zug dank dem Druck auf der d-Linie in Vorteil.

6. .... Lf8—c5:

Die Stellung dieses Läufers ist gar nicht so stark wie sie aussieht: die weiße Rochadestellung ist genügend befestigt.

7. 0—0 0—0
8. Sb1—c3 d7—d5

Überläßt dem Gegner die Möglichkeit, seinen Königsläufer mit Vorteil aufzudecken. Etwas besser wäre

8. .... Sb8—a6, aber auch dann wäre die Schwäche des d-Bauern eine Quelle aller möglichen Schwierigkeiten für Schwarz.

9. Sf3—d4 ....

Aber nicht 9. Sf3—e5 wegen 9. .... Dd8—c7 10. Lc1—f4, Sf6—h5 usw.

9. .... Lc5—d4:

Schwarz will sich von der Schwäche des d-Bauern befreien, und überläßt deshalb Weiß den Vorteil zweier Läufer, die in dieser Stellung außerordentlich stark sind.

Andererseits war auch die Alternative: 9. .... Sb8—c6 10. Sd4—c6:, Lb7—c6: 11. Lc1—g5, Lc5—e7 12. Ta1—c1 usw. nicht viel besser.

10. Dd1—d4: Sb8—c6

11. Dd4—h4 d5—c4:

In der Hoffnung, durch Sc6—a5 oder e6—e5 ein beinahe gleiches Spiel zu erlangen, nachdem die weiße Dame den Bauern geschlagen haben wird. Statt dessen zieht aber Weiß vor, sofort den Angriff auf die feindliche Königsstellung zu beginnen, deren Festigkeit nur eine scheinbare ist.

12. Tf1—d1 Dd8—c8

Erzwungen! Wenn 12. .... Dd8—e7, dann 13. Lc1—g5, h7—h6 14. Lg5—f6:, De7—f6: 15. Dh4—f6:, g7—f6: 16. Td1—d7. und Weiß gewinnt zwei Figuren für den Turm.

13. Lc1—g5! Sf6—d5

Oder 13. .... Sf6—d7 14. Sc3—e4 usw. mit starkem Angriff. Durch den Textzug hoffte Schwarz den Abtausch des feindlichen Königsläufers durch seinen 15. Zug zu erzwingen.

14. Sc3—d5: e6—d5:

15. Td1—d5:! ....

Dieser unerwartete Zug, der auf den ersten Blick den Turm dem Angriff des Läufers b7 aussetzt, widerlegt die Pläne des Gegners. Wie das weitere zeigt, ist dieser Zug in allen Varianten korrekt.

15. .... Sc6—b4

Es ist klar, daß andere Züge nicht besser waren.

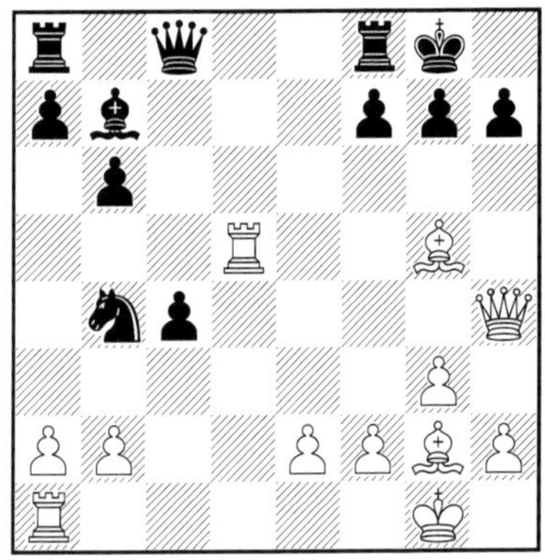

16. Lg2—e4!! ....

Entscheidend, wie aus den weiter angeführten Varianten ersichtlich.

Ich mache den Leser auf die Gleichartigkeit dieser Partie mit anderen Partien dieses Buches aufmerksam [so meine Partie gegen Sterk in Budapest (Nr. 56), gegen Rubinstein und Grünfeld in Karlsbad (Nr. 80 und 81) und gegen Selesnieff in Pistyan (Nr. 63)].

Die Haupteigenschaft all dieser Partien ist das Unerwartete der schnell zum Ziele führenden Attacken, die stets fern von dem Punkte vorbereitet werden, auf den sie sich stürzen. Jedesmal geht ihnen ein mehr oder weniger kompliziertes Manövrieren im Zentrum oder auf dem Damenflügel voran, welches die Ablenkung der gegnerischen Figuren vom Hauptkampfplatz bezweckt. Und dann erst wird der blitzartige Schlag versetzt, der gewöhnlich mit Opfern verbunden ist und dem Gegner keinerlei Rettungschancen läßt.

Diese Wiederholungen von gleichartigen Angriffen in, dem Charakter nach ganz verschiedenen, Partien sind meiner Meinung nach sehr bedeutsam und können als Material zur Beurteilung des Stils eines Spielers oder wenigstens der Evolution seines Stils dienen.

Alle prätentiösen Bezeichnungen, die mehr oder weniger wohlwollende Kritiker meiner Schachauffassung zu geben versuchen – (besonders nachdem es mir gelungen ist, einige Erfolge zu erzielen), erscheinen mir dagegen innerlich hohl.

Ich erkläre ein für allemal, daß ich gern auf die Ehre verzichte, einer der Begründer der „neoromantischen" oder „hypermodernen" Schule zu sein.

Ich überlasse diese Ehre gern den Erfindern dieser pompösen Namen, die eher dazu erdacht sind, Eindruck zu machen als zu dem einzigen Zwecke zu dienen, der nach meiner Meinung in unserer Kunst wertvoll ist – zum Zwecke der Schönheit und des Wahren.

16. .... f7–f5

Andere Varianten sind nicht besser, z. B.:

I. 16. .... h7–h6 17. Lg5–h6:, f7–f5 18. Dh4–g5, Dc8–c7 19. Lh6–g7:, Dc7–g7: 20. Dg5–g7‡, Kg8–g7: 21. Td5–d7† mit weiterem Le4–b7: und Weiß gewinnt.

II. 16. .... g7–g6 17. Lg5–f6, Sb4–d5:, Le4–d5: und Weiß gewinnt. Nach dem Textzuge verliert Schwarz die Dame für Turm und Läufer, und der Sieg des Weißen ist nur eine Frage der Zeit.

17. Le4–f5:! Tf8–f5:
18. Td5–d8† Dc8–d8:
19. Lg5–d8: Ta8–c8
20. Ta1–d1 Tf5–f7
21. Dh4–g4 Sb4–d3

Ein harmloses Manöver. Schwarz ist endgültig geschlagen, und es bleibt ihm nichts, als auf ein Wunder zu hoffen.

22. e2–d3: Tc8–d8:
23. d3–c4: Td8–f8
24. f2–f4 Tf7–e7
25. Kg1–f2 h7–h6
26. Td1–e1 Lb7–c8
27. Dg4–f3 Te7–f7
28. Df3–d5 g7–g5
29. Te1–e7 g5–f4:
30. g3–f4: Schwarz gibt auf.

56. Abgelehntes Damengambit

Internationales Meisterturnier zu Budapest, September 1921.
Schönheitspreis.

Schwarz: K. Sterk.

1. d2–d4 d7–d5
2. Sg1–f3 Sg8–f6
3. c2–c4 e7–e6
4. Sb1–c3 Sb8–d7
5. e2–e3 ....

Nach dem 5. Zuge von Schwarz, der wahrscheinlich schlechter ist als 4. .... Lf8–e7, hat Weiß eine große Auswahl guter Fortsetzungen:

I. 5. Lc1–g5 (aber nicht Lc1–f4 wegen 5. .... d5–c4: 6. e2–e3, Sd7–b6 usw. ∓).

II. 5. c4–d5:, e6–d5: 6. Lc1–f4! (von Sämisch vorgeschlagen; die

Variante von Soldatenkoff 6. Dd1—b3 schlägt zum Vorteil von Schwarz aus, 6. .... c7—c6 7. e2—e4, Sf6—e4:! 8. Sc3—e4:, Dd8—e7! usw.).

III. Der Textzug 5. e2—e3, der vielleicht weniger energisch ist, aber bei richtiger Fortsetzung dem Weißen auch ein gutes Spiel sichert.

5. .... Lf8—d6

Ein riskanter Zug, auf den Weiß nicht die beste Antwort gefunden hat. Solider war 5. .... Lf8—e7 6. Lf1—d3, d5—c4: 7. Ld3—c4:, c7—c5, und Schwarz hat ein befriedigendes Spiel.

6. Sc3—b5 ....

Infolge dieses originellen Zuges, der aber von fraglichem Wert ist, verliert Weiß seinen Vorteil.

Besser wäre 6. c4—c5, Ld6—e7 7. b2—b4 in Verbindung mit 8. Lc1—b2, und Weiß schafft einen Druck auf dem Damenflügel, bevor Schwarz, der ein wichtiges Tempo verloren hat, Zeit haben wird, eine Gegendemonstration im Zentrum vorzunehmen.

Der Textzug bezweckt das Vorrücken des e-Bauern nach 6. Lf1—d3, d5—c4: 7. Ld3—c4:, 0—0 8. 0—0 zu verhindern, aber der damit verbundene Zeitverlust gestattet Schwarz, das Spiel ohne besondere Schwierigkeiten auszugleichen.

6. .... Ld6—e7
7. Dd1—c2 c7—c6
8. Sb5—c3 0—0
9. Lf1—d3 d5—c4:
10. Ld3—c4: c6—c5!

Schwarz hat, wie leicht ersichtlich, alle Eröffnungsschwierigkeiten überwunden.

11. d4—c5: ....

Nach 11. 0—0, Sd7—b6 12. Lc4—d3, c5—d4: 13. e3—d4:, Lc8—d7 hätte Weiß keine Kompensation für den isolierten Bauern.

11. .... Le7—c5:
12. 0—0 b7—b6
13. e3—e4 ....

Nach der mißlungenen Eröffnung sucht Weiß Verwicklungen, die für ihn selbst nicht ungefährlich sind.

Die Fortsetzung 13. b2—b3, Lc8—b7 14. Lc1—b2, Ta8—c8 15. Dc2—e2 usw. würde zum Ausgleich genügen.

13. .... Lc8—b7
14. Lc1—g5 ....

Aber selbstverständlich nicht 14. e4—e5, Sf6—g4! 15. Sf3—g5, g7—g6 16. Sg5—e6:, Dd8—h4 17. h2—h3, Dh4—g3 und Schwarz gewinnt.

14. .... Dd8—c8!

Ein sehr guter Zug, der alle Illusionen des Gegners zerstört. Schwarz ist nicht nur außer Gefahr, sondern droht noch selber zum Angriff zu schreiten.

15. Dc2—e2 ....

Beugt der Drohung Lc5—f2† vor. Aber 15. Lc4—d3 war vorzuziehen.

15. .... Lc5—b4!

Jetzt ist die Partie in ihr kritisches Stadium eingetreten. Die weiße Stellung ist kompromittiert. Weiß muß Equilibristik treiben, aber welche Fortsetzung ist zu wählen?

Wenn 16. e4—e5, dann Sf6—g4; wenn 16. Ta1—c1, dann Lb4—c3: 17. Lc4—d3, Sd7—c5! 18. Tc1—c3:, Lb7—e4:! 19. Lg5—f6:, Le4—d3: usw.

Schließlich entschied sich Weiß zu:

16. Lc4—d3 Lb4—c3:
17. Tf1—c1! ....

Der rettende Zug. Wenn Schwarz jetzt 17. .... Sd7—c5 spielt, was am besten wäre, so würde 18. Tc1—c3:, Lb7—e4: 19. Lg5—f6:, Le4—d3: 20. De2—e3! folgen (in diesem Fall — anders als in der früher angeführten Variante — greift der schwarze Läufer den Turm f1 nicht mehr an) 20. .... g7—f6: 21. b2—b4, Ld3—g6 22. b4—c5:, b6—c5: 23. Tc3—c5:, D~ 24. h2—h4, und Weiß hat für den geopferten Bauern einen guten Angriff.

17. .... Sf6—e4:

Schwarz will einen Bauern gewinnen, ohne seinen Königsflügel zu kompromittieren, beachtet aber nicht, welcher Gefahr sein Springer auf c5 ausgesetzt sein wird.

18. Ld3—e4: Lb7—e4:
19. De2—e4: Sd7—c5
20. De4—e2! ....

Energischer als der Zug 20. De4—b1, der von einigen Glossatoren empfohlen würde, denn nach 20. .... Lc3—b4 21. a2—a3, Dc8—b7 usw. würde Schwarz einen Turm und einen Bauern gegen zwei leichte Figuren bei annehmbarer Stellung behalten.

20. .... Lc3—a5
21. Ta1—b1 Dc8—a6
22. Tc1—c4 Sc5—a4

Ein geistreicher, aber ungenügender Rettungsversuch (falls 23. b2—b4, so 23. .... Sa4—c3! usw.). Schwarz hat jedoch keinen befriedigenden Zug mehr. Falls, z. B. 22. .... f7—f6, so 23. Lg5—h4 usw. ±

(S. Stellungsbild.)

23. Lg5—f6! ....

Der Beginn eines eleganten unerwarteten Mattangriffs, der ein schnelles Ende herbeiführt.

Es droht 24. Tc4—g4, Da6—e2: 25. Tg4—g7‡ und Matt im nächsten

Stellung nach dem 22. Zuge von Schwarz.

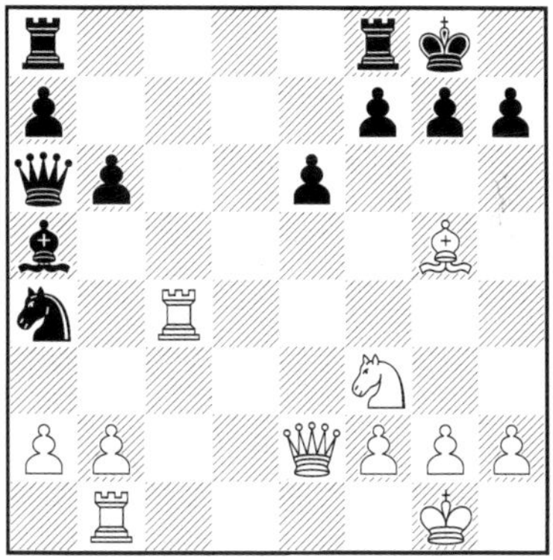

Zug. Falls 23. .... h7—h5, so 24. Tc4—g4!, Da6—e2: 25. Tg4—g7‡, Kg8—h8 26. Sf3—g5! und für Schwarz ist keine Rettung mehr vorhanden gegen Tg7—h7† und Th7—h8‡. Falls 23. .... h7—h6, so 24. Sf3—e5 mit der Drohung 25. De2—g4 und Weiß gewinnt.

23. .... Tf8—c8!

Der einzige Zug, den Weiß mit einer neuen Überraschung beantwortet.

24. De2—e5! Tc8—c5

Rettet ebensowenig wie die folgenden Varianten:

I. 24. .... Da6—c4: 25. De5—g5, Kg8—f8 26. Dg5—g7‡, Kf8—e8 27. Dg7—g8†, Ke8—d7 28. Sf3—e5†, Kd7—c7 29. Dg8—f7‡ mit nachfolgendem 30. Se5—c4: usw.

II. 24. .... Tc8—c4: 25. De5—g5, Tc4—g4 26. Dg5—g4:, g7—g6 27. Dg4—a4: usw.

III. 24. .... g7—f6: 25. Tc4—g4† und Matt in zwei Zügen. Mit dem Textzuge rechnet er auf 25. Tc4—c5:, g7—f6: usw. mit gewissen Chancen, es kommt aber anders.

25. De5—g3!	....

Einfach und entscheidend.

25.	g7—g6
26. Tc4—a4:	Da6—d3
27. Tb1—f1	Dd3—f5
28. Dg3—f4	Df5—c2
29. Df4—h6	Schwarz gibt auf.

57. Damenbauernspiel

Internationales Meisterturnier zu Budapest, September 1921.

Schwarz: E. D. Bogoljubow.

1. d2—d4	Sg8—f6
2. c2—c4	e7—e6
3. Sg1—f3	Lf8—b4†

Besser 3. .... d7—d5 oder 3. .... b7—b6.

4. Lc1—d2	Lb4—d2:†

Dieser Abtausch erleichtert die Entwicklung von Weiß. Vorzuziehen war 4. .... Dd8—e7 und im 6. Zuge d7—d6.

5. Dd1—d2:	0—0
6. Sb1—c3	d7—d5
7. e2—e3	Sb8—d7
8. Lf1—d3	c7—c6
9. 0—0	....

Gestattet Schwarz, durch ein geistreiches Manöver seine Stellung zu erleichtern. Konsequenter war 9. Ta1—d1.

9.	d5—c4:
10. Ld3—c4:	e6—e5!

Nutzt die ungedeckte Stellung der weißen Dame aus. Falls 11. d4—e5:, so 11. .... Sd7—e5:! und Schwarz gleicht das Spiel aus.

11. Lc4—b3!	....

Mit diesem Zuge, welcher dem durch Sd7—b6 möglichen Tempogewinn vorbeugt, verhindert Weiß 11. .... e5—e4, da er dann in diesem Falle nach 12. Sf3—g5 in Verbindung mit Lb3—c2 einen Bauern bei besserer Stellung gewonnen hätte.

Das Opfer 11. Lc4—f7:† gab nicht mehr als Remis. Z. B. 11. Lc4—f7:†, Tf8—f7: (Kg8—f7:? 12. d4—e5:, Sf6—g4 13. Ta1—d1, Dd8—e7 14. e5—e6†!, Kf7—e6: 15. Dd2—d4, Sg4—e5 16. Sf3—e5:, Sd7—e5: 17. f2—f4 und Weiß hat einen starken Angriff) 12. d4—e5:, Sf6—g4 13. e5—e6, Tf7—f3:! 14. e6—d7:, Lc8—d7: 15. g2—f3:, Sg4—h2: (und nicht 15. .... Dd8—h4 wegen 16. Dd2—d6 usw.) 16. Kg1—h2:, Dd8—h4† mit ewigem Schach.

11.	Dd8—e7

In einer Partie gegen Johner (Pistyan 1922) setzte Grünfeld mit 11. .... e5—d4: 12. Dd2—d4: (12. e3—d4: ist ebenso gut), Dd8—b6 fort und machte Remis. Nach dem Textzuge tritt der Vorteil des Weißen schnell in Erscheinung.

12. e3—e4!	e5—d4:
13. Sf3—d4:	Sd7—c5

13. .... Sf6—e4: ist wegen Dd2—e3 mit Figurengewinn weder jetzt noch im nächsten Zuge möglich.

14. Lb3—c2	Tf8—d8
15. Ta1—d1	....

Droht 16. Sd4—c6:.

15.	Lc8—g4
16. f2—f3	Sc5—e6
17. Dd2—f2	Se6—d4:
18. Td1—d4:	Lg4—e6
19. Tf1—d1	....

Schwarz war gezwungen die einzige offene Linie aufzugeben, um seinen Damenläufer zu entwickeln und hat gegen das folgende Vorrücken der Mittelbauern keine befriedigende Verteidigung mehr. Die berüchtigte Majorität der Bauern auf dem Damenflügel spielt hier gar keine Rolle, da ihr Vorgehen im Mittelspiel einfach neue Schwächen schafft. Diese Stellung ist gerade wegen ihres Schematismus lehrreich.

19. .... b7—b6

Deckt den Bauern a7 gegen den Angriff der weißen Dame.

20. h2—h3! ....

Bereitet das Vorgehen des f-Bauern vor.

20. .... c6—c5

Dieser Zug ändert nichts, da er den Gegner nicht zwingt, die offene Linie aufzugeben. Besser wäre (sofort oder beim 22. Zuge) Maßnahmen gegen das Vorrücken der e- und f-Bauern zu treffen, durch Sf6—e8 mit nachfolgendem g7—g6 usw.

21. Td4—d2 Td8—d2:
22. Df2—d2: c5—c4
23. f3—f4 g7—g6

Falls 23. .... De7—c5†, so einfach 24. Dd2—d4 und nach dem Damenabtausch ist die schwarze Stellung, trotz des Übergewichts auf dem Damenflügel, hoffnungslos.

24. Dd2—d4 ....

Droht 25. f4—f5 mit Bauerngewinn.

24. .... Ta8—c8

(S. Stellungsbild.)

25. g2—g4! ....

Entscheidender Sturmangriff.

Schwarz hat gegen die Drohung 26. f4—f5 oder 26. e4—e5 mit nachfolgendem f4—f5 usw. keine Verteidigung mehr.

25. .... Le6—g4:
26. h3—g4: Sf6—g4:
27. Kg1—g2! h7—h5

Stellung nach dem 24. Zuge von Schwarz.

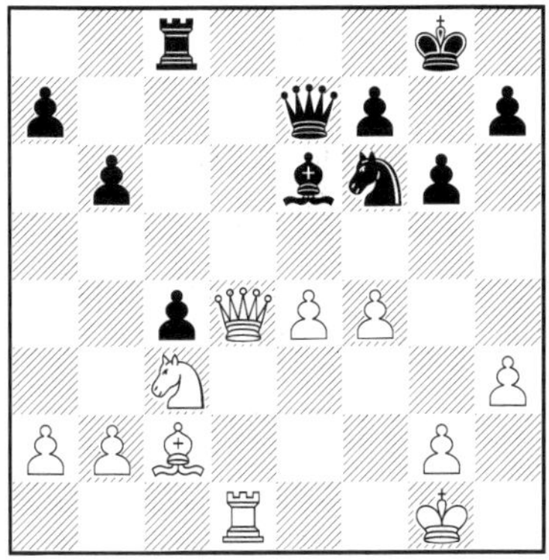

28. Sc3—d5 De7—h4
29. Td1—h1 Dh4—d8
30. Lc2—d1 Schwarz gibt auf.

Eine in strategischer Hinsicht lehrreiche Partie.

58. Aljechins Verteidigung

Internationales Meisterturnier zu Budapest, September 1921.

Weiß: A. Steiner.

1. e2—e4 Sg8—f6

Diese neue Verteidigung ist von mir zuerst in einer Beratungspartie in Zürich im August 1921 erprobt und etwas später in Budapest (September 1921) in die Turnierpraxis eingeführt worden. Ihre Korrektheit ist jetzt glänzend bestätigt. Als Beweis ihrer Beliebtheit kann unter anderem die Tatsache dienen, daß der Ex-Weltmeister Em. Lasker — in der ersten Zeit ihr offener Gegner — diese Verteidigung später, nachdem es ihm nicht gelungen war, sie zu widerlegen, im New Yorker Turnier 1924 in seiner Partie gegen Maroczy selber erfolgreich angewandt hat.

Heute gibt es kaum einen einzigen Meister (Capablanca und selbst den orthodoxen Rubinstein nicht ausgeschlossen), der nicht wenigstens einmal in einer Turnierpartie 1. .... Sg8—f6 gespielt hätte.

2. e4—e5 ....

In einer der Partien Bogoljubow-Aljechin (Karlsbad 1923) spielte Weiß 2. Sb1—c3, worauf Schwarz d7—d5 (2. .... e7—e5 mit Einlenkung in die Wiener Partie ist natürlich auch gut) mit folgender Fortsetzung erwiderte: 3. e4—e5, Sf6—d7! 4. d2—d4, c7—c5 5. Lf1—b5, Sb8—c6 6. Sg1—f3, woraufhin Schwarz statt des riskanten a7—a6 mittels 6. .... e7—e6 zu einer vorteilhaften Variante der französischen Partie übergehen konnte.

2. .... Sf6—d5
3. d2—d4 ....

In der Partie Sämisch-Aljechin in demselben Turnier setzte Weiß fort: 3. Sb1—c3, e7—e6! 4. Sc3—d5:, e6—d5: 5. d2—d4, d7—d6 6. Sg1—f3, Sb8—c6 7. Lf1—e2, Lf8—e7 8. Lc1—f4, 0—0 9. 0—0, f7—f6 10. e5—f6:, Le7—f6: usw. zum Vorteil von Schwarz.

3. .... d7—d6
4. Lc1—g5 ....

Nach diesem Zuge, der das Vorrücken des e-Bauern verhindern soll, verliert Weiß infolge der Schwierigkeiten, die mit der Verteidigung seines eigenen e-Bauern verbunden sind, jede Aussicht auf einen Eröffnungsvorteil.

4. .... d6—e5:
5. d4—e5: Sb8—c6
6. Lf1—b5 Lc8—f5!

Schwarz fürchtet die Verdopplung der Bauern nicht. Nach 7. Lb5—c6‡ kompensieren die zwei Läufer, die offene b-Linie und die bessere Entwicklung die kleine Schwäche auf c6 vollständig.

7. Sg1—f3 Sd5—b4!

Der durch diesen Zug vorbereitete Bauerngewinn verlangte eine genaue Untersuchung aller möglichen Komplikationen.

8. Sb1—a3 Dd8—d1‡
9. Ta1—d1: ....

Das ist der beste Zug, denn 9. Ke1—d1:, 0—0—0† 10. Kd1—c1, f7—f6 war augenscheinlich zum Vorteil von Schwarz.

9. .... Sb4—c2‡
10. Sa3—c2: Lf5—c2:
11. Td1—c1 Lc2—e4
12. Sf3—d4 ....

12. e5—e6 hätte Schwarz durch 12. .... f7—f6! mit nachfolgender 0—0—0 usw. beantwortet.

12. .... Le4—g2:
13. Th1—g1 ....

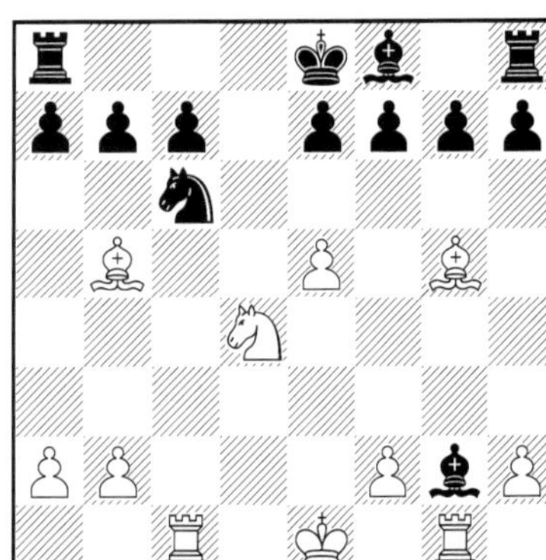

13. .... 0—0—0

Der Kern des mit dem 7. Zuge begonnenen Manövers. Es ist jedoch infolge der vorzüglichen Entwicklung des Gegners für Schwarz weiterhin sehr schwer, seinen materiellen Vorteil auszunutzen.

14.	Sd4—c6:	Lg2—c6:
15.	Lb5—c6:	b7—c6:
16.	Tc1—c6:	Td8—d5
17.	Lg5—f4	e7—e6
18.	Ke1—e2	....

Was soll Schwarz jetzt tun, um seine Stellung zu verstärken?

Hier sind 2 Beispiele von Manövern, die scheinbar zu diesem Zweck genügen, bei richtigem Spiel des Weißen aber zu nichts führen.

I. 18. .... g7—g6 19. Tg1—c1, Td5—d7 20. Lf4—e3, Kc8—b7 21. Tc6—c3, Lf8—g7 22. Tc3—b3†, Kb7—a8 23. Le3—a7:!, Lg7—e5: 24. Tc1—c4 ±.

II. 18. .... g7—g5 19. Tg1—g5:, Lf8—h6 20. Tg5—g4, Lh6—f4: 21. Tg4—f4:, Td5—e5‡ 22. Ke2—f1, Kc8—b7 23. Tc6—c3 und Schwarz hat keinerlei Gewinnchancen.

18.	....	Lf8—c5!

Dieser Zug, auf den ersten Blick nicht besser als die andern, ist in Wirklichkeit der einzige Weg für Schwarz, seinen Vorteil zu realisieren.

19.	b2—b4	....

Die richtige Antwort, die dem Weißen einen vorteilhaften Abtausch ermöglicht.

Es ist klar, daß der Bauer g7 jetzt wegen Kc8—b7 nicht geschlagen werden durfte.

19.	....	Lc5—b4:
20.	Tg1—g7:	Td5—d7
21.	Lf4—e3	....

Schwarz ist wieder vor eine schwere Aufgabe gestellt. Wie sollen die schwachen Bauern auf beiden Flügeln geschützt werden? Der Läufer allein kann mit dieser Aufgabe nicht fertig werden, da, falls er über a5 auf b6 gespielt wird, Weiß inzwischen Tc6—c4—h4 spielen und auf dem anderen Flügel mindestens einen Bauern gewinnen wird. Wenn der Läufer aber nach f8 zurückkehrt, so überträgt Weiß durch Tg7—g4—a4 den Angriff auf den Damenflügel.

Schwarz findet jedoch ein Mittel, dem Läufer nötigenfalls sowohl auf dem Damen- wie auch auf dem Königsflügel die Aktionsmöglichkeit zu sichern.

21.	....	a7—a5!
22.	Tc6—c4	h7—h5
23.	Tc4—h4	Lb4—c3!
24.	Tg7—g5	Td7—d5
25.	f2—f4	f7—f6!

Schwarz erhält seinen materiellen Vorteil und führt günstige Vereinfachung herbei.

26.	Tg5—h5:	Th8—h5:
27.	Th4—h5:	f6—e5:
28.	f4—e5:	Lc3—e5:
29.	Th5—h7	....

Nach 29. h2—h4 hätte Weiß einige Remischancen behalten. Jetzt aber kann Schwarz diesen gefährlichen Bauern abtauschen.

29.	....	Td5—b5!
30.	Ke2—f3	Tb5—b2
31.	Th7—h5	....

Erzwungen, da nach 31. h2—h4, Tc2—a2: der schwarze Freibauer jedenfalls nicht schwächer als der h-Bauer wäre.

31.	....	Le5—h2:
32.	Th5—a5:	Lh2—d6

Das nachfolgende Endspiel ist zwar für Schwarz gewonnen, bereitet ihm aber noch gewisse technische Schwierigkeiten und ist deshalb nicht ohne Interesse.

33. Kf3—e4 Kc8—d7

34. Le3—d4 ....

Verhindert den Zug e6—e5, den Schwarz durch folgendes Turmmanöver schließlich doch ermöglicht.

34. .... Tb2—d2!

Verhindert das Manöver Ke4—d3—c4.

35. Ld4—e3 Td2—e2

36. Ke4—d3 Te2—e1!

37. Le3—d4 Te1—c1

Da 37. .... e6—e5 wegen 38. Ld4—c3 usw. verfrüht wäre.

38. Ld4—e3 Tc1—d1†

39. Kd3—e4 Td1—e1

40. Ke4—d3 e6—e5

Endlich!

41. Le3—f2 Te1—f1

42. Lf2—e3 Kd7—e6

43. Kd3—e4 Tf1—h1

44. Le3—f2 Th1—h2

45. Lf2—e3 Th2—h4†

46. Ke4—d3 Ld6—b4!

Sichert dem König das Feld d5.

47. Ta5—a7 ....

Oder 47. Ta5—a4, Ke6—d5 48. a2—a3, e5—e4† 49. Kd3—c2, Lb4—d6 usw.

47. .... c7—c5

48. a2—a3 c5—c4†

49. Kd3—e2 Lb4—d6

50. Ta7—a8 ....

Um den schwarzen Läufer nach Ke6—d5 von d8 aus zu fesseln.

50. .... Th4—h2†

51. Ke2—d1 Th2—h3!

52. Kd1—d2 Ke6—d5

53. Ta8—d8 ....

(S. Stellungsbild)

53. .... c4—c3†!

54. Kd2—e2 ....

Auf 54. Kd2—d3 hatte Schwarz folgenden eleganten Schluß im Auge:

Stellung nach dem 53. Zuge von Weiß.

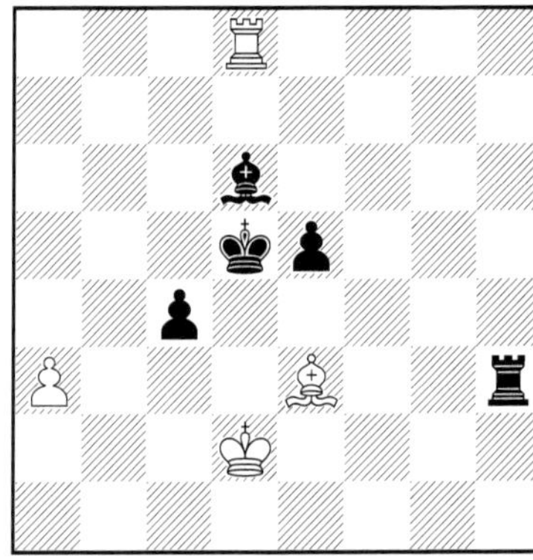

54. .... c3—c2 55. Td8—c8, Ld6—e7! 56. Tc7—c2:, Le7—g5 57. Tc2—e2, e5—e4† 58. Kd3—d2, Th3—e3: 59. Te2—e3:, Kd5—d4 und gewinnt.

54. .... Kd5—e4!

55. Td8—d6: Th3—e3‡

56. Ke2—f2 Te3—d3

57. Td6—c6 Td3—d2†

58. Kf2—e1 Ke4—d3

59. Te6—d6† Kd3—c2

60. Td6—e6 Td2—d5

61. Ke1—e2 Kc2—b3

62. Te6—c6 c3—c2

Weiß gibt auf.

59. Damenbauernspiel

Internationales Meisterturnier zu Budapest, September 1921.

Schwarz: Z. v. Balla.

1. d2—d4 d7—d5

2. Sg1—f3 e7—e6

3. Lc1—f4 c7—c5

4. e2—e3 Sb8—c6

5. c2—c4 ....

Der Aufbau mit c2—c3 ist in Verbindung mit der Läuferentwicklung auf f4 konsequenter. Der Textzug geschieht, um den üblichen Varianten aus dem Wege zu gehen.

5. .... Sg8—f6

Auf 5. .... Dd8—b6 hätte Weiß 6. Sb1—c3! geantwortet und, falls Db6—b2:, so Sc3—b5 usw.

6. Sb1—c3 c5—d4:
7. e3—d4: Sf6—e4

Dieser Ausfall ist verfrüht. Schlecht wäre auch 7. .... Dd8—b6 wegen 8. c4—c5!, Db6—b2: 9. Sc3—b5 usw., aber Schwarz konnte nach 7. .... Lf8—b4 8. Lf1—d3, d5—c4: 9. Ld3—c4:, 0—0 usw. eine befriedigende Stellung erlangen.

8. Lf1—d3 Lf8—b4
9. Ta1—c1 Dd8—a5
10. Dd1—b3 d5—c4:
11. Ld3—c4: g7—g5

Nachdem Schwarz den Weg der Komplikationen betreten, will er durchaus angreifen. Das Vorrücken des g-Bauern kompromittiert jedoch die schwarze Rochadestellung, ohne für den Weißen gefährlich werden zu können. Besser war 11. .... 0—0 12. 0—0, Se4—c3: 13. b2—c3:, Lb4—e7 14. Tf1—e1! (verhindert 14. .... b7—b6 wegen 15. d4—d5 usw.), obwohl auch in diesem Falle die weiße Stellung vorzuziehen wäre.

12. Lf4—e3 g5—g4
13. Sf3—e5! ....

Wäre dieser Springer zum Rückzug auf g1 oder d2 gezwungen, so hätte das vorhergehende Manöver von Schwarz noch eine gewisse Berechtigung.

13. .... Sc6—e5:
14. d4—e5: Lb4—c3‡
15. b2—c3: b7—b6

Falls 15. .... Da5—e5:, so 16. Le3—d4, De5—f4 17. Lc4—b5† und 0—0 mit entscheidendem Angriff.

16. 0—0 ....

Hat die nachfolgende Kombination im Auge. Infolge der mit ihr verbundenen Verwicklungen hätte ich jetzt die klarere Variante 16. Lc4—b5†, Lc8—d7 17. Lb5—d7‡, Ke8—d7: 18. 0—0 usw. vorgezogen; der schwarze König bleibt im Zentrum und Weiß hat den Angriff (18. .... Kd7—c7 19. Db3—b4!).

Weiß hofft jedoch durch den Textzug noch bessere Resultate zu erzielen, und der Gegner rechtfertigt seine Erwartung durch die Annahme des Opfers im 17. Zuge.

16. .... Lc8—d7

16. .... 0—0 war augenscheinlich schlecht.

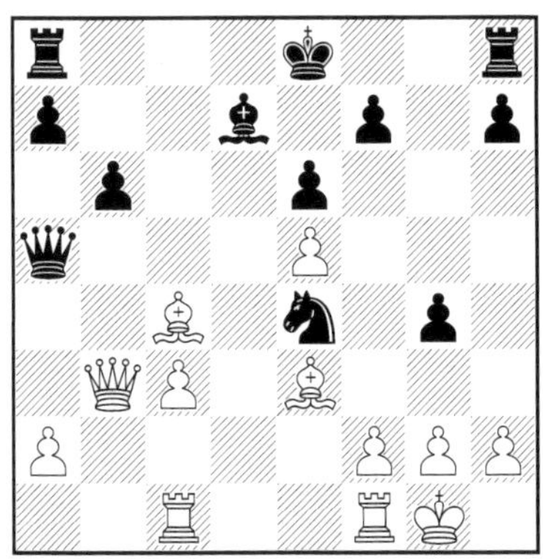

17. Tf1—d1! ....

Betont die Schwäche der schwarzen Stellung am energischsten. Als Antwort auf diesen Zug hätte Schwarz verhältnismäßig besser folgendermaßen gespielt: 17. .... 0—0—0! 18. Db3—b4!, Da5—b4: 19. c3—b4:, Kc8—b7 20. Lc4—e2 (droht 21. f2—f3!) und Weiß erzielt Bauerngewinn, der allerdings nicht so leicht ausgenutzt werden konnte. Schwarz kann der Versuchung des Qualitätsgewinnes aber nicht widerstehen, und diese Habgier kostet ihm sofort die Partie.

17. .... Ld7—a4
18. Db3—b1 Se4—c3:

Falls 18. .... La4—d1: so 19. Lc4—b5†! (aber nicht 19. Db1—e4:, 0—0—0!), Ke8—e7 20. Db1—e4: usw. mit entscheidendem Angriff.

19. Tc1—c3: Da5—c3:
20. Lc4—b5† La4—b5:
21. Db1—b5‡ Ke8—f8
22. Le3—h6† Kf8—g8
23. Db5—d7! ....

Falls 23. .... Dc3—c8, so 24. Dd7—e7 und Matt in zwei Zügen.

Schwarz gibt auf.

60. Sizilianische Partie

Internationales Meisterturnier zu Haag, November 1921.

Weiß: F. Yates.

1. e2—e4 c7—c5
2. Sg1—f3 e7—e6
3. d2—d4 ....

Nach diesem Zuge kann Schwarz ohne besondere Schwierigkeiten das Spiel ausgleichen. Vorzuziehen ist nach meiner Ansicht 3. Lf1—e2 (siehe Partie 97).

3. .... c5—d4:
4. Sf3—d4: Sg8—f6
5. Sb1—c3 ....

Betreffend 5. Lf1—d3 siehe Partie 93.

5. .... Lf8—b4
6. Lf1—d3 e6—e5!

Schlechter wäre 6. .... d7—d5 wegen 7. e4—e5, Sf6—d7 8. Dd1—g4 usw.

Der Textzug ist in die Turnierpraxis im Karlsbader Turnier 1911 von Jaffe eingeführt.

7. Sd4—e2 ....

Falls 7. Sd4—f5, so 7. .... 0—0 8. Lc1—g5, d7—d5! und Schwarz steht besser, denn falls 9. e4—d5:, so folgt 9. .... e5—e4! 10. Ld3—e4:, Tf8—e8 11. Sf5—g3, Sf6—e4: mit Figurengewinn.

7. .... d7—d5
8. e4—d5: Sf6—d5:
9. 0—0 Sb8—c6

Die Entwicklung von Schwarz ist vollständig befriedigend. Ihr einziger Fehler ist, daß die sofortige Rochade wegen Sc3—d5: und Ld3—h7‡ mit Damengewinn, unmöglich ist.

10. Sc3—d5: Dd8—d5:
11. a2—a3! ....

Bereitet das Vorrücken der Bauern des Damenflügels vor, welches dem Weißen eine Chance für das Endspiel bietet und beabsichtigt, durch verschiedene taktische Drohungen den schwarzen König so lange als möglich im Zentrum festzuhalten.

11. .... Lb4—a5

Aber nicht 11. .... Lb4—e7 wegen 12. Se2—c3, Dd5—e6 (oder 12. .... Dd5—d8 13. Dd1—h5 usw.) 13. Sc3—b5±.

12. b2—b4 La5—c7
13. Tf1—e1 ....

Jetzt ergibt 13. Se2—c3 wegen 13. Dd5—e6 14. Sc3—b5, Lc7—b8 oder 14. Dd1—h5, De6—g4! nichts.

13. .... f7—f5

Ein riskanter Zug, der den Zweck hat, der Dame einen guten Rückzug nach f7 zu ermöglichen. Zur Ausgleichung des Spiels hätte das einfachere 13. .... Lc8—e6 genügt.

In der Partie Euwe-Aljechin (Pistyan 1922) war die Fortsetzung: 14. Se2—c3, Dd5—d7 15. Sc3—e4, Le6—g4 16. Se4—c5, Dd7—c8 17. Dd1—d2, 0—0 18. Ld3—e4!, Lc7—b6 19. Dd2—c3, Lb6—c5: 20. Dc3—c5:, Lg4—f5 21. Le4—c6:, Dc8—c6: 22. Dc5—c6:, b7—c6: und Remis.

14. c2—c4 ....

Ein harmloser Plan, der dem Schwarzen gestattet, den König in Sicherheit zu bringen und ein besseres Spiel zu erlangen.

Energischer war 14. Se2—f4, Dd5—f7 15. b4—b5!, Sc6—e7 16. b5—b6, a7—b6: 17. Ld3—b5†, Se7—c6 18. Dd1—d3! usw. mit gutem Angriff unter gleichzeitiger Verhinderung der schwarzen Rochade.

14. .... Dd5—f7
15. Se2—c3 0—0
16. Sc3—d5 ....

Der Springer kann sich, wie aus folgendem ersichtlich, auf diesem Posten nicht halten und wird gegen eine untätige Figur des Gegners abgetauscht. Es ist klar, daß das durch 14. c2—c4 begonnene Manöver nicht angebracht war.

16. .... Lc8—e6
17. Lc1—b2 ....

Eine kleine Falle. Falls 17. .... Le6—d5: 18. c4—d5:, Df7—d5:, so 19. Lc2—f5:, Dd5—d1: 20. Lf5—e6† mit Rückgewinn der Bauern bei guter Stellung.

17. .... e5—e4
18. Sd5—c7: ....

Falls sofort 18. Ld3—f1, so 18. .... Lc7—e5 ∓.

18. .... Df7—c7:
19. Ld3—f1 Sc6—e5
20. Lb2—e5: ....

Offenbar der beste Zug, da auf 20. c4—c5 20. .... Se5—g4 gefolgt wäre, was eine entscheidende Schwächung des weißen Königsflügels erzwungen hätte.

20. .... Dc7—e5:
21. Dd1—c2 Ta8—d8
22. Ta1—d1 Td8—d1: !

Dank dieses unerwarteten Abtauschs, durch welchen die einzige offene Linie dem Weißen anscheinend überlassen wird, erzwingt Schwarz entweder das Vorrücken f5—f4, welches ihm Angriff auf den König und die Bildung eines Freibauern auf der e-Linie verspricht, oder — wie in der Partie — den Damenabtausch, was zu einem für ihn günstigen Endspiel führt.

23. Dc2—d1: ....

Falls 23. Te1—d1:, so 23. .... f5—f4 ! usw.

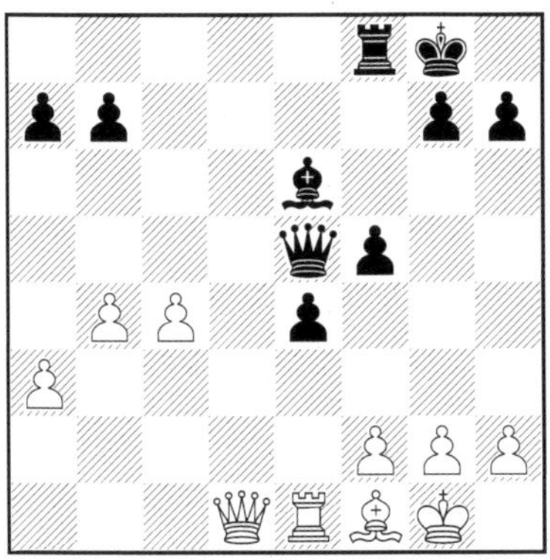

23. .... De5—c3!

Nach diesem Zuge bleibt Weiß nichts besseres übrig, als Damentausch anzubieten, da Schwarz nach

24. Te1—e3 durch Dc3—f6 Zeit zur Besetzung der d-Reihe mit entscheidendem Übergewicht gewonnen hätte.

Der Schluß dieser Partie, der gewissermaßen ein Gegenstück zu dem Schluß der Partie gegen **Teichmann** bildet, (siehe Partie Nr. 91), ist in der Beziehung charakteristisch, daß die berüchtigte Majorität der weißen Bauern auf dem Damenflügel sich als vollständig illusorisch erweist.

Aus diesem Anlaß muß ich bemerken, daß die leichtfertig verbreitete Meinung über die Bedeutung der Bauernmajorität an sich (ohne Wertung der Stellung der Bauern, aus welchen diese Majorität besteht und der Wirksamkeit der vorhandenen Figuren) eines der charakteristischsten Vorurteile der modernen Theorie bildet.

In dieser Partie hat Schwarz folgende Kompensationen:

1. die größere Aktionsfreiheit des Königs im Vergleich zum weißen König, der von seinen Bauern beengt ist.
2. die dominierende Stellung des Turmes auf der einzigen offenen Linie.

Diese beiden Vorteile sichern bei ihrer richtigen Ausnutzung den Sieg.

24.	Dd1—c1	Dc3—c1:
25.	Te1—c1:	Tf8—d8
26.	g2—g3	....

Dieser Zug und die beiden folgenden bezwecken den Läuferabtausch, woraufhin Weiß das Remis als bequemer erreichbar betrachten könnte.

26.	....	Kg8—f7
27.	c4—c5	Kf7—f6
28.	Lf1—c4	Le6—c8!
29.	a3—a4	g7—g5
30.	b4—b5	f5—f4
31.	Kg1—f1	....

Er will nach Ke1 Tc1—d1 spielen, um den feindlichen Turm von der offenen Linie zu vertreiben. Schwarz gelingt es jedoch, die 2. Linie zu besetzen und damit das entscheidende Vorrücken seiner Bauern zu sichern.

31.	....	Td8—d2!
32.	Kf1—e1	Td2—b2
33.	g3—f4:	g5—f4:
34.	Lc4—e2	....

Falls 34. Tc1—d1, so 34. .... Lc8—g4 35. Td1—d6†, Kf6—e7 36. Td6—d4, Lg4—f3 mit nachfolgendem 37. .... e4—e3 und gewinnt.

34.	....	Kf6—e5!
35.	c5—c6	b7—c6:
36.	Tc1—c6:	....

Falls 36. b5—c6:, so f4—f3 37. Le2—d1, e4—e3! 38. Ld1—f3:, e3—f2‡ 39. Ke1—f1, Lc8—h3† usw. Oder 37. Le2—f1, e4—e3 38. f2—e3:, f3—f2† 39. Ke1—d1, Lc8—g4† und Matt im nächsten Zuge.

36.	....	Lc8—e6
37.	Le2—d1	Tb2—b1

Mit der Doppeldrohung: 38. .... Le6—b3 und 38. .... Le6—g4, wogegen sich Weiß nicht mit 38. Ke1—d2 wegen e4—e3† 39. f2—e3:, f4—e3‡ 40. Kd2—c2, Le6—f5† usw. verteidigen kann.

38.	Tc6—c5†	Ke5—d4
39.	Tc5—c2	e4—e3
40.	f2—e3‡	f4—e3:
41.	Tc2—c6	Le6—g4
42.	Tc6—d6†	Kd4—c5
43.	h2—h3	Lg4—h5

Droht 44. .... e3—e2 mit Gewinn des Turms und des Läufers.

Weiß gibt auf.

61. Abgelehntes Damengambit

Internationales Meisterturnier im Haag, November 1921.

Schwarz: A. Rubinstein.

1.	d2—d4	d7—d5
2.	Sg1—f3	e7—e6
3.	c2—c4	a7—a6

Janowskis Zug, in den letzten Turnieren von Rubinstein oft, jedoch ohne besonderen Erfolg angewandt. Im angenommenen Damengambit ist er notwendig; hier bringt er jedoch nur Zeitverlust und Schwächung des Damenflügels, falls Weiß 4. c4—d5: oder — wie in dieser Partie — 4. c4—c5 spielt.

4. c4—c5 ....

4. c4—d5: ist ebenfalls zur Erlangung eines gewissen Übergewichts genügend, wie es unter anderem aus den Partien Johner-Rubinstein u. Kostitsch-Rubinstein (Teplitz-Schönau 1922) ersichtlich ist.

In der ersten Partie geschah 4. c4—d5:, e6—d5: 5. Sb1—c3, Sg8—f6 6. Lc1—g5, Lf8—e7 7. e2—e3, 0—0 8. Lf1—d3, c7—c6 (etwas besser wäre 8. .... Sb8—d7 9. Dd1—c2! usw.) 9. Lg5—f6:, Le7—f6: 10. Dd1—c2, h7—h6, worauf Johner durch 11. h2—h3 mit nachfolgendem 12. 0—0—0 und e3—e4 einen sehr starken Angriff auf die geschwächte schwarze Königsstellung erlangen konnte. In der Partie mit Kostitsch spielte Rubinstein 5. .... Lf8—e7 (statt 5. .... Sg8—f6) mit der Fortsetzung: 6. Lc1—f4, Sg8—f6 7. e2—e3, 0—0 8. Lf1—d3, Sb8—d7 9. 0—0, Tf8—e8 10. Ta1—c1, c7—c6, wonach Weiß durch 11. h2—h3 (um seinen Damenläufer vor Abtausch zu schützen) eine bedeutend bessere Partie hätte erlangen können.

In dieser Partie — der ersten, die ich mit Rubinstein nach einer Pause von 7 Jahren spielte, wählte ich bewußt einen neuen Spielplan, um den langwierigen Varianten mit Bauernabtausch, die meinem Gegner nach meiner Vermutung sehr wohl bekannt waren, aus dem Wege zu gehen.

4. .... Sb8—c6

Bereitet 5. .... e6—e5 vor, was Weiß mit allen möglichen Mitteln zu verhindern sucht.

5.	Lc1—f4	Sg8—e7
6.	Sb1—c3	Se7—g6
7.	Lf4—e3!	....

Ein jedenfalls nicht schablonenmäßiger Zug.

Weiß verhindert e6—e5 und weicht gleichzeitig dem Läuferabtausch aus. Nach Schluß der Partie erfuhr ich, daß Rubinstein im Collijnschen „Lärobok" in dieser Stellung nur 7. e2—e3 mit gleichem Spiel untersucht.

7. .... b7—b6

Schwarz hat die Hoffnung, das Zentrum zu sprengen, aufgegeben und überträgt den Angriff auf den vorgerückten Bauern c5, in der Absicht, durch Ausnutzung der unbequemen Stellung des Läufers e3 auch Entwicklungsvorteile zu erreichen.

8.	c5—b6:	c7—b6:
9.	h2—h4!	....

Der einzige Weg, sich die schwarzen Felder zu sichern und den Wirkungskreis des Läufers zu erweitern.

9. .... Lf8—d6

Falls 9. .... h7—h5, so 10. Le3—g5, f7—f6 11. Dd1—c2 mit nachfolgendem Lg5—d2, e2—e3, a2—a3, und Lf1—d3 mit besserem Spiel.

10. h4—h5 Sg6—e7

Nicht 10. .... Sg6—f4? wegen 11. g2—g3 usw.

11. h5—h6! ....

Dies ist der Kern des Manövers. Wenn Schwarz den Bauern schlägt, schwächt er seinen h-Bauern ohne jede Kompensation. In anderen Fällen besetzt aber der weiße Läufer die Diagonale h4—d8 mit starkem Druck auf die gegnerische Stellung.

11. .... g7—g6

12. Le3—g5 0—0

Besser war wahrscheinlich 12. .... f7—f5, wonach Schwarz nicht unter Mattdrohung auf g7 stehen würde, aber die weiße Partie wäre jedenfalls schon besser.

13. Lg5—f6! ....

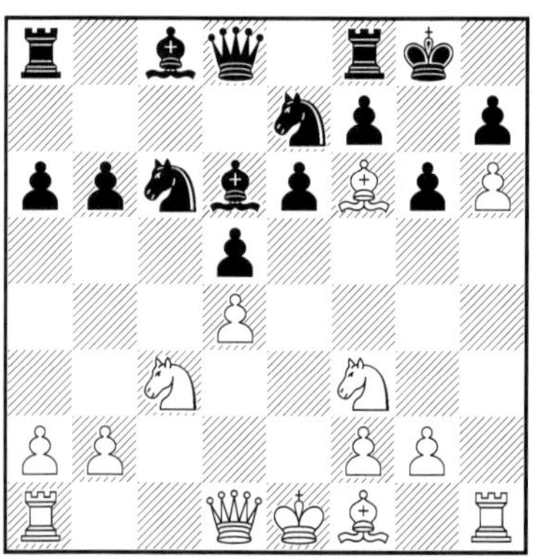

Eine gar nicht gewöhnliche Stellung nach so wenigen Zügen in einem Damengambit.

Von den 13 ersten Zügen hat Weiß 3 Züge mit dem c-Bauern, 3 Züge mit dem h-Bauern und 4 Züge mit dem Läufer gemacht, wonach er eine Stellung erlangt hat, die, wenn nicht gewonnen, so doch dem Gewinn nahe ist.

Gerade im Zusammenhang mit der originellen Eröffnung dieser Partie ist sehr viel von der neuen „hypermodernen" Technik, der „neoromantischen Schule" und ähnlichem gesprochen worden. In Wirklichkeit ist aber alles viel einfacher. Schwarz hat in der Eröffnung einige exzentrische Züge gemacht (4. .... a7—a6 5. .... Sg8—e7 6. .... Se7—g6), die ihm schließlich eine gute Partie gegeben hätten, wenn der Gegner auf sie nicht reagiert hätte (z. B. wenn er 7. e2—e3 statt 7. Lf4—e3 oder 9. g2—g3 statt 9. h2—h4 gespielt hätte,) und ich habe gar nicht freiwillig, sondern nur der Not gehorchend, meinen Bauern vorgeschoben, bloß um zu verhindern, daß Schwarz das Übergewicht im Zentrum erlangt.

Aber in der Regel entsprechen solche Experimente in der Eröffnung weder meinem Temperament, noch meinem Stil, wie der Leser dieses Buches sich leicht überzeugen kann.

13. .... b6—b5

14. e2—e3 Lc8—d7

15. Lf1—d3 Ta8—c8

Schwarz denkt nur an die Möglichkeit eines sofortigen Angriffs von Weiß auf dem Königsflügel (durch Sf3—g5 oder Sf3—e5 in Verbindung mit Dd1—f3) und beschließt, dem einen Gegenangriff auf dem Damenflügel entgegenzusetzen. In diesem Falle wäre der Vorbereitungszug Ta8—c8 dem Schwarzen sehr nützlich.

Aber Weiß ist in der Wahl seines

Planes keineswegs beschränkt, da der Gegner im Grunde einstweilen noch nicht droht (besser wäre für Schwarz 15. .... Sc6—a5 in Verbindung mit 16. .... Sa5—c4, was Weiß gezwungen hätte, einige Schutzmaßnahmen zu treffen).

16. a2—a4! ....

Leitet einen Angriff auch auf dem Damenflügel ein, — was Schwarz zwingt, diesen zu blockieren, — und bringt den Springer ohne Zeitverlust auf einen wichtigen Punkt.

16. .... b5—b4
17. Sc3—e2 Dd8—b6
18. Se2—c1! ....

Verhindert b4—b3.

18. .... Tc8—c7
19. Sc1—b3 Sc6—a5

Zu spät!

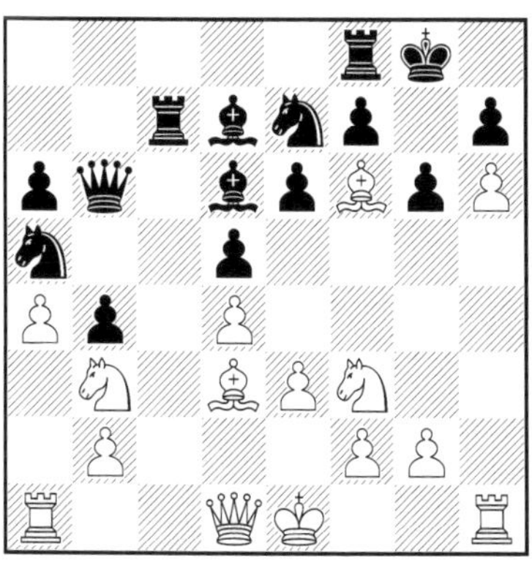

20. Sb3—c5! ....

Auf diese Weise verwandelt Weiß seinen Positionsvorteil in materielles Übergewicht. Schwarz kann den Springer nicht schlagen, z. B. 20. .... Ld6—c5: 21. d4—c5:, Db6—c5: 22. Lf6—d4, Dc5—c6 23. Sf3—e5, Dc6—b7 24. Se5—g4 usw. mit Qualitätsgewinn. Wenn 20. .... Ld7—c8, dann 21. Sf3—e5 usw. mit analogen Varianten.

20. .... Sa5—c4

Dieser Zug ist nicht besser als die untersuchten. Er gibt dem Gegner die Möglichkeit, zwischen zwei guten Fortsetzungen zu wählen. Es kam indes so, daß Weiß sich zu der weniger entscheidenden entschloß.

21. Ld3—c4: d5—c4:
22. Sf3—e5 ....

22. Sc5—e4! erzwang ebenfalls Qualitätsgewinn wegen der Doppeldrohung 23. Se4—d6: und 24. Lf6—e5 usw. oder 23. Lf6—g7 mit 24. Se4—f6†, aber mit Beibehaltung des Angriffs.

22. .... Ld6—e5:
23. Lf6—e7: Le5—d6!

Dank seinem ausgezeichneten Positionsgefühl entscheidet sich Rubinstein zu einem Qualitätsopfer, welches ihm einige Rettungschancen verspricht.

Falls 23. .... Tf8—e8 24. d4—e5:, Te8—e7:, so 25. Sc5—e4! (und nicht 25. Dd1—f3, f7—f5 26. e5—f6:, Te7—f7 mit Verteidigungsmöglichkeit), und die schwarze Stellung ist viel schlechter als in der Partie, z. B.:

I. 25. .... f7—f5 26. Dd1—d6, Ld7—c6 27. Se4—f6†, Kg8—f7 28. Dd6—d8, Lc6—e8 29. Sf6—h7: und gewinnt.

II. 25. .... Ld7—e8 26. Se4—f6†, Kg8—h8 27. Dd1—d8, Tc7—b7 28. Ta1—d1, Db6—c6 29. 0—0 und gewinnt.

24. Le7—f8: Ld6—f8:
25. Sc5—d7: Tc7—d7:
26. a4—a5! ....

Verhindert a6—a5 mit Konsolidierung der schwarzen Bauernstellung.

26. .... Db6—c6
27. Dd1—f3 Td7—d5
28. Ta1—c1! ....

Provoziert das Vorrücken des c-Bauern, um die Lage auf dem Damenflügel zu klären.

28. .... Dc6—c7
29. Df3—e2 c4—c3
30. b2—c3: b4—c3:
31. De2—a6: Td5—a5:
32. Da6—d3 Lf8—a3

Auf 32. .... Ta6—a3 hätte Weiß 30. Ke1—e2 in Verbindung mit 34. Th1—d1 usw. gespielt.

33. Tc1—c2 La3—b2
34. Ke1—e2! ....

Und nicht 34. 0—0 wegen 34. .... Ta5—h5 mit Gewinn des Bauern h6 und guten Remischancen.

34. .... Dc7—c6
35. f2—f3 f7—f5
36. Th1—b1 Dc6—d6

Falls 36. .... Dc6—d5, so 37. Ke2—f2 mit der Drohung: 38. Tc2—c3:, Lb2—c3: 39. Dd3—c3:, Ta5—a8 40. Dc3—c7 und Weiß gewinnt.

37. Dd3—c4 Kg8—f7
38. Dc4—c8 Dd6—a6†

Der Damenabtausch ist durch die Drohung 39. Dc8—h8 usw. erzwungen.

39. Dc8—a6: Ta5—a6:
40. e3—e4 g6—g5
41. Ke2—d3 Kf7—g6

(S. Stellungsbild.)

42. d4—d5! ....

Bildet einen Freibauern, was die Sache in wenigen Zügen entscheidet. Der Versuch des Schwarzen, auf dem Königsflügel Chancen zu erlangen, zieht seinen König nur noch in ein Mattnetz.

42. .... f5—e4‡
43. f3—e4: e6—d5:

Stellung nach dem 41. Zuge von Schwarz.

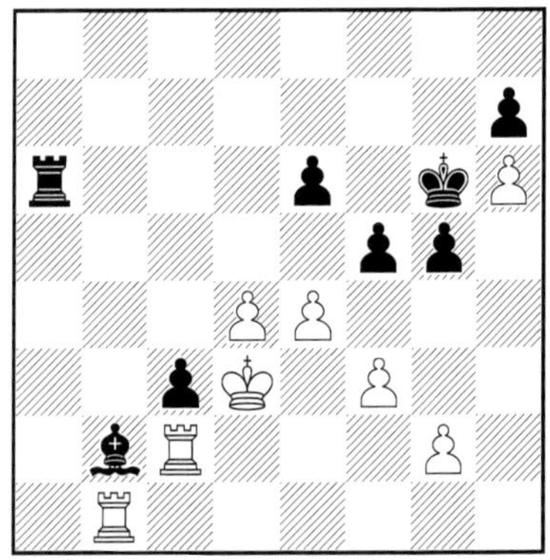

44. e4—d5: Ta6—a4
45. Tb1—d1! ....

Unterstützt das Vorgehen des Bauern.

45. .... Kg6—h6:
46. d5—d6 Kh6—h5
47. d6—d7 Ta6—a8
48. Kd3—e4 Ta8—d8
49. Ke4—f5 Kh5—h4
50. Td1—h1† Kh4—g3
51. Th1—h3‡

62. Damenbauernspiel

Internationa'es Meisterturnier zu Pistyan, April 1922.

Schönheitspreis.

Weiß: Dr. S. Tarrasch.

1. d2—d4 Sg8—f6
2. Sg1—f3 e7—e6
3. c2—c4 c7—c5

In der Absicht, das von B. Blumenfeld vorgeschlagene interessante Gambit in die internationale Praxis einzuführen. Jetzt ist es jedoch bewiesen, daß diese Fortsetzung eher für Weiß günstig ist, wenn er das Bauernopfer nicht annimmt.

4. d4—d5 b7—b5
5. d5—e6: ....

Die Annahme des Gambits gibt Schwarz eine glänzende Stellung im Zentrum.

Der richtige Zug ist 5. Lc1—g5. Möglich, wenn auch nicht so stark, ist die Fortsetzung 5. e2—e4, die von Rubinstein gegen Tartakower in Teplitz-Schönau (1922) angewandt wurde.

Lehrreich ist die Fortsetzung der Partie Grünfeld-Bogoljubow aus dem Wiener Turnier 1922: 5. Lc1—g5, h7—h6 6. Lg5—f6:, Dd8—f6: 7. Sb1—c3, b5—b4 8. Sc3—b5, Sb8—a6 9. e2—e4!, Df6—b2: 10. Lf1—d3!, Db2—f6 11. e4—e5, Df6—d8 12. d5—e6:, d7—e6: 13. Ld3—e4, Dd8—d1 ‡ 14. Ta1—d1:, Ta8—b8 15. Le4—c6†, Ke8—e7 16. Sb5—a7:, g7—g5 17. Lc6—b5, Lf8—g7 18. Sa7—c6† und Matt im nächsten Zug.

5. .... f7—e6:
6. c4—b5: d7—d5
7. e2—e3 ....

Schwarz drohte durch 7. .... Dd8—a5† den Bauern mit besserem Spiel zurückzugewinnen. Dennoch gab 7. Sb1—d2 mit nachfolgenden g2—g3 und Lf1—g2 dem Weißen verhältnismäßig bessere Chancen.

7. .... Lf8—d6
8. Sb1—c3 0—0
9. Lf1—e2 Lc8—b7
10. b2—b3 Sb8—d7
11. Lc1—b2 Dd8—e7

Schwarz hat seine Entwicklung beendet und bereitet das Vorgehen des e-Bauern vor, das den Gegner noch mehr einengen und bald die Schaffung eines sehr starken Angriffs gestatten wird.

12. 0—0 Ta8—d8

Aber er braucht sich auch nicht besonders zu beeilen, da sein Gegner einstweilen außerstande ist, etwas zu unternehmen.

13. Dd1—c2 e6—e5
14. Tf1—e1 ....

Um die Möglichkeit zu haben, h2 mit dem Springer von f1 aus zu decken. Von diesem Moment ab verteidigt sich Weiß auf die beste Art, aber sein Spiel ist durch die Überlassung des Zentrums an den Gegner in der Eröffnung bereits hoffnungslos kompromittiert.

14. .... e5—e4
15. Sf3—d2 Sd7—e5
16. Sc3—d1 Sf6—g4
17. Le2—g4: ....

Dieser Abtausch ist erzwungen. Falls 17. Sd2—f1, so 17. .... Se5—f3† usw.

17. .... Se5—g4:
18. Sd2—f1 ....

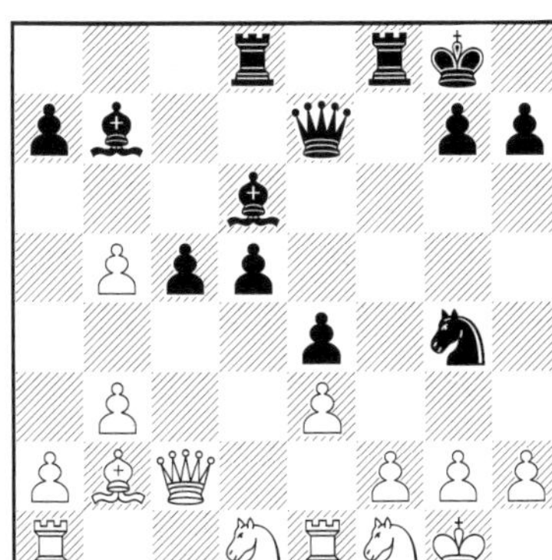

18. .... De7—g5!

Die richtige Fortsetzung des Angriffs. Weiß hat f2 und h2 genügend verteidigt, aber g2 ist schwach. Auf diesen Punkt richtet der Schwarze auch seinen Angriff, und demgemäß muß der Springer von g4 über h6 und f5 gebracht werden. Um diese Drohung zu parieren, muß Weiß seine Königsstellung durch h2—h3 schwächen, wonach das Vorrücken im Zentrum durch d5—d4 eine entscheidende Bedeutung erlangt.

19. h2—h3 Sg4—h6
20. Kg1—h1 Sh6—f5
21. Sf1—h2 ....

Es ist klar, daß die drei letzten Züge von Weiß die einzige Möglichkeit bilden, g2 mit dem Turm von g1 aus zu decken.

21. .... d5—d4!

Weiß ist gezwungen, dieses Vorgehen ohne weiteres zu dulden. Denn falls 22. e3—d4:, so 22. .... e4—e3! 23. Sf1—e3: (oder 23. Te1—g1, Dg5—g3! und gewinnt) 23. .... Sf5—e3: 24. f2—e3:, Dg5—g3 und gewinnt.

22. Lb2—c1 d4—d3
23. Dc2—c4† Kg8—h8
24. Lc1—b2 ....

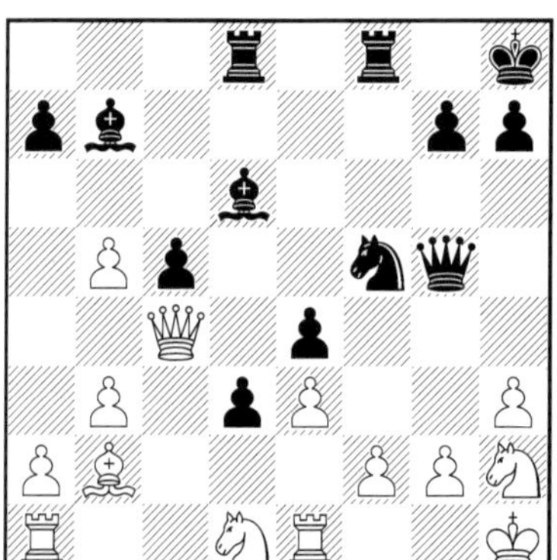

24. .... Sf5—g3†!

Das erste Glied der Schlußkombination, um derentwillen Schwarz auf sofortigen Qualitätsgewinn durch 24. d3—d2 verzichtet. Es ist klar, daß der Springer wegen 25. ... . Dg5—g3: usw. nicht geschlagen werden darf.

25. Kh1—g1 Lb7—d5
26. Dc4—a4 ....

Falls 26. Dc4—c3 oder c1, so 26. .... Sg3—e2† mit leichtem Gewinn.

26. .... Sg3—e2†
27. Kg1—h1 Tf8—f7

Es lohnte sich nicht, das Spiel durch das Opfer des Bauern a7 zu komplizieren.

28. Da4—a6 h7—h5!

Dieser Zug ist — wie später zu ersehen — die nötige Vorbereitung zum Läuferopfer im 34. Zuge.

29. b5—b6 Se2—g3†!

Und nicht 29. .... a7—b6: wegen 30. Te1—e2:, d3—e2: 31. Da6—e2: mit Verteidigungsmöglichkeiten für Weiß.

30. Kh1—g1 a7—b6:
31. Da6—b6: d3—d2!

Das Vorgehen dieses Bauern entscheidet nun sofort die Partie.

32. Te1—f1 Sg3—f1:
33. Sh2—f1: ....

(S. Stellungsbild.)

33. .... Ld5—e6!!

Nach diesem Zuge hat Weiß keinen Schutz mehr gegen den nachfolgenden Mattangriff. Wenn er z. B. versucht hätte, den Punkt g2 durch das Manöver Db6—c6:e4 zu decken, so hätte die Partie folgendes Ende genommen: 34. Db6—c6, Tf7—f3! 35. Dc6—e4:, Le6—d5 36. De4—a4, Dg5—g2‡ 37. Kg1—g2:, Tf3—g3†† 38.

Stellung nach dem 33. Zuge von Weiß.

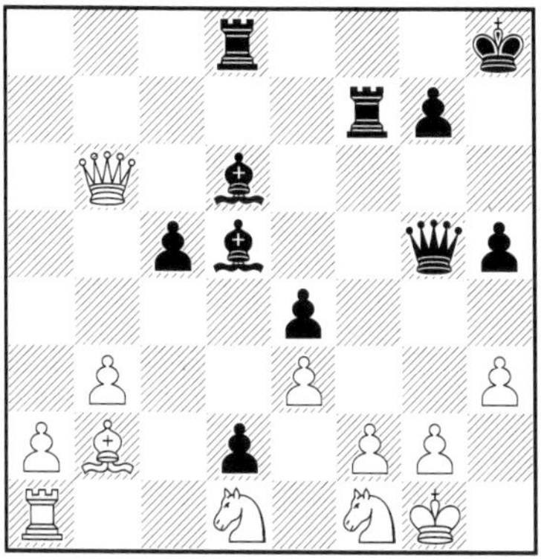

Kg2—h2, Tg3—g2††, 39. Kh2—h1, Tg2—h2†† 40. Kh1—g1, Th2—h1‡.

34. Kg1—h1 Le6—h3:!

35. g2—h3: Tf7—f3

36. Sf1—g3 h5—h4

Siehe die Anmerkung zum 28. Zuge von Schwarz.

37. Lb2—f6 ....

Geistreich, aber hoffnungslos.

37. .... Dg5—f6:

38. Sg3—e4: Tf3—h3‡

Wenn jetzt 39. Kh1—g1, dann Ld6—h2† mit Damengewinn. Wenn aber 39. Kh1—g2, so Df6—f3†, und Matt im nächsten Zuge.

Weiß gibt auf.

63. Abgelehntes Damengambit

Internationales Meisterturnier zu Pistyan, April 1922.

Schwarz: A. S. Selesnieff.

1. d2—d4 d7—d5
2. Sg1—f3 Sg8—f6
3. c2—c4 e7—e6
4. Sb1—c3 Lf8—e7
5. Lc1—g5 Sb8—d7
6. e2—e3 0—0
7. Ta1—c1 c7—c6
8. Lf1—d3 ....

Ich halte diesen alten Zug für ebensogut wie den neueren 8. Dd1—c2, da die weiße Dame in diesem letzten Falle gewöhnlich ein Tempo verliert, um nach e2, dem natürlichen Felde für die Dame im Damengambit, zu gelangen.

8. .... d5—c4:

Zweifellos die beste Antwort. Schlecht ist für Schwarz, den Bauern c4 zu schlagen und nach der weißen Rochade den Springer nach d5 zu spielen, da Weiß in diesem Falle den Abtausch der Springer auf c3 durch Sc3—e4 mit bedeutend besserem Spiele vermeiden kann (siehe Partie Nr. 88). Aber vor der Rochade ist Sc3—e4 ziemlich riskant und führt zu sehr komplizierten Varianten (vergleiche Partie Nr. 79).

9. Ld3—c4: Sf6—d5

10. Lg5—f4 ....

Weicht der das Spiel ausgleichenden Variante: 10. Lg5—e7:, Dd8—e7: 11. 0—0, Sd5—c3: 12. Tc1—c3:, e6—e5 usw. aus. Dieser Zug ist aber immerhin nicht sehr solide, wie das energische Spiel meines Gegners in dieser Partie beweist; ganz am Platze ist er nur in der Variante 8. Dd1—c2, da Weiß dann auf Sd7—b6, Lc4—d3 spielen kann, um durch Angriff auf den Bauern ein Tempo zu gewinnen.

10. .... Sd5—f4:

11. e3—f4: Sd7—b6

12. Lc4—b3 Sb6—d5

13. Dd1—d2 ....

Verhältnismäßig noch das Beste: Falls 13. g2—g3, so Sd5—c3: 14. b2—c3:, c7—c5! in Verbindung mit

15. .... b7—b6 nebst 16. .... Lc8—b7, und die Stellung des weißen Königs wäre infolge der Schwäche der weißen Felder unsicher.

13. .... Dd8—d6

14. Sf3—e5 ....

Aus angegebenen Gründen den Zug g2—g3 vermeidend.

14. .... Sd5—c3:

Einfach und stark! Schwarz hat dank den beiden Läufern gute Chancen auf Gegenangriff auf dem Damenflügel.

15. b2—c3: c6—c5

16. 0—0 b7—b5!

Die Stellung ist für Schwarz jetzt ganz günstig und Weiß muß sehr umsichtig spielen.

17. Lb3—c2! ....

Ein starker Zug mit doppelter Drohung: 18. Lc2—e4 (in Verbindung mit Se5—c6) und 18. Dd2—d3 (in Verbindung mit Dd3—b5:), welche den Schwarzen verhindert, den Läufer auf b7 zu entwickeln.

17. .... Lc8—a6

18. Tf1—e1 Ta8—d8

19. Tc1—d1 c5—d4:

Durch sofortiges g7—g6 hätte Schwarz ein ausgezeichnetes Spiel mit Chancen auf dem Damenflügel behalten. Durch den Textzug wickelt er aber die Zentrumsstellung zum offenbaren Vorteil des Gegners ab, der jetzt die Möglichkeit erhält, einen interessanten Angriff zu unternehmen.

20. c3—d4: g7—g6

Früher oder später notwendig.

(S. Stellungsbild.)

21. Lc2—b3! ....

Droht 22. Se5—f7: und verhindert zugleich das Manöver 21. .... La6—b7—d5 wegen folgender Variante:

Stellung nach dem 20. Zuge von Schwarz.

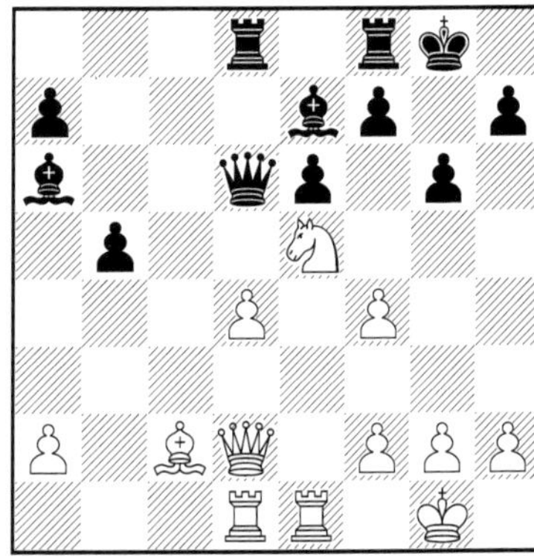

21. .... La6—b7 22. Dd2—d3, a7—a6 (oder b5—b4) 23. Se5—g6:!!, h7—g6: 24. Te1—e6:!, f7—e6: (wenn 24. .... D∼ so 25. Te6—g6‡) 25. Dd3—g6‡, Kg8—h8 26. Lb3—c2 und Matt in einigen Zügen.

21 .... La6—c8

Beugt der Opfermöglichkeit vor.

22. Dd2—e2! a7—a6

23. d4—d5 Dd6—b6

Falls 23. .... e6—d5:, so 24. Lb3—d5: in Verbindung mit 25. Se5—f7: usw.

24. Se5—c6 Td8—e8

25. Sc6—e7‡ Te8—e7:

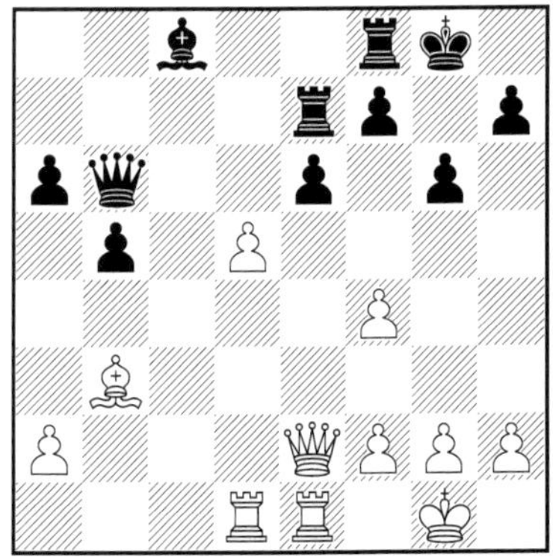

26. f4—f5! ....

Falls Schwarz das Opfer annimmt, gewinnt Weiß auf folgende Weise: 26. .... g6—f5: 27. d5—d6!, Te7—b7 (A.) 28. De2—e5, h7—h6 29. De5—f6, Kg8—h7 30. Lb3—e6:.

A. 27. .... Te7—d7 28. De2—d2, Tf8—d8 29. Dd2—g5†, Kg8—f8 30. Dg5—h6†, Kf8—e8 (wenn 30. .... Kf8—g8, dann 31. Td1—d3!) 31. Te1—e6‡ nebst Matt in zwei Zügen.

26. .... Te7—b7

Die Hergabe des Bauern hält den weißen Angriff nicht auf; es folgt die Agonie.

27. f5—e6: f7—e6:
28. d5—e6: Tb7—e7
29. Td1—d7! Tf8—e8

Der Turm durfte nicht geschlagen werden: 29. .... Lc8—d7: 30. e6—d7‡, Kg8—h8 31. d7—d8D! usw.

30. De2—f3 Db6—c5
31. Df3—f7† Kg8—h8
32. Df7—f6† Kh8—g8
33. h2—h4! ....

Falls 33. .... Te8—f8, so 34. Df6—e7:, Dc5—f2‡ 35. Kg1—h2, Df2—f4† 36. Kh2—h1 und gewinnt.

Schwarz gibt auf.

64. Damenbauernspiel

Internationales Meisterturnier zu Pistyan, April 1922.

Weiß: P. Johner.

1. d2—d4 Sg8—f6
2. Sg1—f3 e7—e6
3. c2—c4 c7—c5

Nachträglich ist bewiesen worden, daß dieser Zug nicht ganz korrekt ist. Besser ist 3. .... d7—d5 oder 3. .... b7—b6.

4. Sb1—c3 ....

Dieser Zug gewährt Weiß keinen Vorteil. Er hätte 4. d4—d5 und falls 4. .... b7—b5, so 5. Lc1—g5! mit besserer Partie spielen müssen. Aber mein Gegner — noch unter dem Eindruck der von mir in der ersten Runde dieses Turniers gewonnenen Partie (siehe Partie Nr. 62), in welcher Dr. Tarrasch mit 4. d4—d5 fortgesetzt hatte, wählte eine solidere, wenn auch mattere Fortsetzung.

4. .... c5—d4:
5. Sf3—d4: d7—d5

Gestattet Weiß, wenn er will, die Stellung bis zu beinahe sicherem Remis zu vereinfachen. Energischer war 5. .... Lf8—b4 mit komplizierteren, aber für Schwarz nicht unvorteilhaften Varianten.

6. c4—d5: Sf6—d5:
7. Sd4—b5! ....

Droht 8. Sc3—d5:, e6—d5: 9. Dd1—d5: usw.

7. .... Lc8—d7

Um auf Sc3—d5: Ld7—b5: zu spielen.

8. e2—e4 Sd5—c3:
9. b2—c3:! ....

Viel besser als 9. Sb5—c3:, wonach Schwarz durch 9. .... Lf8—c5 ein gewisses Übergewicht erlangt hätte.

9. .... Dd8—a5
10. Ta1—b1 ....

Energischer als der Verteidigungszug 10. Dd1—b3. Dank den beiden Läufern erhält Weiß für den Bauern eine sehr starke Stellung, und Schwarz wird später gezwungen, materiellen Ausgleich zuzulassen, um seine Entwicklung zu beenden.

10. .... a7—a6

Auf andere Züge hätte Weiß seinen

Bauern durch Tb1—b3 gedeckt, und trotzdem 11. Sb5—d6† gespielt.

11. Sb5—d6† Lf8—d6:
12. Dd1—d6: Da5—c3‡
13. Lc1—d2 Dc3—c6
14. Dd6—f4 ....

Weiß überschätzt seine Angriffschancen und vergißt, daß sein König nicht in Sicherheit ist. Besser wäre es für ihn, sich mit dem Rückgewinn des Bauern bei gutem Spiel durch 14. Dd6—b4, a6—a5 15. Db4—b7:, 0—0! usw. zu begnügen.

14. .... 0—0
15. Lf1—d3 ....

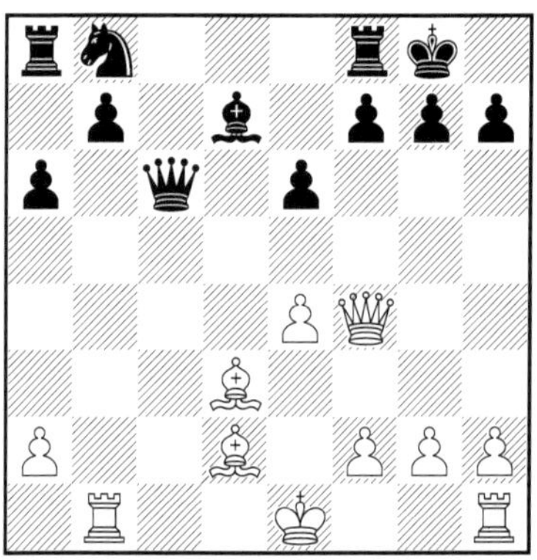

15. .... e6—e5!

Mit diesem Gegenopfer öffnet sich Schwarz wichtige Linien und die Partie nimmt eine neue Richtung an. Sonst hätte Weiß durch 16. e4—e5! einen ausgezeichneten Angriff erlangt.

16. Df4—e5: Tf8—e8
17. De5—d4 ....

Falls 17. De5—g3, so Te8—e4‡ und wenn 17. De5—f4, dann Ld7—e6 in Verbindung mit 18. .... Sb8—d7 und Sd7—c5 zum Vorteil von Schwarz.

17. .... Dc6—g6
18. f2—f3 ....

Die Stellung von Weiß ist bereits sehr schwierig, da er wegen Lc8—h3 — mit Qualitätsgewinn — nicht rochieren kann. Auf 18. f2—f4 hätte Schwarz nicht 18. .... Dg6—g2: 19. Th1—g1, Sb8—c6 20. Dd4—e3, Dg2—h2: 21. Ld2—c3 usw. gespielt, sondern 18. .... Sb8—c6 19. Dd4—f2 (oder 19. Dd4—d7:, Dg6—g2: 20. Th1—f1, Ta8—d8 usw.) 19. .... Ld7—f5! usw.

18. .... Dg6—g2:!

Ein auf den ersten Blick sehr gewagter Zug, der genaue Berechnung erforderte.

19. Th1—g1 Sb8—c6!
20. Dd4—e3 Dg2—h2:
21. Ld2—c3 g7—g6!

Und nicht 21. .... Sc6—e5 wegen 22. Tg1—g7‡, Kg8—g7: 23. De3—g5†, Kg7—h8 (falls 23. .... Kg7—f8?, so 24. Lc3—b4†) 24. f3—f4! und Schwarz ist gezwungen, sich mit Remis zufrieden zu geben.

22. Tb1—b7: Ta8—d8

Bereitet die Schlußkombination vor.

23. Lc3—f6 ....

Auch bei anderen Zügen hätte Weiß mit einem Bauern weniger bei unsicherer Königsstellung die Partie nicht retten können. Der Textzug beschleunigt nur die unvermeidliche Entscheidung.

23. .... Sc6—e5!

Mit der Drohung 24. .... Se5—f3‡ usw.

24. Ld3—e2 ....

(S. Stellungsbild.)

24. .... Ld7—b5!
25. Lf6—e5: ....

Oder 25. Lf6—d8:, Lb5—e2: und gewinnt.

25. .... Te8—e5:
26. Le2—b5: Te5—b5:

Stellung nach dem 24. Zuge von Weiß.

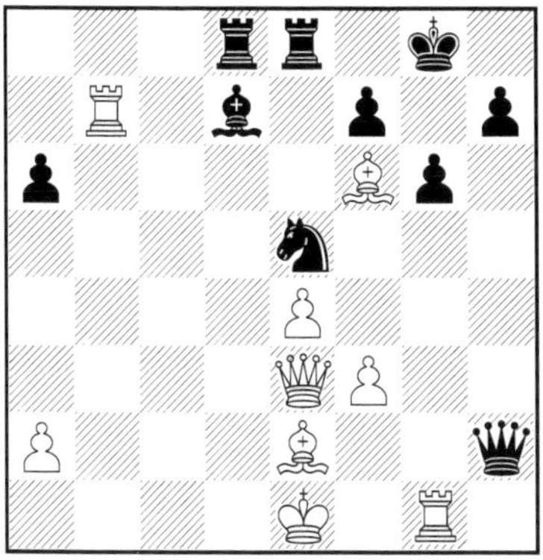

27. Tb7—b5: a6—b5:

Droht ein gewonnenes Endspiel durch 28. .... Td8—d2 usw. zu erzwingen. Falls 28. Tg1—f1, so 28. .... Dh2—c2 und gewinnt.

Aufgegeben.

65. Abgelehntes Damengambit

Internationales Meisterturnier zu Pistyan, April 1922.

Schönheitspreis.

Schwarz: H. Wolf.

1. d2—d4 d7—d5
2. Sg1—f3 c7—c5
3. c2—c4 c5—d4:

Häufiger wird 3. .... e7—e6 gespielt, wodurch die Tarrasch-Verteidigung herbeigeführt wird. Nach Abtausch der Mittelbauern entsteht eine symmetrische Stellung, in welcher der Vorteil des Anzuges dem Weißen gute Chancen gibt.

4. c4—d5: Sg8—f6
5. Sf3—d4: a7—a6

Schwarz will die in der letzten Auflage des Collijnschen „Lärobok“ untersuchte Variante: 5. .... Sf6—d5: 6. e2—e4, Sd5—f6 7. Lf1—b5†, Lc8—d7 8. e4—e5!, Ld7—b5: 9. Sd4—b5:, Dd8—d1‡ 10. Ke1—d1:, Sf6—d5 11. Sb1—c3 usw. mit Vorteil für Weiß vermeiden.

Aber diese Variante (wie auch viele andere Varianten dieses Buches) kann mit Leichtigkeit durch 6. .... Sd5—b4! statt 6. .... Sd5—f6 verstärkt werden und dann ist das Übergewicht von Weiß schwer zu beweisen.

Der Textzug erscheint unbedenklich, da Schwarz den d-Bauern im folgenden Zuge zu schlagen beabsichtigt. Seine Widerlegung durch Weiß ist deshalb ziemlich lehrreich.

6. e2—e4! ....

Opfert diesen Bauern, um den d-Bauern zu erhalten, welcher — wie es bald klar wird — auf das gegnerische Spiel einen starken Druck ausübt.

6. .... Sf6—e4:
7. Dd1—a4†! Lc8—d7

Nicht 7. .... Dd8—d7 wegen 8. Lf1—b5 usw.

8. Da4—b3 Se4—c5

Ein unbequemes Feld für den Springer; aber auch die anderen Verteidigungsmöglichkeiten des Bauern b7, wie z. B. 8. .... Dd8—d7 oder Ld7—c8, waren nicht besser.

9. Db3—e3! ....

Viel stärker als 9. Db3—f3, wonach Schwarz sich durch 9. .... e7—e5 und falls 10. d5—e6:, dann 10. .... Sc5—e6: 11. Sd4—e6:, Ld7—e6:! (12. Df3—b7:?, Le6—d5 und gewinnt) befreit hätte.

9. .... g7—g6
10. Sd4—f3! ....

Dieser Tempogewinn gestattet Weiß 10. .... Lf8—g7 mit nachfolgendem 11. .... 0—0 zu verhindern. Der schwarze König ist jetzt im Zentrum festgehalten und dem Weißen fällt es nicht mehr schwer, einen entscheidenden Angriff zu schaffen.

Die Eröffnung dieser Partie ist der Partie gegen Rubinstein aus dem Haager Turnier in einem gewissen Grade analog (Partie Nr. 61). In beiden erlangte Weiß durch mehrere Züge mit denselben Figuren Vorteil (hier sind von 11 Zügen 4 Damen- und 3 Springerzüge). Aber die Möglichkeit, in der Eröffnung mit denselben Figuren zu manövrieren, ist ausschließlich — was ich besonders betonen muß — durch die fehlerhafte Taktik des Gegners bedingt, welche nach den ersten Eröffnungszügen sofort durch energische Manöver widerlegt werden mußte. Es ist klar, daß diese Manöver bei richtiger Entwicklung des Schwarzen dem Weißen nichts Gutes gebracht hätten.

Es handelt sich hier also gar nicht um irgendein ‚allerneuestes System" (mit welchem einige moderne Meister dem leichtgläubigen Schachpublikum Sand in die Augen zu streuen suchen), sondern einfach um die rationelle Ausnutzung der Eröffnungsfehler des Gegners.

10. .... Dd8—c7
11. De3—c3! Th8—g8
12. Lc1—e3 b7—b6
13. Sb1—d2 ....

13. b2—b4 wäre ein Fehler, weil Schwarz die Figur durch 13. .... Lf8—g7 14. Sf3—d4, Dc7—a7! gerettet hätte. Deshalb beendet Weiß seine Entwicklung, bevor er entscheidende Schritte unternimmt.

13. .... Lf8—g7
14. Le3—d4 Lg7—d4:
15. Dc3—d4: ....

Auf diese Weise hat sich Weiß der einzigen gegnerischen Figur entledigt, die ihn belästigen konnte.

15. .... Ld7—b5

Es ist schwer, einen anderen Entwicklungsplan des Damenflügels zu finden. Auf 15. .... Ld7—f5 16. Lf1—e2, Sb8—d7 würde 17. g2—g4, Lf5—c2 18. Ta1—c1 usw. folgen.

16. Lf1—b5† a6—b5:
17. 0—0 Ta8—a4

Dieser Ausfall führt zu nichts. Es ist eben für Schwarz kein guter Zug mehr zu finden.

18. b2—b4 Dc7—d8
19. a2—a3! ....

In solchen Stellungen soll man sich nie beeilen.

19. .... Sb8—d7
20. Tf1—e1 Ke8—f8
21. d5—d6! ....

Bereitet das folgende Opfer vor. Wenn Schwarz 21. .... e7—e6 antwortet, so folgt 22. Dd4—e3!, Sc5—b7 23. De3—d3, Ta4—a8 24. Sd2—e4 und gewinnt zunächst den b-Bauern.

21. .... Sc5—e6

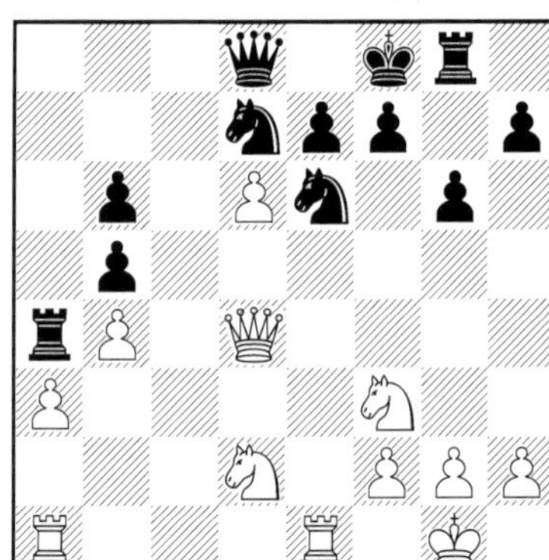

22. Te1—e6:! ....

Durch diese genau berechnete Kombination bricht Weiß den letzten Widerstand.

22. .... f7—e6:
23. Sf3—g5 Dd8—b8

Oder 23. .... e6—e5 24. Dd4—d5, Dd8—e8 25. Sg5—e6†, Kf8—f7 26. Se6—c7†, e7—e6 27. Dd5—f3† und gewinnt.

24. Sg5—e6‡ Kf8—f7

Falls 24. .... Kf8—e8, so 25. Sd2—e4!.

25. Se6—g5† Kf7—f8

Und wenn jetzt Kf7—e8, dann 26. Ta1—e1 usw.

26. Dd4—d5! Tg8—g7

Offenbar erzwungen.

27. Sg5—e6† Kf8—g8
28. Se6—g7‡ Kg8—g7:
29. d6—e7: Sd7—f6
30. Dd5—b5: Ta4—a7
31. Ta1—e1 Db8—d6
32. e7—e8S† ....

Das Einfachste!

32. .... Sf6—e8:
33. Db5—e8: Dd6—d2:
34. De8—e5† Kg7—f7
35. h2—h4 Ta7—a3:

Die letzte Falle.

36. De5—e8† Kf7—g7
37. Te1—e7† Kg7—h6
38. De8—f8† Kh6—h5
39. Te7—e5† Kh5—g4
40. Te5—g5†! ....

Aber nicht 40. f2—f3†, Kg4—g3 41. Te5—g5†?, Dd2—g5: 42. h4—g5:, Ta3—a1‡.

Schwarz gibt auf.

66. Spanische Partie

Internationales Meisterturnier zu Pistyan, April 1922.

Weiß: Dr. K. Treybal

1. e2—e4 e7—e5
2. Sg1—f3 Sb8—c6
3. Lf1—b5 a7—a6
4. Lb5—a4 Sg8—f6
5. Sb1—c3 Lf8—e7
6. 0—0 b7—b5
7. La4—b3 d7—d6
8. a2—a4 Ta8—b8

Dieser Zug — obwohl im Collijnschen „Lärobok“ empfohlen — ist schlechter als 8. .... b5—b4, da er dem Weißen die a-Linie ohne jede Kompensation überläßt.

9. a4—b5: a6—b5:
10. h2—h3 0—0
11. Dd1—e2 Lc8—d7

Deckt indirekt den Bauern b5; denn falls 12. Sc3—b5:, so 12. ...., Sf6—e4: 13. Sb5—c7:, Se4—d2: 14. Lc1—d2:, Dd8—c7: und Schwarz stünde ausgezeichnet.

12. d2—d3 Dd8—c8!

Ungenügend wäre 12. .... Sc6—d4 13. Sf3—d4:, e5—d4: 14. Sc3—d5, Sf6—d5: 15. Lb3—d5:, c7—c6 16. Ld5—b3, Ld7—e6 17. Lb3—e6:, f7—e6: 18. Ta1—a7, Tb8—a8 19. Ta7—a8:, Dd8—a8: 20. De2—g4, Da8—c8 21. Lc1—h6, Tf8—f7 22. Tf1—a1 mit Vorteil für Weiß. Durch den Textzug bereitet Schwarz eine Reihe von Abtauschkombinationen vor und behält sich zugleich die Möglichkeit der Wahl eines komplizierteren Planes vor, welcher mit 13. .... Sc6—d8 und 14. .... c7—c5 beginnen würde, falls Weiß 13. .... Sc6—d4 durch 13. Lc1—e3 verhindert hätte.

13. Kg1—h2 ....

Verhindert das gelegentlich mögliche Läuferopfer auf h3; diese Gefahr war jedoch nicht groß und Weiß hätte besser getan, sich durch 13. Lc1—e3 weiter zu entwickeln. Nach dem Textzuge gleicht Schwarz das Spiel aus.

13. .... Sc6—d4
14. Sf3—d4: e5—d4:
15. Sc3—d5 Sf6—d5:
16. Lb3—d5: c7—c6
17. Ld5—b3 Ld7—e6!
18. f2—f4 ....

Die Variante 18. Lb3—e6:, Dc8—e6: 19. f2—f4, f7—f5 gab dem Weißen nichts.

Der gewählte Zug ist der Anfang eines gewagten Angriffs auf dem Königsflügel, dem Schwarz durch einen Gegenangriff im Zentrum erfolgreich begegnet.

18. .... Le6—b3:
19. c2—b3: Tb8—a8!

Und nicht 19. .... Dc8—e6 wegen 20. f4—f5, De6—b3: 21. Ta1—a3, Db3—c4 22. f5—f6!, Le7—f6: 23. Tf1—f6:, g7—f6: 24. Lc1—h6, Kg8—h8 25. De2—f3, f6—f5 26. Df3—f5:, f7—f6 27. Ta1—a7 und gewinnt. Der Turmtausch verringert die Chancen von Weiß ganz beträchtlich.

20. Ta1—a8:

Falls 20. Ta1—b1, so 20. .... Dc8—e6 usw.

20. .... Dc8—a8:
21. f4—f5 f7—f6!

Viel besser als 21. .... Le7—f6, wonach Weiß durch 22. Lc1—f4, Tf8—d8 23. De2—e1 in Verbindung mit 24. De1—a1 oder De1—g3 ein gutes Spiel erlangt hätte.

22. g2—g4 ....

Nachdem der schlüpfrige Weg einmal beschritten, ist Weiß beinahe gegen seinen Willen gezwungen, fortzusetzen. Weniger aggressive Züge hätten dem Schwarzen ebenfalls das Übergewicht überlassen, z. B.: 22. b3—b4, c6—c5 23. De2—f2, Da8—c6 in Verbindung mit 23. Tf8—a8 usw.

22. .... c6—c5
23. h3—h4 d6—d5!
24. g4—g5 ....

Es gibt nichts besseres mehr, z. B.:

I. 24. e4—d5:, Le7—d6† 25. Lc1—f4, Tf8—e8 26. De2—g2, Ld6—f4‡ 27. Tf1—f4:, Da8—b8 28. Dg2—f3, Db8—e5∓.

II. 24. e4—e5, Da8—b8! (und nicht 24. .... f6—e5: 25. De2—e5:, Le7—h4: wegen 26. g4—g5!, Tf8—e8 27. De5—f4, Lh4—e1 28. f5—f6 mit starkem Angriff) 25. Lc1—f4, f6—e5: 26. Lf4—e5:, Le7—d6∓.

24. .... d5—e4:
25. d3—e4: Da8—c6
26. Kh2—h3 ....

27. e4—e5 vorbereitend. Falls 26. g5—g6, so 26. .... h7—h6 27. De2—h5, Dc6—e4: 28. Lc1—h6:, g7—h6: 29. Dh5—h6:, De4—e2† in Verbindung mit 30. .... De2—e3† und gewinnt.

26. .... c5—c4
27. e4—e5 ....

Weiß tut alles mögliche, um Angriff zu erlangen, aber Schwarz kommt ihm zuvor.

27. .... d4—d3
28. De2—e1! ....

Der einzige Zug. Falls 28. De2—e3, so f6—g5:! 29. h4—g5:, Tf8—f5:! 30. Tf1—f5:, Dc6—e6 31. De3—e4, g7—g6 32. Kh3—g4 (oder 32. De4—a8†, Kg8—g7)

32. .... g6—f5‡ 33. De4—f5:, De6—f5‡ 34. Kg4—f5:, Le7—a3! und Schwarz gewinnt.

28. .... f6—e5:

Jetzt hätte Weiß 28. .... f6—g5: mit 29. Lc1—g5: beantwortet.

29. De1—e5: Le7—b4!
30. b3—c4: b5—c4:
31. De5—d4 ....

Droht die schwarzen Bauern durch b2—b3 zu trennen.

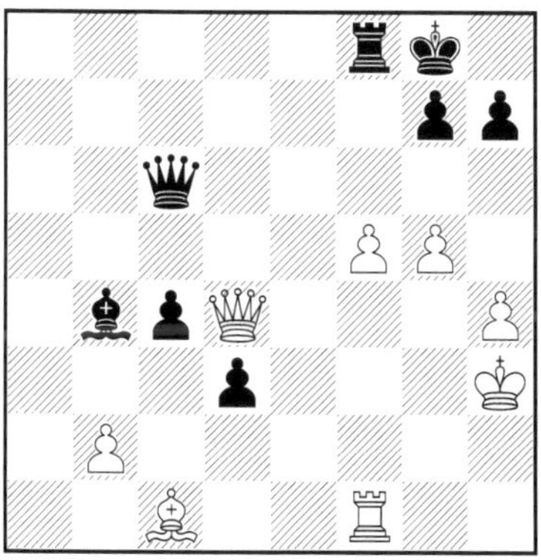

31. .... Dc6—b5!

Der einzige Gewinnzug. Es droht sowohl 32. .... Tf8—f5:, wie auch 32. .... d3—d2 in Verbindung mit 33. .... c4—c3. Und falls 32. Kh3—g2, so 32. .... Lb4—a5! nebst Tf8—d8 usw.

32. f5—f6 d3—d2!
33. Dd4—f4 ....

In Erwartung der Fortsetzung 33. .... d2—c1:D 34. Tf1—c1:, Tf8—c8 35. Df4—g4! mit Remischancen, da das Feld h1 der dem schwarzen Läufer entgegengesetzten Farbe ist. Schwarz erzwingt jedoch ein gewonnenes Bauernendspiel durch eine Kombination, welche in meiner bisherigen Praxis die längste ist.

33. .... Db5—d7†!
34. Kh3—g2 d2—d1D!
35. Tf1—d1: Dd7—d1:
36. Df4—c4‡ Tf8—f7
37. Dc4—b4: Dd1—c1:
38. Db4—b8† Tf7—f8
39. f6—f7† ....

Der Anfangszug einer Kombination, die dem Weißen den Rückgewinn des Turms gestattet. Wie später ersichtlich, ist das mit 33. .... Db5—d7† begonnene Manöver des Schwarzen auf beinahe 20 Züge vorausberechnet.

39. .... Kg8—f7:

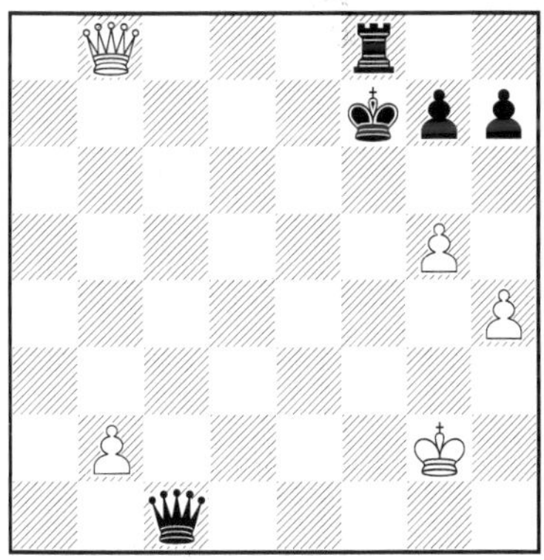

40. Db8—b3† ....

Es ist merkwürdig, daß ein Spieler von Dr. Treybals Stärke hier den logischen Zug 40. g5—g6†! übersieht.

Schwarz könnte dann weder nach g8 wegen 41. g6—h7‡ zurückgehen, noch den g-Bauern mit dem Bauern schlagen, da Weiß dann Remis durch ewiges Schach erzwungen hätte, z. B.: 41. Db8—b3†, Kf7—f6 42. Db3—f3†, Kf6—e7 43. Df3—a3†, Ke7—e8 44. Da3—a8†, Ke8—e7 45. Da8—a3†, Ke7—f7 46. Da3—b3† usw. Der einzige Gewinnzug wäre 40. .... Kf7—g6:!, wie aus folgender Variante ersichtlich: 41. Db8—f8:, Dc1—b2‡ 42. Kg2—f3, Db2—c3† 43. Kf3—g2, Dc3—d2† 44. Kg2—g3, Dd2—e3† 45. Kg3—g2, De3—e4† 46. Kg2—g3, De4—e5† 47. Kg3—g2, Kg6—h5! 48. Df8—f3†, Kh5—h4: 49. Df3—h3†, Kh4—g5 50. Dh3—h7:, De5—e2† 51. Kg2—g3 (oder g1), De2—g4† 52. K~, Dg4—f5 oder h5†, und Schwarz gewinnt.

40. .... Kf7—g6!

Und Weiß kann nur einige unschädliche Schachs geben, z. B. 41. Db3—e6†, Kg6—h5 42. De6—e2†, Kh5—h4:, worauf Schwarz gewinnt.

Aufgegeben.

67. Abgelehntes Damengambit

Internationales Meisterturnier zu Pistyan, April 1922.

Schwarz: K. Hromadka.

1. d2—d4 d7—d5
2. Sg1—f3 Sg8—f6
3. c2—c4 c7—c6
4. Sb1—c3 Dd8—b6

Zuerst von Süchting gegen Schlechter im Karlsbader Turnier gespielt. Die beste Erwiderung darauf ist 5. c4—c5, Db6—c7 6. g2—g3 in Verbindung mit 7. Lc1—f4.

Die meisten Chancen für Schwarz bietet nach meiner Meinung der mit 4. .... d5—c4: in Verbindung mit 5. .... b7—b5 und nötigenfalls b5—b4 usw. beginnende Spielplan (siehe Partie Nr. 71).

5. e2—e3 ....

Solide, aber matt. Wie später ersichtlich, konnte Schwarz das Spiel ausgleichen.

5. .... Lc8—g4
6. c4—d5: c6—d5:
7. Dd1—a4† Lg4—d7

Am besten; denn falls 7. .... Sb8—c6, so 8. Sf3—e5, Lg4—d7 9. Lf1—b5, e7—e6 10. Se5—d7:, Sf6—d7: 11. e3—e4 mit einem Angriff, welcher der Partiefortsetzung nach dem 13. Zuge von Weiß analog ist.

8. Lf1—b5 a7—a6
9. Lb5—d7‡ Sb8—d7:
10. 0—0 e7—e6
11. Sf3—e5 ....

Weiß ist nicht genügend entwickelt, um die Gebundenheit des schwarzen Springers auszunutzen; bei richtiger Verteidigung hätte sich dieser Plan als nicht ausreichend erwiesen.

11. .... Db6—a7

Nur dank diesem Zeitverlust gelingt es Weiß, einen Angriff zu erlangen. Richtig war 11. .... Db6—b4!, was den Abtausch oder den Rückzug der weißen Dame bei ungefähr gleichem Spiel erzwungen hätte. Jetzt aber verliert Schwarz die Rochade und seine Stellung wird endgültig zerrüttet.

12. Se5—d7: Sf6—d7:
13. e3—e4! ....

Der Beginn eines gefährlichen Angriffs, dessen erstes Resultat ein starker Freibauer im Zentrum sein wird. Die weiteren Züge von Schwarz sind beinahe erzwungen, da er um jeden Preis die Öffnung der e-Linie verhindern muß.

13. .... b7—b5
14. Da4—c2 d5—e4:
15. d4—d5! e6—e5

16. a2—a4! ....

Bevor der Bauer geschlagen wird, ist es ratsam, auch noch den Damenflügel zu schwächen.

16. .... b5—b4

17. Sc3—e4: Da7—b7

Falls 17. .... Lf8—c5, so 18. Lc1—e3!, Lc5—e3: 19. Se4—d6†, Ke8—e7 20. Sd6—f5† und 21. f2—e3: mit sehr starkem Angriff.

18. Tf1—d1 Ta8—c8

19. Dc2—e2 Lf8—e7

Ein vergeblicher Versuch, den König in Sicherheit zu bringen.

20. De2—g4! g7—g6

Falls 20. .... 0—0, so 21. Lc1—h6 usw.

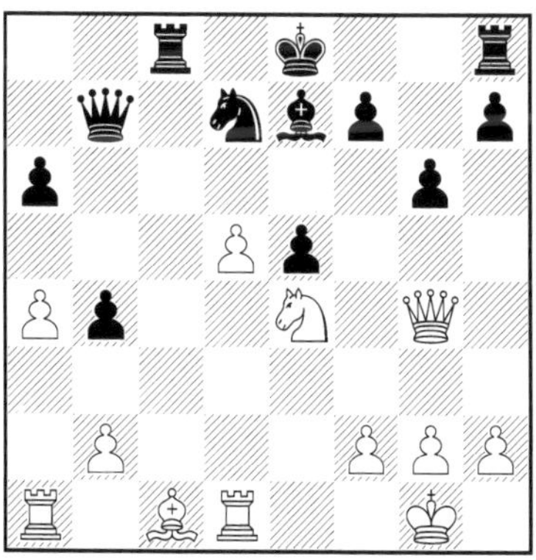

21. Lc1—g5! ....

Hält den gegnerischen König im Zentrum fest, was im Zusammenhang mit den zahlreichen schwachen Punkten des Schwarzen zu einem schnellen Zusammenbruch führen muß.

Schwarz kann weder 21. .... f7—f6 wegen Dg4—e6, noch 21. .... f7—f5 wegen Dg4—h4 usw. spielen, und muß nolens-volens den Läufertausch, der ihn der Rochade beraubt, zulassen.

21. .... h7—h6

22. Lg5—e7: Ke8—e7:

23. Dg4—h4† ....

Um eine weitere Schwächung der schwarzen Bauern herbeizuführen.

23. .... g6—g5

Falls 23. .... f7—f6, so 24. f2—f4! mit starkem Angriff.

24. Dh4—g4 Tc8—c4

25. Dg4—f5 ....

Droht u. a. 26. Df5—f7‡ und 27. Se4—d6†.

25. .... Th8—f8

26. b2—b3! ....

Se4—f6 wäre wegen Tc4—f4 usw. verfrüht.

26. .... Tc4—c8

27. Se4—f6! ....

Der entscheidende Schlag! Falls 27. .... Sd7—f6:, so 28. d5—d6† usw.

27. .... Tc8—c5

28. Sf6—d7: Db7—c8

Falls 28. .... Db7—d7: so 29. Df5—e5‡, Ke7—d8 30. Ta1—c1, Tc5—c1: 31. Td1—c1: und gewinnt.

29. d5—d6† ....

Gewinnt einen Turm nach 29. .... Ke7—d8 30. Df5—f6†, Kd8—d7: 31. Df6—e7†, Kd7—c6 32. d6—d7! usw.

Aufgegeben.

68. Damenbauernspiel

Internationales Meisterturnier zu London, August 1922.

Schwarz: M. Euwe.

1. d2—d4 Sg8—f6

2. Sg1—f3 g7—g6

Die Idee dieser von Grünfeld in die Praxis eingeführten Variante ist, den Läufer nach g7 zu entwickeln und vor Sb1—c3 nicht d7—d5 zu spielen; im letzteren Falle ist dem Schwarzen nach c4—d5:, Sf6—d5: e2—e4, Sd5—c3:, b2—c3: usw. die Möglichkeit gesichert, durch c7—c5 das gegnerische Zentrum anzugreifen und den schwarzen Königsläufer erwartet eine schöne Zukunft. Deshalb ist der beste Spielplan für Weiß, den Springer b1 nicht zu entwickeln, bevor er durch g2—g3 und Lf1—g2 seinen Druck auf d5 verstärkt hat, was ihm ein kleines Übergewicht sichert, wie es u. a. die Partien Aljechin-Müller (Portsmouth 1923), Sämisch-Grünfeld (Karlsbad 1923) und Aljechin-Réti (New York 1924) beweisen.

3. Lc1—f4 ....

Beabsichtigt ein neues System zu erproben, das dem Schwarzen jedoch weniger Schwierigkeiten bereitet als das obenerwähnte (siehe auch die Partien Capablanca-Réti und Rubinstein-Euwe, London 1922).

3. .... Lf8—g7

4. Sb1—d2 c7—c5!

Ein guter Zug.

5. e2—e3 ....

Auf 5. d4—c5: gewinnt Schwarz durch 5. .... Sb8—a6! usw. den Bauern mit Vorteil zurück.

5. .... d7—d6

6. c2—c3 Sb8—c6

7. h2—h3 ....

Der Läufer f4 muß erhalten werden.

7. .... 0—0

8. Lf1—c4 ....

Das beste Feld für den Läufer; 8. .... d6—d5 ist nicht gefährlich, da es die Aktivität des Damenläufers nur vergrößert hätte.

8. .... Tf8—e8

Bereitet e7—e5 vor, was jedoch für Weiß nicht ungefährlich ist, da der Punkt d6 dadurch geschwächt wird.

9. 0—0 e7—e5

10. d4—e5: Sc6—e5:

Das Schlagen des Bauern mit dem Springer gibt dem Weißen entschiedenen und vielleicht sogar entscheidenden Stellungsvorteil. Besser war 10. .... d6—e5: 11. Lf4—h2, Lc8—e6 12. Lc4—e6: Te8—e6: 13. Sd2—c4 usw., wonach Weiß nur ein kleines, schwer auszunutzendes Übergewicht behalten hätte.

11. Lf4—e5:! d6—e5:

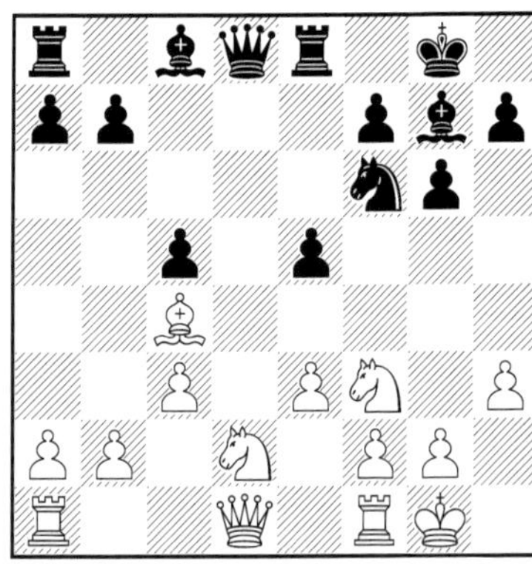

12. Sf3—g5 ....

Dieser einfache Zug sichert dem Weißen — wie später ersichtlich — den Besitz der einzigen offenen Linie.

12. .... Lc8—e6

Ein heroischer Entschluß, da der Läufer g7 nach der Verdopplung der Bauern dauernd eingesperrt bleibt. Besser war immerhin 12. .... Te8—f8 13. Sd2—e4 Dd8—d1: (falls 13. .... Sf6—e4: so 14. Lc4—f7†) 14. Tf1—d1: Sf6—e4: 15. Sg5—e4: b7—b6, obwohl auch in diesem Falle Weiß Gewinnchancen behalten hätte.

13. Lc4—e6: f7—e6:
14. Sd2—e4 Sf6—e4:
15. Dd1—d8: Te8—d8:
16. Sg5—e4: b7—b6
17. Tf1—d1 Kg8—f8
18. Kg1—f1! ....

Weiß konnte durch Se4—g5 einen Bauern gewinnen, aber nach 18. .... Kf8—e7 19. Sg5—h7: Lg7—h6 20. h3—h4 wäre er gezwungen, den Springer gegen den Läufer abzutauschen, was dem Schwarzen große Remischancen gelassen hätte.

18. .... Kf8—e7

Falls 18. .... c5—c4 so 19. Se4—d6! usw. Jetzt aber droht Schwarz durch 19. .... c5—c4 die Felder d5 und d3 für die Türme zu erobern.

19. c3—c4! ....

Beugt der Drohung vor und befreit die dritte Reihe für die Turmmanöver, was — wie die Fortsetzung zeigt — sehr wichtig ist.

19. .... h7—h6
20. Kf1—e2 Td8—d1:
21. Ta1—d1: Ta8—b8

Schwarz darf die Türme nicht abtauschen, da Weiß sonst auf folgende Weise gewinnt (21. .... Ta8—d8 22. Td1—d8:, Ke7—d8:):

Erstes Stadium: 23. h3—h4 in Verbindung mit g2—g4 und g4—g5, wogegen Schwarz nichts Besseres hat, als h6—h5, da der Bauerntausch dem weißen Springer das Feld h4 überlassen würde.

Zweites Stadium: b2—b3 in Verbindung mit Ke2—d3, Se4—c3, Kd3—e4.

Drittes Stadium: Die Überführung des Springers nach d3, was den schwarzen König an das Feld d6 fesselt, um den doppelt angegriffenen Bauern c5 zu decken.

Viertes Stadium: Endlich f2—f4, was den Gewinn des e- oder g-Bauern erzwingt, wonach Weiß leicht gewinnt.

Durch Vermeidung des Abtauschs erschwert Schwarz dem Gegner die Aufgabe.

22. Td1—d3 Lg7—h8

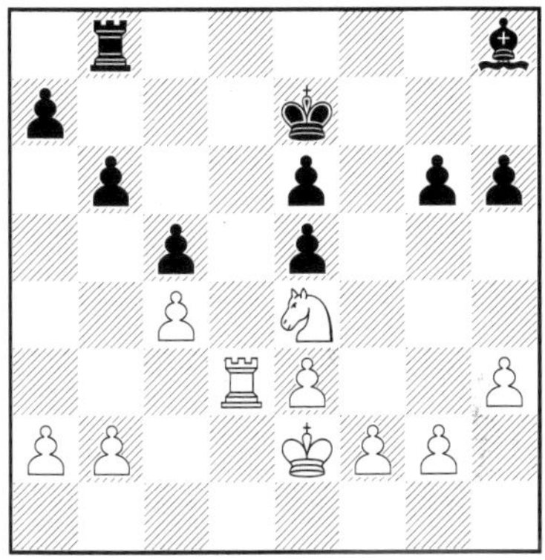

23. a2—a4! ....

Der einzige Weg, um mit dem Turm ins feindliche Lager einzudringen. Schwarz kann nicht 30. .... a7—a5 erwidern, da er nach 24. Td3—b3! entweder den b- oder den c-Bauern verliert.

23. .... Tb8—c8
24. Td3—b3 Ke7—d7
25. a4—a5! Kd7—c6

Es ist klar, daß es wegen 21. Tb3—b5 usw. besser ist, den Bauern nicht zu schlagen.

26. a5—b6: a7—b6:
27. Tb3—a3 Lh8—g7
28. Ta3—a7 Tc8—c7

Schwarz entschließt sich zum Abtausch, aber Weiß braucht diesen nicht mehr, da jetzt bei Anwesenheit der Türme auf dem Brett der Gewinn schneller möglich ist.

29. Ta7—a8! Tc7—e7
30. Te8—c8† Kc6—d7
31. Tc8—g8! Kd7—c6
32. h3—h4 ....

Um zuerst den schwarzen Läufer einzusperren, und erst dann mit dem Springer zu manövrieren.

32. .... Kc6—c7
33. g2—g4 Kc7—c6
34. Ke2—d3 ....

Das war nicht notwendig, da der König später auf seinen früheren Platz zurückkehren muß. Durch sofortiges 34. b2—b3 hätte Weiß die Partie um einige Züge abkürzen können.

34. .... Te7—d7†
35. Kd3—c3 Td7—f7
36. b2—b3 Kc6—c7
37. Kc3—d3 Tf7—d7†
38. Kd3—e2 Td7—f7
39. Se4—c3! ....

Bringt den Springer auf b5, von wo aus er auf das schwarze Spiel noch stärkeren Druck ausübt als von e4 aus.

39. .... Tf7—e7
40. g4—g5 h6—g5:
41. h4—g5: Kc7—c6
42. Ke2—d3 ....

Weiß hätte noch einen anderen Weg zum Gewinn — das Manöver Sc3—e4, Se4—d2, Sd2—f3, Sf3—h4 mit Gewinn des Bauern g6 — aber er zog vor, den vorher beschlossenen Weg zu gehen.

42. .... Te7—d7†
43. Kd3—e4 Td7—c7
44. Sc3—b5 Tc7—e7

Wenn 44. .... Tc7—f7, dann 45. Tg8—c8† in Verbindung mit Tc8—c7 oder Sb5—d6† mit Turmgewinn.

45. f2—f3 Kc6—d7

Der einzige Zug. Falls 45. .... Kc6—b7, so 46. Sb5—d6† und Sd6—e8 mit Läufergewinn.

46. Tg8—b8 Kd7—c6
47. Tb8—c8† Kc6—d7

Oder 47. .... Kc6—b7 48. Sb5—d6†, Kb7—a7 49. Tc8—g8 und Weiß gewinnt.

48. Tc8—c7† Kd7—d8
49. Tc7—c6! ....

Erzwingt den ersten und sofort entscheidenden materiellen Vorteil.

49. .... Te7—b7
50. Tc6—e6: Aufgegeben.

69. Abgelehntes Damengambit

Internationales Meisterturnier zu London, August 1922.

Schwarz: F. Yates.

1. d2—d4 Sg8—f6
2. c2—c4 e7—e6
3. Sg1—f3 d7—d5
4. Sb1—c3 Lf8—e7
5. Lc1—g5 0—0
6. e2—e3 Sb8—d7
7. Ta1—c1 c7—c6
8. Dd1—c2 Tf8—e8

Dieser Zug ist schlechter als 8. .... a7—a6, da Schwarz nach 9. Lf1—d3 nicht mehr zu dem System, welches ihm die größten Chancen gibt, übergehen kann.

9. Lf1—d3 d5—c4:

Lenkt in die Capablanca-Verteidigung ein (siehe Partie Nr. 79), nur mit dem nicht besonders wichtigen Unterschied, daß der schwarze Turm auf e8 und nicht auf f8 steht.

Auf 9. .... a7—a6 kann Weiß jetzt mit Vorteil 10. c4—d5:! spielen, da

Schwarz offenbar den Bauern nicht mit dem Springer schlagen kann.

Andererseits ist auch nach 9. .... h7—h6 10. Lg5—f4, a7—a6 der Abtausch auf d5 nur zugunsten von Weiß, z. B.: 11. c4—d5: [und nicht 11. c4—c5, Le7—c5:! 12. d4—c5:, e6—e5 mit der Drohung 13. .... e5—e4 und gewinnt die Figur mit besserem Spiel zurück (Euwe-Spielmann Mährisch-Ostrau 1923)].

11. .... Sf6—d5: 12. Sc3—d5:, e6—d5: 13. 0—0, Sd7—f6 14. h2—h3 usw. und Weiß kann durch Tc1—b1, b2—b4, a2—a4 und b4—b5 den Damenflügel angreifen, ohne dem Gegner irgendwelche Gegenchancen zu lassen.

10. Ld3—c4: Sf6—d5
11. Sc3—e4 ....

Richtiger ist hier 11. Lg5—e7:.

Über alles was den Zug 11. Sc3—e4 betrifft siehe Partie Nr. 63. Es muß nur noch bemerkt werden, daß 11. .... Dd8—a5† bei der Stellung des Turms auf e8 für Schwarz noch vorteilhafter ist.

11. .... f7—f5

Von allen für Schwarz möglichen Fortsetzungen ist dies die ungünstigste; ihr größter und sehr augenscheinlicher Fehler liegt darin, daß Weiß sich jetzt mit Leichtigkeit des Punktes e5 bemächtigt, wonach die Partie für Schwarz strategisch verloren ist. Natürlich ist der Gewinn für Weiß noch mit einigen Schwierigkeiten verbunden, die aber rein technischer Natur sind.

12. Lg5—e7: Dd8—e7:
13. Se4—d2 b7—b5

Dieser Zug, der die Befreiung des eingesperrten Läufers bezweckt, ist ein entscheidender Fehler, da Weiß sich jetzt noch der c-Reihe und vor allem des Punktes c5 bemächtigt.

Schwarz hätte besser getan es zu versuchen den Weißen durch 13. .... Sd5—b6 14. Lc4—d3, g7—g6 zu belästigen, allmählich e6—e5 vorbereitend, — oder (statt 14. Lc4—d3) 14. Lc4—b3, a7—a5 15. a2—a4, Sf6—d5, in Verbindung mit Sd5—b4 usw., obwohl seine Aussichten auch in diesem Falle unbedeutend wären.

14. Lc4—d5: c6—d5:
15. 0—0 a7—a5
16. Sd2—b3 a5—a4
17. Sb3—c5 Sd7—c5:
18. Dc2—c5: De7—c5:

Der Damentausch war unvermeidlich! Jetzt bemächtigt sich Weiß allmählich des ganzen Bretts.

19. Tc1—c5: b5—b4
20. Tf1—c1 Lc8—a6
21. Sf3—e5 ....

Der Springer kommt gerade zurecht auf dieses Feld, um den Schwarzen zu verhindern, die Türme auf der c-Linie entgegenzusetzen, z. B.: 21. .... Te8—c8 22. Tc5—c8‡, Ta8—c8: 23. Tc1—c8‡, La6—c8: 24. Se5—c6 mit doppelter Drohung 25. Sc6—e7† und 25. Sc6—b4: ±.

21. .... Te8—b8
22. f2—f3! ....

Bereitet das entscheidende Königsmanöver vor.

22. .... b4—b3
23. a2—a3 h7—h6

(S. Stelluugsbild.)

24. Kg1—f2 ....

Der Beginn des Mattangriffs ist durch die hilflose Anhäufung der schwarzen Figuren auf dem Damenflügel und die vollständige Einsam-

Stellung nach dem 23. Zuge von Schwarz.

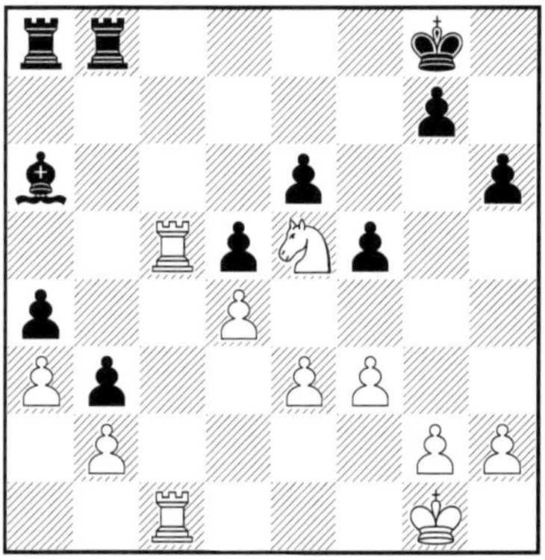

keit des feindlichen Königs bedingt, den alle vier weißen Figuren mit dem König an der Spitze, bald angreifen werden.

24. .... Kg8—h7
25. h2—h4 ....

Den Zug g7—g5 (nach Kf2—g3—f4) verhindernd.

25. .... Tb8—f8
26. Kf2—g3 Tf8—b8

Schwarz ist zu vollständiger Untätigkeit verurteilt.

27. Tc5—c7 ....

Droht unter anderem Se5—d7 und Sd7—c5 oder b6.

27. .... La6—b5
28. Tc1—c5! ....

Beabsichtigt, die Türme auf der 7. Reihe durch 29. Tc7—e7, Tb8—e8 30. Te7—f7, 31. Tc5—c7, usw. zu verdoppeln.

28. .... Lb5—a6
29. Tc5—c6 Tb8—e8
30. Kg3—f4 ....

Nachdem die Turmverdopplung auf der 7. Reihe durch Tc7–f7 gesichert ist, bringt Weiß seinen König ins Zentrum.

30. .... Kh7—g8
31. h4—h5! ....

In Voraussicht des Schlußmanövers, zu dessen Ausführung dem schwarzen König nach 35. Se5—d7! der Ausweg nach g6 abgeschnitten werden muß.

31. .... La6—f1

Es ist interessant, daß der schwarze Läufer trotz seiner Aktionsfreiheit keinerlei Anteil an der Verteidigung der Königsstellung nehmen kann.

32. g2—g3 ....

Ein abwartender Zug.

Auf 32. Tc7—f7 würde 32. .... Ta8—c8! folgen.

32. .... Lf1—a6

Auf 32. .... Lf1—e2 hätte Weiß den Angriff mittels 33. Se5—g6 in Verbindung mit 34. Sg6—h4 und 35. Kf4—e5 fortgesetzt.

33. Tc7—f7 Kg8—h7
34. Tc6—c7 Te8—g8
35. Se5—d7! ....

Droht mit Qualitätsgewinn und erzwingt den folgenden Gegenzug.

35. .... Kh7—h8
36. Sd7—f6 Tg8—f8

In der Hoffnung, wenigstens einen Turm abzutauschen.

37. Tf7—g7:! ....

Dieses Opfer erzwingt Matt spätestens im 7. Zuge.

37. .... Tf8—f6:

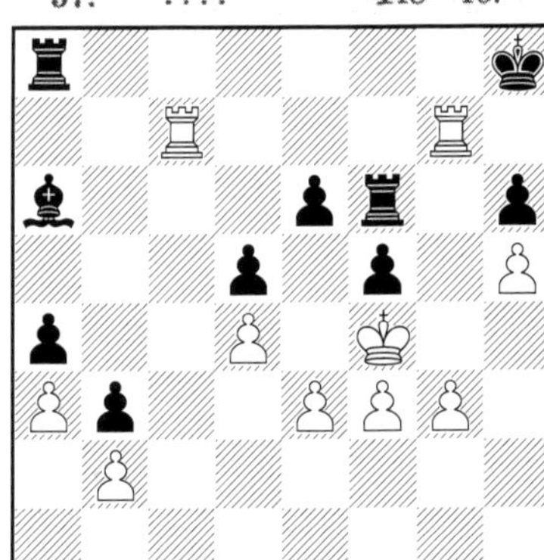

38. Kf4—e5! ....

Der Schlüssel der Kombination.

Der Turm f6 kann wegen Matt in zwei Zügen weder zurückgehen, noch gedeckt werden.

Aufgegeben.

70. Abgelehntes Damengambit

Internationales Meisterturnier zu London, August 1922.

Weiß: A. Rubinstein.

1. Sg1—f3 d7—d5
2. d2—d4 Sg8—f6
3. c2—c4 c7—c6
4. Sb1—c3 d5—c4:

Die Annahme des Gambits in diesem Moment war der Gegenstand vieler Analysen (besonders des verstorbenen Meisters Alapin); in der Praxis kam sie jedoch bis zur letzten Zeit fast nicht vor.

Alapins Analyse befaßte sich nach 5. e2—e3, b7—b5 6. a2—a4 hauptsächlich mit den Zügen Sf6—d5 oder Dd8—b6 usw.

Erst nach dem Londoner Turnier (1922) wo ich meine Neuerung 6. .... b5—b4! vorgeschlagen, begann man sich für diese Variante wiederum zu interessieren.

5. a2—a4 ....

Rubinstein, der meine Analyse bereits kannte, wählt die Fortsetzung, die Bogoljubow gegen mich in einer der früheren Runden eingeschlagen hatte. Schwarz entwickelt jetzt jedoch seinen Damenläufer und befreit sich von allen Schwierigkeiten.

5. .... Lc8—f5!
6. e2—e3 e7—e6
7. Lf1—c4: Lf8—b4

Nicht um den Läufer gegen den Springer zu tauschen, sondern um ihn auf das in dieser Stellung günstigste Feld zu entwickeln.

8. 0—0 0—0
9. Sc3—e2 ....

Dies Manöver, das den Abtausch des Läufers f5 bezweckt, beansprucht zuviel Zeit. Der einfache Entwicklungszug 9. Lc1—d2 gab Weiß mehr Möglichkeiten, das Spiel auszugleichen, und an das Erlangen von Vorteil ist doch nicht mehr zu denken.

9. .... Sb8—d7
10. Se2—g3 Lf5—g6
11. Sf3—h4 c6—c5!

Schwarz benutzt die Zeit, die ihm der Gegner gelassen hat, um nach Beendigung der Entwicklung den Angriff im Zentrum zu beginnen.

12. Sh4—g6: ....

Bogoljubow setzte in der erwähnten Partie riskanter fort: 12. f2—f4, Sd7—b6 13. Lc4—a2, c5—d4: 14. e3—d4:, Sf6—d5 15. Sh4—f3, Ta8—c8 16. Sf3—e5, Lg6—c2! 17. Dd1—f3, f7—f5! mit offenbarem Vorteil für Schwarz. Aber auch nach dem einfachen Abtausch des Springers gegen den Läufer hat Weiß ein schweres Spiel, weil sein Damenläufer nicht entwickelt ist.

12. .... h7—g6:
13. d4—c5: Sd7—c5:
14. Dd1—e2 ....

Droht mit dem Vorgehen des e-Bauern, was Schwarz zu verhindern sucht.

14. .... Sf6—e4!
15. Sg3—e4: Sc5—e4:
16. De2—g4 ....

Die Kombination mit dem Läuferopfer auf e6 würde zum Vorteil von Schwarz enden, z. B.: 16. Lc4—e6:, f7—e6: 17. De2—c4, Dd8—d5! 18. Dc4—b4:, Se4—f2:! usw.

Der Textzug ist stärker als 16. Dd1—f3, da in diesem Falle der schwarze Springer nach d6 zurückgehen könnte, was jetzt wegen 17. Lc4—e6: usw. schlecht ist.

16. .... Se4—f6
17. Dg4—f3 ....

Ein neuer Versuch, e3—e4 zu spielen.

17. .... Dd8—c7

Gewinnt ein wichtiges Tempo, um e3—e4 zu verhindern.

18. b2—b3 Dc7—e5
19. Ta1—a2 Sf6—e4
20. a4—a5 ....

Einfacher wäre 20. Lc1—b2. Aus dem weiteren wird klar werden, daß gerade der Textzug dem Schwarzen Gewinnchancen gibt; denn gerade jetzt bekommt er die Möglichkeit, sich mit dem Springer auf c3 festzusetzen.

20. .... Tf8—d8
21. Lc1—b2 Lb4—c3
22. Lb2—c3: ....

Es ist klar, daß Weiß die beiden Läufer nicht mehr behalten kann.

22. .... Se4—c3:
23. Ta2—c2 b7—b5!
24. a5—b6: (e. p.) a7—b6:

Die offene a-Linie — das Resultat des 20. Zuges von Weiß — ist auch ein wichtiger Faktor zugunsten von Schwarz.

25. Tf1—c1 Sc3—a2

Um ein Tempo zum Vorgehen des b-Bauern zu gewinnen.

26. Tc1—e1 b6—b5
27. Lc4—f1 Sa2—c3
28. Df3—f4! ....

Der Damentausch ist die beste Chance für Weiß, da er ihm die offene e-Linie gibt; nichtsdestoweniger steht das Endspiel zum Vorteil von Schwarz.

28. .... De5—f4:
29. e3—f4: b5—b4
30. g2—g3 Ta8—a3

Dieser Zug aber nimmt dem Schwarzen die meisten Gewinnchancen, da er überflüssigen Zeitverlust bedeutet. Schwarz hatte es gar nicht nötig, die Besetzung von c4 durch den weißen Läufer zu provozieren, auf welchem Felde er ganz gut steht. Viel exakter wäre es, den König sofort durch Kg8—f8—e7, Td8—d4 und Ke7—d6 nach dem Zentrum zu bringen, daraufhin einen Turm abzutauschen und mit Hilfe der übriggebliebenen drei Figuren einen Angriff auf den Punkt b3 zu schaffen.

Nach dem Textzuge wird dem Schwarzen gerade ein einziges Tempo zur Durchführung dieses Planes fehlen.

31. Lf1—c4 Kg8—f8
32. Kg1—g2 Kf8—e7
33. Te1—e5! ....

Diesen Zug hatte Schwarz bei seinem 30. Zuge nicht genügend berücksichtigt. Jetzt hat er keine Zeit mehr zu 33. .... Td8—d4, da Weiß mit seinem Turm ins feindliche Lager durch Te5—c5—c8 einzudringen droht.

33. .... Td8—c8
34. h2—h4 ....

Diese Demonstration wäre unschädlich geblieben, wenn Schwarz sie mit sofortigem 34. .... Tc8—c6 beantwortet hätte. Nach der Erwiderung von Schwarz erhält Weiß dagegen die Möglichkeit, neue Komplikationen herbeizuführen.

34. .... Sc3—d5

35. Tc2—e2! ....

Ein guter Zug, der die Drohung 32. .... Sd5—b6 durch die Möglichkeit 36. Lc4—e6: pariert und auf diese Weise ein wichtiges Tempo gewinnt.

35. .... Sd5—c3

36. Te2—d2 Tc8—c6

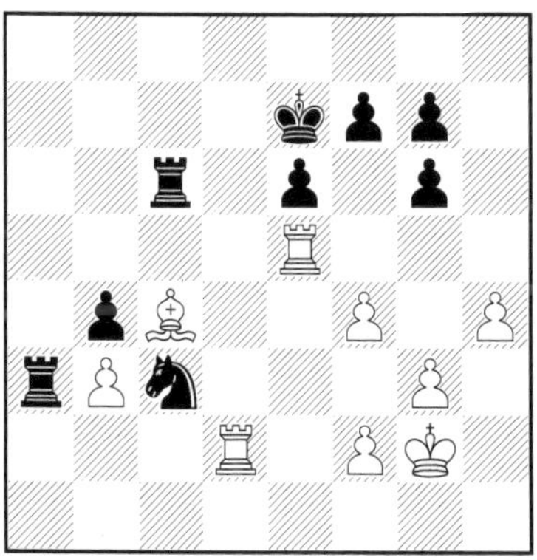

37. h4—h5! ....

Dieses geistreiche Bauernopfer wäre für Schwarz ungefährlich, wenn der weiße Turm noch auf c2 stünde. Jetzt aber muß Schwarz mit der größten Vorsicht spielen.

Diese Partie beweist mehr als andere, wie Rubinsteins Stil evolutioniert hat. Der tiefe Stratege hat sich in einen schlagfertigen Taktiker verwandelt, der bei jedem Zuge eine neue Kombination oder Falle bereitet. Diese Feststellung wird auch durch die Anzahl von Schönheitspreisen bestätigt, die Rubinstein in den letzten Turnieren erhalten hat, wo er mit solchen Spezialisten auf diesem Gebiet, wie Mieses und Spielmann, konkurriert hat.

37. .... f7—f6

38. Te5—e3 g6—h5:

39. f4—f5 e6—e5

40. Te3—d3 ....

Droht Matt in drei Zügen. Jetzt sieht man, was für einen starken Angriff Weiß für seinen Bauern erhalten hat.

40. .... Ta3—a7

Die einzige Verteidigung.

41. Td3—d8 ....

Diese Fortsetzung des fein erdachten Angriffs erwies sich als ungenügend, freilich nur weil Schwarz ein einziges, tief verborgenes Verteidigungsmanöver zur Verfügung hatte, welches seine Partie rettete. Durch 41. f2—f3, was 41. .... Sc3—e4 verhindert hätte, konnte Weiß sofort Remis erzwingen, z. B. 41. .... Sc3—b1 42. Td2—d1, Sb1—c3 43. Td1—d2, Sc3—b1 usw.

41. .... Sc3—e4

Die einzige Verteidigung gegen die Drohung Td8—g8!.

42. Td2—d5! ....

Die natürliche Antwort des Schwarzen auf diesen Zug 42. .... Se4—d6 würde wegen 43. Td8—g8, Sd6—f5: (oder 43. .... Sd6—c4: 44. Tg8—g7† usw.) 44. Td5—d8, Sf5—d6 45. Td8—b8! usw. sogar verlieren.

42. .... Tc6—d6!

43. Td8—g8! ....

Gewinnt scheinbar, da Schwarz wegen Qualitätsverlust nach 44. Lc4—d5: den Turm d5 nicht schlagen kann. Aber jetzt ist Schwarz an der Reihe, dem Gegner eine Überraschung zu bereiten.

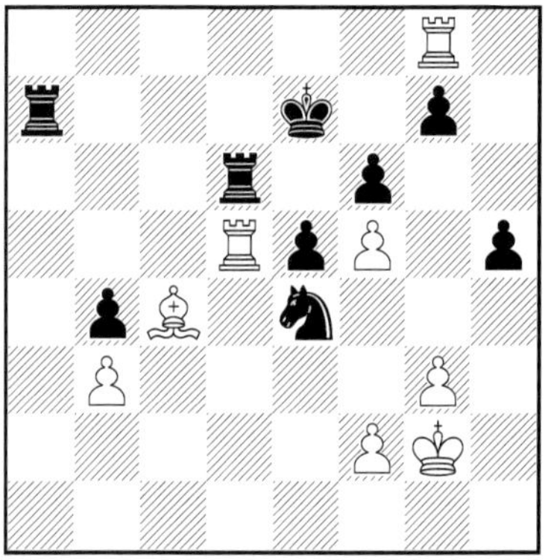

43. .... Ta7—a2!

Pariert die furchtbare Drohung 44. Td5—b5, worauf Matt in drei Zügen (Ta2—f2‡ usw.) folgen würde. Die nächsten Züge von Weiß sind erzwungen.

44. Tg8—g7‡ Ke7—f8
45. Tg7—g8† Kf8—g8:
46. Td5—d2† Kg8—g7
47. Td2—a2: Td6—d2!

Der Schlüssel der Kombination von Schwarz. Er erzwingt den Abtausch auch des zweiten Turmes, worauf das Endspiel — infolge der Schwäche des weißen b-Bauern und der Beschränktheit des Wirkungskreises des weißen Königs — zu seinem Vorteil entschieden ist.

48. Ta2—d2: Se4—d2:
49. Lc4—d5 e5—e4

Läßt f2—f3 nicht zu und verhindert den König, den Springer anzugreifen.

50. f2—f4? ....

Dieser Zug verliert die Partie endgültig, da nach e4—e3 Weiß den Springer nicht mehr vertreiben kann und sein König vom Damenflügel abgeschnitten ist.

Etwas besser war 50. g3—g4, h5—h4 51. Kg2—h3, Sd2—f3 52. g4—g5!, und das Bauernopfer gab dem Weißen in Anbetracht der knappen übriggebliebenen Streitkräfte gewisse Remischancen. Das Schlußstadium der Partie ist ziemlich lehrreich.

50. .... e4—e3!
51. Kg2—g1 Kg7—f8
52. Kg1—g2 Kf8—e7
53. Ld5—g8 Ke7—d6
54. Lg8—f7 Kd6—c5
55. Lf7—h5: Sd2—b3:
56. Kg2—f3 ....

56. g3—g4 hätte den Widerstand etwas verlängert. Dann wäre die Partie folgendermaßen verlaufen: 56. .... Sb3—d4 57. g4—g5!, f6—g5: (b4—b3? 58. g5—f6:!) 58. f4—g5:, Sd4—f5: 59. Lh5—f7, Kc5—d4 60. Kg2—f1, Kd4—d3 61. Kf1—e1, Sf5—h4 62. Lf7—d5 63. b4—b3! und Schwarz gewinnt.

56. .... Kc5—d4
57. Lh5—f7 ....

57. g3—g4 gab wegen 57. .... Kd4—d3 usw. schon keine Chancen mehr.

57. .... Kd4—d3!

Am einfachsten.

58. Lf7—b3: Kd3—d2
59. Ld3—c4 b4—b3
60. Lc4—b3: e3—e2

Weiß gibt auf.

71. Abgelehntes Damengambit

Internationales Meisterturnier zu Hastings, September 1922.

Schwarz: Dr. Tarrasch.

1. d2—d4 d7—d5
2. c2—c4 c7—c6

3. Sg1—f3 ....

Interessant ist das von Rubinstein gegen Bogoljubow in demselben Turnier gewählte System: 3. Sb1—c3, Sg8—f6 4. e2—e3, Lc8—f5 5. c4—d5:, Sf6—d5: 6. Lf1—c4 in Verbindung mit 7. Sg1—e2! usw.

3. .... Sg8—f6

4. Sb1—c3 ....

Im Londoner Turnier habe ich in dieser Stellung ein System angewandt, welches ich für absolut korrekt halte, und zwar 4. .... d5—c4: in Verbindung mit 5. .... b7—b5 und 6. .... b5—b4. Ich wollte den Wert dieses Systems nachprüfen, indem ich den Versuch machte, mich sozusagen selbst zu widerlegen; dazu benutzte ich die Partie mit Tarrasch, da ich wußte, daß er stets im Bilde der theoretischen Neuerungen ist. Obwohl die Partie zuletzt zu meinen Gunsten endete, lag das keineswegs an meinem System, sondern daran, daß mein Gegner nicht genügend in alle seine Details eingeweiht war. Das System mit 4. .... d5—c4: ist späterhin von Lasker gegen Réti (Mährisch-Ostrau 1923) und von Grünfeld gegen Bogoljubow (Karlsbad 1923) erfolgreich angewandt worden.

4. .... d5—c4:

5. e2—e3 ....

5. a2—a4 bereitet dem Schwarzen keinerlei Schwierigkeiten (vgl. Partie Nr. 70).

5. .... b7—b5

6. a2—a4 b5—b4!

Der Zug 6. .... Sf6—d5, von Alapin vorgeschlagen, ist nach seiner Partie gegen Rubinstein (Pistyan 1912) verworfen worden.

7. Sc3—a2 ....

Auf 7. Sc3—b1 kann Schwarz einstweilen den Bauern behalten, um ihn in einem passenden Augenblick zurückzugeben: 7. Sc3—b1, Lc8—a6 8. Sf3—e5, Dd8—d5! 9. f2—f3, c6—c5!. Durch den Textzug gewinnt Weiß seinen Bauern zurück, aber sein Springer steht sehr schlecht. Schwarz dagegen ist in der Entwicklung etwas zurückgeblieben, und der c-Bauer riskiert — wenn nicht rechtzeitig vorgerückt — schwach zu werden.

7. .... e7—e6

8. Lf1—c4: Lf8—e7

In der obenerwähnten Partie spielte Grünfeld hier 8. .... Lc8—b7 in Verbindung mit Sb8—d7 und c6—c5, was nach meiner Meinung die einzige logische Fortsetzung ist. Schwarz versäumt den richtigen Augenblick zu diesem Manöver und gibt dadurch dem Weißen die Möglichkeit, es überhaupt zu unterbinden.

9. 0—0 0—0

10. Dd1—e2 Lc8—b7

10. .... c6—c5 wäre schon ungenügend, z. B.: 10. .... c6—c5 11. d4—c5:, Le7—c5: 12. e3—e4, Lc8—b7 13. Lc1—g5 in Verbindung mit Tf1—d1 und Weiß steht besser.

11. Tf1—d1! Sb8—d7

12. e3—e4 ....

Jetzt ist das weiße Spiel dank der Beherrschung der Mittelfelder offenbar vorzuziehen. Schwächer ist das in identischer Stellung von Réti gegen Lasker angewandte Manöver 12. b2—b3 und 13. Lc1—b2, durch welches der Punkt c3 geschwächt und dem Springer das wichtige Feld b3 genommen wird.

12. .... a7—a5

Dieser Bauer riskiert schwach zu werden, aber falls Schwarz diesen Zug unterläßt, so droht Weiß nach Sa2—c1—b3 seinen a-Bauern bis nach a6 zu bringen.

13. Lc1—g5 Tf8—e8

Durch die Deckung des Läufers e7 befreit Schwarz die Dame, damit sie dem unangenehmen Gegenüber des weißen Turms entgehen kann.

14. Sa2—c1 Dd8—b6

15. Sc1—b3 ....

Diese Springerstellung ist in ähnlichen Positionen sehr stark, wie es u. a. meine Partien gegen Maróczy und Rubinstein zeigen (Haag 1921).

Jetzt setzt eine richtige Belagerung des schwarzen c-Bauern ein.

15. .... h7—h6

16. Lg5—e3 Lb7—a6

Verhindert 17. d4—d5, worauf jetzt 17. .... La6—c4: 18. De2—c4:, e6—d5: usw. erfolgt wäre.

17. Sf3—d2! La6—c4:

18. Sd2—c4: Db6—c7

19. De2—f3 ....

Verteidigt den e-Bauern und bereitet auf c6—c5 den Zug d4—d5 vor.

19. .... c6—c5

20. Le3—f4 ....

Das sofortige 20. d4—d5 würde dem Schwarzen nach 20. .... e6—d5: 21. e4—d5:, Le7—d6 usw. noch einige Chancen geben.

20. .... Dc7—b7

21. d4—d5 e6—d5:

22. e4—d5: Db7—a6

Eine geistreiche Verteidigung des angegriffenen Bauern, aber bloß eine vorübergehende.

(S. Stellungsbild.)

23. Ta1—c1! ....

Stellung nach dem 22. Zuge von Schwarz.

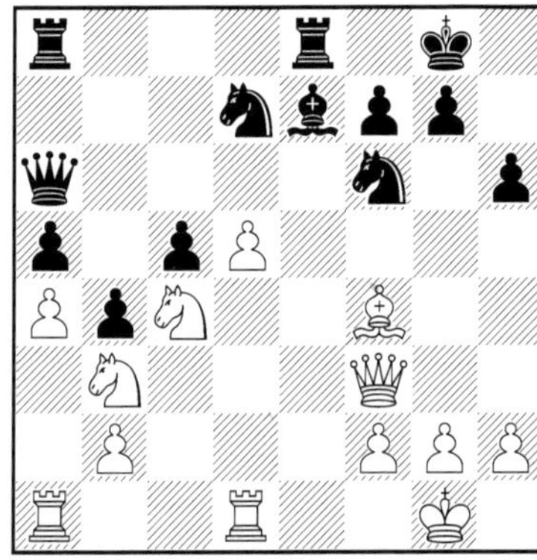

Der Bauer a5 kann weder mit dem Springer b3 (wegen Le7—d8) noch mit dem Springer c4 (wegen c5—c4 usw.) geschlagen werden. Aber nach dem Textzuge ist der Bauer bereits schutzlos. Auf 23. .... Le7—d8 kann Weiß auf verschiedene Art gewinnen. Die einfachste ist 24. Lf4—e3!, Sf6—e4 25. d5—d6! mit der Drohung Le3—h6: usw.

23. .... Le7—f8

24. Sb3—a5: Sf6—e4

25. Sa5—c6! ....

Am einfachsten. Falls 25. .... Da6—a4:, so 26. Lf4—h6:, g7—h6: 27. Df3—g4† und Dg4—d7:.

25. .... g7—g5

Ein Verzweiflungszug.

26. Lf4—e5 Sd7—e5:

27. Sc6—e5: f7—f6

Offenbar erzwungen.

28. Df3—e4: f6—e5:

29. d5—d6! Lf8—g7

30. De4—d5† Kg8—h8

31. Dd5—c5: Schwarz gibt auf.

72. Abgelehntes Damengambit

Internationales Meisterturnier zu Hastings, September 1922.

Schwarz: E. Bogoljubow.

1.	d2—d4	Sg8—f6
2.	Sg1—f3	e7—e6
3.	c2—c4	d7—d5
4.	Sb1—c3	Sb8—d7
5.	Lc1—g5	Lf8—e7
6.	e2—e3	0—0
7.	Ta1—c1	a7—a6

Läßt die folgende unangenehme Blockierung zu. Richtig ist 7. .... c7—c6.

8.	c4—c5	c7—c6
9.	b2—b4	Sf6—e4
10.	Lg5—f4	....

Am besten, denn jeder Abtausch würde die schwarze Stellung nur erleichtern.

10.	....	g7—g5

Energisch, aber gewagt, ganz im Stile Bogoljubows. Schwarz will sich durchaus des unangenehmen gegnerischen Damenläufers entledigen.

11.	Lf4—g3	Se4—g3:
12.	h2—g3:	f7—f5

Jetzt droht Schwarz, den weißen Königsflügel zu blockieren und jeden Angriff im Keime zu ersticken, z. B.: 13. Sf3—e5, Sd7—e5: 14. Dd1—h5, Tf8—f7 15. d4—e5:, g5—g4 mit befriedigender Stellung.

(S. Stellungsbild.)

13.	g3—g4!	....

Die einzige Möglichkeit, die Initiative zu behalten. Weiß mußte bei diesem Manöver die Folgen des Damentausches im 18. Zuge klar vorausberechnen.

13.	....	f5—g4:
14.	Sf3—e5	Sd7—e5:

Stellung nach dem 12. Zuge von Schwarz.

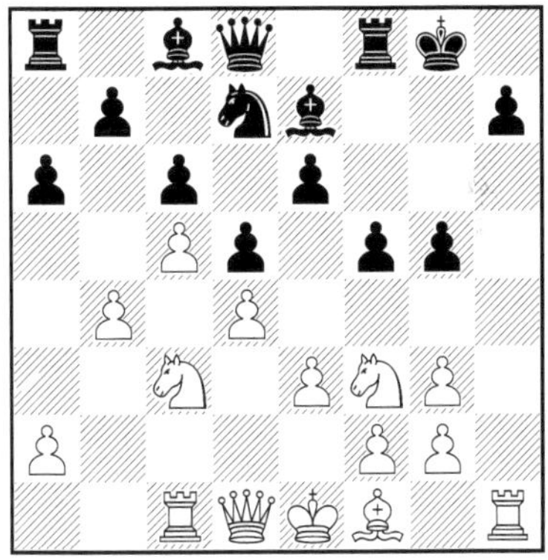

15.	d4—e5:	Dd8—c7
16.	Dd1—d4	Tf8—f5

Am logischsten. Auf andere Züge hin hätte Weiß durch Lf1—e2—g4: und f2—f4 offenbaren Vorteil erlangt.

17.	Lf1—d3	Dc7—e5:
18.	Dd4—e5:!	....

Schwarz hatte augenscheinlich 18. Ld3—f5:, De5—f5:! erhofft, wonach er zwei Bauern mit Angriffschancen für die Qualität behalten hätte.

18.	....	Tf5—e5:
19.	Th1—h7:	....

Schwarz hat einen Bauern mehr, aber alle seine Figuren stehen so ungünstig, daß es ihm nicht möglich sein wird, materiellen Verlust zu vermeiden.

19.	....	Le7—f6

Der einzige Zug. Falls 19. .... Le7—f8, so 20. Th7—c7!, 21. Sc3—a4 und Sa4—b6.

Es ist interessant, daß Schwarz nichts zu befürchten hätte, falls der Zug a7—a6 nicht geschehen wäre.

20.	Ke1—d2!	Lf6—g7
21.	Tc1—h1	....

Verhindert die Entwicklung des Läufers c8 (21. .... Lc8—d7 ? 22. Th7

—g7‡ nebst 23. Th1—h7† und gewinnt).

21. .... Ta8—b8
22. Sc3—a4! ....

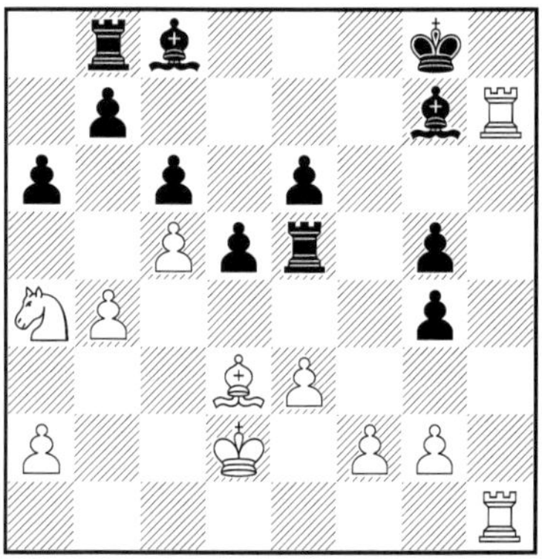

22. .... Te5—f5

Die einzige Möglichkeit, die Figuren des Damenflügels zu entwickeln. Trotz des Qualitätsgewinns fällt es Weiß noch recht schwer, den Gewinn der Partie zu erzwingen.

23. Ld3—f5: e6—f5:
24. Th7—h5! Lc8—e6

Schwarz ist gezwungen, den g-Bauern zurückzugeben, da nach 24. .... Lg7—f6 25. Th5—h6, Lf6—g7 (falls 25. .... Kg8—g7, so 26. Th6—f6:, Kg7—f6: 27. Th1—h8 in Verbindung mit Sa4—b6 und gewinnt) 26. Th6—g6 usw. erfolgt wäre.

25. Th5—g5: d5—d4

Noch die beste Chance. Schwarz öffnet die Diagonalen für seine Läufer und erhält eine gewisse Initiative.

26. e3—d4: Tb8—d8
27. Kd2—c3! ....

Und nicht 27. Kd2—e3 wegen 27. .... f5—f4† usw.

27. .... Kg8—f8

Falls 27. .... Kg8—f7, so 28. Th1—h7 usw.

28. Th1—d1 Kf8—f7
29. Sa4—b6! ....

In der Absicht, die Qualität zurück zu opfern und mit einem Mehrbauern ein leicht gewonnenes Endspiel zu behalten.

29. .... Td8—h8

Droht 30. .... Lg7—f6.

30. Tg5—g7‡ Kf7—g7:
31. a2—a4 Th8—h2
32. Td1—g1 f5—f4

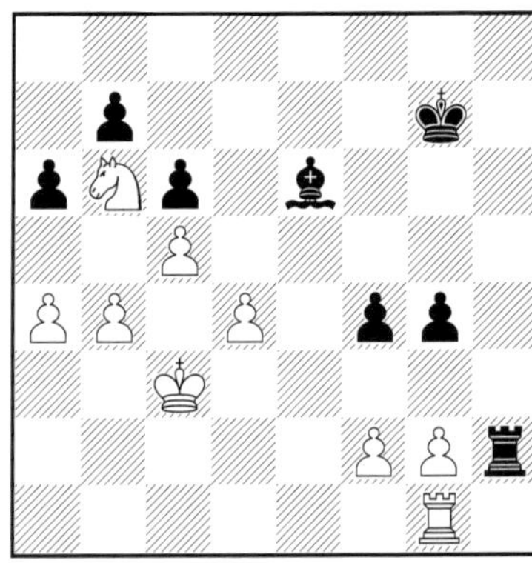

33. d4—d5! ....

Erzwingt die Bildung eines Freibauern auf dem Damenflügel, welcher dem Schwarzen eine Figur kosten wird. Der Rest ist Sache der Technik.

33. .... c6—d5:
34. Kc3—d4 g4—g3
35. f2—f3 Kg7—f6
36. b4—b5 a6—b5:
37. a4—b5: Th2—h5
38. c5—c6 b7—c6:
39. b5—c6: Kf6—e7
40. c6—c7 Ke7—d6

Falls 40. .... Th5—h8, so 41. Tg1—c1, Le6—c8 42. Sb6—c8‡, Th8—c8: 43. Kd4—d5: und gewinnt.

41. c7—c8D Le6—c8:
42. Sb6—c8‡ Kd6—d7
43. Tg1—c1 Th5—h2
44. Tc1—c2 Schwarz gibt auf.

73. Holländische Partie

Internationales Meisterturnier zu Hastings, September 1922.

Weiß: E. Bogoljubow.

1. d2—d4 f7—f5

Eine gewagte Verteidigung, die ich nur in außergewöhnlichen Fällen anwende. In dieser Partie mußte ich — um Chancen auf den ersten Preis zu haben — durchaus auf Gewinn spielen, während meinem Gegner zur Erlangung des dritten Preises Remis genügt hätte. Ich mußte folglich die Verschärfung des Spiels erstreben.

2. c2—c4 Sg8—f6
3. g2—g3 ....

In der holländischen Partie ist es für Weiß besser, den Läufer vor c2—c4 zu fianchettieren, da Schwarz sonst seinen Königsläufer — eine in dieser Eröffnung sehr wenig nützliche Figur — abtauschen kann.

3. .... e7—e6
4. Lf1—g2 Lf8—b4†
5. Lc1—d2 Lb4—d2‡
6. Sb1—d2: ....

Besser war es, mit der Dame zu schlagen und Sb1—c3 zu spielen.

6. .... Sb8—c6
7. Sg1—f3 0—0
8. 0—0 d7—d6
9. Dd1—b3 ....

Dieses Manöver verhindert Schwarz nicht an der Durchführung seines Planes; es ist aber bereits schwer, eine gute Idee für den Anziehenden zu finden.

9. .... Kg8—h8
10. Db3—c3 e6—e5!
11. e2—e3 ....

Falls 11. d4—e5:, so d6—e5: 12. Sf3—e5:?, Sc6—e5: 13. Dc3—e5:, Dd8—d2: usw.

11. .... a7—a5!

Wie bald ersichtlich, war es sehr wichtig, den Zug b2—b4 vorübergehend nicht zuzulassen.

12. b2—b3 ....

Aber nicht 12. a2—a3 wegen a5—a4!.

12. .... Dd8—e8!
13. a2—a3 ....

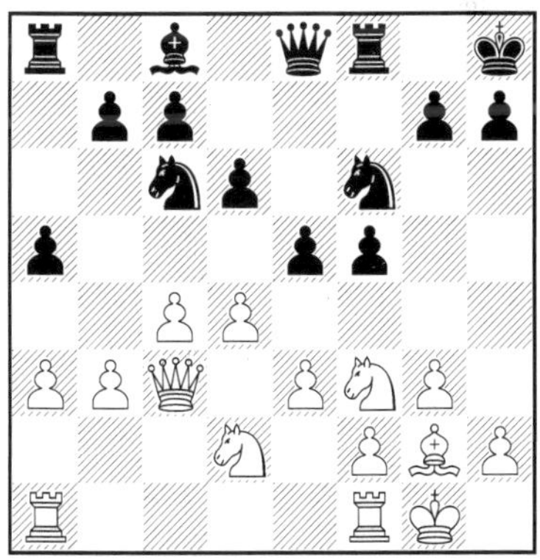

13. .... De8—h5

Jetzt geht Schwarz zum Angriff über. Weiß kann weder 14. d4—e5:, d6—e5: 15. Sf3—e5:, Sc6—e5: 16. Dc3—e5: wegen Sf6—g4 und gewinnt, noch 14. b3—b4?, e5—e4 15. Sf3—e1, a5—b4: usw. erwidern.

14. h2—h4 ....

Ein guter Verteidigungszug, der dem Springer f3 ein Rückzugsfeld gibt und die Drohung d4—e5: erneuert.

14. .... Sf6—g4

15. Sf3—g5 ....

Um den Springer durch f2—f3 zu vertreiben, schwächt Weiß seine Bauern noch mehr. 15. b3—b4 wäre wohl besser gewesen.

15. .... Lc8—d7

16. f2—f3 ....

Falls 16. Lg2—c6:, so 16. .... Ld7—c6: 17 f2—f3, e5—d4:! 18. f3—g4:, d4—c3: 19. g4—h5:, c3—d2: zum Vorteil von Schwarz.

16. .... Sg4—f6

17. f3—f4 ....

Ist bereits wegen der Drohung 18. .... f5—f4 notwendig.

17. .... e5—e4

18. Tf1—d1 ....

Um den Bauern g3 im Falle seiner Bedrohung durch Dh5—g4 und Sf6—h5 mit dem Springer von f1 aus zu decken. Das vorhergehende 18. d4—d5! gab jedoch dem Weißen größere Verteidigungschancen.

18. .... h7—h6

19. Sg5—h3 d6—d5!

Durch diesen Zug vernichtet Schwarz alle gegnerischen Chancen im Zentrum und geht unerwarteterweise auf dem Damenflügel zum Angriff über.

20. Sd2—f1 Sc6—e7

Droht 21. .... a5—a4!

21. a3—a4 Se7—c6!

22. Td1—d2 Sc6—b4

23. Lg2—h1 ....

Der Umstand, daß Weiß zu so unglaublichen Manövern Zuflucht nehmen muß, um seinen Königsflügel irgendwie zu befestigen, beweist am besten die ganze Schwierigkeit seiner Stellung.

(S. Stellungsbild.)

23. .... Dh5—e8!

Stellung nach dem 23. Zuge von Weiß.

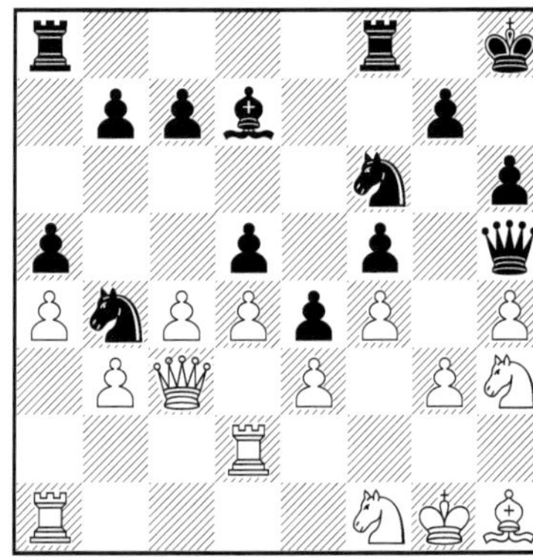

Ein sehr starker Zug, der dem Schwarzen neue Vorteile bringt: entweder den Besitz des Feldes d5 nach c4—d5: oder die Öffnung der Linien auf dem Damenflügel durch b7—b6 nach c4—c5 usw., oder, endlich, Bauerngewinn wie in der Partie.

24. Td2—g2 ....

Weiß erstrebt nun noch g3—g4, aber selbst diese schwache Chance ist undurchführbar.

24. .... d5—c4:

25. b3—c4: Ld7—a4:

26. Sh3—f2 La4—d7

27. Sf1—d2 b7—b5!

Um den Besitz der Mittelfelder entbrennt nun ein Kampf, der zu sehr originellen Situationen führt.

28. Sf2—d1 Sb4—d3!

Bereitet die folgende Kombination vor. Schlecht wäre 28. .... b5—c4:, da in diesem Falle der weiße Springer sich auf e5 festgesetzt hätte.

29. Ta1—a5: ....

Falls 29. c4—b5:, so Ld7—b5: 30. Ta1—a5:, Sf6—d5 31. Dc3—a3, Ta8—a5: 32. Da3—a5:, De8—c6 mit starkem Angriff.

29. .... b5—b4!

30. Ta5—a8: ....

Falls 30. Dc3—a1, so Ta8—a5: 31. Da1—a5:, De8—a8! 32. Da5—a8:, Tf8—a8: und das Eindringen des schwarzen Turms ins feindliche Lager entscheidet die Partie.

30. .... b4—c3:!

Wie aus dem folgenden ersichtlich, ist diese Fortsetzung viel stärker als 30. .... De8—a8: 31. Dc3—b3, Ld7—a4 32. Db3—b1, und Weiß könnte sich noch verteidigen.

31. Ta8—e8: ....

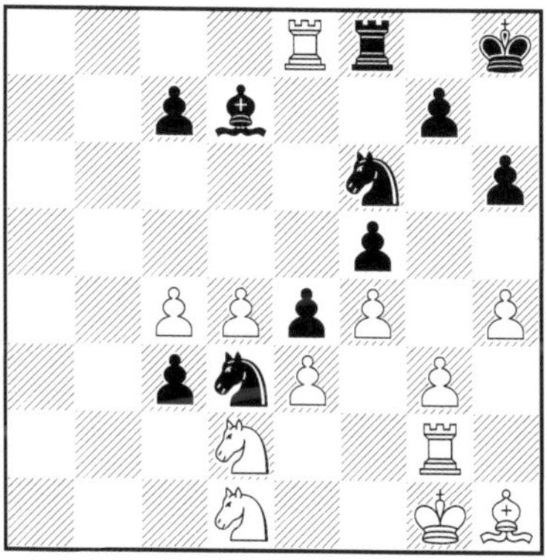

31. .... c3—c2!!

Der Schlüssel der im 27. Zuge begonnenen Kombination.

32. Te8—f8‡ Kh8—h7

33. Sd1—f2 ....

Erzwungen.

33. .... c2—c1D†

34. Sd2—f1 Sd3—e1!

Droht ein unerwartetes ersticktes Matt.

35. Tg2—h2 Dc1—c4:

Eine neue Mattdrohung in wenigen Zügen durch 36. .... Ld7—b5 usw. zwingt den Weißen die Qualität zu opfern.

36. Tf8—b8 Ld7—b5

37. Tb8—b5: Dc4—b5:

38. g3—g4 ....

Die einzige, aber sehr verspätete Chance.

38. .... Se1—f3†

39. Lh1—f3: e4—f3:

40. g4—f5: ....

Erzwungen, da Schwarz nach 40. g4—g5 durch Sf6—g4 usw. zwei Freibauern erlangt hätte.

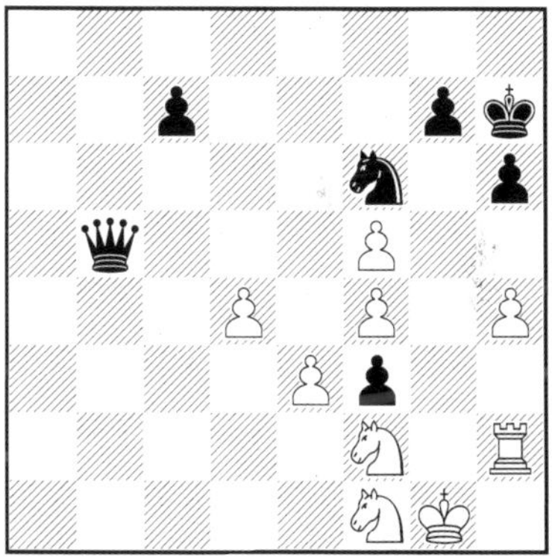

40. .... Db5—e2!

Dieser Zug schafft eine Problemstellung: Weiß kann keine Figur ziehen, ohne sofort zu verlieren, z. B.: 41. Sf2—h3 (oder g4), Sf6—g4!! oder 41. Th2—h3 (oder h1), Sf6—g4! und Schwarz gewinnt. Nach zwei belanglosen Zügen ist Weiß daher gezwungen, e3—e4 zu ziehen, wodurch ein für Schwarz gewonnenes Endspiel herbeiführt wird.

41. d4—d5 Kh7—g8!

Und nicht das natürliche 41. .... h6—h5, wonach Weiß sich durch das Manöver Sf2—h3 und Sh3—g5†—f3: noch hätte retten können.

42. h4—h5 Kg8—h7

43. e3—e4 Sf6—e4:

44. Sf2—e4: De2—e4:

45. d5—d6 ....

Die Bauern sind offenbar nicht mehr zu verteidigen.

45. .... c7—d6:
46. f5—f6 g7—f6:
47. Th2—d2 De4—e2!

Ein eleganter, der Partie würdiger Schluß. Schwarz erzwingt ein gewonnenes Bauernendspiel.

48. Td2—e2: f3—e2:
49. Kg1—f2 e2—f1:D†
50. Kf2—f1: Kh7—g7
51. Kf1—f2 Kg7—f7
52. Kf2—e3 Kf7—e6
53. Ke3—e4 d6—d5†

Weiß gibt auf.

74. Spanische Partie

Internationales Meisterturnier zu Wien, November 1922.

Schwarz: R. Réti.

1. e2—e4 e7—e5
2. Sg1—f3 Sb8—c6
3. Lf1—b5 a7—a6
4. Lb5—a4 Sg8—f6
5. Sb1—c3 b7—b5
6. La4—b3 Lf8—c5

Wenn Schwarz Lf8—c5 spielen wollte, hätte er es vor b7—b5 tun sollen. Jetzt wäre 5. .... Lf8—e7 besser für ihn. Durch den Textzug setzt er sich unnötigerweise Gefahren aus.

7. Sf3—e5:! ....

Die richtige Antwort, nach welcher Weiß in allen Fällen einen gefährlichen Angriff erhält.

7. .... Sc6—e5:
8. d2—d4 Lc5—d6
9. d4—e5: Ld6—e5:
10. f2—f4! ....

Wenn der b-Bauer auf b7 und der weiße Läufer auf a4 stünde, wäre dieser Zug wegen Le5—c3‡ und Sf6—e4: fehlerhaft.

10. .... Le5—c3‡
11. b2—c3: 0—0

Jetzt erzwungen. Falls 11. .... Sf6—e4:, so 12. Dd1—d5!.

12. e4—e5 ....

Weiß scheint ein entscheidendes Positionsübergewicht bekommen zu haben. Der Rückzug des Springers nach e8 sieht erzwungen (falls Sf6—e4, so Dd1—d5) aus, aber mein erfinderischer Gegner findet eine überraschende Möglichkeit, das Spiel mit guten Chancen für sich zu verschärfen.

12. .... c7—c5!

Falls 12. .... Sf6—e8, so 13. 0—0, d7—d6 14. f4—f5 usw. mit entscheidendem Angriff. Der Textzug droht den weißen Läufer abzusperren und ein Endspiel mit ungleichen Läufern herbeizuführen, falls Weiß den Springer schlägt.

Was soll nun Weiß tun, um sein Übergewicht zu behalten? Die folgenden Varianten erscheinen ungenügend:

I. 13. e5—f6:, Tf8—e8† 14. Ke1—f1, c5—c4.

II. 13. c3—c4, d7—d5! 14. e5—f6:, Tf8—e8† 15. Ke1—f1, Dd8—f6: in Verbindung mit d5—c4:.

III. 13. 0—0, c5—c4 14. e5—f6:, Dd8—f6: 15. Dd1—d5, Df6—b6† in Verbindung mit 16. .... Lc8—b7.

IV. 13. Lb3—d5, Sf6—d5: 14. Dd1—d5:, Dd8—b6! 15. Lc1—e3, Lc8—b7 16. Dd5—c5:, Db6—g6! oder

V. 16. Le3—c5:, Lb7—d5: 17. Lc5—b6:, Ld5—g2: 18. Th1—g1, Lg2—e4 und Schwarz steht in den ersten vier Fällen besser und im fünften gleich.

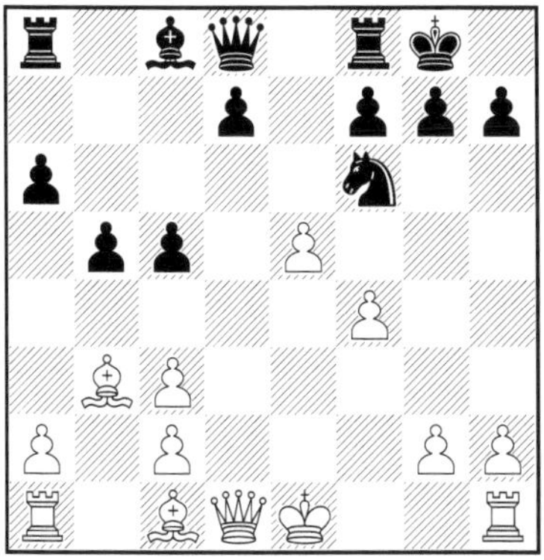

13. Lc1—a3!! ....

Der Einleitungszug einer weit berechneten Kombination, die einen Bauern bei besserer Stellung gewinnt.

Natürlich war es vollständig unmöglich, in diesem Moment vorauszusehen, daß das materielle und positionelle Übergewicht des Weißen zum Gewinn nicht ausreichen würde.

13. .... Dd8—a5!

Die beste Antwort. Schwarz hat seinen Bauern c5 indirekt verteidigt und zugleich den Läufer angegriffen; aber er hat es um den Preis der vorübergehenden Entfernung der Dame aus dem Spiel erreicht, worauf Weiß auch gerechnet hatte, als er mit Lc1—a3 seine Kombination einleitete.

14. 0—0! Da5—a3:

15. e5—f6: c5—c4

Schwarz unternimmt keine anderen Maßnahmen gegen die Drohung 11. Dd1—d5 in der Erwartung, daß er den Zug 16. .... Da3—a5 zur Verfügung hat, während der weiße Läufer eingesperrt ist. Aber diese Berechnung stimmt nicht ganz.

16. Dd1—d5! Da3—a5!

17. f6—g7:! ....

Und nicht 17. Dd5—a8: wegen 17. .... Da5—b6† und 18. .... Lc8—b7 mit Damengewinn.

17. .... Da5—b6†

18. Kg1—h1 Kg8—g7:!

Wiederum der einzige Zug. Falls 18. .... Tf8—d8, so 19. Lb3—c4:!, b5—c4: (erzwungen) 20. Dd5—a8:, Lc8—b7 21. Ta1—b1!, und Weiß gewinnt die Qualität.

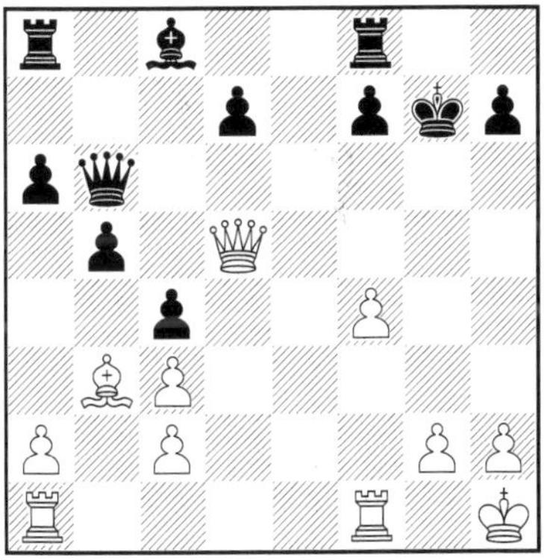

19. Lb3—c4: ....

Der Schlüssel der Kombination. Dieser Läufer, der unwiderruflich verloren schien, ersteht zu neuem Leben da, falls 19. .... b5—c4:, so 20. Dd5—a8: in Verbindung mit Ta1—b1 (wie in der vorigen Anmerkung).

Weiß mit einem Bauern mehr bei ausgezeichneter Stellung könnte scheinbar in Anbetracht der kompromittierten schwarzen Königsstellung jetzt auf sicheren Sieg rechnen.

19. .... Lc8—b7!

20. Dd5—e5† ....

Auch nach 20. Dd5—g5†, Db6—g6 21. Lc4—d3, f7—f5 würde Schwarz ebenfalls Verteidigungsmöglichkeiten haben.

20. .... Db6—f6
21. Lc4—d3 Tf8—e8!

Ein vorzüglicher Verteidigungszug! Schwarz opfert noch einen Bauern, um die Mittellinien mit seinen Türmen zu besetzen Nach 21. .... Df6—e5: 22. f4—e5:, Ta8—c8 23. Tf1—f4, Tc8—c3 24. Tf4—g4†, Kg7—h8 25. Tg4—h4 usw. wäre es ihm kaum gelungen, die Partie zu retten.

22. De5—h5 h7—h6
23. Dh5—g4† Kg7—h8
24. Dg4—d7: Te8—e7
25. Dd7—d4 Df6—d4:
26. c3—d4: Ta8—d8

In der Voraussicht, daß der d-Bauer schwer zu verteidigen sein wird z. B.: 27. c2—c3, b5—b4! 28. c3—b4:, Td7—d4: in Verbindung mit 29. .... Td4—b4: usw.

27. f4—f5! ....

In der Absicht, nach Td8—d4: in Verbindung mit f5—f6 einen Vorposten mit guten Angriffschancen gegen die Königsstellung zu bilden.

27. .... f7—f6!

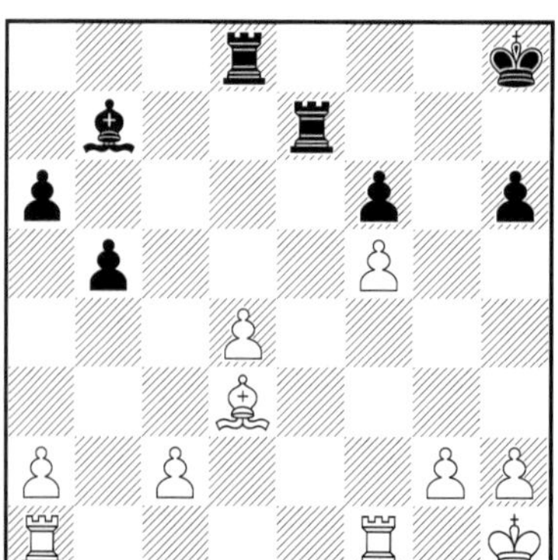

28. Ta1—e1 ....

Zieht vor, einen der Bauern zurückzugeben, nur um den gefährlichen schwarzen Läufer abzutauschen.

28. Tf1—f4 rettete den Bauern vorübergehend, gab aber keine Gewinnchancen. Z. B.: 28. .... Tc7—g7 29. Ld3—f1, Td8—c8! 30. Tf4—f2 oder Ta1—c1, Tc8—c3 in Verbindung mit 31. .... Lb7—d5 oder Tc3—a3 und Weiß kann nicht alle seine Bauern verteidigen.

28. .... Te7—g7!

Natürlich nicht 28. .... Te7—e1: 29. Tf1—e1:, Td8—d4: wegen 28. Te1—e8† und Te8—e7† und gewinnt.

29. Ld3—e4 Td8—d4:
30. Le4—b7: Tg7—b7:
31. Te1—e6 ....

Gewinnt wieder einen Bauern, aber nur vorübergehend.

31. .... Kh8—g7
32. Te6—a6: Td4—c4

Noch exakter war 32. .... Td4—a4!, obwohl auch der Textzug sich als genügend erweist.

33. Tf1—f3 ....

Es ist klar, daß Schwarz auf Tf1—f2, Tb7—c7 spielen wird, und der c-Bauer wäre doch nicht zu verteidigen.

33. .... Tc4—c2:
34. h2—h3 Kg7—f7!

Rettet sich vor Tf3—g3† und Tg3—g6.

35. Tf3—g3 Tc2—f2
36. Tg3—g6 Tf2—f5:
37. Tg6—h6: Kf7—g7
38. Th6—h4 b5—b4!

Nach diesem Zuge, der die Bauern des Damenflügels zu liquidieren droht, werden die Gewinnchancen des Weißen minimal.

39. Th4—g4† Kg7—f7
40. Tg4—g3 Tf5—b5

41.	Tg3—b3	Kf7—g6
42.	Kh1—h2	Tb5—c5
43.	Ta6—a4	Tc5—b5
44.	h3—h4	Tb5—b6
45.	Kh2—h3	Tb7—b8
46.	g2—g3	f6—f5!
47.	Ta4—a5	Tb8—c8
48.	Tb3—f3	Tb6—f6
49.	Kh3—g2	Tc6—c3!
50.	Ta5—a8	Tc3—f3:
51.	Kg2—f3:	Tf6—c6
52.	Ta8—b8	Tc6—c4
53.	Tb8—b6†	Kg6—g7
54.	h4—h5	Tc4—d4
55.	Tb6—c6!	Td4—e4
56.	Tc6—g6†	Kg7—f7
57.	g3—g4	....

Der letzte Versuch.

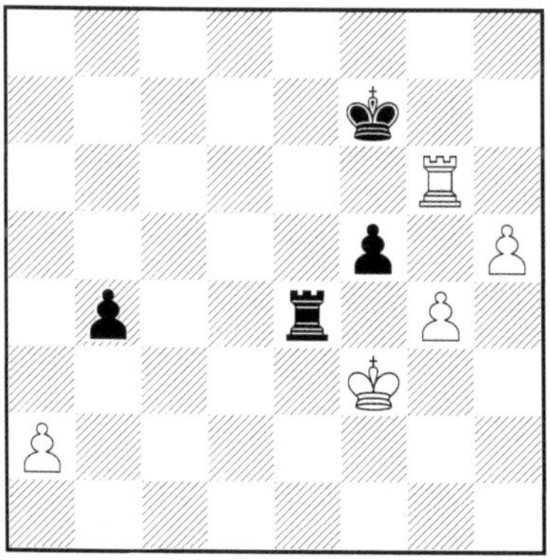

57.	....	Te4—g4:!

Erzwingt das Remis.

58.	Tg6—g4:	f5—g4‡
59.	Kf3—g4:	Kf7—g7!

Remis.

Der schwarze König hält den Bauern rechtzeitig auf, z. B.: 60. Kg4—f5, Kg7—h6 61. Kf5—e4, Kh6—h5: 62. Ke4—d4, Kh5—g5 63. Kd4—c4, Kg5—f5 64. Kc4—b4:, Kf5—e6 65. Kb4—b5, Ke6—d7 66. Kb5—b6, Kd7—c8 usw.

75. Abgelehntes Damengambit

Internationales Meisterturnier zu Wien, November 1922.

Weiß: H. Kmoch.

1.	d2—d4	Sg8—f6
2.	Sg1—f3	d7—d5
3.	c2—c4	c7—c6
4.	e2—e3	....

4. Sb1—c3 hätte Schwarz mit d5—c4: beantwortet (siehe Partie Nr. 70).

4.	....	Lc8—f5
5.	Sb1—d2	....

Dieses Entwicklungssystem verfolgt die Idee des Vorgehens der Damenflügelbauern und wurde von Réti gegen Spielmann im Turnier zu Teplitz-Schönau, welches einige Wochen vor dem Wiener Turnier stattgefunden hatte, erfolgreich angewandt. Dieser Umstand ist wohl der Grund dafür, daß mein Gegner die üblichen Fortsetzungen 6. Dd1—b3 oder 6. c4—d5: aufgegeben hat, ohne jedoch den Wert der Neuerung nachzuprüfen.

5.	....	e7—e6
6.	Lf1—e2	Sb8—d7
7.	0—0	Lf8—d6
8.	c4—c5	Ld6—c7
9.	b2—b4	Sf6—e4
10.	Sd2—e4:	d5—e4:!

Viel besser als mit dem Läufer zu schlagen, wie Spielmann es in der erwähnten Partie getan hat. In diesem Falle kann Schwarz nach 10. Sf3—d2, f7—f5 11. Sd2—e4: usw. keinen genügenden Angriff erlangen, um das gegnerische Bauernübergewicht auf dem Damenflügel zu kompensieren.

11.	Sf3—d2	h7—h5!

Das Zeichen zum Angriff!

Da Weiß ohnedies gezwungen ist, früher oder später f2—f4 zu spielen, hat Schwarz es nicht nötig, diesen Zug durch Dd8—h4 zu provozieren.

12. f2—f4 ....

Schwarz drohte gelegentlich Lc7—h2‡ in Verbindung mit Dd8—h4, Sd7—f6 usw.

12. .... g7—g5
13. g2—g3 ....

Nach diesem schüchternen Zug, der den Plänen des Gegners entgegenkommt, wird der schwarze Angriff unwiderstehlich. Besser wäre 13. Sd2—c4, Sd7—f6 14. Sc4—e5, g5—f4: 15. e3—f4:, h5—h4; aber auch dann wäre das schwarze Spiel wegen der Schwäche des d-Bauern vorzuziehen.

13. .... Sd7—f6!

Bereitet das Vorgehen des h-Bauern vor, was jetzt wegen 14. g3—g4 ungenügend wäre. Es ist klar, daß Schwarz 14. f4—g5: mit Sf6—g4 usw. beantwortet hätte.

14. Lc1—b2 g5—f4:
15. e3—f4: ....

Oder 15. g3—f4:, Sf6—g4 usw.

15. .... h5—h4
16. Dd1—b3 ....

Falls 16. g3—g4, so Th8—g8 17. h2—h3, Sf6—d5 mit dem Gewinn des Bauern f4.

16. .... h4—g3:
17. h2—g3: Sf6—d5
18. Sd2—c4 ....

Weiß hat gegen das Opfer auf f4 keine Verteidigung mehr.

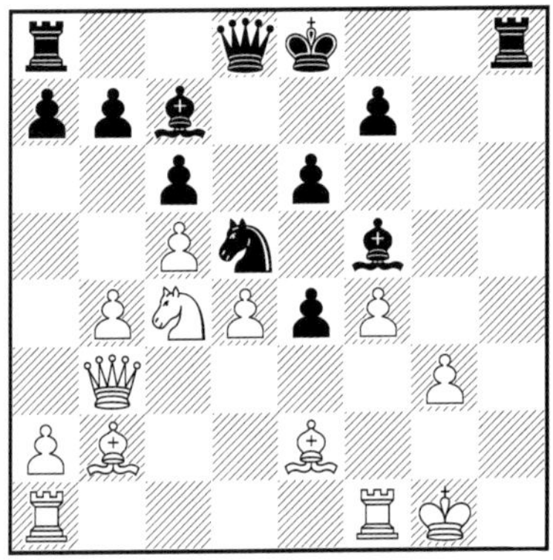

18. .... Sd5—f4:!

Der entscheidende Schlag. Falls 19. g3—f4:, so Dd8—h4 und gewinnt. Falls aber 19. Tf1—f4:, so Lc7—f4: 20. g3—f4:, Dd8—h4 und gewinnt.

19. Ta1—e1 Dd8—g5
20. d4—d5 Sf4—d3!

Erzwingt Matt in wenigen Zügen. Weiß gibt auf.

Diese Partie beweist erneut, in welche Gefahr sich junge Spieler begeben, die den Neuerungen der Meister blind folgen, ohne alle Details und Konsequenzen dieser Neuerungen nachzuprüfen.*)

76. Sizilianische Partie

Internationales Meisterturnier zu Wien, November 1922.

Schwarz: F. Sämisch.

1. e2—e4 c7—c5
2. Sg1—f3 Sb8—c6

Verzichtet auf die Paulsen-Variante (e7—e6 in Verbindung mit

*) (Dies wurde im Jahre 1923 geschrieben. Seitdem hat sich Meister Kmoch bekanntlich zu einem Turnierhecht entwickelt. A. A.)

a7—a6 und Dd8—c7), in der die Entwicklung des Springers nach c6 meistenteils nicht angebracht ist.

Nach 2. .... e7—e6 kann sich Weiß noch des Zuges d2—d4 enthalten, indem er 3. Lf1—e2 spielt, um die Möglichkeit zu haben 3. .... Dd8—c7 4. d2—d4!, c5—d4: 5. Sf3—d4:, a7—a6 durch 6. c2—c4! usw. mit gutem Spiel zu beantworten.

3. d2—d4 c5—d4:

4. Sf3—d4: g7—g6

5. c2—c4 ....

Dieses Spielsystem gegen das Fianchettieren des Läufers in der sizilianischen Partie ist von Maróczy vor etwa 15 Jahren mit der Fortsetzung 5. .... Lf8—g7 6. Lc1—e3, Sg8—f6 7. Sb1—c3, d7—d6 8. Lf1—e2 eingeführt worden; es kann jedoch von Schwarz, wie der verstorbene Breyer bewiesen hat, erfolgreich mit 8. .... Sf6—g4 bekämpft werden.

5. .... Lf8—g7

6. Sd4—b3 ....

Eine Neuerung, die die sofortige Befreiung vom Drucke gegen d4 bezweckt. Nicht schlecht zum selben Zwecke ist auch 6. Sd4—c2 in Verbindung mit Sc2—e3.

6. .... Sg8—f6

7. Sb1—c3 d7—d6

8. Lf1—e2 Lc8—e6

Der Läufer steht auf e6 schlecht, der Angriff auf den Bauern c4 spielt dagegen keine Rolle, da Weiß diesen Bauern einfach vorrücken kann.

Übrigens wäre auch nach 8. .... 0—0 9. 0—0, Lc8—d7 10. Lc1—e3 in Verbindung mit 11. f2—f3 und 12. Sc3—d5 das weiße Spiel vorzuziehen.

9. 0—0 h7—h5

Kühn, aber nicht solid. Schwarz will 10. f2—f4 mit Dd8—b6† und 11. .... Sf6—g4, und 10. f2—f3 mit h5—h4 in Verbindung mit 11. .... Sf6—h5 beantworten (Breyers Manöver). Aber durch einfaches 10. Lc1—g5! (mit der Drohung 11. c4—c5) konnte Weiß das in der Eröffnung erlangte Übergewicht behalten.

10. c4—c5 ....

Dieser Zug ist jedoch verfrüht, da Schwarz durch 10. .... d6—d5! eine leidliche Partie bekommen könnte, z. B.: 11. Sb3—d4, Sc6—d4: 12. Dd1—d4:, d5—e4: 13. Dd4—b4!, Dd8—c8 14. Sc3—e4:, Sf6—e4: 15. Db4—e4:, 0—0, wonach das Bauernübergewicht des Weißen auf dem Damenflügel durch die starke Stellung der schwarzen Läufer vollständig kompensiert wäre.

10. .... d6—c5:

Der entscheidende Fehler.

Trotz des Damentauschs kann Schwarz den direkten weißen Angriff auf seinen im Zentrum gelassenen König nicht abwehren.

11. Sb3—c5: Le6—c8

Falls Schwarz durch 11. .... Dd8—c8 dem Damentausch ausweicht, so bekommt Weiß durch 12. Sc3—d5 ein zum Gewinn genügendes Stellungsübergewicht. Z. B.: 12. Sc3—d5, 0—0 13. Sc5—e6:, f7—e6: (oder 13. .... Dc8—e6: 14. Sd5—c7 usw.) 14. Sd5—f4 usw.

12. Dd1—d8‡ Ke8—d8:

Ungenügend ist auch 12. .... Sc6—d8: 13. Sc3—b5, 0—0 14. Sb5—c7, Ta8—b8 15. Lc1—f4 usw.

13. Tf1—d1† Sf6—d7

In der Hoffnung, den Angriff durch 14. .... Lg7—c3: und 15. .... Kd8—c7 oder 14. .... Sc6—d4 abzuwehren.

14. Le2—c4! ....

Entscheidend! Schwarz kann den f-Bauern nicht decken. Z. B.: 14. .... Th8—f8 15. Sc3—b5!, a7—a6 (A) 16. Lc4—f7:, Tf8—f7: 17. Sc5—e6†, Kd8—e8 18. Sb5—c7‡.

A. 15. .... b7—b6 16. Lc4—d5!, b6—c5: 17. Ld5—c6:, Ta8—b8 18. Lc1—d2 und gewinnt.

14. .... Lg7—c3:

Auch andere Züge waren nicht besser.

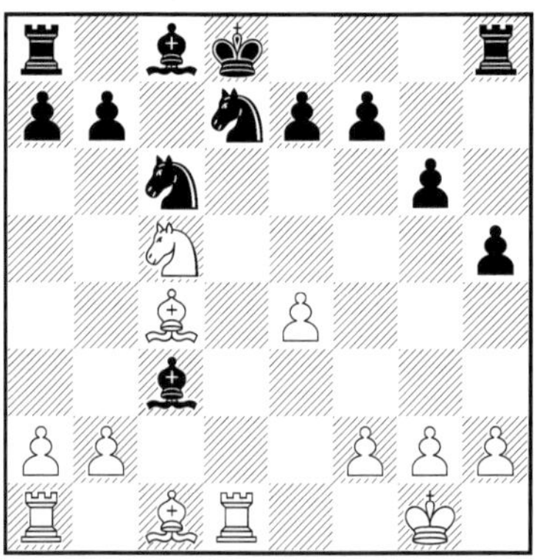

15. Lc4—f7:! ....

Gewinnt nicht nur einen Bauern, sondern zerstört auch vollkommen die gegnerische Stellung.

15. .... Kd8—c7

Falls 15. .... Sc6—d4, so natürlich 16. Td1—d4. und 17. Sc5—e6†.

16. Sc5—e6† Kc7—b8
17. b2—c3: Sd7—e5
18. Lc1—f4 Lc8—e6:
19. Lf7—e6: Th8—f8
20. Lf4—g3 ....

Droht mit 21. Td1—d5; Schwarz verliert also noch einen Bauern (nach h5—h4) oder die Qualität (nach 20. .... Tf8—f6 21. Lg3—e5: und 22. Td1—d8†).

Schwarz gibt auf.

77. Damenbauernspiel

Internationales Meisterturnier zu Wien, November 1922.

Schwarz: E. König.

1. d2—d4 Sg8—f6
2. c2—c4 b7—b6

Nach 2. c2—c4 ist dieser Zug nicht gut. Richtiger ist 2. .... e7—e6, um auf 3. Sb1—c3 3. Lf8—b4 und auf 3. Sg1—f3 3. b7—b6 usw. erwidern zu können.

3. Sb1—c3 Lc8—b7
4. Dd1—c2! ....

Der richtige Zug, zuerst von Teichmann gegen mich angewendet (Berlin 1921). Jetzt kann Schwarz den Gegner nicht mehr verhindern, durch e2—e4 ein starkes Zentrum zu erlangen.

4. .... d7—d5

Diese Fortsetzung ist in der Partie Euwe-Aljechin (Budapest 1921) versucht worden; die Partie nahm folgenden Verlauf: 5. c4—d5:, Sf6—d5: 6. e2—e4 (richtig ist 6. Sg1—f3!) 6. .... Sd5—c3: 7. b2—c3:, e7—e5 8. d4—e5:, Dd8—h4! 9. Lf1—b5†, Sb8—d7 10. Sg1—f3, Dh4—e4‡ 11. Dc2—e4:, Lb7—e4:. Der Ausgleich mit Zug 4. .... Sb8—c6, welcher in der erwähnten Partie Teichmann-Aljechin gewählt wurde, ist ebenfalls wegen 5. Sg1—f3, e7—e6 6. e2—e4, e6—e5 7. d4—e5:, Sf6—g4 8. Lc1—f4, Lf8—c5 9. Lf4—g3,

Dd8—e7 10. 0—0—0 usw. ± nicht ausreichend.

5. c4—d5: Sf6—d5:

6. Sg1—f3! ....

Verhindert den Gegenangriff 6. .... e7—e5, der die einzige Ausgleichchance für Schwarz bildet.

6. .... e7—e6

7. e2—e4 Sd5—c3:

8. b2—c3: Lf8—e7

9. Lf1—b5† c7—c6

10. Lb5—d3 0—0

Besser wäre es, zunächst 10. .... Sb8—d7 zu spielen, da jetzt Weiß, dank seiner besseren Entwicklung, sofort einen starken Angriff auf die schwach verteidigte schwarze Rochadestellung einleiten kann.

11. e4—e5 h7—h6

Noch am besten.

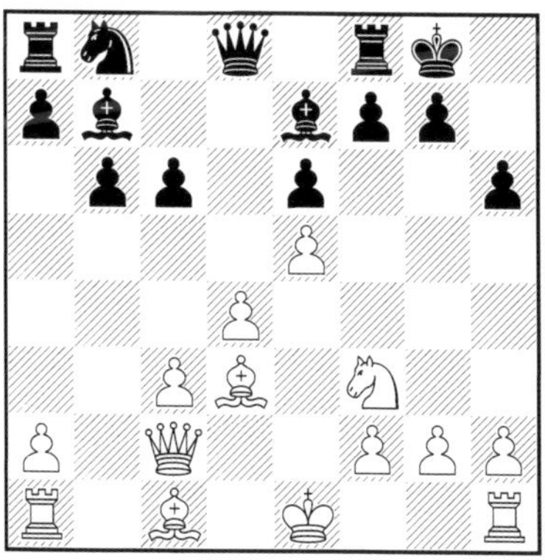

12. h2—h4! ....

Der Einleitungszug des entscheidenden Angriffs. Außer des mit Th1—h3—g3 beginnenden Manövers droht Weiß auch noch 13. Sf3—g5 in Verbindung mit 14. Ld3—h7† und 15. Lh7—g8!.

12. .... c6—c5

Um diese letzte Drohung (13. Sf3—g5) durch c5—d4:! 14. Ld3—h7†, Kg8—h8 15. Lh7—g8, d4—d3 usw. zu parieren. Aber der weiße Turm kommt nun ins Spiel und entscheidet die Partie in wenigen Zügen.

13. Th1—h3 Kg8—h8

Das ist keine Deckung gegen die Drohung Lc1—h6:, aber auch nach 13. .... f7—f5 14. e5—f6:, Le7—f6: 15. Sf3—g5! usw. gewann Weiß.

14. Lc1—h6:! f7—f5

Falls g7—h6:, so natürlich 15. Dc2—d2 usw.

15. e5—f6: Le7—f6:

16. Lh6—g5 c5—d4:

17. Sf3—e5! Sb8—c6

18. Dc2—e2! g7—g6

Falls 18. .... Sc6—e5:, so Matt in vier Zügen.

19. Ld3—g6: Kh8—g7

20. Lg5—h6† Kg7—g8

Oder 20. .... Kg7—h6: 21. De2—h5† und Matt im nächsten Zuge.

21. Se5—c6: ....

Jetzt gibt es aber kein erzwungenes Matt mehr, und Weiß schreitet deshalb zur Liquidation, die ihm einen Mehrturm einbringt.

21. .... Lb7—c6:

22. De2—e6‡ Kg8—h8

23. Lh6—f8: Dd8—f8:

24. De6—c6: Schwarz gibt auf.

78. Französische Partie

Internationales Meisterturnier zu Wien, November 1922. Schönheitspreis.

Schwarz: Dr. S. Tartakower.

1. e2—e4 e7—e6

2. d2—d4 d7—d5

3. Sb1—c3 Sg8—f6

4. Lc1—g5 d5—e4:

Ein guter Zug, der wahrscheinlich zum Ausgleich genügt.

5. Lg5—f6: ....

Vorzuziehen, wenn auch für Schwarz nicht gefährlich, wäre wohl 5. Sc3—e4:, Lf8—e7 6. Lg5—f6:, Le7—f6: 7. Sg1—f3 usw.

5. .... g7—f6:
6. Sc3—e4: f6—f5
7. Se4—c3 ....

Der Springerrückzug nach g3 versprach wegen der Antwort 7. .... c7—c5! noch weniger.

7. .... Lf8—g7
8. Sg1—f3 0—0
9. Dd1—d2 ....

Falls 9. Lf1—c4, so c7—c5 10. d4—d5, b7—b5! 11. Lc4—b5:, Dd8—a5 12. Lb5—e2, Lg7—c3† 13. b2—c3:, Da5—c3† in Verbindung mit 14. .... e6—d5: und Schwarz steht besser.

9. .... c7—c5!

Dieser Zug verstärkt die Wirkung des schwarzen Königsläufers und zwingt Weiß zu vorsichtigem Spiel.

10. d4—c5: Dd8—a5
11. Sc3—b5! ....

Der durch diesen Zug hervorgerufene Damentausch befreit Weiß vom Gespenst eines Angriffes auf seine Königsstellung, welcher in Anbetracht der beiden schwarzen Läufer sehr gefährlich werden könnte.

11. .... Da5—d2†
12. Sf3—d2: Sb8—a6

Und nicht 12. .... Lg7—b2: wegen 13. Ta1—b1, Lb2—e5 14. Sd2—c4 mit Vorteil für Weiß.

13. c2—c3 Sa6—c5:
14. Sd2—b3! Sc5—b3:

Der schwarze Springer hat keine guten Rückzugsfelder, aber jetzt gestattet die offene a-Linie dem Weißen, einen gewissen Druck auf den gegnerischen Damenflügel auszuüben.

15. a2—b3: a7—a6
16. Sb5—d6 Ta8—b8
17. b3—b4 ....

Bereitet die Entdoppelung der b-Bauern durch b4—b5 vor.

17. .... Tf8—d8
18. 0—0—0 ....

Exakter wäre, sofort den Läufer mit dem Springer zu schlagen, wonach sich ein Endspiel ergeben hätte, welches mit dem in der Partie wirklich entstandenen identisch wäre. Nach dem Textzuge hätte Schwarz durch 18. .... Lc8—d7 — und falls 19. b4—b5, so Lg7—e5! usw. — eine Reihe von Komplikationen mit ungewissem Ausgang herbeiführen können.

18. .... Lg7—e5
19. Sd6—c8: Td8—d1†
20. Kc1—d1: Tb8—c8:

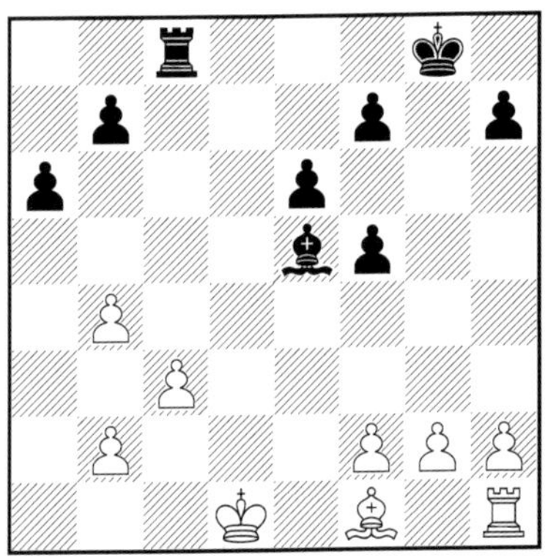

Dieses Endspiel ist für Weiß vorteilhaft:

1. Er hat die Bauernmajorität auf dem Damenflügel.

2. Die Stellung des Königs, der sich bereits im Zentrum befindet,

erleichtert ihm die Ausnutzung dieser Majorität.

3. Alle gegnerischen Bauern befinden sich auf den Feldern der Farbe des weißen Läufers, wobei die Bauern des Damenflügels schwer auf Felder der anderen Farbe zu bringen sind.

4. Der schwarze h-Bauer ist isoliert.

Aber die neutralisierende Kraft der ungleichen Läufer ist so groß, daß trotz aller erwähnten Vorteile, Weiß dies Endspiel kaum gewonnen hätte, wenn der Gegner ihm nicht gestattet hätte, die fünfte Reihe mit dem Turm zu besetzen (siehe den 24. Zug von Schwarz).

21. Lf1—e2	Kg8—f8
22. Kd1—c2	Tc8—c7
23. Th1—a1	Kf8—e7
24. h2—h3	f5—f4

Dieser Versuch eines Gegenangriffs, bei dessen Einleitung dem Schwarzen die Schaffung des Komplexes Ld6, Bauern e5, f5, f4 vorgeschwebt hat, muß als entscheidender Fehler betrachtet werden. Richtig war 24. .... Le5—d4 in Verbindung mit Ld4—b6 mit Remischancen.

Der studienartige Schluß dieser Partie entschädigt reichlich für die gewisse Eintönigkeit ihres Anfangs.

25. Kc2—b3	....

Nimmt dem Schwarzen vor allem die Chance Le5—d4.

25.	Tc7—d7
26. Ta1—a5!	Le5—c7

Noch das Beste, da, falls 26. .... Td7—d5, so 27. Le2—f3!, Td5—a5: 28. b4—a5: und Weiß gewinnt die Bauern b und a. Und falls 26. .... f7—f6, so 27. Le2—f3, Ke7—d8 28. b4—b5, a6—b5: 29. Ta5—b5:, Kd8—c8 30. Tb5—b6, Td7—e7 31. Kb3—c4 und Kc4—d3 mit dem nachfolgenden Vorgehen der Bauern des Damenflügels.

27. Ta5—h5	Td7—d2
28. Le2—f3	b7—b6
29. Th5—h7:	Td2—f2:
30. Lf3—h5!	....

Die Folgen dieses Zuges, welcher dem Schwarzen zwei gefährliche Freibauern gibt, mußten von beiden Gegnern sehr genau berechnet werden, da sich jetzt ein außerordentlich scharfes Spiel ergibt.

30.	Tf2—g2:
31. Th7—f7‡	Ke7—d8!

Nach 31. .... Ke7—d6 32. Tf7—f4: hätte Schwarz langsam aber sicher verloren.

32. Lh5—g4!	e6—e5

Offenbar erzwungen.

33. Tf7—d7†	Kd8—c8
34. Td7—d2†	Tg2—g4:
35. h3—g4:	f4—f3!

Der Kern der Kombination, die mit 26. .... Le5—c7 begann. Falls 35. .... e5—e4, so 36. Td2—d4, f4—f3 37. Td4—e4:, f3—f2 38. Te4—e8† mit nachfolgendem Te8—f8, und Weiß gewinnt leicht.

Was soll nun Weiß nach dem Textzuge tun, um Remis zu vermeiden oder gar noch zu verlieren?

Hier folgen einige Varianten:

I. 36. Kb3—c4, e5—e4 37. Kc4—d4, Lc7—f4 38. Td2—f2, e4—e3 39. Tf2—f3:, e3—e2 und Schwarz gewinnt.

II. 36. Kb3—c2, e5—e4 37. Td2—d4!, e4—e3 38. Kc2—d1, Lc7—g3 39. Td4—e4, e3—e2† 40. Kd1—d2,

Lg3—h4 41. Te4—e5, Lh4—g3 — Remis.

III. 36. g4—g5, e5—e4 37. Td2—d5 (falls 37. g5—g6, so Lc7—e5 in Verbindung mit 38. .... e4—e3 und Schwarz gewinnt) 37. .... f3—f2 38. Td5—f5, e4—e3 39. g5—g6, e3—e2 40. g6—g7, e2—e1D 41. g7—g8D†, Kc8—b7 42. Dg8—d5†, Kb7—a7, und Weiß kann wegen der Drohung 43. .... f2—f1D oder 43. .... Dc1—d1† nicht gewinnen.

IV. 36. Td2—h2, e5—e4 37. Th2—h8†, Kc8—d7 38. Th8—f8, Lc7—g3 39. g4—g5, Lg3—d6! 40. Tf8—f6, Ld6—e5! 41. Tf6—f7† (f5), Kd7—e6, und Schwarz macht Remis durch Angriff auf den Turm, der die f-Linie nicht verlassen darf.

Und doch gibt es einen Weg zum Gewinn!

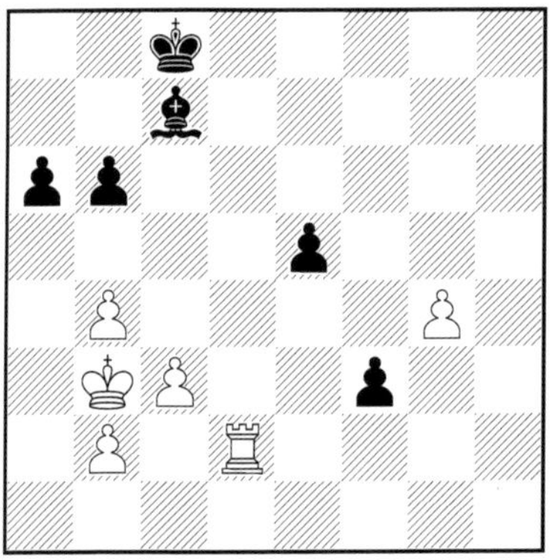

36. Td2—d5!! ....

Die Varianten, die diesen auf den ersten Blick sinnlosen Zug begründen (der Turm greift einen gedeckten Bauern an und gestattet dem anderen Bauern vorzugehen), werden einfach erscheinen, wenn man die Grundidee des Weißen erfaßt.

Die schwarzen Bauern sind ungefährlich:

1. wenn sie sich auf Feldern der Farbe ihres eigenen Läufers befinden, da der weiße König sie dann leicht aufhalten kann, z. B.: 36. .... f3—f2 37. Td5—d1, e5—e4 38. Kb3—c2, Lc7—f4 39. Td1—f1 und 40. Kc2—d1 usw.

2. wenn es dem Turm gelingt, sie von rückwärts, ähnlich wie in der Variante IV der vorhergegangenen Anmerkung, aber ohne Zeitverlust anzugreifen z. B.: 36. .... e5—e4 37. Td5—f5, Lc7—g3 38. g4—g5, e4—e3 39. Tf5—f3:, e3—e2 40. Tf3—e3 und Weiß gewinnt.

36.	....	e5—e4
37.	Td5—f5	Lc7—g3
38.	g4—g5	Kc8—d7

Der einzige Zug, da e4—e3 nicht ausreicht.

39.	g5—g6	Kd7—e6
40.	g6—g7	Ke6—f5:
41.	g7—g8D	Lg3—f4
42.	Dg8—f7†	Kf5—g4

Auf 42. .... Kf5—e5 gewinnt Weiß durch 43. c3—c4!.

43.	Df7—g6†	Lf4—g5
44.	Dg6—e4‡	Kg4—g3
45.	De4—g6	Kg3—g4
46.	Dg6—b6:	Schwarz gibt auf.

79. Abgelehntes Damengambit

Gespielt im Internationalen Turnier zu Margate, April 1923.

Schwarz: A. Muffang.

1.	d2—d4	d7—d5
2.	c2—c4	e7—e6
3.	Sg1—f3	Sg8—f6
4.	Sb1—c3	Lf8—e7

5. Lc1—g5 Sb8—d7
6. e2—e3 0—0
7. Ta1—c1 c7—c6
8. Dd1—c2 d5—c4:

Capablanca hat diesen Zug in Verbindung mit dem nachfolgenden Manöver u. a. auch gegen mich im Londoner Turnier (1922) angewandt. Ohne diesen Zug für schlecht zu halten, kann man trotzdem sagen, daß er nicht der beste ist, da Schwarz genügend andere Verteidigungsmöglichkeiten hat, die ihm Gewinnchancen geben, während Capablancas System ihm nur Hoffnung auf Remis läßt.

Hier ist die Fortsetzung meiner Partie mit Capablanca: 9. Lf1—c4:, Sf6—d5 10. Lg5—e7:, Dd8—e7: 11. 0—0, Sd5—c3: 12. Dc2—c3:, b7—b6 13. Dc3—d3, c6—c5 14. Lc4—a6, Lc8—a6: 15. Dd3—a6:, c5—d4: 16. Sf3—d4:, Sd7—c5 17. Da6—b5, und Weiß steht in Anbetracht der Schwäche des Feldes c6 etwas besser, aber dies Übergewicht reicht zum Gewinn wohl nicht aus.

9. Lf1—c4: Sf6—d5
10. Sc3—e4 ....

Dieser Zug ist bereits in der Variante mit 8. Lf1—d3 (siehe Partie Nr. 63) zweifelhaft, und kann bei der Stellung der weißen Dame auf c2 noch weniger empfohlen werden. Richtig ist hier 10. Lg5—e7: und 11. 0—0 oder 11. Sc3—e4.

10. .... Dd8—a5†!
11. Ke1—e2 ....

Die Stellung des weißen Königs ist hier nicht ungefährlich, aber 11. Ke1—f1 hätte den Turm eingesperrt.

11. .... Tf8—e8

Ein Zeitverlust, der dem Weißen gestattet, wiederum in Vorteil zu kommen. Richtig war 11. .... f7—f6! 12. Lg5—h4, Sd7—b6! mit erzwungenem Abtausch des weißen Läufers, da 13. Lc4—b3 wegen 13. .... Sd5—b4 mit der Drohung Da5—a6 oder b5† offenbar schlecht gewesen wäre. Dank diesem Manöver konnte Schwarz mindestens den Ausgleich erlangen, und damit die Zweifelhaftigkeit des Zuges 10. Sc3—e4 beweisen.

12. Th1—d1! Sd7—b6
13. Lc4—b3 Da5—b5†

Jetzt ist 13. .... Sd5—b4 dem Weißen wegen 14. Dc2—b1, Da5—b5† 15. Ke2—e1 usw. nicht mehr gefährlich.

14. Dc2—d3 ....

Der Damentausch ist erzwungen, aber er ist für Weiß vorteilhaft, da er den einzigen Nachteil seiner Stellung — die Exponiertheit des Königs — behebt.

14. .... Db5—d3‡
15. Td1—d3: Le7—g5:

Der Rückzug des Läufers nach f8 hätte den weißen Springer von d6 ferngehalten, aber auch dann bliebe Schwarz im Nachteil.

16. Sf3—g5: Sd5—f6

Grünfeld empfiehlt hier in dem Turnierbuch Teplitz-Schönau 16. .... h7—h6. Mir erscheint es jedoch zweifelhaft, daß diese kleine Zugumstellung eine wesentliche Veränderung der Lage herbeiführen könnte, da Schwarz für seinen abgesperrten Damenläufer keinerlei Kompensationen besitzt.

17. Se4—d6 Te8—e7
18. e3—e4 h7—h6
19. Sg5—f3 Ta8—b8

Um endlich den Läufer zu entwickeln und den Springer d6 durch Sb6—c8 zu vertreiben. Weiß muß sehr energisch spielen, um sein Übergewicht festzuhalten.

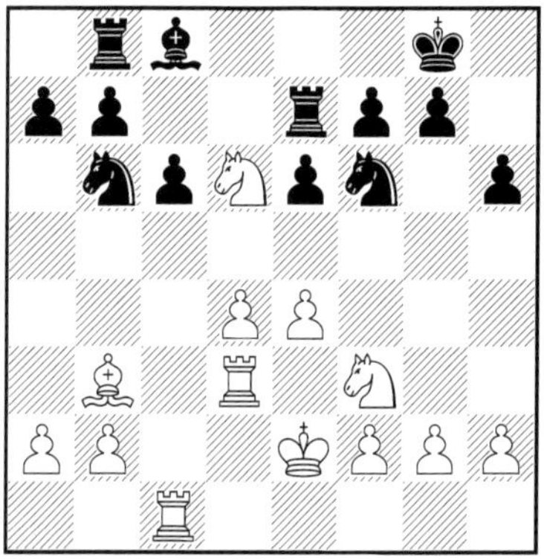

20. g2—g4! ....

Dieses Bauernopfer zwingt Schwarz zur Aufgabe seines Planes, da, falls jetzt 20. .... Lc8—d7, so 21. g4—g5, h6—g5: 22. Sf3—g5:, Sb6—c8 23. Sd6—c4 usw. zum Vorteil von Weiß.

Verhältnismäßig besser für Schwarz war nun 20. .... Te7—d7 (21. e4—e5, Sf6—d5 22. Ke2—d2! in Verbindung mit h2—h4 und g4—g5 ±).

20. .... Sf6—g4:

Das Schlagen des Bauern, das dem Weißen eine Reihe neuer Angriffsmöglichkeiten erschließt, führt infolge der mangelhaften Entwicklung des schwarzen Spiels zu einem schnellen Zusammenbruch.

21. Tc1—g1 Sg4—f6

22. Sf3—e5 ....

Droht (z. B. auf 22. .... Lc8—d7) 23. Td3—f3, Kg8—f8 24. Se5—f7:!, Te7—f7: 25. Sd6—f7:, Kf8—f7: 26. e4—e5 usw.

22. .... Sb6—d7

Führt zu einer schnellen Entscheidung, aber in dieser schwierigen Stellung würde sich bereits jeder Zug aus diesem oder jenem Grunde als ein „Fehler" herausstellen.

23. Se5—f7:! ....

Gewinnt den geopferten Bauern mit starkem Angriff zurück.

23. .... Sf6—h5

Falls 23. .... Te7—f7:, so 24. Lc4—e6: und gewinnt.

24. Td3—f3 Kg8—h7

25. e4—e5! ....

Droht 26. .... Lb3—c2† in Verbindung mit 27. Sf7—h6‡.

25. .... Sd7—f8

26. Sf7—h6:! b7—b6

Verteidigt indirekt den Springer f8 durch die Drohung Lc8—a6†.

27. Sh6—f7 Kh7—g8

28. Ke2—e3 ....

Droht 29. Tf3—h3.

28. .... g7—g6

29. Lb3—c2 Kg8—g7

30. Tg1—g5! ....

Nach diesem Zuge ist Schwarz gegen die Drohung 31. Tg5—h5: in Verbindung mit 32. Tf3—g3† wehrlos.

Schwarz gibt auf.

Schlußstellung.

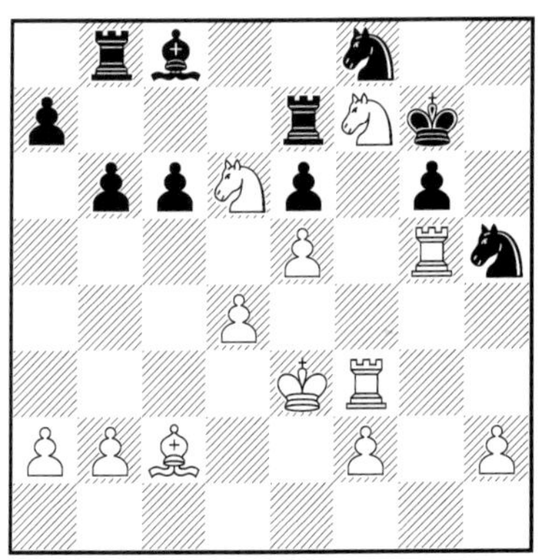

80. Abgelehntes Damengambit

Internationales Meisterturnier zu Karlsbad, Mai 1923.

Schönheitspreis.

Schwarz: A. Rubinstein.

1.	d2—d4	d7—d5
2.	c2—c4	e7—e6
3.	Sg1—f3	Sg8—f6
4.	Sb1—c3	Lf8—e7
5.	Lc1—g5	Sb8—d7
6.	e2—e3	0—0
7.	Ta1—c1	c7—c6
8.	Dd1—c2	....

Dieser Zug, der nach den Turnieren in Ostende 1905—1907 in große Mode gekommen war, und um dessentwegen der frühere Zug 8. Lf1—d3 beinahe ganz vernachlässigt wurde, hat heute seinen Zauber eingebüßt, da die Turniere der letzten Jahre eine Reihe von genügenden Verteidigungsplänen für Schwarz gebracht haben. So hat z. B. H. Wolf in Mährisch-Ostrau (1923) gegen Grünfeld ganz einfach 8. .... Sf6—e4 9. Lg5—e7:,Dd8—e7: 10. Lf1—d3 (10. Sc3—e4: führt zu nichts, da Weiß den b-Bauern verliert, wenn er den Bauern e4 mit der Dame schlägt) 10. .... Se4—c3: mit vollkommen haltbarer Stellung gespielt. Die Partie endete mit Remis. Aber auch außer 8. .... Sf6—e4 hat Schwarz mindestens vier Erwiderungen, deren Mangelhaftigkeit noch keineswegs bewiesen ist: 8. .... d5—c4:, 8. .... c6—c5 8. .... Tf8—e8 und last but not least 8. .... a7—a6.

8. .... a7—a6

Meiner Meinung nach besser als 8. .... h7—h6, worauf Weiß mit Vorteil 9. Lg5—f4 spielen kann. Z. B.: 9. .... Tf8—e8 (falls 9. .... Sf6—e4, so 10. Lf1—d3!, f7—f5 11. h2—h4, nötigenfalls in Verbindung mit g2—g3 nebst Sf3—e5 und Weiß steht besser; aber nicht 10. Sc3—e4:, d5—e4: 11. Dc2—e4:, Lf8—b4† 12. Sb1—d2, Dd8—a5 13. De4—c2, e6—e5! 14. d4—e5:, Sd7—c5 mit sehr starkem Angriff für Schwarz) 10. Lf1—d3, d5—c4: 11. Ld3—c4:, b7—b5 12. Lc4—d3, a7—a6 13. a2—a4! usw. — Die Partie Aljechin-Teichmann (Karlsbad 1923) nahm folgenden Verlauf: 13. .... Lc8—b7 14. 0—0, Ta8—c8 15. Dc2—b3, Dd8—b6 16. Sf3—e5, Te8—d8 17. Se5—g6, Le7—f8 18. Sg6—f8:, Sd7—f8: 19. Sc3—e4, Sf6—e4: 20. Ld3—e4:, Sf8—d7 21. Lf4—d6!, Sd7—f6 22. Ld6—c5, Db6—c7 23. Le4—f3, a6—a5, und Weiß hätte z. B. durch 24. Tf1—e1 oder 24. Tc1—c2 (an Stelle der Annahme des Bauernopfers, welche zum Remis führte) die bedeutend bessere Stellung behalten. — 8. .... c6—c5 führt zur Isolierung des weißen d-Bauern, gewährt aber dem Weißen einen Angriff auf die schwarze Königsstellung. Das Spiel ist in dieser Variante sehr kompliziert und schwierig; die Chancen sind beinahe gleich. Was 8. .... Tf8—e8 und 8. .... d5—c4: betrifft, so siehe Partie Aljechin-Muffang (Nr. 79) und Aljechin-Yates (Nr. 69).

9. a2—a4 ....

In dieser Stellung hat Grünfeld gegen mich (Partie Nr. 81) 9. a2—a3 gespielt, was kaum besser ist. Der Textzug ist gegen mich von Rubinstein in Hastings 1922 angewandt worden, allerdings erfolglos.

Diese Partie nahm folgenden Verlauf: 8. .... h7—h6 9. Lg5—h4, a7—a6 10. a2—a4, c6—c5 11. Lf1—d3, c5—d4: 12. e3—d4:, d5—c4: 13. Ld3—c4:, Sd7—b6 14. Lc4—a2, Sb6—d5 15. La2—b1, Sd5—b4 16. Dc2—e2, Lc8—d7 17. 0—0, Ld7—c6 18. Tf1—d1, Ta8—c8 19. Sf3—e5, Sf6—d5 20. Lh4—g3, Le7—g5 21. f2—f4!, Lg5—h4 22. Se5—c6:, Tc8—c6: 23. Sc3—d5:, Tc6—c1: 24. Td1—c1:, Sb4—d5: 25. De2—e4, g7—g6 26. Lg3—h4:, Dd8—h4: 27. f4—f5?, Dh4—g5! und Schwarz gewann. Die einfachste Antwort auf 9. a2—a4 ist nach meiner Meinung 9. .... Sf6—e4!, was noch besser ist als im 8. Zuge, da der weiße Damenflügel durch das Vorgehen des a-Bauern geschwächt ist. Rubinstein hofft jedoch, diese Schwächung auf andere Weise auszunutzen.

9. .... Tf8—e8

9. .... h7—h6 würde Weiß vorteilhaft mit 10. Lg5—f4 beantworten.

10. Lf1—d3 d5—c4:
11. Ld3—c4: Sf6—d5

Die Idee des Schwarzen ist klar. Er vereinigt den neuen Verteidigungsplan (a7—a6) mit dem alten (d5—c4: und Sf6—d5) in der Hoffnung, die Schwäche des Punktes b4 — die Folge von a2—a4 — auszunutzen.

12. Lg5—f4! ....

Seinerseits gibt auch Weiß den alten Entwicklungsplan auf. Der Textzug ist an dieser Stelle viel stärker als dort, wo ich ihn gegen Selesnieff in Pistyan (siehe Partie Nr. 63) gespielt habe, und zwar aus folgenden Gründen:

1. Nach 12. .... Sd5—f4:, e3—f4: steht der Turm auf e8 schlechter als auf f8, wo er den Punkt f7 verteidigt.

2. Das Springermanöver b6—d5 — wie in der Partie mit Selesnieff — ist in dieser Stellung nicht so stark, da die weiße Dame auf c2 und nicht auf d1 steht und Weiß durch Ld3 mit Angriff auf h7 ein Tempo gewinnen kann. Außerdem kann Weiß, dank dem bereits geschehenen a2—a4, den Läufer, wie in der Grünfeld-Variante von c4 über a2 nach b1 bringen, was in diesem Falle wegen der offenen e-Linie noch stärker ist. Aus dem Gesagten ist es klar, daß nach dem folgenden Abtausch Weiß etwas besser steht.

12. .... Sd5—f4:
13. e3—f4: c6—c5

Dieser Zug, der der Grundregel — dem besser entwickelten Gegner keine neuen Linien zu geben — widerspricht, ist von dem Wunsche hervorgerufen, den störenden weißen Bauern von f4 zu entfernen.

14. d4—c5: ....

Erzwungen, denn falls 14. 0—0, so 14. .... c5—d4: in Verbindung mit Sd7—b6 usw.

14. .... Dd8—c7

Die logische Fortsetzung des vorhergegangenen Zuges. Falls 15. g2—g3, so Dc7—c6 und falls 16. Lc4—e2, so e6—e5! und Schwarz hat seinen Willen durchgesetzt.

15. 0—0 Dc7—f4:

Das Schlagen des Bauern c5 war ebenfalls ungünstig für Schwarz,

z. B.: 15. .... Le7—c5: 16. Lc4—d3, Sd7—f6 17. Sc3—e4 oder 15. .... Sd7—c5: 16. Sf3—e5 usw.

16. Sc3—e4! ....

Das Bauernopfer bildet die einzige Möglichkeit für Weiß, die Initiative zu behalten. Der Versuch, den Bauern c5 durch b2—b4 zu decken, würde mißlingen, da der Bauer b4 von dem a-Bauern nicht unterstützt werden kann. Z. B.: 16. Sc3—e2, Df4—h6 17. b2—b4, a7—a5!.

16. .... Sd7—c5:

Falls 16. .... Le7—c5:, so 17. Se4—g5!, g7—g6 (erzwungen, da falls 17. .... Sd7—f8, so Lc4—d3 und Weiß gewinnt) 18. Tf1—e1!, Sd7—f6 19. g2—g3, Df4—d6 20. Te1—d1, Dd6—e7 21. Sf3—e5 und Weiß hat einen sehr starken Angriff.

Der Textzug vereinfacht das Spiel und gibt dem Schwarzen einige Hoffnung auf Rettung.

17. Se4—c5: Le7—c5:

18. Lc4—d3 b7—b6

Falls 18. .... Lc5—d6, so 19. Ld3—h7† in Verbindung mit Tf1—d1 und der Drohung Td1—d4.

19. Ld3—h7† Kg8—h8

Dieser natürliche Zug (und keinesfalls der folgende, wie die meisten Glossatoren behaupteten) ist der entscheidende Fehler! Nach 19. .... Kg8—f8! wäre die Königsstellung nicht so sehr gefährdet und Weiß hätte trotz seines Stellungsvorteils nicht so leicht den Gewinn erzwingen können.

20. Lh7—e4 Ta8—a7

Etwas besser war 20. .... Ta8—b8, obwohl Weiß auch in diesem Falle durch 21. g2—g3, Df4—f6 (A) 22. b2—b4, Lc5—d6 (sonst 23. Dc2—c7) 23. Tf1—d1, Df6—e7 24. Le4—c6, Te8—d8 25. Td1—d4, g7—g6 26. Dc2—d2!, Kh8—g7 27. Tc1—d1 usw. gewaltigen Stellungsvorteil errungen hätte.

(A) 21. .... Df4—d6 22. Tf1—d1, Dd6—e7 23. Sf3—e5, De7—c7 24. Dc2—b3, a6—a5 25. Le4—c6 in Verbindung mit 26. Db3—f3 usw.

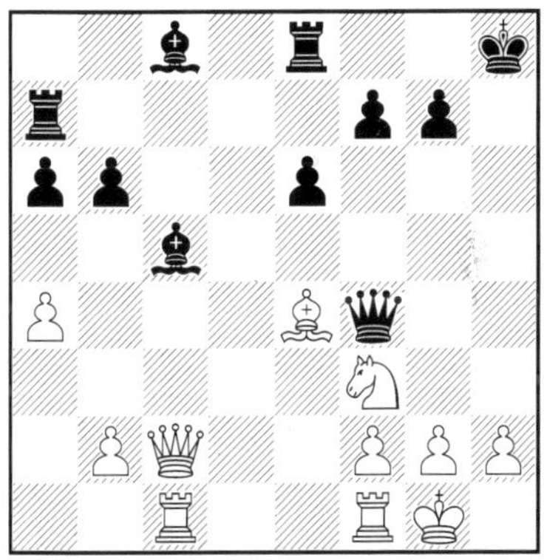

21. b2—b4! ....

Von diesem Moment ab und bis zum Schluß kann Schwarz nicht mehr aufatmen. Es ist klar, daß der Bauer b4 wegen Dc2—c8: usw. nicht geschlagen werden darf.

21. .... Lc5—f8

Der einzige Zug.

22. Dc2—c6 ....

Greift sowohl den Turm wie auch den b-Bauern an. Die Antwort des Schwarzen ist die einzige, die sowohl den einen wie den anderen deckt.

22. .... Ta7—d7

23. g2—g3! Df4—b8

Nach dem anderen möglichen Zuge 23. .... Df4—d6 konnte Weiß auf zweierlei Art gewinnen:

I. 24. Tf1—d1, Dd6—d1‡ (oder 24. .... Dd6—c6: 25. Le4—c6:, Td7—d1‡ 26. Tc1—d1:, Te8—e7 27. Td1—d8 und gewinnt) 25. Tc1—d1:, Td7—d1‡ 26. Kg1—g2, Lc8—d7 27. Dc6—b6:, Ld7—a4: 28. Db6—a6:, La4—d7 29. Sf3—g5, Kh8—g8 30. Da6—e2 usw.

II. 24. Dc6—c4, Kh8—g8 (oder 24. .... Dd6—e7 25. Sf3—e5!, Td7—d8 26. Le4—c6! und gewinnt) 25. Le4—c6, Td7—c7 26. Tf1—d1, Dd6—e7 27. Dc4—d3! usw.

24. Sf3—g5! ....

Droht 25. Sg5—f7‡.

24. .... Te8—d8

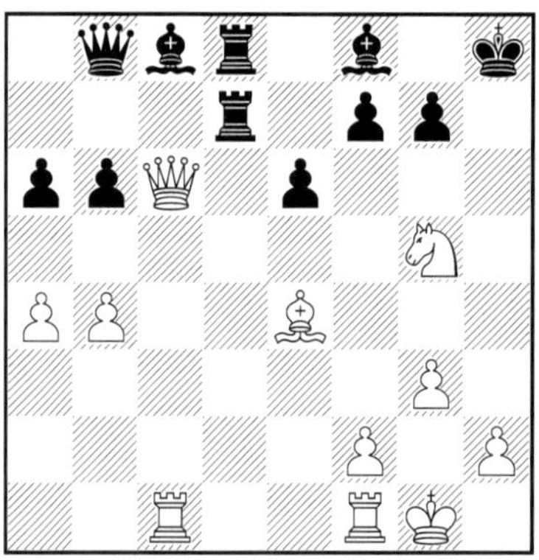

25. Le4—g6! ....

Der Todesstoß!

Wenn Schwarz den Läufer schlägt, so wird er auf folgende Weise Matt: 26. Dc6—g2, Lf8—b4: 27. Dg2—h3†, Kh8—g8 28. Dh3—h7†, Kg8—f8 29. Dh7—h8†, Kf8—e7 30. Dh8—g7‡, Ke7—e8 (oder 30. .... Ke7—d6 31. Tf1—d1† und Matt im nächsten Zuge) 31. Dg7—g8†, Lb4—f8 32. Dg8—g6‡, Ke8—e7 33. Dg6—e6 ‡. Ähnliche Varianten entstehen nach 25. .... Lc8—b7 26. Dc6—c4.

Schwarz ist folglich gezwungen, die Qualität zu opfern, wonach sein Spiel hoffnungslos ist.

25.	....	Db8—e5
26.	Sg5—f7‡	Td7—f7:
27.	Lg6—f7:	De5—f5
28.	Tf1—d1!	....

Einfach und entscheidend.

28.	....	Td8—d1‡
29.	Tc1—d1:	Df5—f7:
30.	Dc6—c8:	Kh8—h7
31.	Dc8—a6:	Df7—f3
32.	Da6—d3†	Schwarz gibt auf.

81. Abgelehntes Damengambit

Internationales Meisterturnier zu Karlsbad, April 1923.

Schönheitspreis.

Weiß: E. Grünfeld.

1.	d2—d4	Sg8—f6
2.	c2—c4	e7—e6
3.	Sb1—c3	d7—d5
4.	Lc1—g5	Lf8—e7
5.	Sg1—f3	Sb8—d7
6.	e2—e3	0—0
7.	Ta1—c1	c7—c6
8.	Dd1—c2	a7—a6!
9.	a2—a3	....

Grünfeld hat vielleicht Recht, wenn er denkt, daß dies der beste Zug ist; aber das beweist nur, daß das ganze Spielsystem des Weißen und hauptsächlich der Zug 8. Dd1—c2 nur zum Ausgleich führt.

9. .... h7—h6

Dieser Zug darf nicht gemacht werden, bevor Schwarz den künftigen Verteidigungsplan endgültig gewählt hat, und zwar bevor er nicht beschlossen hat, ob er d5—c4: in Verbindung mit b7—b5 und c7—c5 oder d5—c4: und Sf6—d5 spielen wird.

Der Zug h7—h6 schwächt den weißen Angriff auf h7 in der Grünfeld-Variante, wenn Weiß den Läufer über d3—c4—a2 nach b1 bringt, schlecht ist er aber bei der Verteidigung d5—c4: und Sf6—d5, da er dem Weißen die Möglichkeit gibt, den Damenläufer nach g3 zu bringen, unter Vermeidung des die Verteidigung des Schwarzen erleichternden Abtauschs.

10. Lg5—h4 Tf8—e8!

Eine wichtige Verbesserung des Verteidigungsplanes, welchen Maróczy im Wiener Turnier 1922 gegen Grünfeld versucht hatte.

Jene Partie nahm folgenden Verlauf: 10. .... d5—c4: 11. Lf1—c4:, b7—b5 12. Lc4—a2, Lc8—b7 13. La2—b1, Tf8—e8 14. Sf3—e5!, Sd7—f8 15. 0—0 und Weiß steht viel besser.

Der Textzug pariert von vornherein die Mattdrohung auf h7 und gewinnt auf diese Weise Zeit für den weiteren Angriff auf das Zentrum durch c6—c5.

11. Lf1—d3 ....

Weiß konnte h2—h3 spielen, um kein Tempo zu verlieren, da Schwarz sowieso nichts Besseres hat als den Bauern auf c4 zu schlagen. Es war jedoch nicht leicht festzustellen, ob Weiß den Zug h2—h3 brauchen wird oder nicht. In der Partie gegen Chajes (siehe Partie 85) wollte ich diese Fortsetzung untersuchen, aber mein Gegner gab mir keine Gelegenheit dazu, indem er ein ganz ungewöhnliches Verteidigungssystem wählte.

11. .... d5—c4:

12. Ld3—c4: b7—b5

13. Lc4—a2 c6—c5!

14. Tc1—d1 ....

14. d4—c5: würde Schwarz mit 14. .... Sd7—c5: beantworten und falls 15. La2—b1, so Lc8—b7!, da die Variante 16. Lg5—f6:, Le7—f6: 17. Dc2—h7†, Kg8—f8 18. Sc3—b5:, a6—b5: 19. Tc1—c5:, Lf6—b2: zu seinem Vorteil wäre.

Aber auch nach dem Textzuge bemächtigt sich Schwarz allmählich der Initiative. Etwas besser war 14. 0—0, c5—d4: (oder 14. .... Dd8—b6) 15. e3—d4:, wie in demselben Turnier Grünfeld und Réti gegen Teichmann gespielt haben. Die Partie Grünfeld-Teichmann nahm folgenden Verlauf: 15. .... Lc8—b7 16. Tf1—d1, Dd8—b6 17. Sf3—e5 und Schwarz hätte statt des passiven Sd7—f8 durch das hübsche von V. Kahn gefundene Manöver eine vorteilhafte Stellung erlangen können: 17. .... Sd7—e5: 18. d4—e5:, Db6—c6! 19. f2—f3, Sf6—g4! 20. Sc3—d5! (Weiß hat nichts Besseres, da 20. Lh4—e7: wegen 20. .... Dc6—b6† usw. verliert) 20. .... e6—d5: 21. Dc2—c6:, Lb7—c6: 22. f3—g4: (und nicht 22. Lh4—e7:, Sg4—e5: 23. Le7—d6, Se5—c4) 22. .... Le7—h4: 23. Tc1—c6:, Te8—e5: 24. b2—b4 (und nicht La2—d5:, Ta8—d8) 24. .... Lh4—f6 oder g5 25. Td1—d5:, Te5—e1† in Verbindung mit 26. .... Ta8—e8 und Schwarz steht besser. Diese Möglichkeit beweist noch einmal, wie zweifelhaft die Variante 8. Dd1—c2 in Verbindung mit 9. a2—a3 ist.

14. .... c5—d4:

Am einfachsten, denn Schwarz kann nach der Entfernung des weißen

Turmes von der c-Linie darauf rechnen, bald einen Druck auf dem Damenflügel zu schaffen.

15. Sf3—d4: ....

In der Hoffnung, bei Gelegenheit den Angriff durch das Qualitätsopfer auf d7 zu verstärken.

15. .... Dd8—b6
16. La2—b1 ....

In der Absicht 16. .... Lc8—b7 mit 17. Sd4—b5:, a6—b5: 18. Td1—d7: mit gewinnendem Angriff zu beantworten.

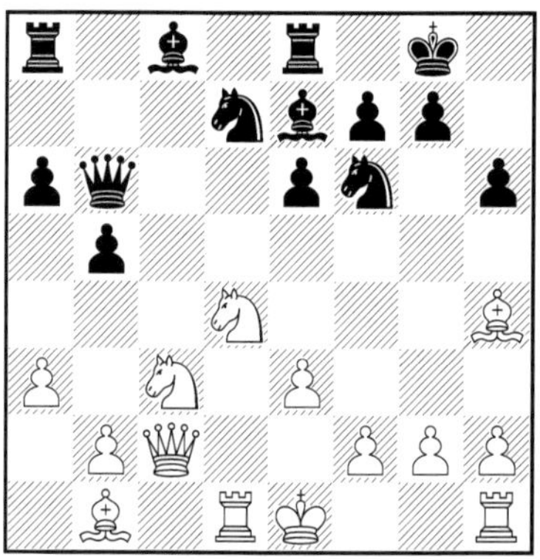

16. .... Lc8—b7!

Schwarz tut dennoch diesen Zug, weil auf 17. Sd4—b5: Db6—c6! 18. Sb5—d4 (erzwungen), Dc6—g2: mit starkem Gegenangriff erfolgen würde.

Auf diese Weise hat Schwarz seine Entwicklung beendet und dem Weißen bleibt nichts Besseres übrig, als zu rochieren, nachdem er sich von der Unsolidität des geplanten Angriffs überzeugt hat.

17. 0—0 Ta8—c8
18. Dc2—d2 ....

Beugt den Drohungen Lb7—e4 und Sf6—e4 vor.

Schlecht wäre 18. Dc2—e2, Le7—a3: 19. Sc3 oder d4—b5:, La3—b4! und Schwarz gewinnt einen Bauern.

18. .... Sd7—e5!

Der Springer strebt nach c4, um die Schwäche des weißen Damenflügels — die Folge von a2—a3 — festzunageln.

19. Lh4—f6: ....

Um späterhin den gefährlichen Damenläufer des Gegners abzutauschen.

Die nachfolgenden Manöver des Weißen sind genau berechnet, aber zum Ausgleich der Partie nicht mehr ausreichend.

19. .... Le7—f6:
20. Dd2—c2 g7—g6

Nicht so sehr um dem Damenschach auf h7 auszuweichen, als um seinem Läufer, dessen Tätigkeit auf der großen Diagonale den Weißen sehr beengt, ein Rückzugsfeld zu geben.

21. Dc2—e2 Se5—c4
22. Lb1—e4! ....

Nach dem Mißlingen seiner strategischen Pläne sucht Grünfeld Rettung in taktischen Ausfällen. Nachdem er g7—g6 provoziert hat, hofft er jetzt auf die Variante 22. .... Sc4—a3: 23. De2—f3!, Lb7—e4: 24. Sc3—e4:, Lf6—d4: 25. e3—d4: usw., die zu Qualitätsgewinn führt.

22. .... Lf6—g7!

Aber durch diesen einfachen Zug — die logische Folge seines Spielplans — behält Schwarz sein Übergewicht.

23. Le4—b7: Db6—b7:
24. Td1—c1 ....

Die Drohung Sc4—a3: erzwingt die Rückkehr des weißen Turms auf seinen früheren Standort (vgl. den 14. Zug).

24. .... e6—e5!

Das Vorgehen des e-Bauern soll dem schwarzen Springer einen neuen Stützpunkt auf d3 geben, welcher für Weiß noch unangenehmer ist als c4.

25. Sd4—b3 e5—e4

Wiederholt die Drohung Sc4—a3:.

26. Sb3—d4 Te8—d8!

Verstärkt das nachfolgende Springermanöver und verteidigt indirekt das Feld d3 auch noch durch den Turm.

27. Tf1—d1 Sc4—e5
28. Sc3—a2 ....

Nach diesem Zug, der den Springer vom Aktionszentrum entfernt, kann Weiß die Partie nicht mehr retten.

Etwas besser war 28. f2—f3, worauf Schwarz 28. .... e4—f3: 29. g2—f3:, Se5—c4 mit Angriffschancen auf beiden Flügeln und wahrscheinlichem Gewinn — aber erst nach langem Kampf — gespielt hätte.

28. .... Se5—d3
29. Tc1—c8: Db7—c8:
30. f2—f3 ....

Zu spät! Weiß hatte jedoch keine befriedigende Verteidigung mehr. Z. B. nach 30. Sa2—c3, f7—f5 31. f2—f3 gewinnt Schwarz durch dieselbe Kombination wie in der Partie auf folgende Weise: 31. .... Td8—d4:! 32. e3—d4:, Lg7—d4‡ 33. Kg1—f1, Sd3—f4 34. De2—d2, Dc8—c4† 35. Sc3—e2, e4—e3! 36. Dd2—e1, Ld4—b2: 37. Td1—d8†, Kg8—f7 38. De1—d1, Lb2—a3:! 39. Dd1—d7†, La3—e7 40. Dd7—e8†, Kf7—f6 41. De8—h8†, Kf6—g5 42. h2—h4†, Kg5—h5 43. g2—g4†, f5—g4: 44. Dh8—e5†, g6—g5!! usw.

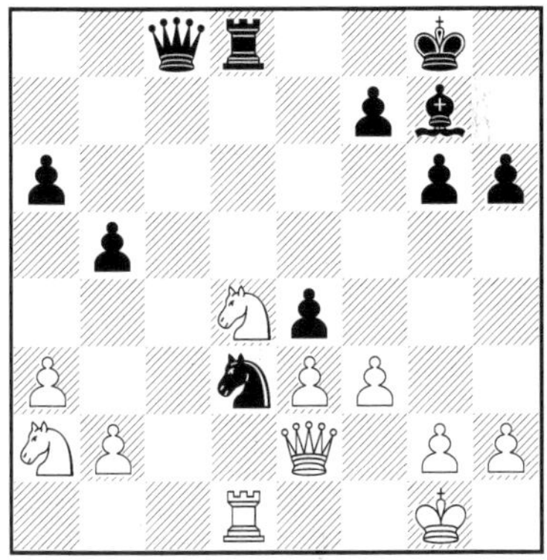

30. .... Td8—d4:!
31. f3—e4: ....

Falls 31. e3—d4:, Lg7—d4‡ 32. Kg1—f1, Sd3—f4! 33. De2—e4: (oder 33. De2—d2, Dc8—c4† 34. Kf1—e1, e4—e3! und gewinnt), so 33. .... Dc8—c4† 34. Kf1—e1, Sf4—g2‡ 35. Ke1—d2, Ld4—e3† und gewinnt.

31. .... Sd3—f4
32. e3—f4: ....

Natürlich erzwungen.

32. .... Dc8—c4!!

Gewinnt wenigstens eine Figur. Weiß zieht ein rasches Ende vor.

33. De2—c4: Td4—d1‡
34. Dc4—f1 Lg7—d4†

und Matt im nächsten Zuge.

82. Spanische Partie

Internationales Meisterturnier zu Karlsbad, Mai 1923.

Weiß: Dr. S. Tarrasch.

1. e2—e4 e7—e5
2. Sg1—f3 Sb8—c6
3. Lf1—b5 g7—g6

Pillsburys Lieblingsverteidigung, mit der er in Hastings 1895 debutiert hat. Die moderne Theorie hält sie nicht ohne Grund für ungenügend.

Wenn ich sie in dieser Partie (wahrscheinlich zum letztenmal) gespielt habe, so geschah es nur deshalb, weil ich eine von Rubinstein im Collijnschen „Lärobok" angeführte Variante praktisch erproben und außerdem, im Falle von 4. Sb1—c3, den scheinbar leicht ausgleichenden neuen Zug 4. .... Sc6—d4! versuchen wollte, z. B.: 5. Sf3—e5:?, Dd8—g5 oder 5. Sf3—d4:, e5—d4: 6. Sc3—e2?, Dd8—g5 7. Se2—d4:, Lf8—g7 8. d2—d3, Dg5—c5! und Schwarz gewinnt eine Figur.

4. d2—d4!	Sc6—d4:

Falls 4. .... e5—d4:, so 5. Lc1—g5!, f7—f6 6. Lg5—f4 und Weiß wird den Bauern bei besserer Stellung leicht zurückgewinnen.

5. Sf3—d4:	e5—d4:
6. Dd1—d4:	Dd8—f6
7. Dd4—d3	....

Zweifellos ist hier 7. e4—e5 richtig, wonach der im „Lärobok" empfohlene Zug 7. .... Df6—b6 wegen 8. Dd4—b6:, a7—b6: 9. Sb1—c3, Lf8—g7 10. Lc1—f4 usw. ganz schlecht ist, da Schwarz seinen Damenflügel nur sehr schwer entwickeln kann.

Nach 7. .... Df6—e7 kann jedoch Weiß sehr interessante und für ihn eher vorteilhafte Komplikationen herbeiführen, indem er folgendermaßen spielt: 8. Sb1—c3, c7—c6 (oder 8. .... Lf8—g7 9. Sc3—d5!, De7—e5‡ 10. Dd4—e5‡, Lg7—e5: 11. 0—0 mit der Drohung Tf1—e1, und Weiß hat für den geopferten Bauern einen guten Angriff) 9. Sc3—e4!, Lf8—g7! (falls 9. .... c6—b5:, so 10. Se4—d6†, Ke8—d8 11. Lc1—e3 — mit einer zweizügigen Mattdrohung — De7—e6 12. 0—0—0 mit gewinnendem Angriff) 10. Se4—d6†, Ke8—d8 11. Lc1—f4, c6—b5: (oder 11. .... f7—f6 12. Sd6—c8:, Ta8—c8: 13. e5—e6, De7—e6:+ 14. Lb5—e2, und Weiß hat für den Bauern offenbaren Stellungsvorteil) 12. 0—0—0, Sg8—h6 13. Lf4—h6:, Lg7—h6‡ 14. f2—f4, Lh6—g7 15. Th1—e1 mit stärkstem Angriff.

Der Textzug schafft dem Schwarzen keinerlei Schwierigkeiten und gestattet ihm, allmählich die Initiative zu ergreifen.

7.	Lf8—g7
8. Sb1—c3	c7—c6
9. Lb5—c4	Sg8—e7
10. Lc1—e3	....

Besser war 10. 0—0, da Schwarz nach dem Textzuge den Gegner zwingt, den Bauern b2 mit dem Springer von d1 aus, wo er sehr ungünstig steht, zu decken.

10.	b7—b5!
11. Lc4—b3	a7—a5
12. a2—a4	....

Etwas besser war 12. a2—a3, obwohl auch in diesem Falle 12. .... Lc8—a6 den weißen Springer gezwungen hätte, auf ein ungünstiges Feld zu gehen, z. B.: 12. .... Lc8—a6 13. Sc3—d1, 0—0! 14. 0—0 (falls 14. Dd3—d7:, so 14. .... Tf8—d8 15. Dd7—g4, a5—a4 16. Lb3—a2, b5—b4 17. a3—b4:, a4—a3 18. c2—c3, a3—b2: 19. Ta1—b1, Df6—c3‡ 20. Sd1—c3:, Lg7—c3‡ 21. Lc1—d2, Td8—d2: und Schwarz gewinnt) 14. .... d7—d5! mit bedeutend besserem Spiel.

Der Textzug gestattet dem Schwarzen, die Schwäche des Punktes c2 zu fixieren, wonach die Partie für ihn strategisch gewonnen ist. Das taktische Erringen des Sieges erwies sich jedoch dank der Beharrlichkeit und Sorgfältigkeit der Tarraschschen Verteidigung als recht schwer.

12. .... b5—b4
13. Sc3—d1 0—0
14. 0—0 d7—d5!

Viel stärker als 14. .... Lc8—a6 15. Lb3—c4, La6—c4: 16. Dd3—c4:, d7—d5, wonach Weiß die entscheidende Öffnung der c-Linie durch 17. Dc4—d3 hätte vermeiden können.

15. e4—d5: Lc8—a6
16. Lb3—c4 La6—c4:
17. Dd3—c4: c6—d5:
18. Dc4—d3 d5—d4!

Verhindert 19. c2—c3 und schafft einen starken Druck auf den c-Bauern.

19. Le3—d2 Ta8—c8
20. Tf1—e1 ....

Verhindert 20. .... Df6—f5.

20. .... Tc8—c7
21. b2—b3 ....

Weiß hofft seinen unglückseligen Springer zu befreien und ihn nach e4 zu bringen; er hat aber keine Zeit mehr dazu.

21. .... Tf8—c8
22. Ta1—c1 ....

(S. Stellungsbild.)

22. .... Df6—f5!

Es ist klar, daß Weiß wegen des Verlustes des c-Bauern die Dame nicht tauschen darf. Andererseits gestattet das den Abtausch verhindernde Te4 dem schwarzen Springer, nach c3 einzudringen und den Abtausch des weißen Läufers — der

Stellung nach dem 22. Zuge von Weiß.

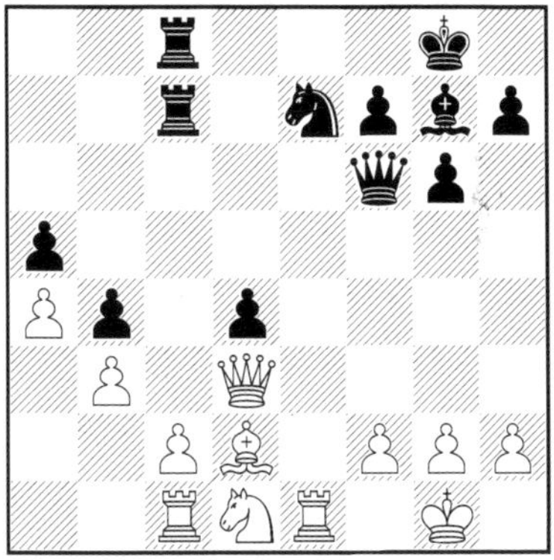

für die Verteidigung nützlichsten Figur — zu erzwingen.

23. Te1—e4 Se7—d5
24. Sd1—b2 Sd5—c3!
25. Ld2—c3: ....

Erzwungen, denn falls 26. Te4—e1, so 26. .... Df5—d3: 27. Sb2—d3:, Sc3—a2 mit Bauerngewinn. Oder 27. c2—d3:, Sc3—e2† usw.

25. .... Tc7—c3:
26. Dd3—e2 Lg7—h6!

Das letzte Glied der Kombination zur Eroberung des c-Bauern, welche mit 18. .... d5—d4! begonnen wurde.

27. g2—g4 ....

Ein Verzweiflungsgegenangriff, der zu sehr interessanten Stellungen führt.

27. .... Df5—f6
28. Te4—e8† Tc8—e8:
29. De2—e8‡ Kg8—g7
30. Tc1—f1 Tc3—c2:

Endlich.

31. Sb2—d3 Df6—f3!

Dieser Zug, der schwierigste in der Partie, ist auf folgenden Überlegungen aufgebaut: Weiß droht, seine Stellung durch De8—e4 und f2—f4 zu befestigen, wonach der Gewinn für Schwarz wegen der ungünstigen Stellung seines Läufers sehr schwer zu erringen wäre.

Andererseits war das Endspiel nach 32. .... Df6—e6 33. De8—e6:, f7—e6: 34. Tf1—d1 für Weiß lange nicht hoffnungslos. Z. B.: 34. .... Kg7—f6 35. f2—f4, g6—g5 36. h2—h4! usw.

Schwarz muß also sowohl De8—e4 wie auch f2—f4 verhindern. Der Textzug ist der einzige, der diese Aufgabe erfüllt.

32. Sd3—e5 ....

Das Schlagen des Bauern d4 hätte dem Schwarzen den Sieg nur erleichtert. Z. B.: 33. De8—e5†, Kg7—g8 34. De5—d4:, Te2—d2 35. Sd3—e5 (oder Dd4—d8†, Lh6—f8 36. Sd3—e5, Df3—f4 37. Dd8—b8, Kg8—g7 in Verbindung mit Lf8—d6 und Schwarz gewinnt) 35. .... Df3—b3: 36. Dd4—a7, Db3—d5 in Verbindung mit b4—b3 und gewinnt.

32. .... Df3—d5
33. Se5—d7 Dd5—d6
34. Tf1—d1 ....

Verhindert das Vorgehen des Bauern und droht, ihn mit dem Turm zu schlagen. Aber der nächste Zug des Schwarzen bringt alles in Ordnung.

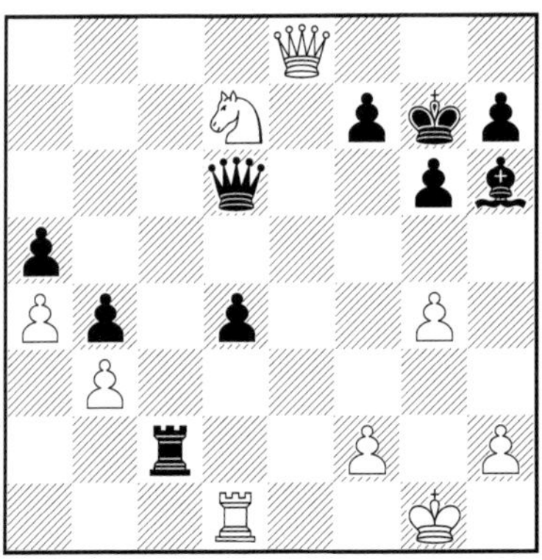

34. .... Lh6—e3!

Weiß ist gezwungen, mit dem Turm auf seinen früheren Standort zurückzukehren, denn, falls 36. f2—e3:, so Dd6—h2‡ und falls 36. De8—e3:, d4—e3: 37. Td1—d6:, so e3—e2 und gewinnt.

35. Td1—f1 Le3—g5

Droht Lg5—e7 und d4—d3.

36. De8—e5† Dd6—e5:
37. Sd7—e5: Lg5—f4

Das Endspiel ist für Schwarz gewonnen, erfordert aber immer noch Genauigkeit.

38. Se5—c4 d4—d3
39. Tf1—d1 Tc2—c3!

Aber nicht 40. .... d3—d2 wegen 41. Kg1—f1, und die Kraft des schwarzen Freibauern wäre geschwächt.

40. Sc4—a5: Kg7—f6!

Es ist viel wichtiger, den König schneller ins Zentrum zu bringen, als den Bauern durch 40. .... Lf4—c7 sofort zurückzugewinnen.

41. h2—h4 Kf6—e5
42. Kg1—g2 Ke5—d4
43. Kg2—f3 Lf4—c7
44. Sa5—c4 Tc3—b3:
45. Sc4—e3 Tb3—c3
46. Td1—b1 Lc7—a5
47. Se3—d1 Tc3—a3
48. Sd1—e3 Ta3—a4:
49. g4—g5 Ta4—a3
50. Tb1—g1 b4—b3
51. Tg1—g4† Kd4—c5
52. Tg4—c4† Kc5—b5
53. Tc4—c8 Ta3—a1

Vermeidet die letzte Falle: 54. .... b3—b2 55. Tc8—b8†, La5—b6 56. Tb8—b6‡ in Verbindung mit 57. Se3—c4† und 58. Sc4—a3:.

54. Tc8—b8† La5—b6!

Falls jetzt 55. Se3—d5, so d3—d2!. Weiß gibt auf.

83. Abgelehntes Damengambit

Internationales Meisterturnier zu Karlsbad, Mai 1923.

Schwarz: G. Maróczy.

1.	d2—d4	Sg8—f6
2.	c2—c4	e7—e6
3.	Sg1—f3	d7—d5
4.	Sb1—c3	Lf8—e7
5.	Lc1—g5	0—0
6.	e2—e3	Sf6—e4

Eine von Lasker und Capablanca in ihren Wettkämpfen mit Marshall mehrfach angewandte Verteidigung.

Im Londoner Turnier (1922) hat Maróczy hier gegen mich den Zug 6. .... c7—c5, den Rubinstein im Collijnschen „Lärobok" empfiehlt, versucht, jedoch erfolglos. Die Partie nahm folgenden Verlauf: 6. .... c7—c5 7. c4—d5:, e6—d5: 8. d4—c5:, Lc8—e6 9. Lf1—b5!, Le7—c5: 10. 0—0, Sb8—c6 11. Ta1—c1, Lc5—e7 12. Lb5—c6:, b7—c6: 13. Sc3—a4, Ta8—c8 14. Sf3—d4, Le6—d7 15. Lg5—f6:!, Le7—f6: 16. Sa4—c5, Ld7—e8 17. Dd1—g4, Tc8—b8 18. b2—b3, g7—g6 19. Tc1—c2, Dd8—d6 20. Tf1—c1, Lf6—e5 21. Sd4—f3!, Le5—g7 22. Dg4—a4, Dd6—e7 23. Sf3—d4, Tb8—b6 24. h2—h3, Lg7—e5 25. Sc5—d3, Le5—d4: 26. e3—d4:, Tb6—b7 27. Tc1—e1, De7—g5 und Weiß konnte durch 28. Te1—e5 Gewinnstellung erreichen.

7.	Lg5—e7:	Dd8—e7:
8.	Dd1—b3	....

Um die Variante 8. c4—d5:, Se4—c3: 9. b2—c3:, e6—d5: 10. Dd1—b3, Tf8—d8 11. c3—c4, Sb8—c6!, die dem Schwarzen scheinbar gleiches Spiel gibt, zu vermeiden.

Zu diesem Zweck war aber besser 8. Dd1—c2 zu spielen, da Schwarz nach dem Textzuge, statt den Springer zu schlagen, c7—c6 und nachher f7—f5 usw. ziehen konnte.

8.	....	Se4—c3:
9.	Db3—c3:	c7—c6

Falls 9. .... c7—c5, so 10. c4—d5:, c5—d4: 11. Sf3—d4:, e6—d5: 12. Lf1—e2 (b5) usw. mit Vorteil für Weiß (Aljechin-Maróczy, New-York 1924).

10.	Lf1—d3	Sb8—d7
11.	0—0	f7—f5
12.	Ta1—c1	....

Um Sf3—e5 erst nach dem logisch scheinbar unvermeidlichen Sd7—f6 zu spielen.

12.	....	g7—g5

Aber dieser Angriff — eines Meisters wie Maróczy ganz unwürdig — kompromittiert die Königsstellung hoffnungslos.

13.	Sf3—d2!	Tf8—f7

Ebenso schlecht wie das Vorhergegangene. Etwas besser war 13. .... Sd7—f6 in Verbindung mit 14. .... Lc8—d7 usw.

14.	f2—f3	e6—e5

In der Hoffnung, den Damentausch zu erzwingen und ohne die Kraft des Zuges 19. Dc3—c7 zu würdigen. Die schwarze Partie ist übrigens ohnedies schon verloren.

15.	c4—d5:	c6—d5:
16.	e3—e4!	f5—e4:
17.	f3—e4:	Tf8—f1†
18.	Tc1—f1:	e5—d4:

In der Erwartung von 19. Dc3—d4:, De7—e5 usw.; der nachfolgende Zug des Weißen zerstört diese Illusion.

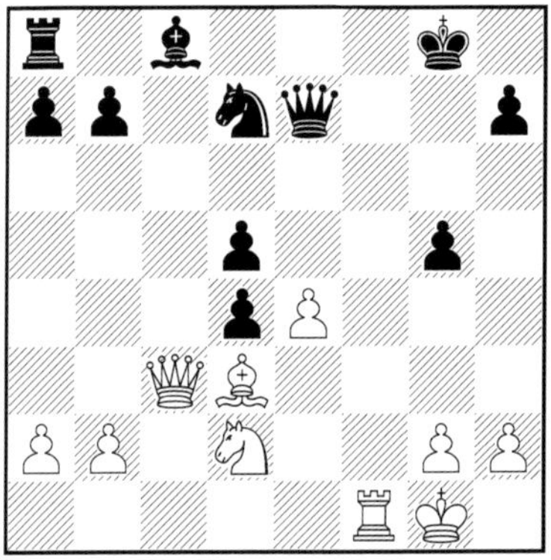

19. Dc3—c7! ....

Dieser eine Zug lähmt alle Figuren des Gegners.

19. .... Kg8—g7
20. Tf1—f5! d5—e4:
21. Sd2—e4: De7—b4

Fügt sich ins Unvermeidliche.

Auf 21. .... h7—h6 gewann Weiß leicht durch 22. h2—h3 in Verbindung mit Kg1—h2, Se4—d6 uws.

22. Tf5—g5‡ Schwarz gibt auf.

84. Spanisches Vierspringerspiel

Internationales Meisterturnier zu Karlsbad, Mai 1923.

Weiß: H. Wolf.

1. e2—e4 e7—e5
2. Sg1—f3 Sb8—c6
3. Sb1—c3 Sg8—f6
4. Lf1—b5 Sc6—d4
5. Sf3—d4: e5—d4:
6. Sc3—d5 ....

Das Ziel dieses, von Selesnieff in seiner Partie gegen Spielmann (Pistyan 1922) angewandten Zuges ist, ein leichtes Remis zu erreichen. Wie diese Partie beweist, genügt er dazu nicht. Besser ist 6. e4—e5, d4—c3: 7. e5—f6:, Dd8—f6: 8. d2—c3:, Lf8—e7 9. 0—0, 0—0 10. Dd1—d4 usw.

6. .... Sf6—d5:
7. e4—d5: Dd8—f6!

Weicht dem Damentausch aus, den Weiß nach 7. .... Lf8—e7 durch 8. Dd1—g4, Le7—f6 9. Dg4—e4† usw. erzwingen könnte.

8. 0—0 Lf8—e7
9. f2—f4 ....

Weiß ist nicht so gut entwickelt, um an das sofortige Ergreifen der Initiative denken zu können. Er hätte deshalb besser getan, die Unvorteilhaftigkeit seines 6. Zuges einzugestehen und zu versuchen, ihn durch 9. Lb5—e2 10. c2—c4 und 11. d2—d3 — mit mehr oder weniger gleichem Spiel — gutzumachen.

9. .... 0—0
10. Dd1—f3 c7—c5!

Befestigt die Stellung des Bauern d4, was schon unmöglich gewesen wäre, wenn Schwarz zuerst d7—d6 gespielt hätte.

11. b2—b3 ....

Bezweckt den Damenläufer nach b2 oder a3 zu entwickeln; nach 11. d2—d3 wäre der Läufer b5 tatsächlich in einer wenig beneidenswerten Stellung.

11. .... d7—d6
12. Lc1—b2 Lc8—f5
13. Ta1—e1 ....

Nach 13. Lb5—d3 hätte Schwarz durch 13. .... Df6—g6! sein Übergewicht gesichert.

13. .... Le7—d8!

In der Absicht, mit dem Läufer von a5 den Bauern d2 anzugreifen, den Weiß in Anbetracht der beengten Stellung seines Königsläufers nicht vorrücken kann.

14.	Lb5—d3	Ld8—a5
15.	Te1—e2	Ta8—e8
16.	g2—g3	....

Weiß konnte unmittelbaren materiellen Verlust durch 16. Lb2—c1 vermeiden, aber auch dann wäre sein Spiel bedeutend schlechter.

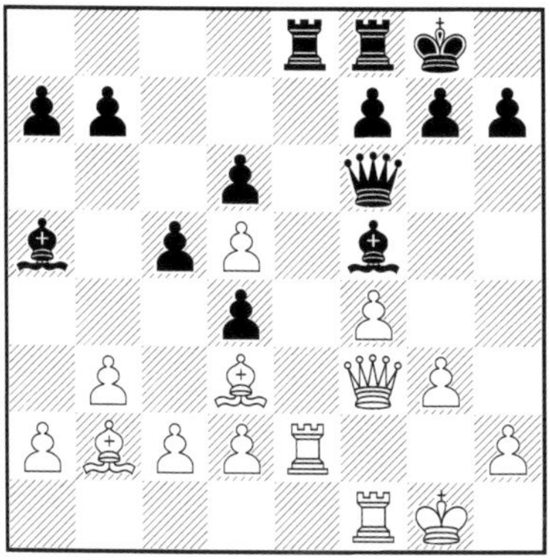

16.	....	Lf5—d3:!

Dieser Abtausch sichert dem Schwarzen ein entscheidendes Übergewicht. Weiß kann den Läufer, wegen 17. .... Te8—e2: 18. Dd3—e2:, d4—d3! mit Figurengewinn, nicht mit der Dame schlagen. Und falls 17. Te2—e8:, so Ld3—f1: 18. Te8—f8†, Kg8—f8: 19. Kg1—f1:, La5—d2: und Schwarz gewinnt leicht.

17.	c2—d3:	Te8—e2:
18.	Df3—e2:	Df6—f5
19.	Tf1—f2	....

Das Endspiel mit einem Bauern weniger, das sich nach 19. De2—e4, Df5—e4: 20. d3—e4:, La5—d2: ergeben hätte, überließ dem Weißen gar keine Remischancen.

19.	....	Df5—d5:
20.	De2—e4	Dd5—e6!

Gestattet dem Weißen nicht, sich des Doppelbauern zu entledigen, weil in diesem Falle der Läufer b2 später an der Verteidigung teilnehmen könnte.

21.	f4—f5	De6—e5
22.	De4—e5:!	....

Verhältnismäßig das Beste (22. De4—b7:?, La5—d2:! usw.). Das Fehlen offener Linien für den schwarzen Turm und die Nähe des weißen Königs vom Zentrum schaffen dem Schwarzen nach dem Damentausch trotz der Einsperrung des schwarzen Läufers gewisse Schwierigkeiten.

22.	....	d6—e5:
23.	Kg1—g2	f7—f6
24.	Kg2—f3	La5—d8!

Die Tätigkeit des Läufers auf a5 ist zu Ende. Schwarz will den Damenflügel durch seine Bauern blockieren, um dem Läufer b2 die Hoffnung auf Befreiung für immer zu nehmen.

25.	Kf3—e4	Ld8—e7
26.	Tf2—f1	....

Nach 26. Ke4—d5, Tf8—d8† 27. Kd5—c4 (falls Kd5—e6, so Kg8—f8 und Matt im nächsten Zuge) 27. .... a7—a6 28. a2—a4, Kg8—f7 hätte Schwarz den gegnerischen Königsflügel noch leichter gesprengt als in der Partie.

26.	....	Tf8—d8
27.	Tf1—c1	a7—a5!

Und nicht 27. .... b7—b6 wegen 28. b3—b4 usw.

28.	Lb2—a3	b7—b6
29.	g3—g4	....

In der Hoffnung, seinerseits den Königsflügel abzusperren, wonach das Remis unvermeidlich wäre.

29.	....	Kg8—f7
30.	h2—h4	g7—g6

31. Tc1—f1 ....

Oder 31. h4—h5, g6—h5: 32. g4—h5:, Td8—g8 33. Ke4—d5, Tg8—g3 34. Kd5—c6, Tg3—d3: 35. Kc6—b5, Td3—d2: 36. La3—c5:, e5—e4 und die Freibauern gewinnen leicht.

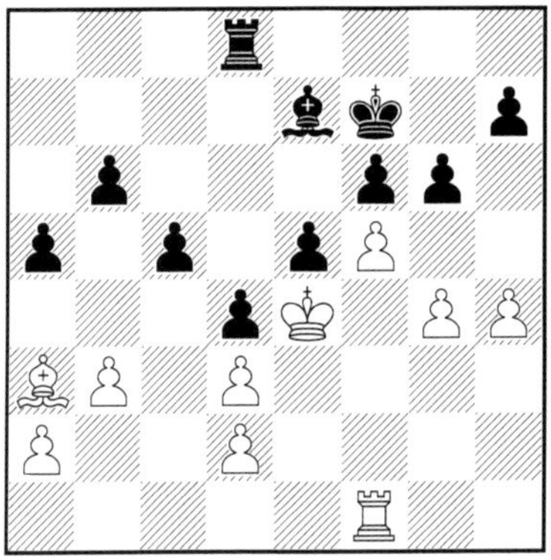

31. .... h7—h5!

Zwingt den weißen König, das dominierende Feld zu verlassen und bricht dadurch den zähen Widerstand des Gegners endgültig.

32. f5—g6† ....

Oder 32. g4—g5, f6—g5: 33. h4—g5:, Le7—g5: 34. f5—g6†, Kf7—g6: 35. Ke4—e5:, h5—h4 und Schwarz gewinnt.

32. .... Kf7—g6:

33. g4—h5† Kg6—f7!

Nach 33. .... Kg6—h5: 34. Ke4—f5 usw. könnte Schwarz wohl kaum gewinnen.

34. h5—h6 ....

Oder 34. Ke4—f5, Td8—h8 35. Kf5—g4, Kf7—e6 und gewinnt.

34. .... Kf7—e6!

35. Tc1—g1 Td8—h8

36. Tg1—g6 Le7—f8

Weiß gibt auf.

85. Abgelehntes Damengambit

Internationales Meisterturnier zu Karlsbad, Mai 1923.

Schwarz: O. Chajes.

1. d2—d4 Sg8—f6
2. c2—c4 e7—e6
3. Sg1—f3 d7—d5
4. Sb1—c3 Sb8—d7

Auf diesen Zug hat Weiß außer 5. Lc1—g5 noch eine gute Fortsetzung: 5. c4—d5:, e6—d5: 6. Lc1—f4 usw. mit ganz guter Stellung. Deshalb ist der Zug 4. .... Lf8—e7 wohl vorzuziehen.

5. Lc1—g5 Lf8—e7

Nach 5. .... c7—c6 6. e2—e3, Dd8—a5 7. Sf3—d2, Lf8—b4! 8. Dd1—c2, 0—0 kann Weiß, falls er die Variante der Partie Grünfeld-Bogoljubow (Mährisch-Ostrau 1923), d. h. 9. Lf1—e2, e6—e5! 10. d4—e5:, Sf6—e4 usw. vermeiden will, sich ein kleines Übergewicht sichern, indem er, wie in der Partie Johner-Tarrasch (Triest 1923) 9. Lg5—f6:, Sd7—f6: 10. Lf1—d3, Ta8—d8 11. 0—0 usw. fortsetzt.

6. e2—e3 0—0
7. Ta1—c1 c7—c6
8. Dd1—c2 a7—a6!
9. a2—a3 Tf8—e8
10. h2—h3 ....

Um den Tempoverlust 10. Lf1—d3 zu vermeiden, was nach 10. .... h7—h6 11. Lg5—h4 zu der Stellung der Partie Grünfeld-Aljechin (siehe Partie 81) geführt hätte.

10. .... b7—b5

Eine sehr interessante Idee mit wahrscheinlicher Zukunft. An dieser Stelle ist ihre taktische Durchführung jedoch falsch; b7—b5 wäre logischer im 9. Zuge, solange Weiß h2—h3 noch nicht gespielt hat, da dann Schwarz 10. c4—c5 mit 10. .... e6—e5 11. d4—e5:, Sf6—g4 bei gutem Spiel hätte beantworten können. Andererseits, wenn Weiß an Stelle von 10. c4—c5 die c-Linie durch c4—d5: (oder b5) öffnet, so wird es ihm wohl kaum gelingen, die offene Linie auszunutzen, da er Zeit brauchen wird, um den König vorher in Sicherheit zu bringen. Die Möglichkeit von b7—b5 ist ein neuer Beweis dafür, wieviel Ressourcen a7—a6 in dieser Variante in sich birgt.

11. c4—c5! ....

Da Schwarz jetzt das Zentrum nicht sprengen kann, muß die Schwäche seines c-Bauern früher oder später zum Vorschein kommen. Gewiß ist diese Schwäche einstweilen schwer auszunutzen, da die Stellung auf beiden Flügeln blockiert ist und noch nicht zu ersehen ist, wo und wie Weiß ins feindliche Lager einbrechen kann.

11. .... Sf6—h5
12. Lg5—f4! ....

Die einzige logische Antwort. Weiß muß durchaus den Druck auf e5 behalten.

12. .... Sh5—f4:
13. e3—f4: a6—a5
14. Lf1—d3 g7—g6!

Der beste Verteidigungsplan. Schwarz verhindert das mögliche Vorrücken des Bauern nach f5 und bereitet eine solide Verteidigungsstellung vor.

15. h3—h4! ....

Viel weniger um einen Mattangriff zu beginnen, als um nötigenfalls die Möglichkeit zu haben, die h-Linie zu öffnen, was späterhin große Bedeutung haben wird.

15. .... Le7—f6
16. h4—h5 Sd7—f8
17. g2—g3 Ta8—a7
18. Sc3—d1! ....

Droht, den Springer nach g4 zu bringen. Der nächste Zug des Schwarzen bezweckt, den f-Bauern nach f5 vorzurücken und dadurch dem Springer das Feld g4 zu nehmen.

18. .... Lf6—g7
19. Sd1—e3 f7—f5

Danach ist die Rochadestellung des Schwarzen genügend befestigt und er braucht im Mittelspiel nichts zu befürchten; aber für das Endspiel steht er nicht besonders (die Schwächen c6, e6, g6!).

20. Dc2—e2! ....

Bereitet die Besetzung von e5 vor.

20. .... a5—a4

Der einzige Zug des Schwarzen in dieser Partie, der bestimmt zu verurteilen ist, da er das Feld b4 dem weißen Springer ohne Kompensation überläßt. Wenn Schwarz die Stellung seiner Bauern nicht geändert hätte, wäre der folgende Spielplan für Weiß richtig: Se3—c2, Ke1—f1, Sc2—e1, Ld3—b1, Se1—d3 und Sd3—e5.

21. Se3—c2 ....

Jetzt aber kann der Springer über b4 nach e5 mit Tempogewinn gebracht werden.

21. .... Ta7—e7
22. Ke1—f1 ....

Um dem Schwarzen nicht die Möglichkeit zu geben (z. B. nach Sc2—b4 und De2—c2) Lc8—d7 mit der Drohung Lg7—d4:! und e6—e5 zu spielen.

22. .... Lg7—f6

23. Sf3—e5 ....

Dieser Zug verdirbt zwar nichts, aber die logische Fortsetzung war Sc2—b4, Ld3—b1, Sb4—d3 und Sd3—e5. Falls Schwarz 23. Sf3—e5 richtig beantwortet hätte, müßte Weiß zu diesem Plan zurückkehren.

23. .... Lf6—e5:

Besser war 23. .... Dd8—c7 mit der Drohung 24. .... Lf6—e5:, wonach Weiß den Läufer entweder mit der Dame — worauf der Damentausch erfolgt wäre — oder mit einem der Bauern schlagen müßte, was seine Gewinnchancen ebenfalls beinahe zunichte gemacht hätte. Weiß müßte folglich auf 23. .... Dd8—c7 mit dem Springer nach f3 zurück und die obenerwähnte Umgruppierung allmählich durchführen.

24. De2—e5: ....

Nach diesem Abtausch erhält Weiß eine neue ernste Chance — die Schwäche der schwarzen Felder im feindlichen Lager.

24. .... Dd8—c7

25. De5—f6! ....

Ein wichtiges Manöver, welches die Schaffung einer neuen Schwäche in der feindlichen Stellung auf h7 bezweckt.

25. .... Te7—f7

26. Df6—h4 Dc7—e7

27. h5—g6:! ....

Endlich ist der für diesen Abtausch günstige Augenblick gekommen: Schwarz darf auf g6 nicht mit dem Bauern schlagen, da dies dem Weißen die Besetzung der h-Reihe mit den Türmen gestatten würde. Strategisch ist jetzt die Partie für Weiß gewonnen, aber das taktische Erringen des Sieges ist noch gar nicht so einfach.

27. .... Sf8—g6:

28. Dh4—h5! ....

Der Damentausch wäre einstweilen verfrüht.

28. .... De7—f6

29. Ld3—e2 ....

Der Zweck der folgenden Züge des Weißen ist, die Handlungsfreiheit der schwarzen Figuren auf ein Minimum zu reduzieren und die Überführung des Königs nach dem Damenflügel vorzubereiten.

29. .... Tf7—g7

30. Dh5—f3 Sg6—f8

31. Df3—e3 Te8—e7

32. Sc2—b4 Lc8—d7

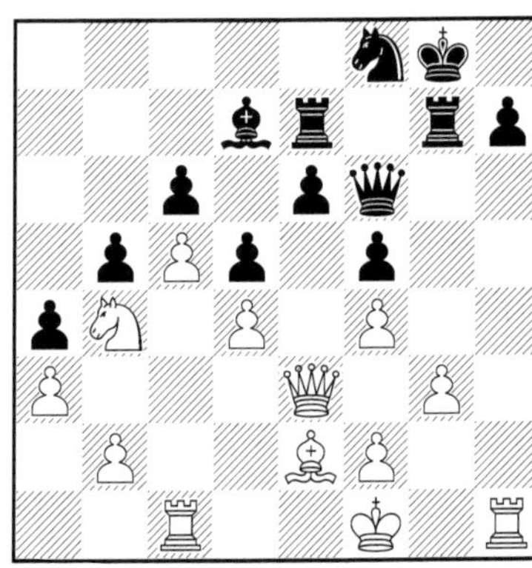

33. Le2—h5! ....

Durch diesen Zug wird eine merkwürdige Stellung geschaffen, in welcher die Dame, beide Türme und der Läufer des Schwarzen keine Züge haben. Das Problem ist jedoch einstweilen nicht gelöst. Wenn Weiß die Türme sofort verdoppelt und die Dame auf die h-Linie bringt, so ist damit noch nichts erreicht.

Der Plan, zu dem Weiß sich entschließt, ist ziemlich kompliziert, und jede Einzelheit muß vorbereitet werden. Dieser Plan kann folgendermaßen dargelegt werden:

I. Teil. Den König nach dem Damenflügel zu bringen, von wo aus er im Falle des Turm- und Damentauschs auf der h-Linie über a5 schnell ins feindliche Lager wird eindringen können.

Diese Überführung des weißen Königs wird auch den schwarzen König logisch zwingen, sich dem Damenflügel zur Verteidigung der Punkte e6 und c6 zu nähern.

II. Teil. Die schwarzen Figuren durch taktische Bedrohung bald des Königs, bald der Bauern vom Königsflügel abzulenken (Züge 39 und 41).

Die Drohung des Weißen, den Punkt e5 mit dem Springer zu besetzen, wird Schwarz zwingen, mit seinem Springer das Feld d7 einzunehmen, was das Zusammenspiel der ohnehin schon genügend eingeengten schwarzen Figuren noch mehr erschweren wird.

III. Teil. Endlich im geeigneten Moment, d. h. wenn die gegnerischen Figuren vom Königsflügel genügend entfernt sein werden, die Türme auf der h-Linie zu verdoppeln, damit sie nach erzwungenem Damen- und Läufertausch ins feindliche Lager eindringen.

Wie später ersichtlich, brauchte Weiß zur Durchführung dieses Plans 24 Züge!

33. .... Sf8—g6
34. Sb4—d3 ....

Und nicht sofort 34. Kf1—e2 wegen 34. .... e6—e5!.

34. .... Ld7—e8
35. Kf1—e2 Kg8—f8
36. Ke2—d2 Te7—b7

Um den König vorbei zu lassen.

37. Lh5—f3 Kf8—e7
38. Th1—e1 Sg6—f8
39. Sd3—b4 ....

Droht 40. Lf3—d5: usw.

39. .... Ke7—d8
40. Kd2—d3 Tg7—e7
41. De3—d2! ....

Droht nach 42. Sb4—a6 mit dem Eindringen der Dame auf a5.

41. ..... Tb7—a7
42. Te1—h1 Te7—c7

Um den Läufer zur Verteidigung des Bauern h7 zu verwenden, da der Springer zur Verteidigung des Punktes e5 benötigt wird.

43. Th1—h2 Le8—g6
44. Dd2—e3 Kd8—c8

Um die Türme zu befreien, will Schwarz den c-Bauern mit dem König decken; aber dazu braucht es viel Zeit, und Weiß hat den Schlag bereits vorbereitet.

45. Tc1—h1 Kc8—b7
46. Kd3—d2 Tc7—e7
47. Sb4—d3 Sf8—d7
48. Lf3—h5! ....

Weiß ist einen großen Schritt vorwärtsgekommen, indem er endlich den Abtausch dieser zur Verteidigung besonders geeigneten gegnerischen Figur erzwungen hat.

48. .... Ta7—a8
49. Lh5—g6: h7—g6:

Nach 49. .... Df6—g6: war der Bauer h7 dem Tode geweiht.

50. Th2—h7 Ta8—e8

Schwarz scheint noch genügend fest zu stehen, aber der nächste Zug des Gegners deckt die ganze Schwäche seiner Stellung auf.

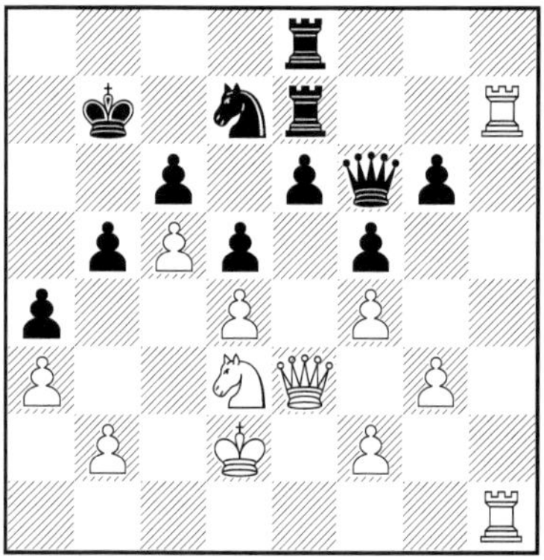

51. Sd3—e5! ....

Es ist sehr charakteristisch, daß es erst jetzt, zum erstenmal in der ganzen Partie, für Weiß vorteilhaft ist, im Falle des Abtausches dieses Springers den Punkt e5 mit dem Bauern zu besetzen.

Falls nämlich 51. .... Sd7—e5:, so 25. f4—e5:, Df6—f8 53. De3—g5! und Weiß gewinnt bereits den Bauern g6.

Auf diese Weise ist die Antwort des Schwarzen erzwungen.

51. .... Sd7—f8
52. Th7—h8 ....

Jetzt sollen die Damen, aber nicht die Türme getauscht werden!

52. .... Te7—g7
53. Se5—f3! Te8—b8

Um den Springer für alle Fälle mobil zu machen.

54. Sf3—g5 Tg7—e7

Gegen den nächsten Zug des Weißen gab es keine Verteidigung mehr.

55. De3—e5! ....

Nach dem erzwungenen Damentausch wird die Verdopplung der weißen Türme auf der 8. Reihe entscheidend.

55. .... Df6—e5:
56. f4—e5: Kb7—a8
57. Th8—g8 b5—b4

In der Hoffnung, nach 58. a3—b4: durch 58. .... Te7—b7 noch etwas zu erreichen.

58. Th1—h8! Te7—e8
59. a3—b4: Ka8—a7
60. Kd2—c3 Ka7—a6
61. Sg5—f7! ....

Viel stärker als 60. Sg5—e6: usw. Weiß spielt auf Matt.

61. .... Tb8—a8
62. Sf7—d6 Te8—b8
63. Th8—h1! Sf8—d7
64. Th1—a1! Schwarz gibt auf.

Schlußstellung.

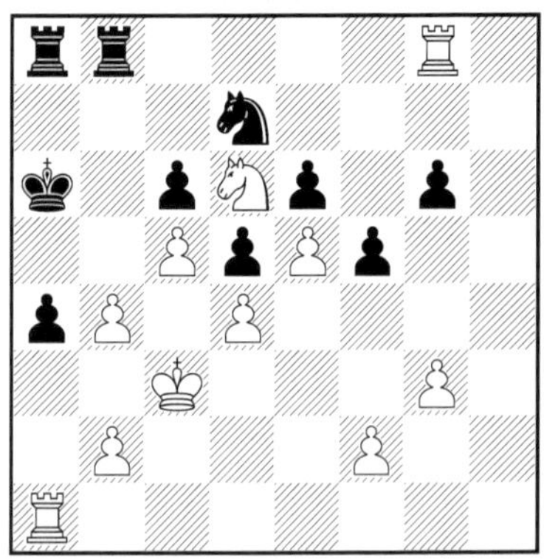

86. Damenbauernspiel

Internationales Meisterturnier zu Karlsbad, Mai 1923.

Schwarz: Sir G. Thomas.

1. d2—d4 Sg8—f6
2. c2—c4 d7—d6
3. Sg1—f3 g7—g6

Diese altertümliche Verteidigung

ist jetzt bei den Engländern sehr modern; sie haben mit dem verstorbenen Burn an der Spitze sich mit der Bearbeitung aller ihrer Einzelheiten viel Mühe gegeben.

4. g2—g3 Lf8—g7
5. Lf1—g2 0—0
6. 0—0 Sb8—c6

Ein von Burn statt des früheren 6. .... Sb8—d7 vorgeschlagener Zug. Sein Zweck ist, den Weißen so schnell als möglich zu zwingen, die Stellung im Zentrum zu klären.

7. d4—d5! ....

Die energischste und beste Fortsetzung. Die Niederlage, die mir Yates in glänzendem Stile in einer der vorangegangenen Runden des gleichen Turniers zufügte, hat meine Meinung über diesen Zug keineswegs erschüttert. Der Verlust jener Partie war ausschließlich die Folge von taktischen Fehlern im Mittelspiel.

7. .... Sc6—b8
8. Sb1—c3 e7—e5

Dieser Zug ist ungenügend, da er dem Weißen gestattet, durch Abtausch im Zentrum die bessere Entwicklung seiner Figuren auszunutzen. Mehr im Geiste der Eröffnung ist 8. .... a7—a5 in Verbindung mit 9. .... Sb8—d7 oder a6 und 10. .... Sd7 (a6)—c5, wie Yates in analoger Stellung gespielt hat.

9. d5—e6:! ....

Das befreit Schwarz nicht von Schwierigkeiten, denn falls er den Bauern e6 mit dem Läufer schlägt, erhält Weiß durch Sf3—d4 das bessere Spiel; falls er jedoch mit dem Bauern nimmt, so wird er früher oder später e6—e5 spielen müssen, was das Feld d5 schwächt und dem Weißen die Initiative sowohl im Zentrum wie auch am Damenflügel überläßt.

9. .... f7—e6:
10. Lc1—g5 ....

In der Absicht, entweder die Läufer nach Dd1—d2 und Lg5—h6 zu tauschen, oder den Zug 10. .... h7—h6 zu provozieren — in beiden Fällen unter Schwächung der schwarzen Rochadestellung.

10. .... Sb8—c6
11. Dd1—d2 Dd8—e8
12. Ta1—d1 ....

Um 12. Lc8—d7 mit 13. c4—c5! zu beantworten.

12. .... Ta8—b8
13. Lg5—h6 De8—f7
14. Lh6—g7: Df7—g7:

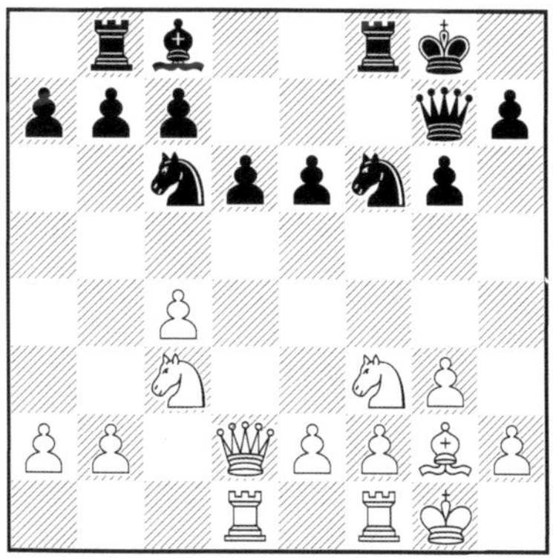

15. Sf3—g5! ....

Eine sehr starke Stellung für den Springer. Schwarz kann ihn nur um den Preis einer weiteren Schwächung seiner Stellung vertreiben.

15. .... e6—e5
16. Sc3—d5 Sc6—d4

Provoziert e2—e3, um späterhin seinen Läufer mit Tempogewinn zu entwickeln.

17. e2—e3 Sd4—c6

Nach 17. .... Sd4—e6 wäre das Vorgehen des f-Bauern noch stärker. Z. B. 17. .... Sd4—e6 18. f2—f4!, Se6—g5: 19. f4—g5:, Sf6—d5: 20. Lg2—d5‡, Kg8—h8, 21. Tf1—f8‡, Dg7—f8: 22. Td1—f1 und gewinnt.

18. f2—f4 Lc8—g4
19. Td1—e1 Tb8—e8
20. b2—b4! ....

Um den schwarzen Damenspringer zu vertreiben und dadurch dem Läufer g2 neue Perspektiven zu eröffnen.

20. .... h7—h6
21. Sd5—f6‡ Tf8—f6:
22. Sg5—e4 Tf6—f8
23. b4—b5 Sc6—d8
24. c4—c5! ....

Viel besser als der Bauerngewinn durch 24. Dd2—a5, wonach Schwarz genügende Gegenchancen erhalten hätte: 24. .... e5—f4: 25. g3—f4:, Lg4—f5 26. Se4—f2, Lf5—e6! usw.

24. .... d6—c5:
25. Se4—c5: Lg4—c8
26. a2—a4 ....

Weiß hat nun einen sehr starken Druck auf dem Damenflügel. Und trotzdem hätte Schwarz den Gegner vor keine leichte Aufgabe gestellt, wenn er jetzt 26. .... Kg8—h7 gespielt hätte. Nach seinem nächsten Zuge gelingt es dagegen dem Weißen, forciert zu gewinnen.

26. .... c7—c6
27. Dd2—d6! ....

Dies Eindringen der Dame ist sehr unangenehm. Weiß droht 28. Dd6—b8!.

27. .... b7—b6
28. Sc5—e4! e5—f4:

Schwarz hat keine guten Züge mehr. 28. .... c6—b5: oder 28. .... c6—c5 — von den meisten Glossatoren empfohlen — würde nach 29. f4—e5: mit der Drohung 30. Se4—f6† usw. eine sofortige Katastrophe zur Folge haben.

29. b5—c6:! ....

Dieser Bauer, von dem Läufer unterstützt, entscheidet die Partie zugunsten des Weißen.

29. .... Te8—e6
30. Dd6—d5 ....

Droht 31. Lg2—h3 usw.

30. Kg8—h7

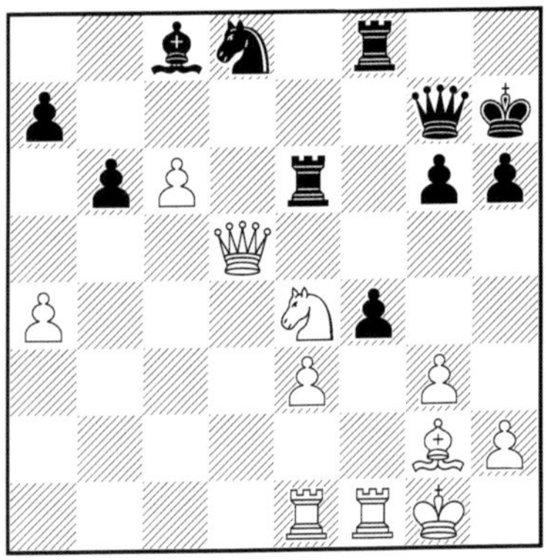

31. Se4—d6! ....

Der Gewinnzug, dessen Hauptvarianten auf 12—13 Züge im voraus berechnet werden mußten.

31. .... Lc8—a6!

Dieser Zug leistet den größten Widerstand. Falls 31. .... Dg7—c7, so behält Weiß durch das einfache 31. Te1—d1! den Freibauern mit Gewinnstellung.

32. Tf1—f4: Tf8—f4:
33. g3—f4: Dg7—e7

Ebenso wie in der Partie Nr. 66 erleichtert mir mein Gegner die Aufgabe, indem er die Fortsetzung, deren Durchrechnung mich mehr als $^1/_2$ Stunde gekostet hatte, nicht findet.

Die Hauptvariante, die ich erwartet hatte, war 33. .... Dg7—c3! 34. Te1—d1!, Te6—e3: (falls 34. .... Dc3—e3‡, so 35. Kg1—h1 und Weiß gewinnt) 35. Dd5—d2!, Dc3—d2: (falls 35. .... Dc3—c5, so 36. Dd2—f2 usw.) 36. Td1—d2:, Te3—c3 37. Sd6—e4, Tc3—c1† 38. Kg1—f2, Sd8—c6: 39. Td2—d7†, Kh7—g8! 40. Se4—f6†, Kg8—f8 41. Lg2—d5, Sc6—e7 42. Td7—d8†, Kf8—g7 43. Sf6—e8†, Kg7—h7 44. Td8—d7, Tc1—c2† 45. Kf2—f3, Tc2—e2 46. Ld5—e4, und Weiß gewinnt eine Figur und die Partie.

34.	Te1—d1	Te6—e3:
35.	Sd6—e4!	Sd8—e6
36.	Dd5—e5!	....

Gewinnt mindestens die Qualität.

36.	....	Te3—d3
37.	Td1—d3:	La6—d3:
38.	Se4—f6†	Kh7—h8
39.	Sf6—d5†	De7—g7
40.	De5—e6:	Schwarz gibt auf.

87. Abgelehntes Damengambit

Mayor Open Tournament
zu Portsmouth, August 1923.

Schwarz: Dr. A. Vajda.

1.	d2—d4	Sg8—f6
2.	c2—c4	e7—e6
3.	Sg1—f3	d7—d5
4.	Sb1—c3	Lf8—e7
5.	Lc1—g5	Sb8—d7
6.	e2—e3	0—0
7.	Ta1—c1	c7—c6
8.	Lf1—d3	d5—c4:
9.	Ld3—c4:	Sf6—d5
10.	Sc3—e4	....

Lg5—e7:, Dd8—e7: 11. 0—0 versprach dem Weißen keinerlei Vorteil. Andererseits ist auch der von mir im Pistyaner Turnier 1922 in der Partie gegen Selesnieff (siehe Partie Nr. 63) versuchte Zug 10. Lg5—f4 nicht besser als der jetzt gewählte; erst später gelang es mir, die ungenügende Korrektheit dieses Zuges durch detaillierte Analyse festzustellen.

10.	....	h7—h6

Nach diesem Zuge erreicht Weiß, ohne etwas zu riskieren, sein Ziel — drei leichte Figuren zu behalten, die er zum Druck auf die feindliche Stellung braucht. Die richtige Fortsetzung war: 10. .... Dd8—a5† 11. Ke1—f1 (nach 11. Ke1—e2 ist die folgende Variante noch stärker) 11. .... f7—f6! 12. Lg5—h4, Sd7—b6 13. Lc4—b3, Sd5—b4! und Schwarz hat die Initiative.

Deshalb ist der Zug 10. Sc3—e4 nicht gut. Er kann nur nach 10. Lg5—e7:, Dd8—e7: (und nicht 10. .... Sd5—c3: 11. Le7—d8:, Sc3—d1: 12. Ld8—e7, Tf8—e8 13. Le7—a3 und Weiß gewinnt) gemacht werden, z. B. 11. Sc3—e4, De7—b4† 12. Dd1—d2, Db4—d2‡ 13. Ke1—d2: usw. mit etwas besserer Stellung für Weiß.

Es läßt sich jedoch nicht leugnen, daß der Damentausch in dieser Variante dem Schwarzen immerhin ernste Remischancen gewährt.

11.	Lg5—e7:	Dd8—e7:
12.	0—0	b7—b6
13.	Se4—g3	....

Bereitet das gelegentliche e3—e4 vor.

13.	....	Tf8—d8
14.	Lc4—d5:	....

Unter dem Einflusse der Vorwürfe einiger Kritiker, welche behaupten, daß ich durchaus Komplikationen suche und klare und einfache Stellungen vermeide, habe ich mich hier bemüht, das einfachste Schema zu wählen. Die begeisterte Anbetung der Methode der Einfachheit und Klarheit ist jedoch nicht immer angebracht. Bei richtiger Verteidigung von Schwarz hätte Weiß in diesem Falle durch den Textzug kaum sein Übergewicht — die Beherrschung der offenen c-Linie — zum Gewinn verdichten können.

Und im Gegenteil hätte die Fortsetzung 14. e3—e4, Sd5—f6 (oder Sd5—f4 15. Dd1—d2) 15. Tf1—e1 mit der gelegentlichen Drohung d4—d5 oder 15. e4—e5 in Verbindung mit Sg3—e4 und Se4—d6 ihm größere Aussichten eröffnet. Die Wahl zwischen diesen Varianten ist eine Frage des Stils des Spielers, und ich riskierte einen halben Zähler zu verlieren, als ich meiner ersten Neigung, die dem Geiste der gegebenen Stellung auch mehr entsprach, keine Folge leistete.

14. .... c6—d5:
15. Dd1—a4! ....

Gegen 15. .... Lc8—a6 gerichte und mit der Drohung 16. Tc1—c7, was sofort wegen der Antwort des Schwarzen 15. .... De7—d6 nicht gut genug war.

15. .... Sd7—f8
16. Sf3—e5 Lc8—b7
17. Tc1—c3 f7—f6

Diese Schwächung der Rochadestellung ist überflüssig. Der weiße Springer nimmt zwar auf e5 eine sehr gute Stellung ein, aber die schwarze Position ist fest genug, um diesen Druck auszuhalten.

18. Se5—d3 De7—d7

Um die Türme auf der c-Linie zu opponieren, was ihm den Ausgleich gestattet hätte.

19. Da4—a3 Lb7—c6
20. Tf1—c1 Td8—c8
21. h2—h3! ....

Wie später ersichtlich, absolut notwendig.

21. .... Lc6—b5
22. Sd3—f4 ....

Droht nach dem Turmtausch den a-Bauern zu gewinnen.

22. .... a7—a5

Es ist merkwürdig, daß wegen dieses natürlichen Zuges die Partie verloren geht. Schlecht war auch 22. .... e6—e5 wegen 23. Sf4—d5:, aber 22. .... Tc8—c3:! 23. Da3—c3:, Lb5—a6! und, falls 23. Tc1—c3:, so e6—e5 gab dem Schwarzen gute Verteidigungschancen.

23. Tc3—c8:! Ta8—c8:
24. Tc1—c8: Dd7—c8:
25. Da3—d6! ....

Die weiße Dame dringt nun mit furchtbarer Gewalt in das gegnerische Spiel ein. Wie leicht ersichtlich, kann sie Schwarz vertreiben, da er durch die Notwendigkeit, seine schwachen Bauern b6 und e6 zu verteidigen, gebunden ist.

25. .... Lb5—c6

Oder aber 25. .... Dc8—c6 26. Dd6—d8 usw.

(S. Stellungsbild.)

26. Sg3—h5! ....

Ein überraschender Mattangriff. Es droht 27. Sh5—g7:, Kg8—g7: 28. Dd6—e7†, K∼ 29. Sf4—h5 und Weiß gewinnt.

Um den Mattangriff abzuwehren,

Stellung nach dem 25. Zuge von Schwarz.

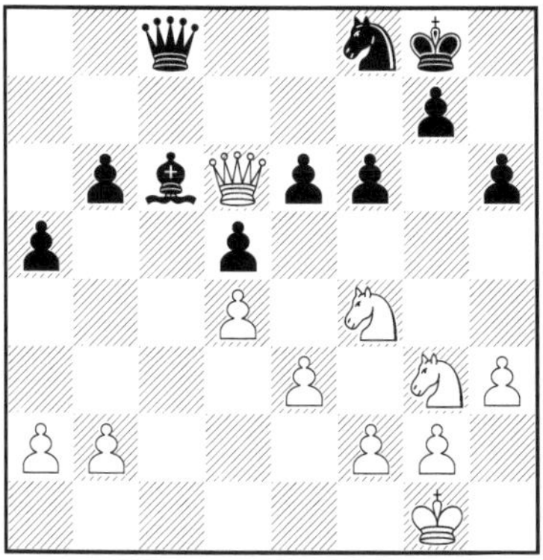

ist Schwarz gezwungen, der weißen Dame das Feld b8 zu überlassen, wodurch b6—b5 erzwungen und das Feld c5 für den Springer erobert wird.

26. .... Dc8—d7
27. Dd6—b8 b6—b5

Falls 27. .... Dd7—b7, so 28. Db8—d8, Kg8—f7 29. g2—g4, mit der Drohung 30. h2—h4 und 31. g4—g5 bei starkem Angriff.

28. g2—g4! ....

Und nicht sofort 28. Sf4—d3 wegen 28. .... Dd7—e8 usw.

28. .... Kg8—f7
29. Sf4—d3 ....

Droht mit Bauerngewinn nach 29. Sd3—c5, Dd7—e7 30. Db8—b6 usw.

29. .... a5—a4
30. Sd3—c5 Dd7—e7
31. Db8—b6 Lc6—e8

Die schwarzen Figuren haben sich um den König geschart, wie vor dem Gewitter die Schafe um den Leithammel!

32. Sh5—f4! ....

Auch der zweite Springer beabsichtigt, durch die Bresche c5 in die feindliche Festung einzudringen.

32. .... g7—g5

Ein von der Verzweiflung diktiertes Manöver.

33. Sf4—d3 h6—h5
34. Sc5—b7 h5—g4:
35. h3—g4: Kf7—g7
36. Sd3—c5! ....

Weiß bewahrt sich die Möglichkeit, den Bauern durch Sb7—d6 zu gewinnen und verstärkt seinen Druck dauernd.

36. .... e6—e5
37. Sb7—d6 Le8—g6
38. Sd6—b5: Sf8—d7
39. Db6—c7 Lg6—e8
40. Sb5—d6 Kg7—f8
41. Sd6—f5 De7—h7

Oder 41. .... De7—f7 42. Dc7—d6† in Verbindung mit 43. Sf5—h6† mit Damengewinn.

42. Sc5—e6† Kf8—f7
43. Dc7—d8! Schwarz gibt auf.

Schlußstellung.

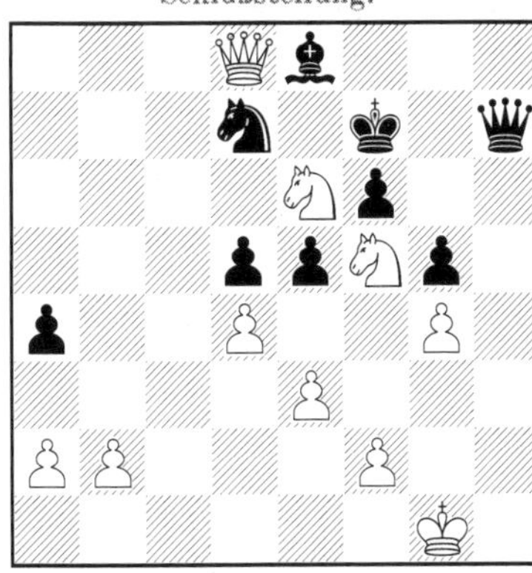

88. Abgelehntes Damengambit

Major Open Tournament zu Portsmouth, August 1923.

Schwarz: A. West.

1. d2—d4 Sg8—f6
2. c2—c4 e7—e6
3. Sg1—f3 d7—d5

4. Sb1—c3 Lf8—e7
5. Lc1—g5 Sb8—d7
6. e2—e3 0—0
7. Ta1—c1 c7—c6
8. Lf1—d3 Tf8—e8

Schwarz versäumt die Gelegenheit, d5—c4: nebst Sf6—d5 vor der Rochade des Gegners zu spielen und erhält deswegen eine beengte Partie.

Der Zug Tf8—e8 ist nur gut vor Lf1—d3, z. B. nach 8. Dd1—c2.

9. 0—0 d5—c4:
10. Ld3—c4: Sf6—d5
11. Sc3—e4 ....

In dieser Stellung zweifellos der beste Zug.

11. .... Le7—g5:
12. Sf3—g5: Sd7—f6

Falls 12. .... f7—f5, so 13. Dd1—h5!, h7—h6 14. Dh5—f7†, Kg8—h8 15. Se4—d6, Te8—e7 16. Sg5—e6: usw.

13. Se4—g3! ....

Es ist klar, daß die Erhaltung des Maximums an materiellen Streitkräften ganz im Interesse der Partei ist, welche im gegebenen Moment den größten Spielraum beherrscht.

13. .... h7—h6
14. Sg5—f3 Sd5—b6
15. Lc4—b3 Sb6—d7

Schwarz will durchaus den Zug e6—e5 durchsetzen, aber es ist bereits zu spät! In einer ernsten Partie, die ich in Paris im Februar 1922 gespielt habe, zog E. Snosko-Borowsky hier 15. .... Lc8—d7, aber ebenfalls erfolglos. Die Partie nahm folgenden Verlauf: 16. Sf3—e5, Dd8—e7 17. f2—f4, Ta8—c8 18. Dd1—f3, Tc8—c7 19. Sg3—e2!, Ld7—c8 20. Se5—d3, Sb6—d7 21. Sd3—c5, und Weiß droht, durch g2—g4 usw. einen starken Königsangriff einzuleiten.

16. e3—e4 ....

Wie später ersichtlich, braucht Weiß den folgenden gegnerischen Zug durch 16. h2—h3 nicht zu verhindern.

16. .... e6—e5

Erleichtert die Aufgabe des Weißen; strategisch ist übrigens das schwarze Spiel bereits hoffnungslos.

17. d4—e5: Sf6—g4
18. e5—e6! ....

Am einfachsten!

18. .... f7—e6:
19. Sf3—d4 Sd7—e5
20. h2—h3 Sg4—f6
21. f2—f4 Se5—f7
22. Kg1—h1 ....

Dieser und die folgenden, auf den ersten Blick unverständlichen Züge des Weißen, bilden die notwendige Vorbereitung des weiteren Angriffs.

Sie beruhen auf folgenden Betrachtungen: Weiß wird rasch gewinnen, wenn es ihm gelingt, seinen Springer auf h5 und die Dame auf g4 zu postieren. Das geht jedoch vorläufig nicht, da auf e4—e5, Sf6—d5 mit der Drohung Sd5—e3 folgen würde. Andererseits muß in Betracht gezogen werden, daß der weiße Springer auf d4 mit Schach geschlagen werden kann. Der geschehene Zug verhindert diese Möglichkeit und der folgende — den Springerzug nach e3. Nach diesen Vorbereitungen vollzieht sich der nachfolgende weiße Angriff ungehindert.

22. .... a7—a5

Ebenso hoffnungslos wie andere Züge.

23. Tc1—c3! Dd8—b6

24. e4—e5 Sf6—d5
25. Sg3—h5! ....

Falls 25. .... Sd5—c3:, so 26. Dd1—g4, g7—g5 27. Sh5—f6†, Kg8—f8 28. b2—c3: und Weiß gewinnt.

25. .... Te8—e7
26. Tc3—g3 Sf7—h8
27. Dd1—d3 ....

Droht 28. Lb3—c2 oder 28. Lb3—d5:, wogegen Schwarz hilflos ist.

27. .... Db6—c7

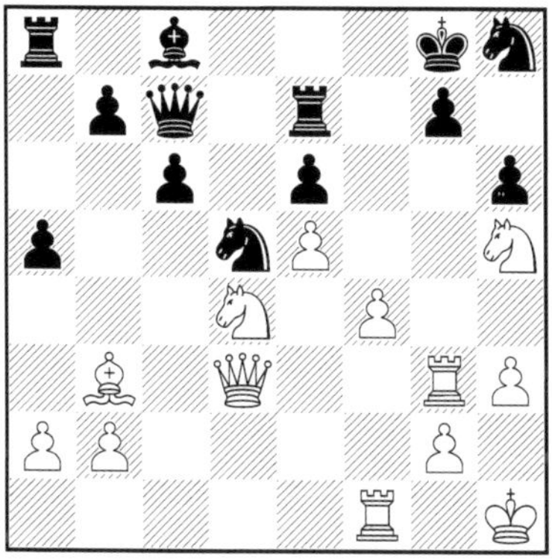

28. Lb3—d5:! ....

Verlockend war hier die schöne Variante: 28. Lb3—d1, Sd5—b4 29. Dd3—h7†!, Kg8—h7: 30. Tg4—g7‡, Te7—g7: 31. Sh5—f6†, Kh7—g6 32. Ld1—h5‡. Aber der Zug 28. .... Sd5—b4 war nicht erzwungen, und da die von mir gewählte Variante ebenfalls zu Matt führte, so habe ich mich auch für sie — als die logischere — entschieden.

28. .... e6—d5:
29. Sh5—f6† ....

Falls jetzt 29. .... Kg8—f8, so 30. Dd3—h7 usw. Falls aber 29. .... Kg8—f7, so 30. Tg3—g7‡ und Matt in zwei Zügen.

Schwarz gibt auf.

89. Unregelmäßige Eröffnung

Major Open Tournament zu Portsmouth, August 1923.

Schwarz: A. Drewitt.

1. Sg1—f3 d7—d5
2. b2—b4 ....

Eine Neuerung im Stile der „ultramodernen“ Schule (Réti, Tartakower, Sämisch), die — manchmal nicht ohne Übertreibung — die Entwicklung der Läufer auf den großen Diagonalen predigt.

Der Zug 2. b2—b4 ist ein erweitertes Fianchetto, das dem Weißen im Falle von c7—c5 (wie z. B. in dieser Partie) gestattet, durch Bauerntausch auf c5 das Bauernübergewicht im Zentrum zu behalten, — ein reelleres Übergewicht als die Majorität der Bauern auf dem Damenflügel, welche nur im Endspiel von Bedeutung ist.

2. .... e7—e6
3. Lc1—b2 Sg8—f6
4. a2—a3 c7—c5
5. b4—c5: Lf8—c5:
6. e2—e3 0—0
7. c2—c4 Sb8—c6
8. d2—d4 Lc5—b6

Natürlicher ist 8. .... Lc5—d6; aber auch in diesem Falle behält Weiß durch 9. Sb1—d2, Tf8—e8 10. c4—c5, Ld6—c7 11. Lf1—b5! usw. ein sehr gutes Spiel.

9. Sb1—d2 Dd8—e7
10. Lf1—d3 Tf8—d8

Nach 10. .... Lb6—c7 zur Vorbereitung von e6—e5 hätte Weiß die Wahl zwischen den Komplikationen nach 11. Sf3—e5 und dem einfacheren Zuge 11. e3—e4.

11. 0—0 Lc8—d7
12. Sf3—e5! ....

Unter Berücksichtigung dessen, daß das beste Rückzugsfeld dem schwarzen Springer (nach Sc6—e5:, d4—e5:) durch Lc8—d7 genommen ist und in Vorbereitung eines kombinierten Angriffs auf beiden Flügeln.

12. .... Ld7—e8
13. f2—f4 Ta8—c8
14. Ta1—c1 Sf6—d7

Dieser Zug gestattet dem Weißen, entscheidendes Übergewicht zu erlangen, aber Schwarz, der von allen Seiten bedroht wird, hat keine ganz ausreichende Verteidigung mehr.

15. Se5—c6:! ....

Durch diesen unerwarteten Abtausch einer Figur, die eine ausgezeichnete Stellung eingenommen hat, zieht Weiß den maximalen Vorteil aus der beengten Stellung des Gegners.

15. .... Tc8—c6:

Falls 15. .... b7—c6:, so 16. c4—c5, Lb6—a5 (oder 16. .... Lb6—c7 17. Dd1—a4 usw.) 17. Sd2—b3, La5—c7 18. Lb2—c3, Td8—b8 19. Sb3—a5, Sd7—f8 20. Dd1—a4, wonach die Ausnutzung des Positionsübergewichts des Weißen auf dem Damenflügel nur mehr eine Frage der Technik wäre.

Durch den Textzug bereitet Schwarz ein Springeropfer vor, welches ihm auf den ersten Blick viel verspricht.

16. c4—c5 Sd7—c5:

Beinahe erzwungen, da, falls 16. .... Lb6—a5, so 17. Sd2—b3, La5—c7 18. Ld3—b5 mit Qualitätsgewinn.

17. d4—c5: Lb6—c5:

Schwarz hat für den Springer bereits zwei Bauern und droht noch einen dritten zu gewinnen; aber die folgende Kombination des Weißen stellt sofort die Richtigkeit seines mit 15. Se5:c6 begonnenen Manövers klar.

18. Tf1—f3! Lc5—a3:
19. Tc1—c6: Le8—c6:

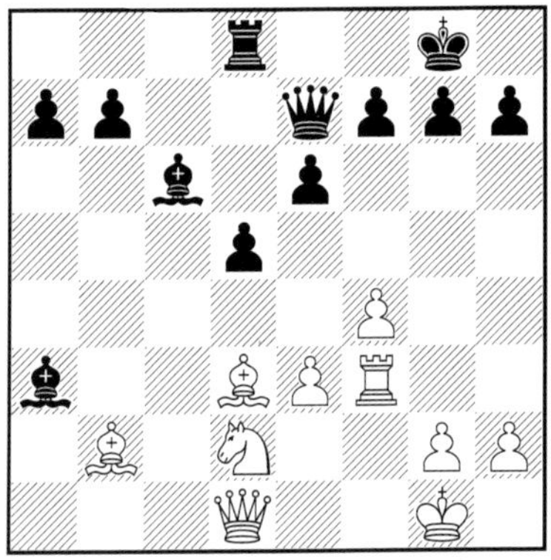

20. Ld3—h7‡! ....

Dieses Opfer zweier Läufer ist schon früher vorgekommen (in der Partie Lasker-Bauer, Amsterdam (1890) und in der Partie Nimzowitsch-Tarrasch, St. Petersburg 1914). Interessant ist es deshalb nicht an und für sich, sondern der Art nach, wie es vorbereitet wurde, und zwar ausschließlich durch eine Reihe von Demonstrationen und Tauschmanövern auf dem entgegengesetzten Flügel!

20. .... Kg8—h7:
21. Tf3—h3† Kh7—g8
22. Lb2—g7:! ....

Auf 22. .... f7—f6 hatte Weiß gar nicht die Absicht, die Dame für Läufer und Turm zu gewinnen, sondern hätte 23. Lg7—h6!, De7—h7 24. Dd1—h5!, La3—f8 25. Dh5—g4†, Kg8—h8 26. Lh6—f8: mit sofortigem Debakel gespielt.

Schwarz gibt auf.

III. Wettpartien, Gastspiele, Beratungspartien, Simultan- und Blindlingspartien

90. Abgelehntes Königsgambit

Zweite Partie aus einer Serie von sechs, Berlin, Juni 1921.

Schwarz: R. Teichmann.

1. e2—e4 e7—e5
2. Sb1—c3 Sb8—c6

Der beste Zug ist hier 2. .... Sg8—f6 in Verbindung mit Sf6—e4: nach 3. Lf1—c4.

3. Lf1—c4 Sg8—f6
4. d2—d3 Lf8—c5
5. f2—f4 d7—d6
6. Sg1—f3 ....

Weiß hat mit Zugumstellung eine für ihn nicht ungünstige Variante des abgelehnten Königsgambits erzielt.

6. .... Lc8—g4

Stärker ist 6. .... Lc8—e6 und falls 7. Lc4—b5, so a7—a6 8. Lb5—c6†, b7—c6: 9. Dd1—e2, e5—f4:! mit ungefähr gleichem Spiel (Spielmann-Tarrasch, Pistyan 1922).

Nach dem Textzuge erlangt Weiß ein kleines Übergewicht.

7. Sc3—a4 ....

Der einzig richtige Zug. Nicht gut wäre der alte Zug 7. h2-h3 wegen 7. .... Lg4—f3: 8. Dd1—f3:, e5—f4:! (und nicht 8. .... Sc6—d4 9. Df3—g3!, Dd8—e7! 10. f4—e5:, d6—e5: 11. Ke1—d1 und Weiß steht besser) 9. Df3—f4: (falls 9. Lc1—f4:, so Sc6—d4, da auf 10. Df3—g3, Sf6—h5! folgt) 9. .... Sc6—e5 und Weiß kann angesichts der Drohung 10. .... Sf6—h5 den Abtausch des Königsläufers nicht vermeiden, wonach alle Eröffnungsschwierigkeiten des Schwarzen zu Ende sind.

7. .... a7—a6

Gewiß nicht das Beste; der Gegner hätte den Läufer c5 ohnedies abgetauscht und es war nicht nötig, diesen Abtausch zu „erzwingen". Interessant, aber für Weiß vorteilhaft, ist die von mir gefundene Wendung nach: 7. .... Lg4—f3: 8. Dd1—f3:, Sc6—d4 9. Df3—d1, b7—b5 nämlich 10. Lc4—f7†!, Ke8—f7: 11. Sa4—c5:,: d6—c5: 12. f4—e5: in Verbindung mit 13. 0—0†, und Weiß hat für die Figur zwei Bauern und einen sehr starken Angriff. — In einer leichten Partie, die ich 1911 mit Weiß gegen den Berliner Meister O. Tenner gespielt habe, ergab sich die amüsante Fortsetzung: 7. .... e5—f4: 8. Sa4—c5:, d6—c5: 9. Lc1—f4:, Sf6—h5 10. Lf4—e3, Sc6—e5? 11. Sf3—e5:, Lg4—d1: 12. Lc4—f7†, Ke8—e7 13. Le3—c5†, Ke7—f6 14. 0—0†, Kf6—e5: 15. Tf1—f5‡.

90. Partie

Besser ist hier 7. .... Lc5—b6 oder 7. .... 0—0.

8. Sa4—c5: d6—c5:

9. 0—0 Dd8—e7

10. h2—h3 ....

Sichert sich das Übergewicht zweier Läufer gegen zwei Springer.

10. .... Lg4—f3:

11. Dd1—f3: 0—0

12. Lc1—e3 e5—f4:

13. Df3—f4: Sc6—e5

14. Lc4—b3 Ta8—e8

Ein neuer Tempoverlust, der die schwarze Stellung ernstlich kompromittiert. Nicht gut war auch 14. .... c5—c4 15. d3—c4:, Se5—g6 16. Df4—g5!, De7—e4: 17. Ta1—e1 und Weiß steht besser. Vorzuziehen war jedoch 14. .... Ta8—d8, was das Vorgehen der weißen Zentralbauern erschwert hätte.

15. Df4—f2! ....

Droht sowohl 16. Le3—c5: wie auch 16. Le3—g5.

15. .... Sf6—d7

16. Ta1—d1 b7—b6

17. c2—c3 ....

Bereitet d3—d4 vor, wogegen es keine befriedigende Verteidigung gibt.

Jetzt verliert Schwarz hauptsächlich deswegen, weil seine Springer im Zentrum keine Stützpunkte haben und er folglich der mächtigen Aktion der gegnerischen Läufer nichts entgegenstellen kann.

17. .... Se5—g6

(S. Stellungsbild.)

18. Df2—f5! ....

Der Anfangszug einer wichtigen Umgruppierung, deren Ausführung dem Weißen ein klar gewonnenes Spiel gibt: der weiße Damenläufer

Stellung nach dem 17. Zuge von Schwarz.

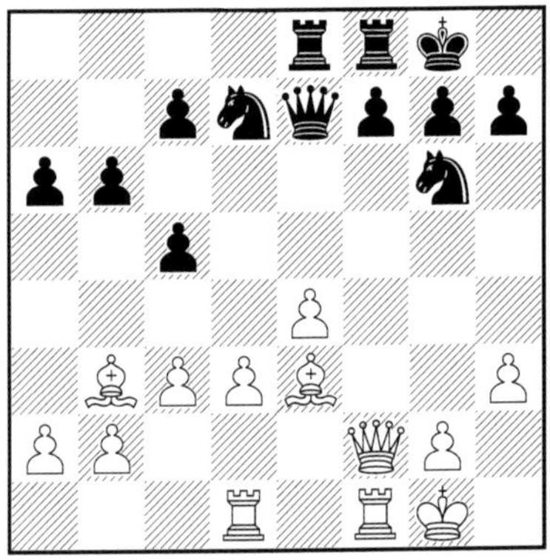

muß nach g3, von wo aus er auf c7 drücken wird; dadurch wird er die Wirkung der Türme auf der c-Linie verstärken, deren Öffnung Weiß durch d3—d4 erzwingen wird.

18. .... Kg8—h8

19. Le3—f2! Te8—d8

20. Lf2—g3 Sd7—e5

21. d3—d4 c5—d4:

22. c3—d4: Se5—c6

23. d4—d5 Sc6—e5

24. h3—h4! ....

Diese Drohung, eine Figur zu gewinnen, zwingt Schwarz, seine Stellung noch mehr zu schwächen und das Eindringen des Turms in sein Lager zu gestatten.

24. .... De7—c5†

25. Kg1—h2 ....

Und nicht 25. Lg3—f2 wegen 25. .... Dc5—d6 usw.

25. .... f7—f6

Erzwungen.

21. Td1—c1 Dc5—d6

27. Tc1—c6 Dd6—e7

Falls 27. .... Dd6—d7, so 28. Df5—d7:, Td8—d7: 29. h4—h5, Se5

—g4† 30. Kh2—h3, Sg6—e5 31. Tf1 —c1! und Weiß gewinnt.

28. Tc6—e6! De7—d7
29. h4—h5 Sg6—e7
30. Df5—h3 Se5—f7

Wiederum erzwungen, angesichts der Drohungen 31. Lg3—e5: und 31. h5—h6.

31. Lg3—f4 h7—h6
32. Dh3—c3! Sf7—d6

Gestattet das entscheidende Opfer. Etwas besser wäre 32. .... Td8 —c8, worauf Weiß durch 33. Dc3—b4 in Verbindung mit 34. Lb3—a4 usw. seinen Angriff fortgesetzt hätte.

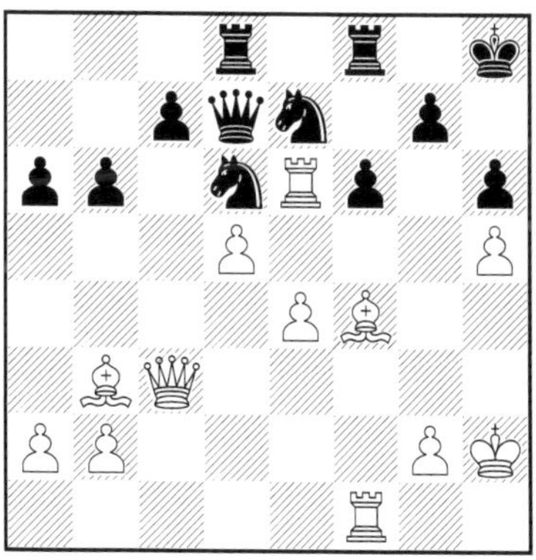

33. Lf4—h6:! ....

Falls 33. .... g7—h6:, so 34. Tf1 —f6:, Kh8—g8 35. Dc3—g3† und Matt in wenigen Zügen.

33. .... Sd6—e4:

Ein Verzweiflungszug!

34. Te6—e4: Se7—d5:
35. Dc3—c1! ....

Falls jetzt 35. .... g7—h6:, so 36. Lb3—d5:, Dd7—d5: 37. Dc1 —h6‡, Kh8—g8 38. Te4—g4†, Kg8 —f7 39. Dh6—f6‡ usw.

Schwarz gibt auf.

91. Spanische Partie

Vierte Partie derselben Serie, Berlin Juni 1921.

Schwarz: R. Teichmann.

1. e2—e4 e7—e5
2. Sg1—f3 Sb8—c6
3. Lf1—b5 a7—a6
4. Lb5—a4 Sg8—f6
5. 0—0 Sf6—e4:
6. d2—d4 b7—b5
7. La4—b3 d7—d5
8. d4—e5: Lc8—e6
9. c2—c3 Lf8—e7
10. Lc1—e3 0—0
11. Sb1—d2 Le6—g4

Dieser Verteidigungsplan ist wegen des folgenden vom holländischen Amateur van Gelder eingeführten Manövers von Weiß nicht vollständig befriedigend. Besser ist hier 11. .... Se4—d2: in Verbindung mit 12. .... Sc6—a5. Ungünstig ist dagegen 11. .... f7—f5 wegen 12. e5—f6:, Se4—f6: 13. Sf3—g5!, Le6—f5 14. Sd2—e4! mit Vorteil für Weiß.

12. Sd2—e4: d5—e4:
13. Dd1—d5! Dd8—d5:

Falls 13. .... e4—f3:, so 14. Dd5 —c6:, f3—g2: 15. Dc6—g2:, Dd8—d7 16. Dg2—g3 und Weiß hat dank der offenen g-Linie ausgezeichnete Angriffschancen. Aber auch nach dem Damentausch ist die weiße Partie infolge der gegnerischen Schwächen auf dem Damenflügel etwas besser.

14. Lb3—d5: e4—f3:
15. Ld5—c6: f3—g2:
16. Kg1—g2: Ta8—d8
17. a2—a4! ....

Meistenteils erlangt Weiß Positionsvorteil, wenn er in dieser Variante der spanischen Partie diesen wichtigen Zug ohne sonstige Schwierigkeiten machen kann.

17. .... f7—f6!

Schwarz berechnet richtig, daß der Gegenangriff auf den etwas entblößten weißen König noch seine beste Chance in dieser Stellung bildet.

18. a4—b5: ....

Natürlich nicht 18. e5—f6:, Tf8—f6: 19. a4—b5:, a6—b5: 20. Lc6—b5:, Tf6—g6!.

18. .... a6—b5:
19. Lc6—b5: f6—e5:
20. Lb5—c4† ....

Mit dem doppelten Ziel: 1.) den König für das Endspiel vom Zentrum zu entfernen, 2.) dem schwarzen Läufer das Rückzugsfeld e6 zu nehmen.

20. .... Kg8—h8
21. f2—f3 Lg4—h5
22. Ta1—a5 ....

Weiß gewinnt durch diesen Angriff ein Tempo und beabsichtigt jetzt, seine Königsstellung durch das Läufermanöver c4—d5—e4 zu sichern, um dann zur Ausnutzung seiner Bauernmajorität auf dem Damenflügel zu schreiten. Schwarz findet ein geistreiches, jedoch ungenügendes Manöver, um dem gegnerischen Plan entgegenzuwirken.

22. .... Td8—d1!

Elegant und richtig. Es war für Weiß sehr schwer zu berechnen, daß sein unbedeutender Vorteil nach dem beinahe allgemeinen Abtausch doch zum Gewinn der Partie ausreichen wird.

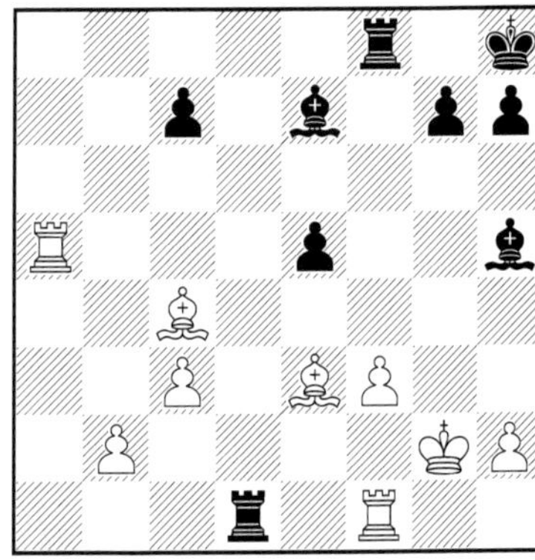

23. Lc4—d5! ....

Das einzige Mittel, den Vorteil festzuhalten. Das Schlagen von e5 führte nur zum Remis, z. B. 23. Ta5—e5:, Td1—f1: 24. Kg2—f1:, Tf8—f3‡ 25. Le3—f2, Le7—h4 26. Te5—h5:, Tf3—f2‡ 27. Kf1—g1, Tf2—f4 usw.

23. .... Td1—f1:
24. Kg2—f1: Lh5—f3:
25. Ld5—f3: Tf8—f3‡
26. Kf1—e2 Tf3—f8
27. Ke2—d3! ....

Der Einleitungszug des zum Gewinn führenden Planes. Weiß verzichtet auf das Schlagen des Bauern e5, welcher die Wirkung des schwarzen Läufers einengt, und das Vorgehen seiner Damenflügelbauern erlangt entscheidende Kraft.

27. .... Kh8—g8

Wenn Schwarz die drohende Gefahr ahnen würde, hätte er wahrscheinlich durch 27. .... e5—e4†! den ihn beengenden Bauern e5 mit einigen Remischancen sofort hergegeben.

28. Kd3—e4! Tf8—b8

Nach diesem zwecklosen Zug ist das schwarze Spiel hoffnungslos. Aber auch das angebrachtere 28. .... Tf8

—f1 hätte nur die Agonie verlängert. Z. B.: 28. .... Tf8—f1 29. Ke4—d5!, Kg8—f7 30. Ta5—a7 usw. (aber nicht 29. Ta5—a7?, Tf1—e1 mit der Drohung Te1—e3‡).

29. b2—b4 Kg8—f7

30. b4—b5 ....

Das Vorgehen der Bauern ist jetzt unaufhaltsam.

30. .... Kf7—e6

31. c3—c4 Ke6—d7

32. Ta5—a7 Le7—d6

In der Hoffnung nach 33. c4—c5 den Läufer für zwei Bauern zu opfern.

33. Ke4—d5 ....

Bereitet den nächsten Zug vor, der jetzt wegen 33. .... Kd7—c6 nicht so stark wäre.

33. .... e5—e4

Zu spät!

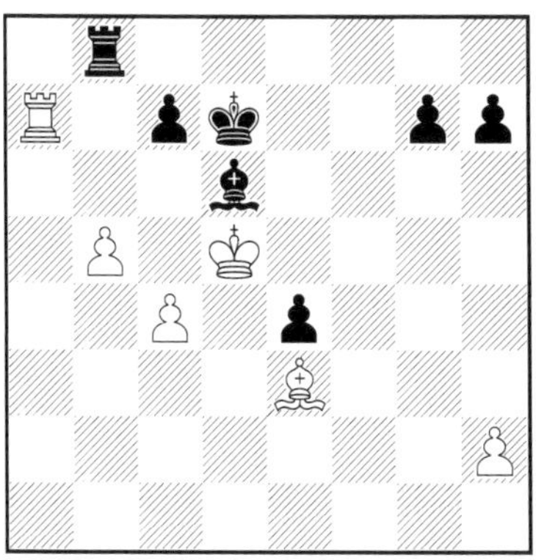

34. b5—b6! ....

Gewinnt sofort, da auf 34. .... Ld6—h2: 35. c4—c5, Kd7—c8 36. Kd5—c6, c7—b6: 37. Ta7—g7: usw. folgen würde.

34. .... Tb8—f8

35. c4—c5 Tf8—f5†

36. Kd5—c4 Schwarz gibt auf.

92. Englische Partie

Erste Partie von einer Serie aus zwei, Berlin, Juli 1921.

Schwarz: F. Sämisch.

1. c2—c4 e7—e5

Dies ist kaum die logische Antwort auf 1. c2—c4, da es dem Weißen gestattet, in die sizilianische Partie mit einem Tempo mehr einzulenken.

Auf 1. c2—c4 gibt es mehrere gute Antworten: 1. .... Sg8—f6, 1. .... e7—e6, 1. .... c7—c5 und sogar 1. .... f7—f5.

2. Sb1—c3 Sg8—f6

Möglich ist auch 2. .... Sb8—c6 mit der Entwicklung des Königsspringers nach e7 und des Läufers nach g7. Gewiß ist aber Weiß nicht verpflichtet, diesen Zug ebenfalls mit 3. g2—g3 zu beantworten, weswegen Sg8—f6 in Verbindung mit d7—d5 vorzuziehen ist.

3. g2—g3 g7—g6

Über 3. .... d7—d5 siehe Partie Nr. 8.

4. Lf1—g2 Lf8—g7

5. Sg1—f3 d7—d6

6. d2—d4 e5—d4:

Besser war es 6. .... Sb8—d7 zu spielen und einen geeigneteren Moment für den Bauerntausch abzuwarten.

Der Textzug gibt dem Weißen volle Manövrierfreiheit.

7. Sf3—d4: 0—0

8. 0—0 Sb8—d7

9. b2—b3! ....

In ähnlicher Stellung (nur die Zentrumsbauern waren noch nicht abgetauscht) habe ich gegen Réti (Pistyan 1922) den weniger starken

Zug 8. Dd1—c2 gemacht, wonach dann Schwarz das Spiel schnell durch 8. .... e5—d4: 9. Sf3—d4:, Sd7—b6 10. Dc2—d3, d6—d5! usw. ausgeglichen hat. Der Zug b2—b3 ist wohl der einzige, der das weiße Übergewicht dauernd festhält.

9. .... Sd7—c5
10. Lc1—b2 Tf8—e8
11. Dd1—c2 Sc5—e6
12. Ta1—d1 ....

Besser war sofort 12. Sd4—f3. Die schwarze Stellung ist sehr beengt, und um sie nicht zu erleichtern, muß Weiß jeden Abtausch vermeiden.

12. .... Dd8—e7

Aus den eben dargelegten Gründen wäre Se6—d4: besser.

13. Tf1—e1 Ta8—b8
14. Sd4—f3! De7—f8

Obwohl die schwarze Stellung keine scharf ausgesprochenen Schwächen enthält, ist sie schon deswegen hoffnungslos, weil der Nachziehende keinerlei Möglichkeit hat, irgendein Zusammenspiel seiner Figuren herbeizuführen. In solcher Stellung ist es unmöglich, einen guten Verteidigungsplan zu finden, und der Verlust der Partie ist gewöhnlich nur eine Frage der Zeit.

15. e2—e4 Sf6—d7

(S. Stellungsbild.)

16. Lb2—a3! ....

Der Anfang eines entscheidenden Manövers, welches zu Bauerngewinn bei erdrückender Stellung führt. Weiß droht sowohl 17. e4—e5, wie auch 17. Sc3—d5 oder b5 in Verbindung mit 18. Sd5(b5)—c7:. Die folgenden Züge des Schwarzen sind erzwungen.

Stellung nach dem 15. Zuge von Schwarz.

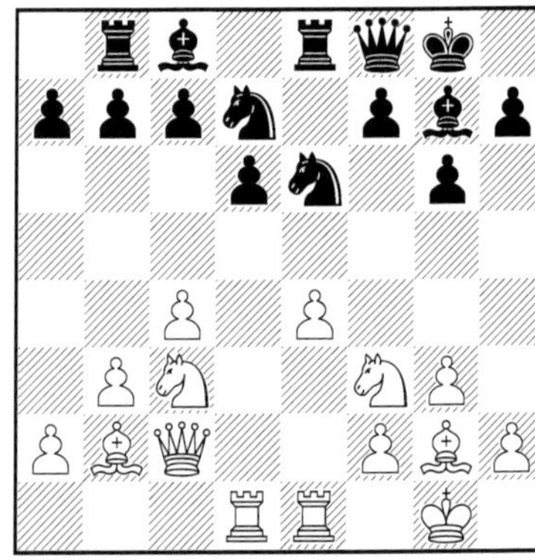

16. .... Sd7—e5
17. Sf3—e5: Lg7—e5:
18. f2—f4 Le5—d4†
19. Kg1—h1 Df8—g7

Es drohte f4—f5 usw.

20. Sc3—d5! Ld4—f6

Oder 20. .... c7—c5 21. f4—f5, Se6—f8 22. f5—g6:, h7—g6: 23. Td1—d4:, c5—d4: (oder 23. .... Dg7—d4: 24. La3—b2 usw.) 24. La3—d6:, und Weiß gewinnt die Qualität mit einem Mehrbauern zurück.

21. Sd5—f6‡ Dg7—f6:
22. La3—b2 Df6—e7
23. Dc2—c3 ....

Das Einfachste. — Weiß geht zum Endspiel mit einem Mehrbauern und zwei Läufern gegen Läufer und Springer über.

23. .... f7—f6
24. Dc3—f6: De7—f6:
25. Lb2—f6: b7—b5

Dieser Versuch, seine Figuren zu befreien, erleichtert dem Weißen nur die Aufgabe.

26. c4—b5: Tb8—b5:
27. e4—e5 d6—e5:
28. Lf6—e5: ....

Und nicht 28. Lg2—c6 wegen Lc8—b7 usw.

28. .... Lc8—b7
29. Lg2—b7: Tb5—b7:
30. Td1—d7 h7—h5
31. Te1—d1! ....

Weiß will mit dem Turm nach f1 erst nach Kg8—f8 gehen, d. h. dann, wenn Schwarz nicht mehr die Möglichkeit haben wird, Te8—f8 zu erwidern.

31. .... Kg8—f8
32. Td1—f1 Te8—e7

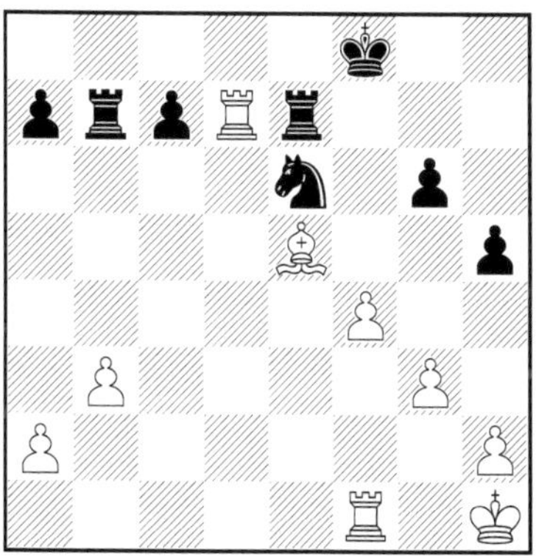

33. f4—f5! ....

Gewinnt einen zweiten Bauern und beschließt damit die Partie.

33. .... g6—f5:

Erzwungen. Falls 33. .... Te7—d7:, so 34. f5—e6† usw.

34. Tf1—f5† Kf8—e8
35. Td7—e7† Ke8—e7:
36. Tf5—h5: Schwarz gibt auf.

93. Sizilianische Partie

Beratungspartie.
Berlin, Dezember 1921.

Weiß: Wegemund, Brennert, Friedrich und Deussner.

1. e2—e4 c7—c5
2. Sg1—f3 e7—e6
3. d2—d4 c5—d4:
4. Sf3—d4: Sg8—f6
5. Lf1—d3 ....

Gestattet dem Schwarzen, die Partie durch das Vorgehen der Mittelbauern auszugleichen.

Richtiger ist 5. Sb1—c3 (siehe Partie Nr. 60).

5. .... Sb8—c6
6. Lc1—e3 d7—d5
7. Sb1—d2 e6—e5
8. Sd4—f3 h7—h6!

Zwingt durch die Drohung d5—d4 den Weißen, falls er nicht sofort das Zentrum dem Gegner überlassen will, den Punkt d3 durch das Vorrücken des c-Bauern zu schwächen.

9. c2—c3 Lf8—e7
10. 0—0 0—0
11. Dd1—e2 Lc8—e6
12. Tf1—d1 Dd8—c7
13. e4—d5: ....

Jetzt beinahe erzwungen, da Schwarz 13. .... d5—e4: 14. Sd2—e4:, Sf6—e4: 15. Ld3—e4:, f7—f5 usw. mit guten Angriffsmöglichkeiten drohte.

13. .... Sf6—d5:
14. Sd2—e4 Sc6—a5!

Nicht gut wäre 14. .... f7—f5 wegen 15. Se4—c5, Le7—c5: 16. Le3—c5:, Sd5—f4 17. De2—f1.

Nach dem Textzuge jedoch ist die Drohung f7—f5 sehr stark.

15. Le3—d2! ....

Auf 15. b2—b4 würde Schwarz einfach mit dem Springer nach c6 zurückkehren und der weiße Damenflügel wäre noch mehr geschwächt.

Der Textzug enthält eine Falle: Wenn nämlich 15. .... f7—f5, so 16. Se4—g3, e5—e4 17. Sg3—e4:, f5—e4: 19. De2—e4:, und Weiß gewinnt.

15. .... Ta8—e8!

Verstärkt die Stellung im Zentrum, was sich bald zeigen wird.

16. Se4—g3 Le7—d6
17. Sg3—f5 ....

Weiß ist mit der Abwehr der Drohung f7—f5 in Anspruch genommen und bemerkt keine andere Gefahr. Die beste Fortsetzung war hier: 17. Sf3—h4, Sd5—f4 18. Ld2—f4:, e5—f4: 19. Sg3—e4, Ld6—e7 20. Sh4—f3, Le6—g4! immerhin mit einem kleinen Vorteil für Schwarz.

17. .... Le6—f5:
18. Ld3—f5: e5—e4!
19. Sf3—d4 ....

Falls 19. Lf5—e4:, so 19. .... Sd5—f6 mit Figurengewinn.

19. .... Ld6—h2†
20. Kg1—h1 Lh2—f4

Schwarz hat einen Bauern gewonnen, aber der Gewinn der Partie ist noch gar nicht leicht. Weiß ruft durch den nachfolgenden Zug eine Reihe von Komplikationen hervor und sucht die Möglichkeit, im Trüben zu fischen.

21. c3—c4! ....

Nach 21. Lf5—e4: gewann Schwarz recht leicht, z. B.: 21. Lf5—e4:, Lf4—d2: 22. Td1—d2: Sa5—c4 23. Td2—c2, Sd5—e3 24. f2—e3:, Te8—e4: 25. Sd4—f5, Dc7—e5 26. De2—f3, Sc4—e3: 27. Tc2—e2, Se3—f1! usw. Nach dem Textzuge aber mußte er sich in die taktischen Details der Stellung sorgfältig vertiefen, bevor er sich zu der folgenden Kombination entschloß.

21. .... Sa5—c4:!
22. Ta1—c1 b7—b5!

Die notwendige Vorbereitung zum nachfolgenden Gegenangriff. Falls jetzt 23. Sd4—b5:, so Dc7—e5! und Schwarz entgeht allen Schwierigkeiten unter Beibehaltung des Mehrbauern.

23. b2—b3 ....

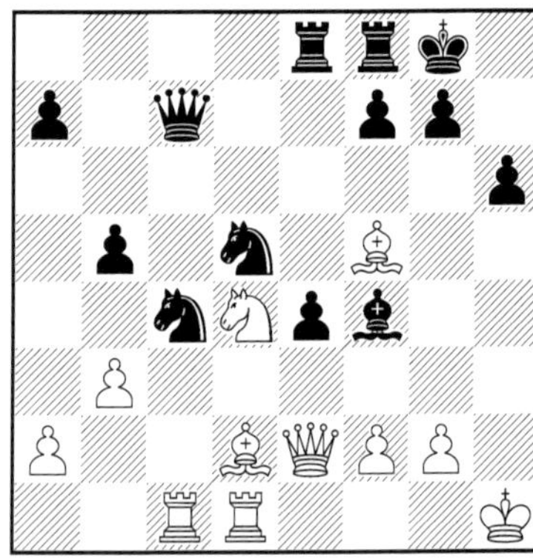

23. .... e4—e3!

Rettet die Figur und kompromittiert zugleich die weiße Königsstellung wodurch der folgende Mattangriff vorbereitet wird.

24. f2—e3: Sd5—e3:
25. Ld2—e3: Lf4—e3:
26. Sd4—b5: Dc7—g3!

Der Schlüssel der Kombination; ungenügend war 26. .... Dc7—e5 wegen 27. Tc1—c4:, De5—b5: (oder 27. .... De5—f5: 28. Sb5—d6 usw.) 28. Lf5—d7 und Weiß gewinnt die Qualität.

27. De2—c4: ....

Es ist klar, daß auf 27. Tc1—c4: oder 27. b3—c4: der folgende Zug des Schwarzen sofort gewann.

27. .... Le3—f4
28. Kh1—g1 ....

Jetzt hat Weiß eine Figur mehr, und Schwarz ist scheinbar gezwungen, sich mit ewigem Schach zu begnügen: 28. .... Lf4—e3† 29. Kg1—h1, Le3—f4 30. Kh1—g1, da 28. .... Dg3—h2† 29. Kg1—f2, Lf4—g3† 30. Kf2—f3 usw. nichts gibt.

Die folgenden zwei Züge von Schwarz decken die ganze Kraft der Springeropferkombination auf.

28. .... Te8—e5!

Um den Turm nach h5 zu bringen. Weiß kann dies ohne materielle Verluste nicht verhindern.

29. Sb5—d6 ....

Falls 29. Dc4—d3, so 29. .... Dg3—h2† 30. Kg1—f2, Lf4—c1: in Verbindung mit Dh2—f4 und Schwarz gewinnt.

29. .... g7—g6

Ein einfacher Zug, der die Partie sofort gewinnt. Weiß muß entweder den Läufer hergeben oder dem Schwarzen die Ausführung seines nunmehr folgenden Planes gestatten:

30. Lf5—h3 Lf4—e3†
31. Kg1—h1 Te5—h5

— und Weiß ist der Drohung Th5—h3‡ gegenüber schutzlos. Falls 32. Dc4—e2 oder f1, so 32. .... Le3—f4 33. Kh1—g1, Th5—h3: und Schwarz gewinnt.

Weiß gibt auf.

94. Schottische Partie

Simultanvorstellung von 4 Partien gegen Beratende, Basel, März 1922.

Weiß: Fleissig, A. und G. Staehelin.

1. e2—e4 e7—e5
2. Sg1—f3 Sb8—c6
3. d2—d4 e5—d4:
4. Sf3—d4: Lf8—c5

Dieser Zug ist weniger solide als 4. .... Sg8—f6, führt aber dafür zu schärferem und inhaltsreicherem Spiel.

5. Lc1—e3 Lc5—b6

Statt des bis dahin üblichen 5. .... Dd8—f6 6. c2—c3, Sg8—e7 zuerst von Lasker gegen Mieses angewandt (Petersburg 1909). Für die Theorie dieser Variante ist es wichtig, daß der interessante Blumenfeldsche Zug 6. Sd4—b5 (auf 5. .... Dd8—f6) wegen der Fortsetzung 6. .... Lc5—e3: 7. f2—e3:, Df6—h4† 8. g2—g3, Dh4—e4: 9. Sb5—c7‡, Ke8—d8 10. Sc7—a8:, De4—h1: 11. Dd1—d6, Sg8—f6! 12. Sb1—d2, Sf6—e8 13. Dd6—a3, Dh1—h2: 14. 0—0—0, Dh2—g3: mit Vorteil für Schwarz — ungenügend ist.

6. c2—c3 ....

In dieser Stellung ist dieser Zug gar nicht notwendig und nimmt dem weißen Springer nur das Feld c3.

Hier sollte 6. Sb1—c3, Sg8—e7 7. Lf1—e2 in Verbindung mit 8. Dd1—d2 und 0—0—0 mit sehr gutem Spiel geschehen (Spielmann-Tarrasch, Breslau 1912).

6. .... Sg8—e7
7. Lf1—e2 0—0
8. 0—0 d7—d6
9. Sb1—d2 f7—f5!

Durch die Öffnung der f-Reihe ergreift Schwarz endgültig die Initiative.

10. e4—f5: Lc8—f5:
11. Tf1—e1 ....

Der Turm hat auf der e-Linie einstweilen nichts zu tun — er war zur Verteidigung des Punktes f2 nötiger. Übrigens hätte Weiß auch nach 11. Sd4—f5:, Se7—f5: 12. Le3—b6:, a7—b6: kein ganz leichtes Spiel gehabt.

11. .... Sc6—d4:

12. Le3—d4: Lb6—d4:

Und nicht 12. .... c7—c5 13. Ld4—e3, d6—d5 wegen 14. Le3—g5! usw.

13. c3—d4: Kg8—h8

Es drohte 14. Dd1—b3† und 15. Db3—b7:.

14. Sd2—f3 c7—c6!

Verhindert 15. d4—d5 mit nachfolgender Überführung des weißen Springers nach e6.

Der Zug 14. .... d6—d5, der ebenfalls diesen Plan verhindert hätte, wäre ein strategischer Fehler, da er dem Weißen den Punkt e5 überlassen hätte.

15. Ta1—c1 Se7—g6

16. Tc1—c3 Dd8—f6

Schwarz mobilisiert alle seine Kräfte, bevor er den Angriff auf die schwachen Punkte f2 und g2 beginnt.

17. Le2—d3 ....

In der Absicht, den gefährlichen Springer abzutauschen, falls Schwarz sofort Lf5—g4 spielt.

17. .... Sg6—f4!

18. Ld3—c2 ....

Danach folgt ein schnelles Ende. Besser war 13. Ld3—f5:, aber auch in diesem Falle blieb der schwarze Angriff sehr bedrohlich.

18. .... Lf5—g4

18. .... Df6—g6 ergab nichts wegen 19. Sf3—h4.

19. Tc3—e3 ....

Weiß hat bereits keine Verteidigung gegen das nachfolgende Manöver.

19. .... Sf4—h3†!

20. Kg1—f1 ....

(S. Stellungsbild.)

21. .... Df6—h4!

Der einzige sofort gewinnende Zug! Ungenügend war 20. .... Sh3—g5

Stellung nach dem 20. Zuge von Weiß.

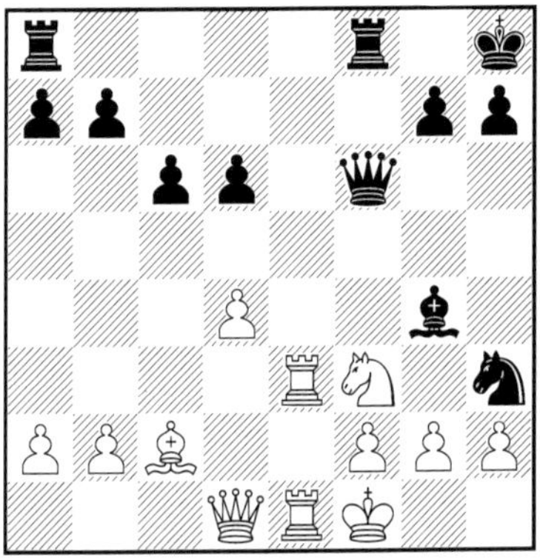

wegen 21. Dd1—d3!, g7—g6 22. Lc2—d1 usw.

21. Dd1—e2 ....

Oder 21. Dd1—d2, Lg4—f3: 22. Te3—f3:, Tf8—f3: 23. g2—f3:, Sh3—f4 und Schwarz gewinnt.

Falls 21. g2—g3, so 21. .... Dh4—h5 in Verbindung mit 22. Sh3—g5.

21. .... Dh4—h5

Mit den Drohungen 22. .... Sh3—g5 und 22. .... Sh3—f4.

22. De2—d3 Sh3—f4

23. Dd3—e4 Sf4—g2:!

Falls 24. Kf1—g2:, so Dh5—h3† 25. Kg2—g1, Lg4—f3: 21. Te3—f3:, Tf8—f3: 27. De4—e8†, Tf3—f8 und gewinnt.

Weiß gibt auf.

95. Damenbauernspiel

Erste Partie aus einer Serie von zwei, Madrid, Mai 1922.

Schwarz: M. Golmayo.

1. d2—d4 Sg8—f6
2. c2—c4 d7—d6
3. Sg1—f3 Sb8—d7

Die übliche Fortsetzung ist 3. ....

g7—g6 in Verbindung mit 4. .... Lf8—g7 5. .... 0—0 und 6. .... Sb8—c6 usw.

4. Sb1—c3 e7—e5

5. g2—g3 ....

Die beste Entwicklungsmöglichkeit in dieser Variante.

5. .... Lf8—e7

6. Lf1—g2 0—0

7. 0—0 Tf8—e8

8. b2—b3 c7—c6

Droht 9. .... e5—e4 mit nachfolgendem 10. .... d6—d5.

9. Dd1—c2 Le7—f8

10. e2—e4! e5—d4:

Schwarz ist bereits gezwungen, das Zentrum aufzugeben, um seinen Damenflügel zu entwickeln.

11. Sf3—d4: Dd8—c7

12. Lc1—b2 a7—a5

Um dem Springer das Feld c5 zu sichern.

13. h2—h3 Sd7—c5

14. Ta1—e1 Lc8—d7

15. f2—f4 Sc5—e6

16. Sd4—f5! ....

Es ist klar, daß jeder Abtausch die Stellung des Schwarzen erleichtert hätte.

16. .... Se6—c5

17. Sf5—e3 ....

Aber hier war einfacher 17. g3—g4, was die mächtige Initiative ohne Komplikationen behalten hätte.

Nach dem Textzuge beginnt Schwarz einen interessanten Gegenangriff.

17. .... Te8—e7

18. g3—g4 ....

Es gibt keinen besseren Zug.

18. .... Ta8—e8

19. Se3—f5 ....

Auf diese Weise hat Weiß zwei Tempi verloren. Das zweite Stadium der Partie ist sehr lebhaft.

19. .... Ld7—f5:

21. g4—f5: b7—b5!

Genau berechnet! Weiß muß sehr vorsichtig spielen, um sein Übergewicht zu behalten.

21. c4—b5: c6—b5:

Falls jetzt 22. Sc3—b5:, so Dc7—b6 mit Vorteil für Schwarz.

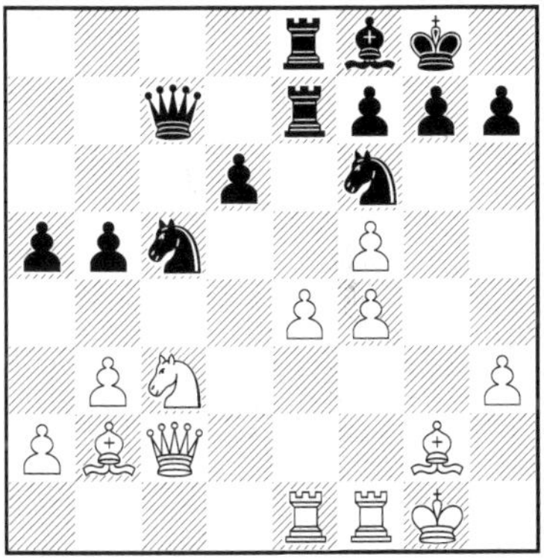

22. e4—e5! ....

Die einzige richtige Antwort.

Falls jetzt 22. .... d6—e5: 23. f4 e5:, Te7—e5:, so 24. Sc3—b5:, Dc7—b6 25. Te1—e5:, Te8—e5: 26. Lb2—e5:, und die aufgedeckten Schachs sind wegen Le5—d4 nicht gefährlich.

22. .... Sc5—d7

23. Dc2—f2! ....

Mit der doppelten Drohung 24. Sc3—b5: und 24. e5—f6:. Schwarz hat keine Wahl.

23. .... d6—e5:

24. Sc3—b5: Dc7—b8

Falls 24. .... Dc7—d8 oder Dc7—c8, so 25. Sb5—d6 usw.

25. Sb5—a7! ....

Der Schlüssel des mit 22. e4—e5! eingeleiteten Manövers.

Schwarz verliert mindestens die Qualität, zieht aber richtigerweise vor, die Dame gegen Turm und Läufer zu opfern, was ihm noch gewisse Chancen gewährt.

25. .... e5—f4:
26. Sa7—c6 Te7—e1:
27. Sc6—b8: Te1—e2
28. Sb8—d7:! Sf6—d7:

Falls 28. .... Te2—f2:, so 29. Sd7—f6‡, g7—f6: 30. Tf1—f2:! (aber nicht 30. Kg1—f2: wegen Lf8—c5† 31. Kf2—f3, Te8—e3† 32. Kf3—f4:, Te3—e2) 30. .... Lf8—c5 31. Kg1—f1 und Weiß gewinnt leicht.

29. Df2—f4: Te2—b2:
30. Lg2—c6! ....

Der einzige Gewinnzug.

30. .... Lf8—c5†
31. Kg1—h1 Te8—e7

31. .... Te8—e3 war etwas besser. Weiß gewann dann auf folgende Weise: 32. Df4—h4!, Te3—e2! 33. Dh4—d8†, Sd7—f8 34. Dd8—c7!, Te2—e3 35. Lc6—f3, Tb2—c2, Dc7—a5: usw.

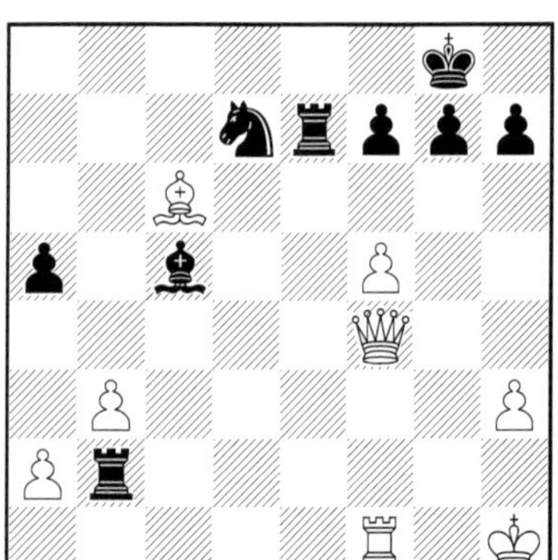

32. f5—f6! ....

Dieser elegante Zug gewinnt noch eine Figur.

32. .... g7—f6:
33. Lc6—d7: Te7—d7:
34. Df4—g4† Schwarz gibt auf.

96. Spanische Partie

Sevilla, Juni 1922.

Weiß: Torres.

1. e2—e4 e7—e5
2. Sg1—f3 Sb8—c6
3. Lf1—b5 a7—a6
4. Lb5—a4 Sg8—f6
5. 0—0 d7—d6

Rubinsteins und Janowskis Lieblingszug. Er ist nicht so solide wie 5. .... Lf8—e7, und Weiß hat auf ihn mehrere gute Erwiderungen: er kann z. B. in einer Variante Remis erzwingen (siehe folgende Anmerkung).

6. La4—c6‡ ....

Dieser Abtausch ist nicht zu empfehlen. Folgende Fortsetzungen sind für Weiß vorteilhafter:

I. 6. c2—c3 und falls Sf6—e4:, so 7. d2—d4 mit gutem Angriff.

II. 6. Dd1—e2.

III. 6. d2—d4 und falls b7—b5, so 7. La4—b3, e5—d4: 8. c2—c3! ein Bauernopfer für Angriff. Diese Fortsetzung hat Yates zweimal erfolgreich gegen Rubinstein angewendet (London 1922 und Karlsbad 1923).

IV. 6. Tf1—e1, b7—b5 7. La4—b3, Sc6—a5.

Die Partie Aurbach-Aljechin (Paris, Oktober 1922) nahm folgenden Verlauf: 8. d2—d4, Sa5—b3: 9. a2—b3:, Lc8—b7 10. d4—e5:, Sf6—e4: 11. e5—d6:, Lf8—d6: 12. Dd1—d4!, Dd8—e7 13. Sb1—c3! (und nicht 13. Dd4—g7: wegen 0—0—0 14. Lc1

—g5, Se4—g5:! und Schwarz gewinnt) 13. .... f7—f5 14. Lc1—g5, De7—d7! [falls 14. .... De7—f7 (Collijnsches „Lärobok"), so 15. Sc3—e4:, f5—e4: 16. Te1—e4‡, Lb7—e4: 17. Dd4—e4‡, Ke8—d7 18. Ta1—d1! und Weiß gewinnt] 15. Sc3—e4:, f5—e4: 16. Te1—e4‡, Lb7—e4: 17. Dd4—e4‡, Ke8—f7 18. Ta1—e1, Ta8—e8! 19. De4—d5†, Kf7—f8 20. Te1—e5!, Te8—e5: 21. Sf3—e5:, Dd7—e8 22. Dd5—f3†, Kf8—g8 23. Df3—d5† usw. und Remis durch ewiges Schach.

6. .... b7—c6:
7. d2—d4 Sf6—e4:!
8. Tf1—e1 f7—f5
8. d4—e5: d6—d5

Jetzt steht Schwarz besser (zwei Läufer, feste Zentrumsstellung).

10. Sf3—d4 Lf8—c5
11. c2—c3 ....

Ein früher oder später notwendiger Zug, um die Möglichkeit zu haben, den Springer nach d2 zu entwickeln.

11. .... 0—0
12. f2—f4 ....

Etwas besser war, zuerst den Springer durch f2—f3 zu vertreiben und dann erst f3—f4. Es ist übrigens zweifelhaft, ob dieser Tempogewinn das weiße Spiel wesentlich erleichtern könnte.

12. .... Dd8—e8
13. Lc1—e3 Lc5—b6
14. Sb1—d2 Lc8—b7

Schwarz bereitet ruhig das Vorgehen seiner Mittelbauern vor, als dessen Ergebnis sich die tödlichen Diagonalen für die Läufer öffnen werden.

15. Sd2—f3 Ta8—d8
16. Dd1—c2 c6—c5
17. Sd4—b3 ....

Besser war sofort 17. Sd4—e2, was Schwarz wahrscheinlich mit 17. .... h7—h6 in Verbindung mit 18. .... Kg8—h8 und 19. .... Tf8—g8 zur Vorbereitung der Öffnung der g-Linie durch g7—g5 beantwortet hätte. Der Textzug gestattet dem Schwarzen, den Druck im Zentrum noch mehr zu verstärken.

17. .... c5—c4!

Da Weiß wegen 18. .... c4—b3: nicht 18. Le3—b6: spielen kann.

18. Sb3—d4 c7—c5
19. Sd4—e2 De8—c6
20. Ta1—d1 h7—h6

In Durchführung des oben erwähnten Planes.

21. Te1—f1 Kg8—h8!

Damit Weiß nach d5—d4 den Bauern c4 nicht mit Schach schlägt. Ein für die nachfolgende Kombination sehr wichtiger Zug.

22. Kg1—h1 Dc6—g6

Schwarz bringt die Dame nach h5, wonach er endlich g7—g5 zu spielen beabsichtigt.

23. Se2—g1 ....

Weiß sucht das die Partie strategisch gewinnende Vorgehen des g-Bauern zu verhindern und gestattet dadurch dem Gegner, die Partie mit einer hübschen Kombination zu beschließen, der die Wirkungskraft des Läufers auf der Diagonale a8—h1 zugrunde liegt.

23. .... Dg6—h5
24. Sg1—h3 ....

(Siehe Stellungsbild.)

24. .... d5—d4!

Bereitet das Damenopfer im 28. Zuge vor, welches eine Figur gewinnt oder das Matt erzwingt.

97. Partie

Stellung nach dem 24. Zuge von Weiß.

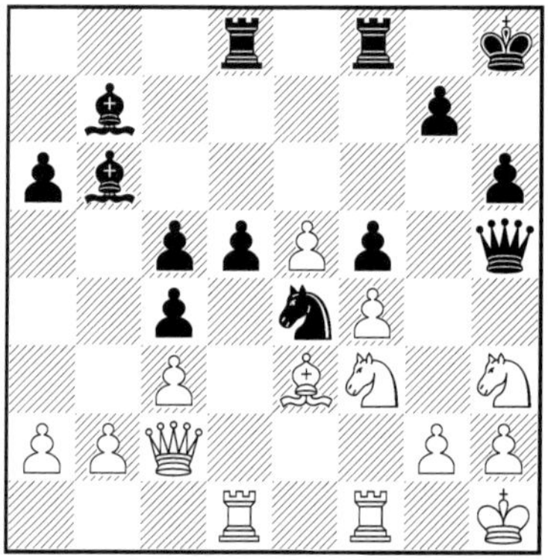

25. c3—d4: c5—d4:
26. Le3—d4: Lb6—d4:
27. Td1—d4: Td8—d4:
28. Sf3—d4: Dh5—h3:!
29. g2—h3: Se4—f2††
30. Kh1—g1 Sf2—h3‡

97. Sizilianische Partie

Freie Partie, Berlin, Februar 1923.
Beiderseits ohne Ansicht des Brettes
Schwarz: F. Sämisch.

1. e2—e4 c7—c5
2. Sg1—f3 Sb8—c6
3. Lf1—e2 ....

Im Wiener Turnier (1922) spielte ich gegen denselben Gegner 3. d2—d4 (siehe Partie Nr. 78). Durch den Textzug bereitet Weiß die Rochade vor, um erst nach derselben das Spiel im Zentrum zu beginnen.

3. .... e7—e6
4. 0—0 d7—d6

Nach 4. .... d7—d5 5. e4—d5:, e6—d5: 6. d2—d4 usw. wäre der weiße d-Bauer schwach.

5. d2—d4 c5—d4:
6. Sf3—d4: Sg8—f6
7. Le2—f3! ....

Weiß hält mit 7. Sb1—c3 zurück, um den Springer erst nach c2—c4 zu entwickeln und damit den schwarzen Gegenangriff auf der c-Linie zu erschweren.

7. .... Sc6—e5

Um das in dieser Stellung trügerische Übergewicht der beiden Läufer zu erzielen. Dieses Manöver bringt aber großen Zeitverlust. Besser war Lf8—e7, 0—0, Lc8—d7 usw.

8. c2—c4! Se5—f3†
9. Dd1—f3: Lf8—e7
10. Sb1—c3 0—0
11. b2—b3 ....

Die Besetzung der großen Diagonale durch den weißen Läufer ist sehr bedrohlich. Schwarz will ihm seinen Läufer entgegenstellen und verliert mit diesem Manöver wiederum viel Zeit.

11. .... Sf6—d7
12. Lc1—b2 Le7—f6
13. Ta1—d1 a7—a6

Beugt der Drohung 14. Sc3—b5 vor; aber der schwarze d-Bauer bleibt trotzdem schwach.

14. Df3—g3 Dd8—c7
15. Kg1—h1! ....

Die notwendige Vorbereitung zum entscheidenden Vorgehen des f-Bauern.

15. .... Tf8—d8
16. f2—f4 b7—b6
17. f4—f5! ....

Das Stellungsübergewicht des Weißen und seine Angriffschancen sind so groß, daß das Überlassen des Feldes e5 an den Gegner keine besondere Rolle mehr spielt.

Andererseits wird der Textzug, falls Schwarz ihn in der natürlichen Weise beantwortet, sich als Vorspiel zu einer schönen Schlußkombination erweisen.

17. .... Lf6—e5

Auch die anderen Züge retteten die Partie nicht mehr. Falls z. B. 17. .... Lf6—d4: 18. Td1—d4:, Sd7—e5, so 19. f5—f6, Se5—g6 20. Lb2—a3 und Weiß muß gewinnen.

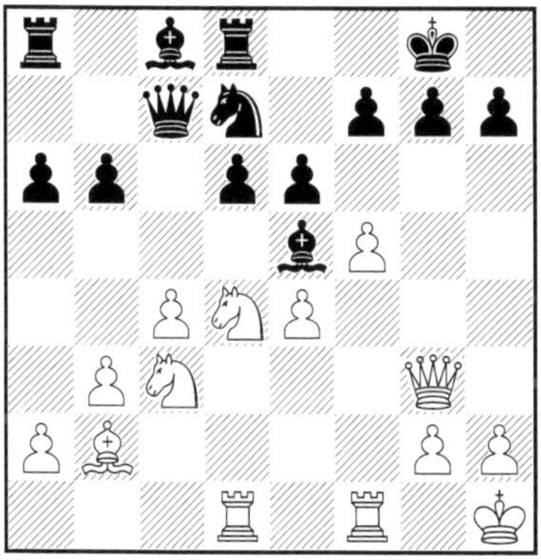

18. f5—e6:! ....

Falls Schwarz nicht durch 18. .... Sd7—f6 ohne jede Kompensation einen Bauern verlieren will, bleibt ihm nichts anderes übrig, als dieses Damenopfer anzunehmen.

18. .... Le5—g3:

Falls 18. .... f7—e6:, so natürlich 19. Sd4—e6: usw.

19. e6—f7† Kg8—h8

Erzwungen.

20. Sc3—d5!! ....

Das ist die Idee des Opfers!

Weniger stark war 20. Sd4—e6 wegen 20. .... Dc7—b8! 21. Sc3—d5, Lg3—e5 und Schwarz kann sich verteidigen, während er nach dem Textzuge, wie die folgenden Varianten beweisen, nichts mehr tun kann.

I. 20. .... Dc7—b8 21. Sd4—c6, Lg3—e5 (falls 21. .... Db8—b7, so 22. Sc6—d8: usw.) 22. Lb2—e5:, d6—e5: 23. Sc6—b8:, Ta8—b8: 24. Sd5—e7!, Td8—f8 25. Sc7—e6 in Verbindung mit 26. Se6—f8: 27. Td1—d8, und Weiß gewinnt.

II. 20. .... Dc7—a7 21. Sd4—c6, Lg3—e5 22. Lb2—e5:, d6—e5: 23. Sc6—a7:, Ta8—a7: 24. Sd5—b6:, Td8—f8 25. Sb6—c8:, Tf8—c8: 26. Td1—d7: und Weiß gewinnt.

III. 20. .... Dc7—b7 21. Sd4—e6, Lg3—e5 22. Sc6—d8: und Weiß gewinnt.

IV. 20. .... Dc7—c5 21. Sd4—e6, Lg3—e5 22. Lb2—e5:, d6—e5: 23. Se6—c5:, b6—c5: 24. Sd5—c7, Ta8—b8 25. Sc7—e8! und Weiß gewinnt.

In allen Varianten erweist sich der Bauer f7 stärker als die schwarze Dame.

Schwarz gibt auf.

98. Spanische Partie

Simultanvorstellung von 6 Partien gegen Beratende, Antwerpen, Februar 1923.

Schwarz: Prils und Blaut.

1.	e2—e4	e7—e5
2.	Sg1—f3	Sb8—c6
3.	Lf1—b5	a7—a6
4.	Lb5—a4	Sg8—f6
5.	Sb1—c3	....

Ein von Tarrasch besonders empfohlener Zug. Er gibt dem Weißen ein ruhiges und solides Spiel; aber

Schwarz hat in dieser Variante nichts zu fürchten.

5. .... Lf8—e7

Schwarz hat die Wahl zwischen diesem üblichen Zug und 5. .... Lf8—c5 (siehe Partie Nr. 74).

6. 0—0 b7—b5
7. La4—b3 d7—d6
8. a2—a4 ....

Bezweckt, den Abtausch des Läufers b3 gegen den Springer zu vermeiden, z. B. nach 8. d2—d3, Sc6—a5; aber infolge des damit verbundenen Zeitverlustes gerät Weiß in neue Schwierigkeiten.

Wie es scheint, ist das Manöver von Svenonius 8. Sc3—e2, Lc8—g4 9. c2—c3 usw. vorzuziehen.

8. .... b5—b4!

Viel besser als Ta8—b8, was dem Weißen die a-Linie überläßt.

9. Sc3—d5 0—0

Am einfachsten und wohl auch am besten.

Schwarz hatte an Stelle der Rochade die Wahl zwischen den drei folgenden Fortsetzungen:

I. 9. .... Sf6—e4: 10. d2—d4, 0—0 11. Tf1—e1, Se4—f6 12. Sd5—e7†, Sc6—e7: (falls 12. .... Dd8—e7:, so 13. Lc1—g5 und Weiß steht besser) 13. d4—e5:, d6—e5: 14. Dd1—d8:, Tf8—d8: 15. Sf3—e5: und Weiß steht besser.

II. 9. .... Ta8—b8 10. d2—d4, Lc8—g4 11. c2—c3, 0—0 12. Lb3—c4! —[aber nicht Tf1—e1, b4—c3: 13. b2—c3:, e5—d4: 14. c3—d4:, Lg4—f3: 15. Dd1—f3:, Sc6—d4: und Schwarz gewinnt einen Bauern (Partie Marco-Aljechin, Pistyan 1922)] usw. —

III. 9. .... Sc6—a5 10. Sd5—e7: [und nicht 10. Lb3—a2, Sf6—d5: 11. La2—d5:, c7—c6 12. Ld5—a2, c6—c5! 13. c2—c3, Ta8—b8 14. La2—d5, 0—0 15. d2—d4, e5—d4: 16. c3—d4:, c5—c4 mit merklichem Übergewicht für Schwarz (Partie Aljechin-Bogoljubow, Pistyan 1922)] 10. .... Dd8—e7: 11. d2—d4!, Sc5—b3: 12. c2—b3:, Sf6—e4:! 13. d4—e5:, Lc8—b7 14. e5—d6:, De7—d6: mit gleichem Spiel.

10. d2—d4 ....

In der gegebenen Stellung ist dieser Zug verfrüht. Weiß wird bald gezwungen sein, einen Bauern für einen zweifelhaften Angriff zu opfern. Das Collijnsche „Lärobok“ empfiehlt hier richtig 10. Tf1—e1 und falls 10. .... Lc8—g4, so 11. c2—c3, zur Vorbereitung von d2—d4 mit befriedigendem Spiel.

10. .... Lc8—g4
11. c2—c3 ....

11. d4—e5: hätte den Bauern erhalten, aber die Initiative dem Schwarzen überlassen.

Durch den Textzug hofft Weiß, nach Befestigung des Zentrums die Schwächen des Gegners auf dem Damenflügel auszunutzen.

11. .... b4—c3:
12. b2—c3: Sf6—e4:
13. Tf1—e1 ....

13. Sd5—e7† könnte Schwarz mit 13. .... Dd8—e7: beantworten, da 14. Lb3—d5 wegen 14. .... Se4—c3: usw. unmöglich wäre.

13. .... Se4—f6
14. h2—h3 ....

Zwingt den Schwarzen, falls dieser den Mehrbauern behalten will, auf die Benutzung des Damenläufers zur Verteidigung der schwachen Punkte des Damenflügels zu verzichten.

14. .... Lg4—h5
15. Sd5—f6+ ....

Der durch 15. g2—g4, Lh5—g6 16. Sd5—e7+, Dd8—e7: 17. d4—e5:, Sc6—e5: 18. Sf3—e5:, d6—e5: 19. Lc1—a3, c7—c5 20. f2—f4, Tf8—d8 21. Dd1—c1, De7—b7 mögliche Rückgewinn des Bauern würde zum Vorteil von Schwarz ausschlagen.

Durch den Textzug zieht es Weiß vor, um des Positionsvorteils willen, zwecks Einengung des schwarzen Spieles auf den Bauern zu verzichten.

15. .... Le7—f6:
16. Lb3—d5 Dd8—d7
17. a4—a5 ....

Droht mit Figurengewinn durch 18. Dd1—a4.

17. .... Ta8—d8
18. Dd1—d3 Sc6—b8

Die Stellung dieses Springers, der von hier ab bis zum Partieschluß keine Möglichkeit findet, sein Ausgangsfeld zu verlassen, ist eine ernstliche Kompensation für die materielle Einbuße des Weißen.

19. Lc1—a3 Tf8—e8
20. Ld5—e4 ....

Bereits in Voraussicht des nachfolgenden zweiten Bauernopfers.

20. .... Lh5—g6

Aber nicht 21. .... h7—h6 wegen 22. g2—g4 usw.

21. Le4—g6: h7—g6:
22. d4—d5! e5—e4

Der kritische Moment der Partie. Schwarz, der bis jetzt vorsichtig und gut gespielt hat, läßt sich zum Schlagen des zweiten Bauern verführen, was für ihn mit großem Risiko verbunden ist.

Besser war es, die Vereinfachung des Spieles auf dem Damenflügel durch 22. .... c7—c6 anzustreben, wonach die Partie wahrscheinlich mit Remis geendet hätte. Z. B. 22. .... c7—c6 23. Ta1—d1, c6—d5. (falls 23. .... c6—c5, so 24. Te1—e4! in Verbindung mit Td1—b1 usw.) 24. Dd3—d5:, Dd7—c6 25. Dd5—c6:, Sb8—c6: 26. Td1—d5! und das materielle Übergewicht des Schwarzen — selbst wenn er es behalten sollte — würde in Anbetracht der dominierenden Stellung der weißen Figuren keine Rolle spielen.

23. Te1—e4: Te8—e4:
24. Dd3—e4: Lf6—c3:

Der weiße Bauer a5 ist schutzlos. Falls 25. Ta1—a2, so 25. .... Lc3—a5: 26. La3—d6:, La5—b6! und Schwarz gewinnt den d-Bauern. Aber um ihn zu schlagen, muß Schwarz die einzige die Rochadestellung verteidigende Figur entfernen und das ermöglicht dem Weißen einen sehr starken Königsangriff.

25. Ta1—c1! Lc3—a5:
26. La3—b2! .....

Droht 27. Sf3—g5, da die Antwort des Schwarzen La5—d2 wegen 26. De4—d4 nicht gefährlich ist.

26. .... Td8—e8

Um 27. .... f7—f6 spielen zu können.

27. De4—h4 f7—f6
28. Sf3—d4! ....

Weiß fürchtet den Turmtausch nicht, da er nach 29. .... Te8—e1† 30. Tc1—e1:, La5—e1: 31. Dh4—e4 einen der geopferten Bauern zurückgewinnen und dabei denselben

Druck auf die feindliche Königsstellung behalten hätte.

28. .... Kg8—f7

Unter Berücksichtigung der Gefahr der Festsetzung des weißen Springers auf e6, bereitet sich Schwarz vor, die Qualität zu opfern. Tatsächlich hätte Weiß nach 29. Sd4—e6, Te8—e6: 30. d5—e6‡, Dd7—e6: keine befriedigende Angriffsfortsetzung, und die zwei schwarzen Mittelbauern müßten die Partie zu Gunsten des Nachziehenden entscheiden.

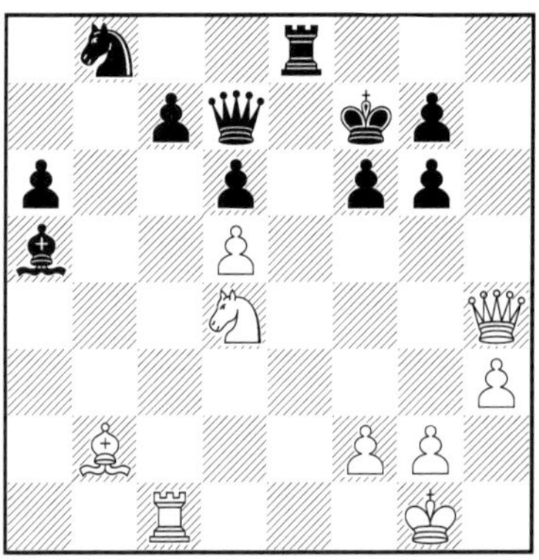

29. Tc1—c4!! ....

Dieser Zug, der das Qualitätsopfer verhindert, ist der einzige, welcher den weißen Angriff aufrecht erhält. Weiß droht jetzt 30. Sd4—e6, Te8—e6: 31. d5—e6‡, Dd7—e6: 32. Tc4—e4, De6—f5 33. Lb2—f6:! und gewinnt.

Schwarz kann folglich die Besetzung von e6 durch den Springer nicht mehr verhindern, wonach der Angriff unwiderstehlich wird.

29. .... Te8—e5

30. Sd4—e6! Te5—h5

Auf 30. .... Te5—d5: hätte Weiß durch 31. Se6—g7:! gewonnen.

31. Dh4—e4 Dd7—e7

Und falls jetzt 31. .... Th5—d5:, so 32. Se6—d8† mit Turmgewinn.

32. De4—d3 ....

Bereitet die folgenden entscheidenden Turmmanöver auf der 4. Reihe vor.

32. .... La5—b6

Oder 32. .... Sb8—d7 33. Tc4—e4, Sd7—e5 34. Dd3—a6:, La5—b6 35. Da6—c8 usw.

33. Tc4—e4 De7—d7

34. g2—g4 Th5—h8

35. Te4—f4 ....

Danach hat Schwarz gegen die Drohungen 36. Lb2—f6:, 36. Se6—g7: oder 36. g4—g5 usw. keine befriedigende Verteidigung mehr.

35. .... Th8—e8

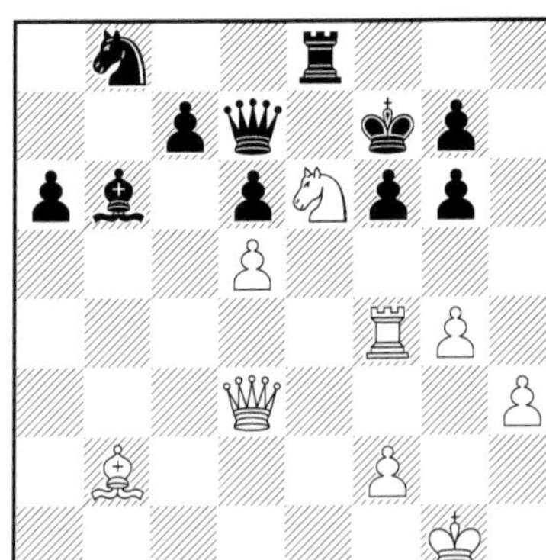

36. Lb2—f6:! g7—f6:

Die Annahme des Opfers führt zu Matt. Schwarz konnte der unmittelbaren Gefahr durch 36. .... Te8—e6: entgehen, aber nach 37. d5—e6‡, Dd7—e6: 38. Lf6—d4†, Kf7—g8 39. Ldb4—6:, c7—b6: 40. Tf4—d4 wäre seine Stellung hoffnungslos.

37. Tf4—f6‡! Kf7—f6:

Falls 37. .... Kf7—e7, so 31. Dd3—g6: und Matt in zwei Zügen. Falls 37. .... Kf7—g8, so Dd3—g6‡, Kg8—h8 39. Dg6—h5†, Kh8—g8 40. Tf6—g6† usw.

Nach dem Textzuge setzt Weiß in drei Zügen Matt: 38. Dd3—c3†, Lb6—d4 39. Dc3—d4‡, K∼ 40. Dd4—g7‡.

99. Abgelehntes Damengambit

Erste Partie aus einer Serie von zwei, Paris, Februar 1923.

Schwarz: A. Muffang.

1.	d2—d4	d7—d5
2.	c2—c4	e7—e6
3.	Sg1—f3	c7—c5

Diese von Dr. Tarrasch empfohlene Variante ist für Schwarz m. E. ungünstig, wenn sich Weiß, wie in dieser Partie, nach Rubinsteins System (g2—g3 und Lf1—g2) entwickelt.

4.	c4—d5:	e6—d5:
5.	g2—g3	Sb8—c6
6.	Lf1—g2	Sg8—f6
7.	0—0	Lc8—e6

Nach 7. .... Lf8—e7 hat Weiß die Wahl zwischen der Fortsetzung in der Partie und dem System 8. d4—c5:, Le7—c5: 9. Sb1—d2 in Verbindung mit 10. Sd2—b3 usw., welches u. a. Sämisch erfolgreich gegen Dr. Tarrasch angewandt hat (Karlsbad 1923).

8.	Sb1—c3	Lf8—e7
9.	d4—c5:	Le7—c5:
10.	Sc3—a4!	....

Diese neue Fortsetzung, die Réti gegen Tarrasch (Pistyan 1922) erprobt hat, bezweckt die sofortige Besitzergreifung des wichtigen Punktes d4, wodurch das Rubinsteinsche System bedeutend versärkt wird.

10.	....	Lc5—e7
11.	Lc1—e3	0—0

Tarrasch spielte in der erwähnten Partie 11. .... b7—b6, erlangte aber kein befriedigendes Spiel damit. Die Partie nahm folgenden Verlauf: 12. Sf3—d4, Sc6—d4: 13. Le3—d4:, Dd8—d7 14. Sa4—c3, Ta8—d8 15. Dd1—b3, 0—0 16. Tf1—d1 usw. mit offenbarem Vorteil für Weiß.

12.	Sa4—c5	....

Zur Erhaltung des Übergewichts genügend, aber noch einfacher und logischer ist 12. Sf3—d4.

12.	....	Sf6—e4!

Wohl das Beste, da Weiß natürlich den b-Bauern wegen 13. .... Dd8—c7 usw. nicht schlagen darf.

Der nachfolgende Abtausch sichert jedoch dem Weißen einen gewissen Vorteil, welcher in der Schwäche der gegnerischen Mittelbauern und in dem Übergewicht des Läufers über den Springer besteht, — einem Übergewicht, welches sich bekanntlich in offenen Stellungen besonders offenbart.

13.	Sc5—e6:	f7—e6:
14.	Sf3—d4	Sc6—d4:
15.	Le3—d4:	....

Der Vorteil der beiden Läufer ist dagegen hier illusorisch, da es klar ist, daß nach Le7—f6 Weiß den Abtausch des Damenläufers nicht vermeiden kann.

15.	....	Se4—d6
16.	Dd1—b3!	....

Droht bereits 17. e2—e4.

16.	....	Le7—f6

17. Ta1—d1 Lf6—d4:
18. Td1—d4: Dd8—f6
19. e2—e3! ....

Bereitet 20. Td4—f4! vor, was jetzt wegen 19. .... Df6—e5 nicht so stark wäre.

19. .... Ta8—c8
20. Td4—f4! Df6—e7

Der natürlich erscheinende Zug 20. .... Df6—e5 wäre schlecht wegen 21. Db3—a4!, wodurch der Weiße den Bauern a7 angreift und mit entscheidendem Eindringen der Dame auf d7 droht.

21. Tf4—f8† Kg8—f8:

Am besten. Falls 21. .... De7—f8:, so 22. e3—e4!. Falls aber 21. .... Tc8—f8:, so 22. Tf1—c1, Tf8—c8 23. Tc1—c8†, Sd6—c8: 24. e3—e4!, und der weiße Läufer greift mit großer Kraft in das Spiel ein.

22. Tf1—d1 Kf8—g8

Dieses Zurückgehen des Königs erfolgt, um der Drohung des Weißen 23. Db3—d3 nebst 24. e3—e4 usw. vorzubeugen, gibt aber dem Weißen die Möglichkeit, durch das folgende Manöver einen Bauern zu gewinnen.

Besser war 22. .... a7—a6.

23. Db3—a3! ....

Nach diesem Zuge hat Schwarz gegen die Doppeldrohung 24. Da3—a7: und 24. e3—e4 keine Verteidigung.

23. .... Tc8—c2

(Siehe Stellungsbild.)

24. e3—e4! ....

Greift das Zentrum an und gestattet der Dame, an der Verteidigung des Königsflügels teilzunehmen: nach dem Schlagen des Bauern a7 wird f2 jetzt gedeckt sein.

Stellung nach dem 23. Zuge von Schwarz.

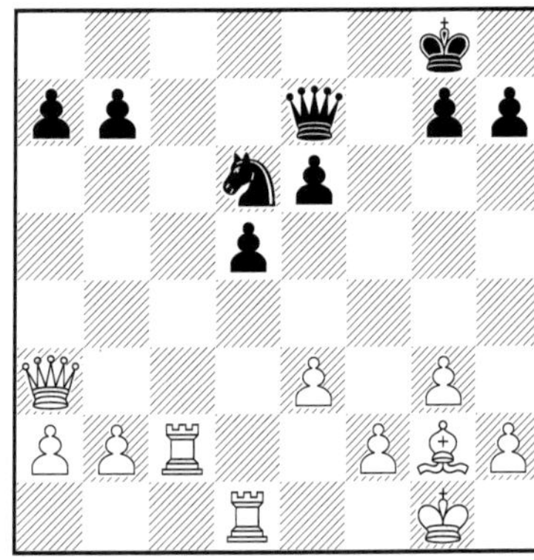

24. .... De7—f8
25. Da3—a7: Sd6—b5

In der Absicht den Freibauern auf der d-Linie zur Geltung zu bringen. Aber dieser Plan zwingt Schwarz zur Umgruppierung seiner Figuren, und Weiß erhält die Möglichkeit, die Partie durch direkten Königsangriff zu beenden.

Andere Fortsetzungen konnten die Partie übrigens auch nicht retten. Z. B.:

I. 25. .... Sd6—e4: 26. Lg2—e4:, d5—e4: 27. Da7—b6! usw.

II. 25. .... d5—e4: 26. Da7—b6, Tc2—c6 27. Db6—b4 usw. mit ziemlich leichtem Gewinn für Weiß.

26. Da7—b6 d5—d4
27. Td1—f1! Df8—c5
28. Db6—e6† Kg8—f8
29. e4—e5! ....

Öffnet dem Läufer den Weg.

29. .... Dc5—c8
30. De6—b6 Tc2—b2:

(Siehe Stellungsbild.)

31. Lg2—d5! ....

Und nicht 31. a2—a4 wegen Dc8—c7 usw.

Stellung nach dem 30. Zuge von Schwarz.

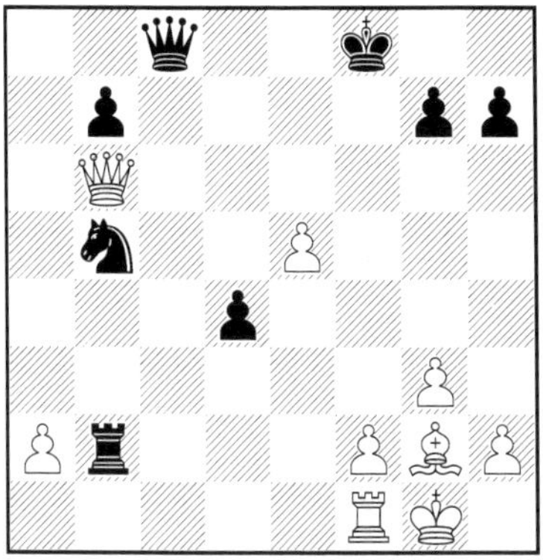

Jetzt aber droht Weiß mit 32. a2—a4, Dc8—c7 33. Db6—e6! usw.

31.	....	Dc8—d7
32.	Ld5—c4	Tb2—b4
33.	Db6—c5†	Dd7—e7
34.	Dc5—c8†	De7—e8
35.	Dc8—f5†	Kf8—e7
36.	Df5—e6†	Ke7—f8

Falls 36. .... Ke7—d8, so 37. De6—b6†, Kd8—c8 38. Db6—c5† mit Turmgewinn.

37.	De6—g8†	Kf8—e7
38.	Dg8—g7‡	Ke7—d8
39.	Dg7—b7:!	De8—e5:
40.	Tf1—c1	Schwarz gibt auf.

100. Französische Partie

Zweite Partie derselben Serie.
Paris, Februar 1923.

Weiß: A. Muffang.

1.	e2—e4	e7—e6
2.	d2—d4	d7—d5
3.	e4—e5	....

Steinitz's Zug, der vor einigen Jahren von Nimzowitsch wieder in die Praxis eingeführt wurde. Er führt zu einem sehr komplizierten, aber für Schwarz nicht ungünstigen Spiel.

3.	....	c7—c5
4.	c2—c3	Sb8—c6
5.	Sg1—f3	f7—f6

Lasker spielte in analoger Stellung gegen Tarrasch 5. .... f7—f5 (St. Petersburg 1914).

Der Textzug sieht recht riskant aus, indem er Weiß zwingt, angesichts der Bedrohung seines Zentrums aggressive Schritte, vielleicht etwas früher als er es vorhatte, zu unternehmen.

6.	Lf1—d3	Lc8—d7

Exakter war 6. .... Dd8—c7 7. Lc1—f4, Dc7—b6!, da Weiß nach dem Textzuge durch Sf3—g5 für beide Parteien gleich gefährliche Verwicklungen herbeiführen konnte. Z. B. 7. Sf3—g5!?, f6—f5 8. g2—g4! c5—d4: 9. g4—f5:, Sc6—e5: 10. f5—e6:, Ld7—c6 11. c3—d4:, Se5—d3‡ 12. Dd1—d3:, Dd8—f6 13. 0—0, Sg8—h6 in Verbindung mit 14. .... 0—0—0 und die Chancen können, trotz des weißen Mehrbauern, wegen der Schwäche der weißen Rochadestellung und der offenen g-Linie als ungefähr gleich gewertet werden.

7.	Dd1—c2	....

Die weiße Dame hat auf der c-Linie nichts zu tun. Es war ganz überflüssig, Zeit zu verlieren, um einen Zug zu provozieren, den Schwarz schließlich auch von selbst gemacht hätte, um sich vor der unangenehmen Drohung Sf3—g5 zu befreien.

Besser war deshalb sofort 7. Dd1—e2.

7.	....	f6—f5

8. g2—g4 ....

Sehr energisch .... aber, wie später ersichtlich, ist die Öffnung der g-Linie für den Gegner vorteilhaft.

8. .... g7—g6
9. g4—f5: g6—f5:
10. d4—c5: ....

Am besten.

10. .... Lf8—c5:
11. Dc2—e2 ....

Droht auf dem rechten Flügel mit einer Demonstration, die mit 12. Sf3—g5 beginnen würde.

11. .... Dd8—c7!
12. Sb1—d2 Sg8—e7
13. Sd2—b3 Lc5—b6
14. Sb3—d4 ....

Dieser Zug hätte erst nach der Entwicklung des Damenläufers geschehen müssen, um im Falle des Abtauschs die c-Linie sofort zu besetzen.

Besser war 14. Lc1—g5 mit der möglichen Fortsetzung 14. .... 0—0—0 15. Lg5—f6, Th8—g8 16. Sb3—d4, Lb6—d4: 17. c3—d4:, Td8—e8 18. Ta1—c1, Kc8—b8 mit einem nur unbedeutenden Vorteil für Schwarz. Nach dem Textzuge erlangt Schwarz nach wenigen Zügen Gewinnstellung.

14. .... Lb6—d4:
15. c3—d4: Dc7—b6
16. De2—e3 ....

Auf 16. Le1—e3 wäre dieselbe Erwiderung des Schwarzen noch stärker.

16. .... Sc6—b4
17. Ld3—b1 Ta8—c8
18. Lc1—d2 ....

Die weiße Stellung ist sehr kompromittiert, während der schwarze König vollkommen in Sicherheit ist. Es ist eine Ironie des Schicksals, daß Weiß jetzt die kurze Rochade erstreben muß, welche allein ihm noch Verteidigungschancen geben kann.

18. .... Sb4—c2†
19. Lb1—c2: Db6—b2:!

Das Eindringen der schwarzen Dame ins feindliche Lager sollte die Partie schnell zu Ende führen.

20. Ta1—b1 Db2—c2:
21. Tb1—b7: ....

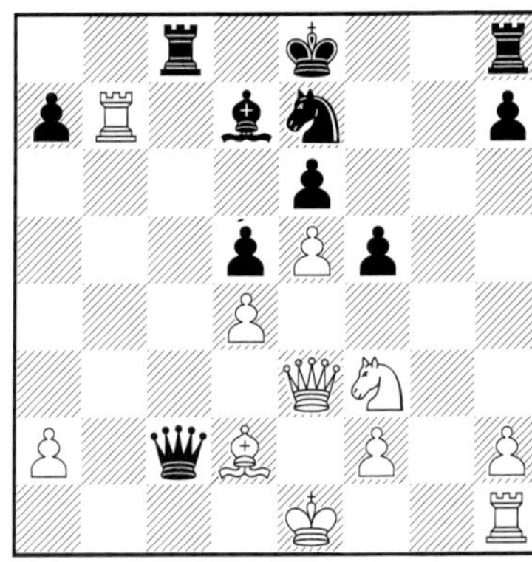

21. .... Dc2—a2:

Dieses nutzlose Schlagen des Bauern kompliziert wiederum den Gewinn, da Weiß jetzt seinen König nach einem verhältnismäßig sicheren Platz bringen kann.

Richtiger war 21. .... Th8—g8!, um die Rochade zu verhindern, wonach Schwarz ziemlich leicht gewonnen hätte, z. B.: 22. De3—b3, Dc2—e4† 23. Db3—e3, f5—f4 24. De3—e2, a7—a6!, und Weiß hätte keine Verteidigung vor dem tödlichen Zuge Ld7—b5!.

22. 0—0! Th8—g8†
23. Kg1—h1 Da2—c2!

Um sein Übergewicht zu wahren, muß Schwarz die Damen auf e4

tauschen. Alle anderen Versuche, das materielle Übergewicht auszunutzen, würden zum Vorteil des Gegners ausfallen. Z. B.:

I. 23. .... Da2—a6 24. Tf1—b1, Tc8—c1† 25. Tb1—c1: (falls 25. Ld2—c1:?, so Da6—f1† und Matt im nächsten Zuge) 25. .... Da6—b7: 26. De3—h6: mit starkem Angriff für Weiß.

II. 23. .... f5—f4 24. De3—f4:, Tg8—f8 25. Df4—e3, Tf8—f3: 26. De3—f3:, Da2—d2: 27. Df3—h5†, Ke8—d8 28. Dh5—f7!, Dd2—h6 29. Tf1—g1 und Weiß muß gewinnen.

24. Sf3—g5 ....

Dieses Manöver verbessert nur die Stellung des Schwarzen, da der Turm zur Verteidigung besser auf g7 steht als auf g8.

Vorzuziehen war das sofortige 25. Tb7—a7:, obwohl auch in diesem Falle die schwarze Stellung nach 25. .... Dc2—e4 offenbar besser wäre.

24. .... Tg8—g7
25. Tb7—a7: h7—h6!
26. Sg5—f3 ....

Der Springerrückzug ist erzwungen, da, falls 26. Tf1—c1, so f5—f4! 27. Tc1—c2: (oder 27. De3—f4:, h6—g5:) 27. .... f4—e3: 28. Tc2—c8‡, Se7—c8:, und drei weiße Figuren sind angegriffen.

26. .... f5—f4!

Der Einleitungszug eines entscheidenden Angriffs.

Weiß kann den Bauern wegen (27. De3—f4:) 27. .... Dc2—d3 in Verbindung mit 28. .... Tg7—f7 mit Gewinn für Schwarz nicht schlagen.

27. De3—e2 Dc2—e4!
28. De2—d1 ....

Falls 28. Tf1—e1, so 28. .... De4—e2: 29. Te1—e2:, Ld7—b5 30. Te2—e1, Lb5—d3 in Verbindung mit 31. .... Ld3—e4 und Schwarz muß gewinnen.

28. .... Se7—c6
29. Tf1—e1 ....

Die Partie ist nicht mehr zu retten. Z. B.:

I. 29. Ta7—a4, Sc6—e5:! usw.

II. 29. Ta7—a3, Sc6—d4: 30. Tf1—e1, Sd4—f3: 31. Te1—e4:, d5—e4: 32. Ta3—f3:, e4—f3: 33. Ld2—f4:, Tg7—g4 34. Lf4—g3 (oder 34. Dd1—d2, Tc7—c1!), Tg4—c4 und Schwarz gewinnt.

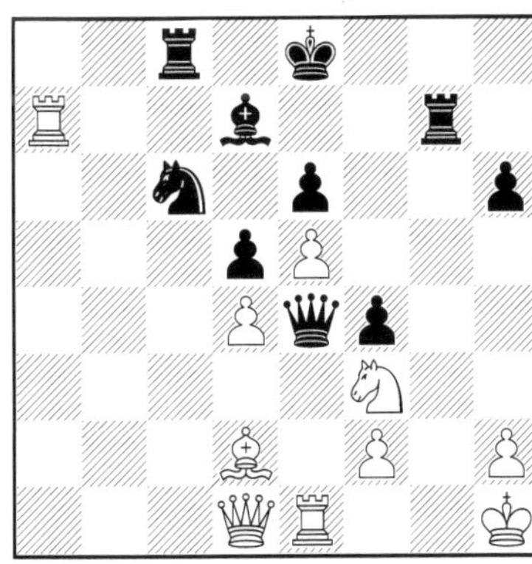

29. .... Sc6—a7:!

Dieses Damenopfer, die logische Folge des vorhergehenden Zuges, gestattet dem Läufer entscheidenden Anteil an dem Angriff auf den feindlichen König zu nehmen.

30. Te1—e4: d5—e4:
31. Sf3—h4 e4—e3!

Der Schlüssel der Kombination.

Der weiße Springer wird jetzt durch den Läufer auf der großen Diagonale dauernd gefesselt und sein Gewinn wird keine besonderen Schwierigkeiten mehr machen.

32. Dd1—h5†	Ke8—f8
33. f2—e3:	f4—e3:
34. Ld2—e3:	....

Oder 34. Dh5—f3†, Kf8—g8 35. Df3—e3:, Ld7—c6† 36. Sh4—f3, Tc8—f8 und Schwarz gewinnt.

34.	Ld7—c6†
35. Sh4—f3	Kf8—g8

Noch einfacher war 35. .... Tc8—b8 36. h2—h4, Tb8—b3, aber auch der Textzug ist vollständig genügend.

36. Dh5—h3!	Lc6—d5
37. Le3—h6:	Tg7—g6
38. Dh3—h5	Ld5—e4
39. Lh6—g5	Tc8—c3
40. Kh1—g1	Tc3—f3:
41. Dh5—g4	Sa7—b5!
42. h2—h4	....

Es ist klar, daß, falls 42. Dg4—e4:, so Matt in drei Zügen.

42.	Sb5—c3
43. Kg1—h2	Tf3—f2†
44. Kh2—h3	Le4—f5

Weiß gibt auf.

Eröffnungstabelle

(Die Zahlen bedeuten die Nummern der Partien.)

Spanische Partie. 2, 15, 16, 17, 18, 20, 21, 27, 28, 34, 37, 66, 74, 82, 91, 96, 98.
Vierspringerspiel. 5, 23, 84.
Italienische Partie. 29, 30.
Schottische Partie. 10, 45, 94.
Springerspiel. 42.
Russische Partie. 6, 24, 50.
Philidors Verteidigung. 9, 36, 47.
Wiener Partie. 1, 33, 41, 44.
Läuferspiel. 11, 51.
Mittelgambit. 19, 52.
Läufergambit. 40.
Kieseritzkys Gambit. 32.
Falkbeers Gegengambit. 25.
Abgelehntes Königsgambit. 90.
Französische Partie. 3, 26, 31, 48, 78, 100.
Sizilianische Partie. 14, 38, 60, 76, 93, 97.
Aljechins Verteidigung. 58.
Fianchetto di Donna. 35.
Abgelehntes Damengambit. 4, 12, 22, 56, 61, 63, 65, 67, 69, 70, 71, 72, 75, 79, 80, 81, 83, 85, 87, 88, 99.
Damenbauernspiel. 13, 43, 59.
Indische Abarten. 46, 53, 54, 55, 57, 62, 64, 68, 77, 86, 95.
Holländische Partie. 73.
Englische Partie. 7, 8, 92.
Unregelmäßig. 39, 89.

Aljechins Schacherfolge

(1908—1945)

A. Turniere

Jahr	Turnier	Platz	Partien	Gewinne	Remis	Verluste
1908	Düsseldorf, Haupt.-T.	3.—4.	13	8	2	3
1909	Allruss. Hauptturnier	1.	16	12	2	2
1910	Hamburg	7.—8.	16	5	7	4
1911	Karlsbad	8.—9.	25	11	5	9
1912	Wilna (National-T.)	6.—7.	19	8	3	8
1912	Stockholm	1.	10	8	1	1
1913	St. Petersburg (Nat.)	1.—2.	3	2	—	1
1913	Scheveningen	1.	13	11	1	1
1913	St. Petersburg (Nat.)	1.—2.	17	13	1	3
1914	St. Petersburg	3.	18	6	8	4
1914	Mannheim	1.	11	9	1	1
1920	Moskau (Nat.)	1.	15	9	6	—
1921	Triberg	1.	8	6	2	—
1921	Budapest	1.	11	6	5	—
1921	Den Haag	1.	9	7	2	—
1922	Pistyan	2.—3.	18	12	5	1
1922	London	2.	15	8	7	—
1922	Hastings	1.	10	6	3	1
1922	Wien	4.—6.	14	7	4	3
1923	Margate	2.—5.	7	3	3	1
1923	Karlsbad	1.—3.	17	9	5	3
1923	Portsmouth	1.	12	11	1	—
1924	New York	3.	20	6	12	2
1925	Paris	1.	8	5	3	—
1925	Bern	1.	6	3	2	1
1925	Baden-Baden	1.	20	12	8	—
1926	Hastings	1.—2.	9	8	1	—

Jahr	Turnier	Platz	Partien	Gewinne	Remis	Verluste
1926	Semmering	2.	17	11	3	3
1926	Dresden	2.	9	5	4	—
1926	Scarborough	1.	8	7	1	—
1926	Birmingham	1.	5	5	—	—
1926	Buenos Aires	1.	10	10	—	—
1927	New York	2.	30	5	13	2
1927	Kecskemet	1.	16	8	8	—
1929	Bradley Beach	1.	9	8	1	—
1930	San Remo	1.	15	13	2	—
1931	Bled	1.	26	15	11	—
1932	London	1.	11	7	4	—
1932	Bern	1.	15	11	3	1
1932	Pasadena	1.	11	7	3	1
1932	Mexico City	1.—2.	9	8	1	—
1933	Paris	1.	9	7	2	—
1934	Hastings	2.	9	4	5	—
1934	Zürich	1.	15	12	2	1
1935	Örebro	1.	9	8	1	—
1936	Bad Nauheim	1.—2.	9	4	5	—
1936	Dresden	1.	9	5	3	1
1936	Podebrady	2.	17	8	9	—
1936	Nottingham	6.	14	6	6	2
1936	Amsterdam	3.	7	3	3	1
1937	Hastings	1.	9	6	2	—
1937	Margate	3.	9	6	—	3
1937	Kemeri	4.—5.	17	7	9	1
1937	Bad Nauheim	2.—3.	6	3	1	2
1938	Montevideo	1.	17	9	8	—
1938	Margate	1.	9	6	2	1
1938	Plymouth	1.—2.	7	5	2	—
1938	AVRO-Turnier	4.—6.	14	3	8	3
1939	Caracas	1.	10	10	—	—
1939	Montevideo	1.	7	7	—	—
1941	München	2.—3.	15	8	5	2
1941	Krakau	1.—2.	11	6	5	—
1942	Salzburg	1.	10	7	1	2
1942	München	1.	11	7	1	2
1942	Prag	1.—2.	11	6	5	—
1943	Salzburg	1.—2.	10	5	5	—
1944	Gijon	1.	8	7	1	—

1945	Madrid	1.	9	8	1	—
1945	Gijon	3.	9	6	1	2
1945	Sabadell	1.	9	6	3	—
1945	Almeria	1.—2.	8	4	3	1
1945	Melilla	1.	7	6	1	—
1945	Navidad	2.	5	3	1	1

B. Mannschaftskämpfe (Weltmeisterschaften der F.I.D.E.)

1931	Prag	18	10	7	1
1933	Folkestone	12	8	3	1
1935	Warschau	17	7	10	—
1939	Buenos Aires	10	5	5	—

C. Zweikämpfe

Jahr	Gegner	Partien	Gewinn	Remis	Verlust
1908	Blumenfeld	8	7	1	—
1911	Lewitzky	10	7	—	3
1913	Ed. Lasker	3	3	—	—
1921	Teichmann	6	2	2	2
1921	Sämisch	2	2	—	—
1922	Dr. Bernstein	2	1	1	—
1922	Golmayo	2	1	1	—
1922	Auerbach	2	1	1	—
1923	Muffang	2	2	—	—
1926	Dr. Euwe	10	3	5	2
1927	Capablanca (Weltmeisterschaft)	34	6	25	3
1929	Bogoljubow (Weltmeisterschaft)	25	11	9	5
1934	Bogoljubow (Weltmeisterschaft)	26	8	15	3
1935	Dr. Euwe (Weltmeisterschaft)	30	8	13	9
1937	Dr. Euwe (Weltmeisterschaft)	25	10	11	4
1945	Dr. Rey Ardid	4	1	3	—
1945	F. Lupi	4	2	1	1
	Insgesamt (A.—C.):	1129	634	368	115

Aljechins Gegner

(Die Zahlen bedeuten die Nummern der Partien.)

1. Alapin † 6.
2. v. Balla 59.
3. Beratende 93, 94, 98.
4. Bernstein, Dr. 12, 14.
5. Blumenfeld 36.
6. Bogoljubow 55, 57, 72, 73.
7. Chajes † 7, 85.
8. Cohn, E. † 10.
9. Dus-Chotimirsky 8.
10. Duras 16, 27.
11. Drewitt 89.
12. Euwe, Dr. 68.
13. Evensohn † 47.
14. Fahrni 31.
15. Feldt 48.
16. Flamberg † 28.
17. v. Freymann 22, 37.
18. Golmayo 95.
19. Gonssiorowski † 51.
20. Gofmeister 49.
21. Gregory 1.
22. Grünfeld 81.
23. Hromadka 67.
24. Issakow 52.
25. Johner, P. 64.
26. Joukowski † 32.
27. Kmoch 75.
28. König, E. 77.
29. Lasker, Ed. 44.
30. Lasker, Dr. Em. 45.
31. Lewitski † 40, 41.
32. Löwenfisch 15, 20, 39.
33. Marco † 9.
34. Maróczy 83.
35. Marshall 24.
36. Mieses 19, 30.
37. Muffang 79, 99, 100.
38. Nimzowitsch 13, 21, 23.
39. Olland, Dr. 18.
40. Potemkin † 38.
41. Prat 43.
42. Rabinowitsch, A. 50.
43. Rabinowitsch, E. 53.
44. Réti 74.
45. Rodzinsky † 42.
46. Rosanow † 35.
47. Rubinstein 61, 70, 80.
48. Sämisch 76, 92, 97.
49. Selesnieff 54, 63.
50. Snosko-Borowski 17.
51. Speyer 3.
52. Spielmann 11.
53. Steiner, A. 58.
54. Sterk 56.
55. Tarrasch, Dr. 25, 26, 29, 62, 71, 82.
56. Tartakower, Dr. 78.
57. Teichmann † 90, 91.
58. Thomas, Sir G. 86.
59. Torres 96.
60. Treybal, Dr. K. 66.
61. Vajda, Dr. 87.
62. Vidmar, Prof. 5.
63. Werlinski 2.
64. West 88.
65. Wolf, H. 65, 84.
66. Wiakhirew 33.
67. Wygodschikow 34.
68. Yates 4, 60, 69.
69. Zubarew 46.

Anhang

Aljechins Eröffnungsbehandlung in moderner Sicht

Es ist nicht einfach, hinsichtlich der Eröffnungsbehandlung eine Brücke zu schlagen zwischen jetzt und der Zeit vor 60 - 70 Jahren. Es sind gerade heute bestimmte Abspiele und Eröffnungen sehr beliebt, denen man früher kaum Beachtung schenkte, ja, die man vielleicht sogar als schlecht betrachtete. Dem nachstehenden kleinen Vergleichsartikel liegen deshalb folgende Gesichtspunkte zugrunde: Wenn Aljechins Anmerkungen zu einzelnen Eröffnungen prinzipiell auch heute noch gültig sind, erübrigte sich eine nähere Betrachtung. Hingegen wurden natürlich Varianten, die damals beliebt waren, jetzt aber als zweifelhaft gelten, bewußt herausgestellt. Gleichzeitig aber glauben wir, auch auf einige sozusagen „hypermoderne" Varianten hinweisen zu sollen, die weder zu Aljechins Zeiten bekannt waren noch in den heutigen Theoriebüchern verzeichnet sind.

Um nicht mißverstanden zu werden: Dr. Aljechin war kein „Hypermoderner", als den ihn einige Schachautoren hinstellen möchten. Auf Seite 128 dieses Buches bekräftigt er dies ausdrücklich: „Ich erkläre ein für allemal, daß ich gern auf die Ehre verzichte, einer der Begründer der "neoromantischen" oder „hypermodernen" Schule zu sein. Ich überlasse diese Ehre gern den Erfindern dieser pompösen Namen, die eher dazu erdacht sind, Eindruck zu machen als zu dem einzigen Zwecke zu dienen, der nach meiner Meinung in unserer Kunst wertvoll ist — zum Zwecke der Schönheit und des Wahren."

Und hauptsächlich unter diesem Gesichtspunkt wollen die Partien dieses Buches verstanden sein: Eleganz im Spiel, Klarheit in der Glossierung!

Offene Spiele

Schottisch

In Partie Nr. 45 wurde die schottische Hauptvariante, die auch heute noch gültig ist, gespielt:

1. e4 e5 2. Sf3 Sc6 3. d4 ed 4. Sd4: Sf6 5. Sc3 Lb4 6. Sc6: bc 7. Ld3 d5 8. ed cd 9. 0—0 0—0 10. Lg5 Le6.

In den theoretischen Betrachtungen der Gegenwart steht überwiegend diese Stellung als ausgeglichen zu Buch. Jedoch machte man jetzt in der UdSSR mit einer Idee Bastrikovs

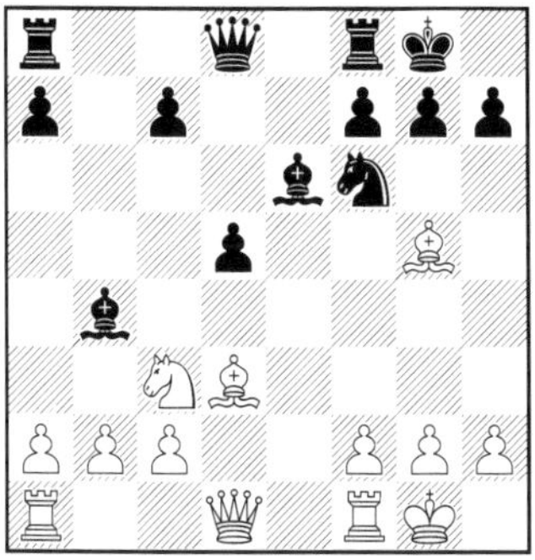

11. Sb5! gute Erfahrungen; z. B. **11. ... Le7 12. Sd4.** (Droht Se6: oder auch Sc6.) **12. ... Dd7.** (Auch 12. ... Dd6 13. Te1! Sg4 14. g3 Lg5: 15. Se6: fe 16. Dg4: ergibt weißen Vorteil.) **13. Lb5! Dc8 14. Sc6 Ld8 15. Dd4 Ld7 16. Tfe1 Db7 17. Sd8: Db5: 18. Lf6: gf 19. Df6: Db6 20. Dg5† Dg6 21. Dg6:†** mit klarer weißer Überlegenheit (Mnazkanjan—Estrin, Moskau 1964).

Russisch

Gerade in den letzten Jahren wurden in dieser Eröffnung einige Neuerungen gefunden: **1. e4 e5 2. Sf3 Sf6 3. d4.** (Vor allem hiermit kann Weiß auf Initiative hoffen.) **3. ... ed 4. e5 Se4.**

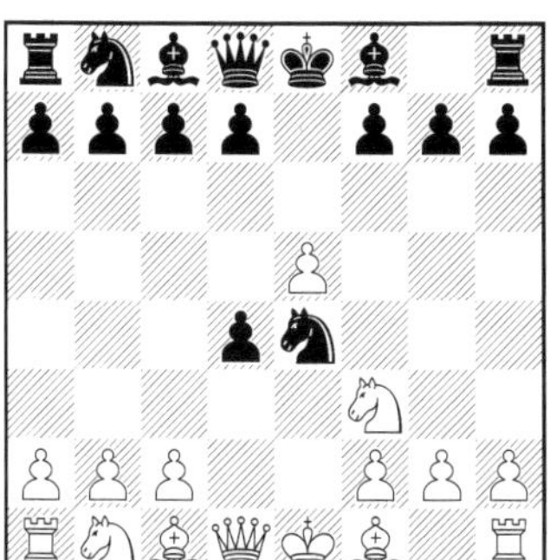

Hier gibt es zwei Wege für Weiß:

I. 5. Dd4: d5 6. ed (ep.) Sd6: 7. Ld3! (Dieser Zug muß jetzt erfolgen, weil nach 7. Sc3 Sc6 8. Df4 Schwarz mit Cholmovs 8. ... Lf5! das Spiel ausgleicht; z. B. 9. Lb5 De7† 10. Le3 Sb5: 11. Sb5: Db4† 12. Db4: Lb4:† 13. c3 La5 14. b4 Ld3!, Stein—Cholmov 1964. Oder 9. Lb5 De7† 10. Kf1 [jedoch 10. Le2!?] 10. ... Le4! 11. Lc6:† Lc6: 12. Se5 0—0—0 13. Sc6: bc 14. Da4 Sb5 mit späterem Remis, Suetin—Cholmov 1964.)

7. ... Sc6 8. Df4 g6 9. 0—0 Lg7 10. Ld2 mit chancenreichem Spiel für Weiß. Es drohte 11. Lc3!, was auch auf 10. ... Lb2: folgen würde.

II. **5. De2.** (Ein alter Zug von Steinitz, den Bobby Fischer ausgegraben hat.) **5. ... Sc5.** (Die kritische Spielweise ist 5. ... Lb4†. Steinitz pflegte dann 6. Kd1 zu spielen, weil nun 6. ... Sc5? wegen 7. Lg5! ausgeschlossen ist, aber Schwarz setzt 6. ... d5 7. ed f5 fort und steht nach Ansicht der Theorie aussichtsreich. Vermutlich hatte Fischer in der hier zitierten Partie 6. Sld2 geplant mit der eventuellen Fortsetzung 6. ... Sd2: 7. Ld2: Ld2:† 8. Dd2: Sc6 9. 0—0—0 0—0 10. Lb5.) **6. Sd4: Sc6 7. Sc6: bc.** (Oder 7. ... dc 8. Sc3 Lf5 9. Le3 Dd7 10. f3 h5 11. Df2 0—0—0 12. Td1 zugunsten von Weiß, Kudrjaschow—Cesnauskas 1964.) **8. Sc3 Tb8.** (Pachman empfiehlt 8. ... La6! mit gleichem Spiel, z. B. 9. De3 Lf1: 10. Tf1: Dh4, oder 9. Dg4 Lf1: 10. Tf1: d6.) **9. f4.** (In einer Partie Keres—Bolbochan 1964 geschah 9. a3 Le7 10. Le3 d5 11. ed [ep.] cd 12. Lc5: dc 13. De5 Dd6 14. Dg7: Dd4 15. Dd4: cd

16. Sd1 mit Bauerngewinn.) **9. ... Le7 10. Df2 d5 11. Le3 Sd7 12. 0—0—0** mit weißem Vorteil. Fischer-German, Stockholm 1962.

Spanisch

Gewissermaßen eine „Jugendliebe" Aljechins bildet die Möller-Variante in Partie Nr. 34: Wygodschikoff—Aljechin. Folgende Ergänzung zu seinen Anmerkungen halten wir für notwendig: Wegen nachstehender Zugfolge gilt die Möller-Variante als nicht vollwertig: **1. e4 e5 2. Sf3 Sc6 3. Lb5 a6 4. La4 Sf6 5. 0—0 Lc5 6. c3 La7 7. d4 Se4: 8. Te1 f5 9. Sbd2!** (Capablanca). Sowohl nach 9. ... 0—0 10. Se4: fe 11. Lg5 als auch nach 9. ... Sd2: 10. Se5:! hat der Anziehende die besseren Aussichten. Dagegen hat das verlockende Opfer 9. Te4:? einen Pferdefuß; nämlich 9. Te4:? fe 10. Lg5 Se7 11. Se5: 0—0 12. Ld7: Ld7: 13. Db3† Kh8 14. Sf7† Tf7: 15. Df7: Lc5!! 16. dc — wenn 16. Sd2 h6! 17. Lh4 Le8! 18. Df8† Sg8! — 16. ... Le6! 17. Dh5 Dd5! mit entscheidendem Angriff. Neukirch—Raduloff, Sinaia 1964.

Von den übrigen Spanisch eröffneten Partien halten wir für bemerkenswert: Nr. 27, in der Aljechin das Schlagen 4. Lc6: bc in der Abtauschvariante zum Erfolg führt. Die heute so beliebte Tschigorinvariante im geschlossenen Spanier 8. ... Le7 9. h3 Sa5. (An 9. ... Sb8 bzw. 9. ... h6 10. d4 Te8 hatte damals noch niemand gedacht.) 10. Lc2 c5 usw. vermochte in Aljechins Jünglingsjahren noch nicht ihre spätere Beliebtheit zu erlangen. Nach 1. e4 e5 2. Sf3 Sc6 3. Lb5 a6 4. La4 Sf6 experimentierten die Weißen dreimal mit 5. De2. Dieser Gedanke ist in diesem Moment harmloser als im 6. Zuge, also nach der Einschaltung: 4. La4 Sf6 5. 0—0 Le7 6. De2, das der verstorbene Weltmeister in seiner späteren Zeit nicht selten zum Erfolg führte. Die Harmlosigkeit von 5. De2 weist Aljechin selber am besten in seinen Glossen zur Partie Nr. 16 nach. Die heute neuesten Erkenntnisse zu der Spielweise **1. e4 e5 2. Sf3 Sc6 3. Lb5 a6 4. La4 Sf6 5. 0—0 Le7 6. De2**

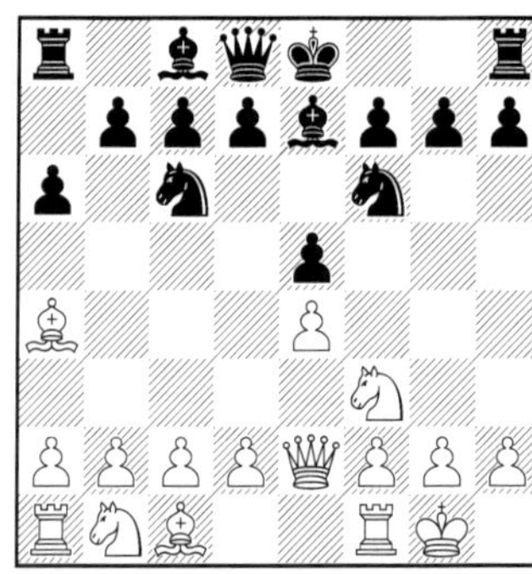

sollen hier aber noch gezeigt werden. Schwarz hat zwei Pläne: entweder I. d7—d5 oder nur II. d7—d6 zu spielen.

Zu I. **6. De2 b5 7. Lb3 0—0 8. c3 d5 9. d3(!).** (Zu riskant ist 9. ed Lg4 10. dc e4 mit starkem Angriff.) **9. ... Te8.** (Sicherer als 9. ... d4 10. cd Sd4: 11. Sd4: Dd4: 12. Le3 und Weiß steht gut.) **10. Te1 Lb7 11. Sd2 Dd7 12. Sf1 Tad8 13. Lg5 Sa5 14. Lc2** mit ungefährem Ausgleich.

Zu II. **6. De2 b5 7. Lb3 d6.** (Dieser Zug wird überwiegend gespielt, ist aber vielleicht nicht ganz so sicher wie 7. ... 0—0 und 8. ... d5.) **8. a4!** (Diesen Zug hielt Aljechin für wichtig. Schwarz hat zwei Antworten:

IIa) 8. ... b4?! 9. Dc4! d5! 10. Dc6:†. [Nicht 10. ed? Sa5!] 10. ... Ld7 11. Db7 Lc5. [Die weiße Dame ist im Gefängnis, doch nicht verloren.] 12. Se5: Ta7 13. Sc6! [Von Botwinnik 1937 empfohlen.] 13. ... Tb7: 14. Sd8: Kd8: 15. d3! mit gesichertem Mehrbauern.) Hier gibt es noch einen anderen Vorschlag des Moskauer Meisters A. Tschistjakow, der sich überhaupt um diese Variante viele Gedanken gemacht hat, nämlich nach **(8. ... b4?!) 9. Dc4 d5 10. Dc6:† Ld7** der Zug 11. Ld5:!? Nach 11. ... Lc6: 12. Lc6:† Kf8 13. La8: Da8: 14. d3 Dc6 15. Se1 mit anschließender Springerwanderung Sb1—d2—b3 oder c4 steht Weiß bei diesem interessanten Damenopfer wohl etwas besser wegen der geschwächten und anfälligen schwarzen Bauernstellung.

IIb) 8. ... Lg4. (Droht 9. ... Sd4.) **9. c3 0—0.** (Berechnet auf 10. ab ab 11. Ta8: Da8: 12. Db5: Sa7! mit Gegenangriff auf e4 und gutem Spiel. Eine eventuelle Alternative ist 9. ... b4, das zugleich mit einer lehrreichen Falle verbunden ist. Jetzt ist nämlich das verlockende 10. Dc4? schlecht wegen 10. ... Sa5! 11. Df7:† Kd7! Schwarz hat Vorteil wegen der Drohung 12. ... Tf8, Dr. Bely—Lengyel Hastings 1963/64. Am besten ist nach 9. ... b4 wohl 10. h3, damit dieser Läufer entweder nach h5 abgedrängt oder aber die Fesselung des Sf3 sofort aufgehoben wird.) **10. h3.** (Wohl am besten. Schwarz hat drei Züge zur Auswahl 10. ... Lh5, 10. ... Ld7, 10. ... Sa5. Z. B.

I. 10. ... Lh5 11. g4 Lg6 12. d3 Sa5 13. Lc2, Dr. Aljechin—F. Sämisch, Bad Nauheim 1937, erwies sich als günstig für Weiß.

II. 10. ... Ld7. Nun kann der Anziehende sowohl 11. d3 als auch das aktivere 11. d4 spielen.

III. 10. ... Sa5!? Diese interessante Fortsetzung stammt von Neschmetdinow. Im Kandidatenturnier Amsterdam 1956 folgte in der Partie Keres—Szabo 11. Lc2 Le6 12. d4 Lc4 13. Ld3 Ld3: 14. Dd3: mit nur geringem weißem Vorteil. Tschistjakow empfiehlt deshalb für Weiß [nach 10. ... Sa5] 11. Lf7:† Tf7: 12. hg. Folgende Beispiele aus seiner Praxis liegen vor [ab 12. hg.]

1. 12. ... Sb3 13. Ta3 Sc1: — nicht ba? 14. Sg5! mit Qualitätsgewinn — 14. Tc1: Sg4: 15. ab ab 16. d4 c6 17. Td1 Ta3: 18. Sa3: ed 19. Sd4: Se5 20. Sac2, Tschistjakow—Borissenko 1953.

2. 12. ... Sb3 13. Ta3 Sc1: 14. Tc1: Sg4: 15. ab ab 16. d4 Tb8 17. Td1 Dc8 18. Ta7 De2 19. Sbd2 c6 20. Ta6, Tschistjakow—Wassiltschuk 1956.

3. 12. ... Sb3 13. Ta3 Sc1: 14. Tc1: Sg4: 15. ab ab 16. Ta8: Da8: 17. Db5: d5!? — nicht De4:? 18. De8† Lf8 19. Df7:† usw. — 18. d3 c6 19. Db3 Dd8 20. Da4 — droht 21. ed und 21. Dc6: — Db6 21. Tc2 Tf4 22. Da2 Lh4 23. b4, Tschistjakow—Bergin 1964. Alle Beispiele verliefen zugunsten von Weiß.)

Halboffene Spiele

Französisch

In der Partie Nr. 3 Speyer—Aljechin versucht Schwarz nach **1. e4 e6**

2. d4 d5 3. Sc3 Lb4 4. Ld2 mit 4. ... Sge7 den möglichen Verwicklungen nach 4. ... de 5. Dg4 usw. auszuweichen, doch hätte der Anziehende nun mit 5. Ld3 anstelle des farblosen 5. ed ed usw. ein gutes Spiel erlangen können. Z. B. 5. Ld3 c5!? 6. dc! Sbc6 7. ed! Sd5: 8. Se4! mit Vorteil, P. Schmidt—Lohmann, Pyrmont 1949. Auf eine andere beachtliche und bisher sehr selten gewählte Möglichkeit im 4. Zuge soll deshalb hier hingewiesen werden: nämlich **4. ... Sc6!**

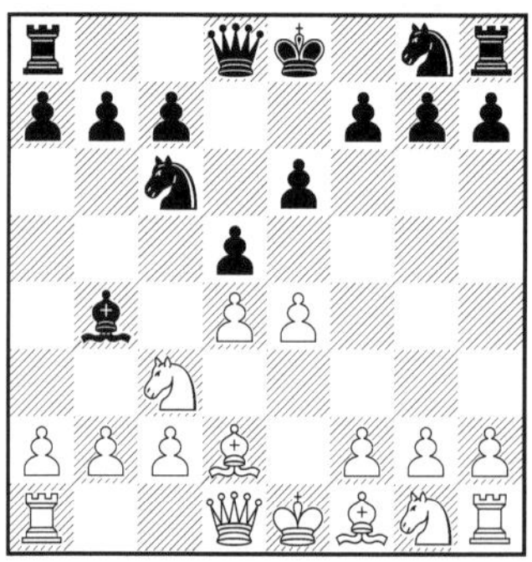

Vor allem folgende Spielweisen gibt es für Weiß:

I. 5. Sf3 Sf6! 6. e5 Se4 mit gutem Gegenspiel.

II. 5. a3 Lc3: 6. Lc3: Sf6 7. e5 Se4 8. Ld3 0—0 usw. Schwarz hat nichts zu fürchten.

III. **5. Dg4 Sf6 6. Dg7: Tg8 7. Dh6** Sd4:!? 8. e5? Sf5! 9. Df4 — Df6:? Le7! — d4 10. ef dc mit Vorteil für Schwarz, Aronin—Bondarewski 1950. Keres empfieht nach 7. ... Sd4:!? 8. 0—0—0! mit Angriff. Doch kann auch Schwarz hier sein Spiel noch verbessern. Wir schlagen an Stelle von 7. ... Sd4:!? **7. ... Tg6!** vor.

I. 8. Dh4 Tg4 9. Dh6 — nicht 9. Dh3 e5! drohend 10. ... Te4:† — 9.

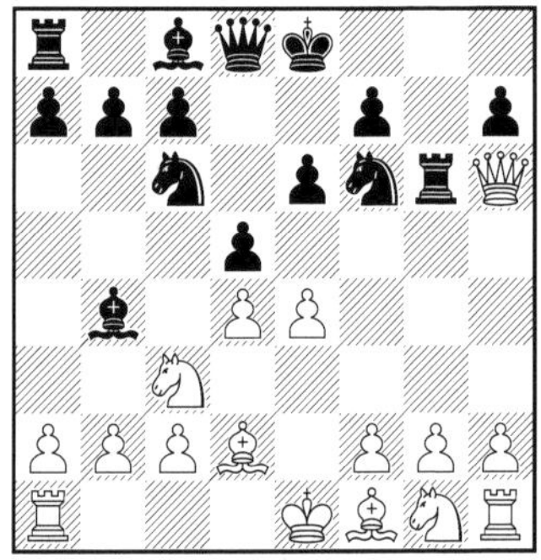

... Se4:!, und nach 10. Sf3 Lf8 hat Schwarz ein gutes Spiel. In einer Partie Petzold—Fuchs, 1965, folgte dagegen 10. Dh7:? Sd2: 11. Kd2: Dg5† 12. Ke1 Te4†! mit durchschlagendem Angriff.

II. 8. De3 de 9. Se4:!? Sg4! 10. Dd3 Ld2:† 11. Dd2: Dd4: mit Ausgleich. Wenn in diesem Abspiel 9. Sge2, so ist e6—e5! gefährlich: 9. Sge2 e5! 10. de — falls Se4:, so Sg4! — 10. ... Sg4 11. Df4 — nicht 11. De4:? Sf2:! — 11. ... Se5: 12. Se4: (nach 12. h3 oder 12. 0—0—0 ist Ld6! stark) 12. ... Ld2:† 13. Dd2: Lf5! Weiß kann bestenfalls auf Ausgleich hoffen, Gilman—Batygin 1950. Schließlich kommt nach II. 8. De3 auch sofort 8. ... e5!? mit unübersehbaren Verwicklungen durchaus in Betracht. Weder 9. ed noch 9. de sind wegen 9. ... Sg4! für Weiß zu empfehlen.

Von den übrigen Französisch eröffneten Partien muß man die Nr. 26 erwähnen. Die im ersten Moment zweifelhaft aussehende, aber sehr interessante Mac-Cutcheon-Variante ist auch bis heute nicht widerlegt worden. Das neueste Beispiel aus der 32. UdSSR-Meisterschaft, Kiew 1965 — Wasjukow—Goldenow — nahm folgenden Verlauf. 1. e4 e6 2. d4 d5 3. Sc3 Sf6 4. Lg5 Lb4 5. e5 h6 6. Ld2 Lc3: 7. bc Se4 8. Dg4 Kf8 9. Lc1. (Die alte Idee von Duras. Keres empfiehlt 9. h4.) 9. ... c5 10. Ld3 Sc3:. (Droht 11. ... c4.) 11. dc Da5 12. Ld2 Da4! Eine aus den letzten Jahren bekannte Finesse der schwarzen Verteidigung. 13. h3 Se4 14. Se2 Sc6! 15. Le4: Se5:! 16. Dh4 Sc6 17. Sc3 Dc4 18. 0—0—0 f5 19. g4 fe 20. Dg3 Dc5: 21. g5?. (Besser Lf4.) 21. ... h5 22. Lf4 h4! und Schwarz kam zum Gegenangriff.

Wegen des Manövers Dd8—a5—a4, das auch bei 8. ... a6 statt 8. ... Kf8 möglich ist, spielen heute einige Meister nicht 9. Lc1, sondern 9. Ld3.

Sizilianisch

In dieser seit vielen Jahren und auch heute sehr beliebten Eröffnung hat in dem letzten halben Jahrhundert eine große Entwicklung stattgefunden. Obwohl man heute „Sizilianisch" deshalb viel tiefgründiger behandelt als damals, sind Aljechins Anmerkungen außer in Nr. 60 prinzipiell noch gültig. Die von Aljechin in Nr. 60 für Schwarz empfohlene Variante **1. e4 c5 2. Sf3 e6 3. d4 cd 4. Sd4: Sf6 5. Sc3** Lb4!? wird jedoch kaum noch gespielt, seitdem in den dreißiger Jahren der Zug 6. e5! in Mode kam. Zwei Beispiele dafür:

I. 6. e5 Sd5 7. Ld2 Sc3: 8. bc Le7 9. Dg4 Kf8 10. Ld3 d6 11. f4 Sd7(?). (Besser immerhin Sc6.) 12. 0—0 Sc5 13. f5! de 14. fe Lf6 15. Tf6:! mit entscheidendem Angriff. K. Richter—W. Koch 1950; oder

II. 6. e5 Se4 7. Dg4 Sc3: 8. Dg7: Tf8 9. a3! bzw. hier 7. Dg4 Da5!?, und nun reichen sowohl 8. De4: (Euwe) als auch 8. Dg7: für einen Vorteil aus. Diese Varianten sind seit langem in den Theoriebüchern bekannt.

Der Berliner Meister Elstner wendet hier 7. ... f5 ein, doch spricht die Variante 8. Dg7: Tf8 9. Le2 De7 10. Lh5† Kd8 11. De7:† Le7: (Ke7:? 12. f3) 12. Se4: fe 13. Lh6 nicht dafür.

Anstelle von 5. ... Lb4 greift man heute zu 5. ... d6 oder auch in der allerletzten Zeit zu **5. ... Sc6**, dem sizilianischen Vierspringerspiel, das wir deshalb hier untersuchen wollen. Ein Beispiel: 5. Sc3 Sc6 6. Sdb5 Lb4 7. a3 Lc3:† 8. Sc3: d5 9. ed ed 10. Ld3 0—0 11. 0—0 d4! 12. Se4 Lf5 13. Lg5 Le4:! 14. Le4: h6 15. Lh4 g5 16. Lc6: bc 17. Lg3 Se4 18. Le5 c5 19. f3 De7 und Schwarz konnte sich behaupten, Ivkov—Bilek, Tel Aviv 1964. Dies als Beispiel für mehrere ganz ähnliche Partien aus den jüngsten Turnieren, die ebenfalls zeigten, daß augenblicklich mit 6. Sdb5 im sizilianischen Vierspringerspiel nicht leicht etwas zu erreichen ist. Die Alternative **6. Sc6:**

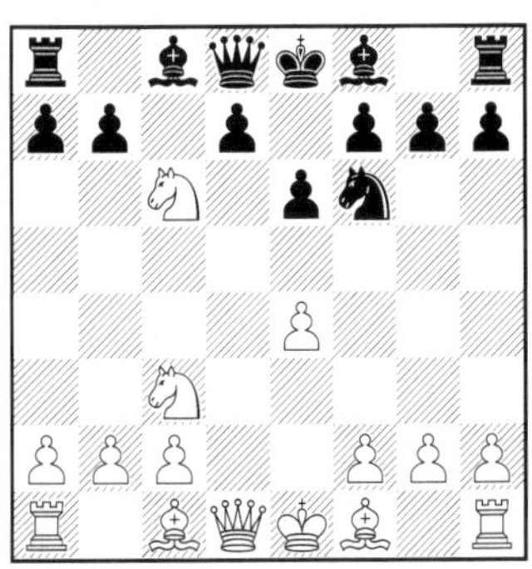

ist zwar heute ungebräuchlich. Doch verdient dieser Zug, der zu sehr interessanten Stellungsbildern führt, deshalb mehr Beachtung. Folgender Art sind die Hauptvarianten.

6. Sc6: bc 7. e5 Sd5 8. Se4 Dc7(!). (Für etwas weniger gut halten wir 8. ... f5 9. ef [ep.] Sf6: 10. Sd6† Ld6: 11. Dd6: Db6 12. Ld3 und obwohl gerade Dr. Aljechin selber einmal die Stellung als ausgeglichen bezeichnete, gefällt heute manchem Turnierspieler doch die weiße Stellung besser auf Grund des Läuferpaares). 9. f4 f5 10. ef (e. p.) Sf6: 11. Sf6:† gf 12. Dh5† Kd8. Hierzu das interessante Urteil zweier Autoritäten:

Dr. Euwe: „... mit verwickeltem Spiel und guten Chancen für Schwarz, obwohl dieser nach 13. Df7 Le7 14. Dg7 einen Bauern verliert." Dr. Lasker: „Diese Variante ist nicht ungünstig für Weiß." Die Partie Unzicker—Lehmitz 1947 ging so weiter: 13. Ld2 d5 14. 0—0—0 Tb8 15. Dh4 Le7 16. Lc3 Tf8 17. Le2 Db6 18. Kb1 Ld7 19. Thf1 und nun hätte Schwarz 19. ... Kc7 versuchen müssen.

Geschlossene Spiele

Der Komplex der geschlossenen Spiele hat in den letzten vier Jahrzehnten besonders umfangreiche Veränderungen erfahren. Allein auf dem Gebiet, das Dr. Aljechin als „Indische Abarten" bezeichnet, sind viele sehr beliebte und komplizierte Eröffnungssysteme entstanden wie Nimzowitsch-Indisch, Grünfeld-Indisch, Königs-Indisch und Damen-Indisch. Über diese modernen Spezialeröffnungen kann man sich heute auf Grund einschlägiger Monographien weitgehend orientieren. Es würde den Rahmen dieser Abhandlung sprengen, wollte man die Aufbauprobleme der geschlossenen Spiele in ihrer ganzen Entwicklung darstellen und analysieren. Wir müssen uns daher auf mehrere allgemeine Bemerkungen beschränken und zu diesem Zwecke das große Gebiet in zwei Gruppen einteilen: in das abgelehnte Damengambit und die übrigen geschlossenen Spiele.

Abgelehntes Damengambit

Darunter versteht Dr. Aljechin auch die Aufbaumethoden, die wir heute als „Slawisches Damengambit" bezeichnen und deren theoretischer Ausbau erst nach und nach erfolgte. Doch muß zugegeben werden, daß zum Beispiel Aljechins Behandlungsweise der Eröffnung in den Partien 70 und 71 als Hauptvariante des „Slawischen Damengambits" auch heute noch beispielgebend ist, woraus man den ketzerischen Schluß ziehen könnte, daß sich hier weniger die Theorie entwickelt hat als vielmehr die Nomenklatur ... Als nicht zutreffend hat sich allerdings die im 9. Zuge der 70. Partie geäußerte Ansicht erwiesen, Weiß müsse auf Ausgleich spielen. Der Aufbau 9. De2 nebst Td1, um e3—e4 durchzusetzen, gibt dem Weißen doch eine gewisse Initiative. Man darf in diesem Zusammenhang ruhig sagen, daß Aljechin ein großer Kenner des Damengambits bzw. seiner Feinheiten war, und daß die so eröffneten und von Aljechin glossierten Partien ein wertvoller Bestandteil dieses Buches sind. Später hat Dr. Aljechin die eine oder andere seiner Varianten noch verfeinert und durch Neuerungen bereichert. Lediglich im Punkte der Abtauschvariante (c4 × d5, e6 × d5) schätzte Aljechin die weißen Chancen wohl zu gering ein. Heute sieht man gerade in diesem Abspiel mit seinen Variationsmöglickkeiten (ob 0—0 oder 0—0—0, ob Sg1—e2 oder Sg1—f3 usw.) eine gefährliche Waffe aus der Sicht des Anziehenden.

Übrige geschlossene Spiele

Besonders gering war seinerzeit der Stand der Eröffnungskenntnisse auf diesem heute sehr ausgearbeiteten Gebiet. Allerdings sind Aljechins Anmerkungen hierzu prinzipiell auch heute noch gültig, doch war die Eröffnungsbehandlung seiner Gegner nach moderner Auffassung verschiedentlich ungenau; ja, man könnte sogar gelegentlich von „Eröffnungsfehlern" sprechen. Der Wert dieser Partien liegt deshalb weniger in ihrem eröffnungstheoretischen Gehalt als vielmehr in der schlagfertigen und eleganten Ausnützung solcher „Aufbausünden" durch Dr. Aljechin.

Hinweise

Abschließend geben wir noch einige Hinweise W. N. Panows wieder, die er in dem Buch „300 ausgewählte Partien Aljechins" gemacht hat.

10. Partie. Einfacher gewann 26. Sb5!

11. Partie. Interessante Verwicklungen ergeben sich nach 21. f5! Le5: 22. Le6: Lc3: 23. Le3: Sg4:.

60. Partie. Stärker als 6. Ld3 war 6. e5!

71. Partie. In der Partie Reshevsky—Smyslow, Radiomatch UdSSR—USA 1945, erhielt Schwarz nach 11. ... a5 12. Ld2 Sbd7 13. Sc1 Db6 14. Sb3 c5! eine gute Stellung.

81. Partie. Die beim 30. Zuge angegebene Variante ist fehlerhaft. Weiß gewinnt hierbei mit 36. b3!

82. Partie. Nach heutiger Ansicht ist am günstigsten für Weiß 7. e5 Db6(?), und nun nicht 8. Db6:, sondern 8. Dd3! c6 9. Lc4 Da5† 10. Sc3 De5:† 11. Le3 d5 12. 0—0—0 und Weiß hat für den geopferten Bauern starken Angriff.

(Zusammenstellung: Kurt Richter, unter Benutzung von Analysen bzw. Hinweisen von Dr. M. Euwe, R. Fuchs, R. Teschner und sowjetischen Theoretikern.)

Meilensteine des Schach

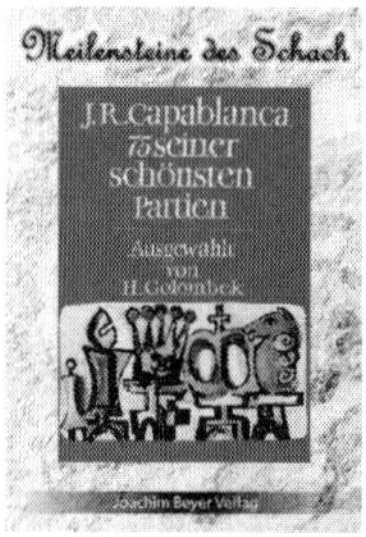

Hans Wenz

J. R. Capablanca – 75 seiner schönsten Partien

196 Seiten, gebunden

José Raúl Capablanca (1888-1942), das kubanische Schachgenie, gehörte in der ersten Hälfte des 20. Jahrhunderts zu den Lichtgestalten der Schachwelt. Vielfach als Wunderkind gepriesen, begann seine kometenhafte Karriere im Turnierschach mit dem allseits unerwarteten Sieg im hochkarätig besetzten Turnier zu San Sebastian 1911. Die Serie seiner Erfolge resultierte im Gewinn des WM-Titels 1921 und nochmals im überwältigenden Sieg von New York 1927, aber auch nach seinem Titelverlust triumphierte er in diversen Turnieren, zuletzt in Moskau 1936 und (gemeinsam mit Botwinnik) in Nottingham 1936. Seine Partien manifestieren eine besondere Harmonie und Leichtigkeit, die Logik seines strategisch-planvollen Spiels wirkt bestechend, seine präzise Technik in der Umsetzung kleiner Vorteile beeindruckt. In der Verteidigung kaltblütig agierend und im Angriff beherzt zupackend, demonstrierte „Capa“ außerdem eine nahezu perfekte Beherrschung des Endspiels.

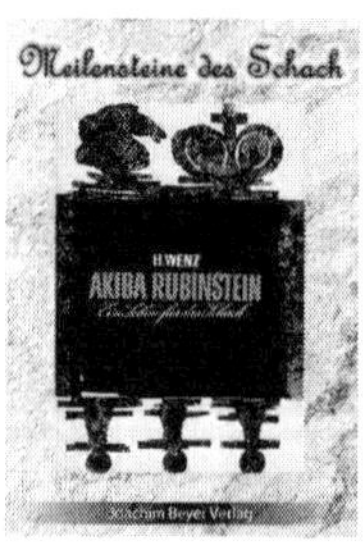

Hans Wenz

Akiba Rubinstein – Ein Leben für das Schach

112 Seiten, kartoniert

Akiba Rubinstein gehörte ein Vierteljahrhundert, von 1907 bis 1931, zur Weltklasse im Schach. Neben den Weltmeistern Lasker, Capablanca, Aljechin und vielen berühmten Großmeistern, zählte auch er zu den leuchtenden Sternen am Schachhimmel.

Dieses Buch will den großen Schachspieler und Schachkünstler der Vergangenheit entreißen und ihm erneut ein ehrendes Denkmal setzen.

Einige seiner schönsten und berühmtesten Partien, darunter auch Niederlagen, zahlreiche Partiestellungen, Turniertabellen und Turnierergebnisse sollen dem Leser einen Eindruck von dem schachlichen Wirken Rubinsteins vermitteln.

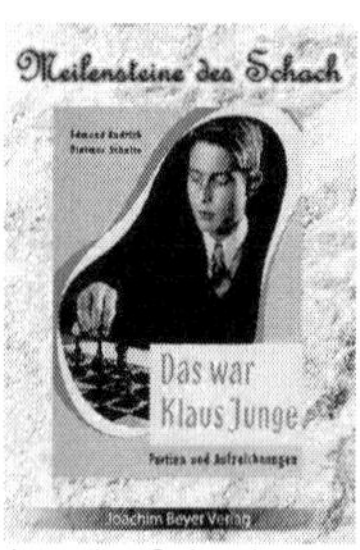

Edmund Budrich/Dietmar Schulte

Das war Klaus Junge

112 Seiten, kartoniert

Es war auf dem Neujahrstag vor nunmehr 90 Jahren, als ein großes, vielleicht das größte deutsche Schachtalent (nach Lasker und Tarrasch) das Licht der Welt erblickte. Klaus Junge war indes nur ein kurzes Leben vergönnt. Am 18. April 1945 starb der 21-Jährige kurz vor Kriegsende einen sinnlosen Heldentod im Felde, bevor seine Schachlaufbahn ihren Zenit hätte erreichen können.

Bereits früh vom Vater schachlich geprägt und trainiert, war Klaus Junges Entwicklung im Schach rasant vorangeschritten. Er war erst 13, als eine erste Gewinnpartie von ihm in einer Hamburger Schachspalte erschien. Mit 18 hatte er Großmeisterstärke erreicht und wurde von einem Aljechin als der kommende Weltmeister gesehen. Gerühmt wurde auch seine frühe spielerische Reife, die sich vor allem im Endspiel zeigte.

Meilensteine des Schach

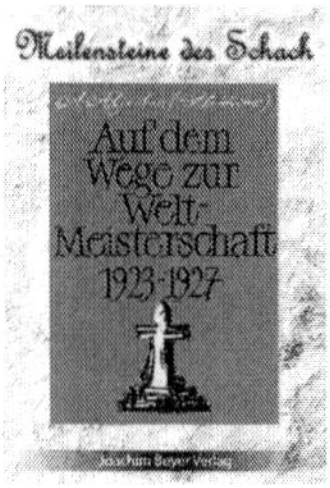

Alexander Aljechin

Auf dem Wege zur Weltmeisterschaft 1923-1927

240 Seiten, kartoniert

Der vierte Weltmeister der Schachgeschichte, Alexander Aljechin, gilt als einer der größten Kombinationskünstler unter den Schachweltmeistern. Ungezählte Glanzpartien belegen seine schöpferische Kraft, die Dynamik seiner Spielführung, die Tiefe seiner Berechnungen am Brett. Diese Fähigkeiten waren es, die ihn an die Spitze der Schachwelt geführt haben, auch wenn er sich in seinem WM-Kampf gegen Capablanca im Spielstil seinem großen Gegner angepasst hat. Es spricht für sich, wenn spätere Schachweltmeister (wie z.B. Kasparow) Aljechin zu ihrem schachlichen Vorbild erklärt haben.

Das vorliegende Werk bietet eine Auswahl von 100 Partien aus dem Zeitraum 1923-1927, der entscheidenden Phase auf dem Weg zum Titel. Es stellt die Fortsetzung der Anthologie Meine besten Partien 1908-1923 dar und gehört wie diese zu den Spitzenpublikationen in Aljechins literarischem Erbe. Der Bogen spannt sich vom USA-Aufenthalt 1923/24 über Turniere in Europa und Argentinien bis hin zum Wettkampf gegen Capablanca 1927, und auch ein Kapitel über Blindpartien wurde aufgenommen. Bekanntlich war Aljechin ein überragender Blindspieler, der mehrere Weltrekorde im Blindsimultan aufstellte (New York 1924, Paris 1925, Chicago 1933). Die einzelnen Kapitel werden jeweils noch durch einen aufschlussreichen Einführungstext aufgewertet.

Dank Aljechins Kommentierungskünsten gerät der Leser schnell in den Bann der Partien, hierunter unvergessliche Bravurstücke – man denke nur an die brillante Partie gegen Réti in Baden-Baden 1925, die auch Aljechin zu seinen besten Leistungen zählte. Ein Lesestoff, der auch viele Jahre nach seiner Erstpublikation (1932) den Schachfreund zu faszinieren vermag. Ein unverzichtbares Werk für jede Kollektion von Partiesammlungen.

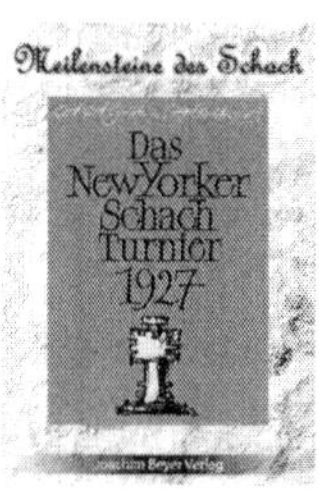

Alexander Aljechin

Das NewYorker Schachturnier 1927

184 Seiten, kartoniert

Das denkwürdige Sechsmeisterturnier zu New York 1927, das in vier Durchgängen ausgetragen wurde, versammelte einen Teil der damaligen Weltelite: Neben dem amtierenden Weltmeister J.R. Capablanca gehörten A. Aljechin, F. Marshall, A. Nimzowitsch, R. Spielmann und M. Vidmar zu den Eingeladenen. Ursprünglich war das Turnier zur Ermittlung des Herausforderers von Capablanca vorgesehen, aber auf Protest Aljechins wurde ein entsprechender Passus in der Turnierausschreibung gestrichen, wodurch sein Status als Kandidatenturnier aufgeweicht wurde. Einige Spieler der Weltspitze waren nicht vertreten, u.a. Emanuel Lasker (aufgrund einer Dauerfehde mit dem Organisator N. Lederer), Bogoljubow, Rubinstein und Réti. Das Turnier wurde souverän von Capablanca (ungeschlagen!) gewonnen vor Aljechin, der den selbst ernannten Titelaspiranten Nimzowitsch auf den dritten Platz verdrängen konnte und damit seine Positionierung als einzig berechtigter Herausforderer klarstellte.

Das Buch zum Turnier, erstmals 1928 erschienen, zeichnet sich vor anderen zeitgenössischen Werken dieses Genres insbesondere durch die Kommentierungskunst und die tiefgründigen Analysen Aljechins aus. Sie haben bis heute kaum von ihrer Faszination eingebüßt. Mit Scharfblick analysiert der Autor auch die Stärken und Schwächen Capablancas und legt freimütig eigene Vorbereitungen auf den WM-Kampf offen. Gemeinsam mit Aljechins Turnierbuch zu New York 1924 zählt dieses „Vorspiel zum Weltmeisterschaftskampf in Buenos Aires“ zu den klassischen Standardwerken unter den Turnierbüchern, es gehört in jede gut gepflegte Schachbibliothek.